INVENTAIRE SOMMAIRE

DES MANUSCRITS GRECS

DE LA

BIBLIOTHÈQUE NATIONALE

II

ANGERS, IMPRIMERIE BURDIN ET Cie, RUE GARNIER, 4.

INVENTAIRE SOMMAIRE

DES

MANUSCRITS GRECS

DE LA

BIBLIOTHÈQUE NATIONALE

PAR

HENRI OMONT

SOUS-BIBLIOTHÉCAIRE AU DÉPARTEMENT DES MANUSCRITS

SECONDE PARTIE

ANCIEN FONDS GREC

DROIT — HISTOIRE — SCIENCES

PARIS

ALPHONSE PICARD, LIBRAIRE

82, RUE BONAPARTE, 82

1888

INVENTAIRE SOMMAIRE

DES

MANUSCRITS DU FONDS GREC

1319. Anonymi opuscula duo de septem œcumenicis et sexdecim œcumenicis et provincialibus conciliis (1) ; — De nomocanone et triplici ejus editione prologi tres et tituli (9 v°);
— Joannis Zonaræ commentarii in canones apostolorum et
conciliorum (29) ; — S. Cyrilli Alexandrini, Attici CP. etc.,
epistolæ, cum Zonaræ commentariis (375 v°) ; — Ex actis CP.
de Agapio et Bagadio (380) ; — Dionysii Alexandrini ad Basilidem epistola (382 v°) ; — Petri Alexandrini canones (387) ;
— S. Gregorii Neocæsariensis epistola canonica (400 v°) ;
— S. Athanasii Alexandrini epistola ad Amunem monachum (407) ; — ejusdem epistolæ xxxix. festivalis fragmentum (412 v°) ; — ejusdem epistola ad Rufinianum episcopum
(415) ; — S. Basilii ad Amphilochium epistolæ canonicæ tres
(417), — fragmentum epistolæ ad Amphilochium, de ciborum
differentia (458), — ad Diodorum Tarsensem (459), — ad Gregorium presbyterum (465), — ad chorepiscopos (466), — ad
episcopos subditos (468), — fragmentum cap. xxvii. et xxix.
de S. Spiritu, ad Amphilochium (470 v°) ; — S. Gregorii Nysseni ad Letoium epistola canonica (476) ; — Timothei Alexandrini responsa canonica (493) ; — Theophili Alexandrini
allocutio cum Theophania die Dominica inciderit (498) ; —
ejusdem commonitorium, quod accepit Ammon (498 v°) ; —
ejusdem epistolæ ad Aphyngium, de catharis (502), — ad

Agathum episcopum (502 v°), — ad Menam episcopum (503);
S. Cyrilli Alexandrini ad Domnum epistola canonica (503 v°);
— ejusdem epistola ad episcopos Libyæ et Pentapoleos (507);
— S. Gregorii Nazianzeni versus de libris V. et N. Testamenti
qui legi debent (507 v°); — Amphilochii Iconiensis versus de
eodem (508); — Gennadii, CP. patriarchæ, epistola encyclica
(509 v°); — S. Basilii ad Nicopolitas epistolæ fragmentum;
omnia cum Zonaræ commentario (511 v°); — Joannis Zonaræ
opusculum de eo quod duo fratres camdem uxorem ducere non
debent (512 v°); — Sisinnii patriarchæ fragmentum de eo quod
duo fratres duas consobrinas uxores ducere non debent (516);
— Judicium synodale de nuptiis, sub Alexio, CP. patriarcha,
a. 1038 (517 v°); — ejusdem Alexii decretum de mulieris jam
nuptæ matrimonio, ad Theophanem Thessalonicensem (518);
— Decretum Michaelis patriarchæ de matrimonio prohibito
(519); — ejusdem decretum de sacerdotis adultera uxore
(519 v°); — Joannis, Antiocheni patriarchæ, in insula 'Οξεία
monachi, sermo in eos qui largitionibus monasteria adipis-
cuntur (520 v°); — Interrogationes monachorum et responsa
synodi CP. sub Alexio Comneno : Ἀπὸ τῆς καθ' ἡμᾶς... (535);
— Excerpta e libro III: de gradibus cognationis (539); — Decretum de matrimonio missum ad Corinthi metropolitam (543).

XIII s. Bombyc. 546 fol. (Medic.-Reg. 2038.) *M.*

1320. SS. Petri et Pauli constitutiones variæ (1); — Photii,
CP. patriarchæ, nomocanon (12 v°); — Canones LXXXV. SS.
apostolorum (59); — Canones XX. concilii Nicæni primi
(63 v°); — Canones XXV. concilii Ancyrani (66 v°); — Canones XIV. concilii Neocæsariensis (69); — Canones XX. concilii
Gangrensis (69 v°); — Canones XXV. concilii Antiocheni (72);
— Canones LIX. concilii Laodiceni, et canon librorum V. et
N. Testamenti (75 v°); — Canones VII. concilii CP. primi
(78); — Canones VIII. concilii Ephesini (80 v°); — Canones
XXX. concilii Chalcedonensis (83); — Canones XXI. concilii
Sardicensis (87 v°); — Canones CXXXVIII. et acta concilii Car-
thaginiensis (92); — Canones CII. concilii sexti in Trullo
(131); — Canones XXII. concilii Nicæni secundi (153 v°); —
Canones XVII. concilii CP. primi et secundi (163); — Dionysii

Alexandrini ad Basilidem epistola (168) ; — Petri Alexandrini
canones (170) ; — S. Gregorii Neocæsariensis epistola canonica (175) ; — S. Athanasii Alexandrini epistola ad Amunem
monachum (177) ; — ejusdem epistolæ xxxix. festivalis fragmentum (178 v°); — S. Basilii ad Amphilochium epistolæ canonicæ tres (179 v°), — ad Diodorum Tarsensem (191 v°), —
ad Gregorium presbyterum (193 v°), — ad chorepiscopos
(194) ; — ad episcopos subditos (194 v°), — fragmentum cap.
xxix. de S. Spiritu, ad Amphilochium (197) ;—S. Gregorii Nysseni ad Letoium epistola canonica (197) ; — Timothei Alexandrini responsa canonica (203) ; — Theophili Alexandrini allocutio cum Theophania die Dominica inciderit (204 v°) ; —
ejusdem commonitorium, quod accepit Ammon (204 v°) ; —
ejusdem epistola ad Aphyngium, de catharis (205 v°), — ad
Agathum episcopum (205 v°), — ad Menam episcopum (206) ;
— S. Cyrilli Alexandrini ad Domnum epistola canonica (206);
— ejusdem epistola ad episcopos Libyæ et Pentapoleos (207) ;
— Gennadii, CP. patriarchæ, epistola encyclica (207 v°) ; —
Epistola de modo recipiendi hæreticos ad catholicam ecclesiam
redeuntes : Τινὰ διαλέχθη... (209 v°) ; — S. Athanasii epistola
ad Rufinianum (210) ; — Justiniani imp. novella lxxvii. (211) ;
— Index novellarum Justiniani quæ cum sacris canonibus
consentiunt (212) ; — Justiniani novella ad Epiphanium, quomodo oporteat episcopos et clericos ad ordinationem perduci
et de expensis ecclesiarum (214 v°) ; — Justiniani novellæ canones ecclesiasticos confirmantes (226 v°) ; — Anonymi compendium de hæresibus : Πασῶν αἱρέσεων μητερές... (247) ; — De
Massalianorum hæresi : Κατὰ τοὺς χρόνους Οὐαλεντίνου... (255) ;
— Timothei, CP. patriarchæ, opusculum de iis qui ad catholicam ecclesiam convertuntur (265 v°) ; — Anonymi brevis expositio de Acephalorum hæresi, etc. (271) ; — Excerpta ex
euchologio Patriarchico : Ἀρειανοὺς μὲν καὶ Μακεδονιανούς...
(277 v°) ; — Ecloga e lege Dei Moysi tradita : Οὐ παραλήψη...
(279) ; — Nicephori, CP. patriarchæ, chronographia in epitome (286) ; — Ordo thronorum (289).

XI s. Parch. 292 fol. (Mazarin.-Reg. 2508.) *M.*

1321. Joannis Zonaræ commentarius in canones apostolo-

rum et conciliorum (2 v°) ; — Manuelis Comneni novella de
voluntario homicidio (429) ; — ejusdem novella de judicum
officio, cum enumeratione dierum vacantium (433) ; — Fragmenta de Melchisedecitis, Theodotianis, Athinganis et de Sa-
racenis ad Christianam fidem conversis (440 v°) ; — Theodori
Studitæ ad Naucratium epistola (446) ; — ejusdem (?) de nuptiis primis et secundis (448 v°) ; — Anonymi ad cujusdam
quæstiones responsa dogmatica : Περὶ ὧν ἠρώτησάς με... (450) ;
— Anonymi fragmenta de unione ecclesiæ sub Constantino et
Romano, de azymis, etc. (452) ; — Anonymi significationes
quorumdam verborum (457) ; — Nicolai patriarchæ responsa
ad interrogationes monachorum Hagioritarum (457 v°) ; —
Joannis Nesteutæ, CP. patriarchæ, methodus confitendi pec-
cata (460 v°) ; — Tomus synodicus adversus librum Constantini Chrysomalli (466) ; — Acta synodi habitæ ἐν τῷ Θωμαΐτῃ
adversus pseudo-episcopos Sasimorum et Balbilorum (470 et
472) ; — Decretum synodi ibidem habitæ adversus Niphonem
Bogomilum (471 v° et 475) ; — Acta depositionis Cosmæ Attici, CP. patriarchæ, cum Niphone Bogomilo sentientis (476 v°) ;
— Excerpta e Basilicis (478 v°) ; — [Sisinnii] patriarchæ et
metropolitarum constitutio de gradibus cognationis (479 v°) ;
— Methodus inveniendi Paschatis (484 v°) ; — Explicatio officiorum magnæ ecclesiæ (485) ; — Ordo thronorum (489) ; —
Locorum et urbium antiqua vocabula cum hodiernis collata
(490 v°); — Ordo officiorum Palatii CP. (491) ; — Fragmentum
de umbellis (491 v°) ; — Additamenta ad Zonaræ commenta-
rios e duobus codicibus Vaticanis, ope Joannis a Sᵃ. Maura
(492 v°).

XVI s. (Copié par Jean de Santa-Maura.) Pap. 511 fol. (Teller. Rem.-
Reg. 2039, 2.) *M.*

1322. Joannis Zonaræ commentarius in canones apostolo-
rum et conciliorum (1) ; — S. Cyrilli Alexandrini, Attici CP.,
etc. epistolæ, cum Zonaræ commentariis (292 v°) ; — Ex actis
CP. de Agapio et Bagadio (306) ; — Dionysii Alexandrini ad
Basilidem epistola (308) ; — Petri Alexandrini canones (312 v°) ;
— S. Gregorii Neocæsariensis epistola canonica (325) ; —
S. Athanasii Alexandrini epistola ad Amunem monachum
(330) ; — ejusdem epistola ad Rufinianum episcopum (335 v°) ;

— S. Basilii ad Amphilochium epistolæ canonicæ tres (338), — fragmentum epistolæ ad Amphilochium de ciborum differentia (370), — ad Diodorum Tarsensem (376 v°), — ad Gregorium presbyterum (382), — ad chorepiscopos (383 v°), — ad episcopos subditos (384 v°), — fragmentum cap. xxvii. de S. Spiritu, ad Amphilochium ; omnia cum Zonaræ commentariis (387).

XVI s. Pap. 388 fol. (Fontebl.-Reg. 2039.) *M.*

1323. Joannis Zonaræ commentarius in canones apostolorum et conciliorum (13) ; — Ex actis CP. de Agapio et Bagadio (252) ; — Dionysii Alexandrini ad Basilidem epistola (253) ; — Petri Alexandrini canones (256) ; — S. Gregorii Neocæsariensis epistola canonica (264 v°) ; — S. Athanasii Alexandrini epistola ad Amunem monachum (268 v°) ; — ejusdem epistolæ xxxix. festivalis fragmentum (272 v°) ; — ejusdem epistola ad Rufinianum episcopum (274) ; — S. Basilii ad Amphilochium epistolæ canonicæ tres (275 v°), — fragmentum epistolæ ad Amphilochium de ciborum differentia (307), — ad Diodorum Tarsensem (307 v°), — ad Gregorium presbyterum (311 v°), — ad chorepiscopos (312 v°), — ad episcopos subditos (313 v°) ; — fragmentum cap. xxvii et xxix. de S. Spiritu, ad Amphilochium (315) ; — S. Gregorii Nysseni ad Letoium epistola canonica (319) ; — Timothei Alexandrini responsa canonica (341) ; — Theophili Alexandrini allocutio cum Theophania die Dominica inciderit (344 v°) ; — ejusdem commonitorium, quod accepit Ammon (345) , — ejusdem epistolæ ad Aphyngium, de catharis (348), — ad Agathum episcopum (348), — ad Menam episcopum (348 v°) ; — S. Cyrilli Alexandrini ad Domnum epistola canonica (349) ; — ejusdem epistola ad episcopos Libyæ et Pentapoleos (351) ; — Gennadii, CP. patriarchæ, epistola encyclica (352) ; — S. Basilii ad Nicopolitas epistolæ fragmentum ; omnia cum Zonaræ commentario (353) ; — Nicolai patriarchæ quæstiones et responsa (353 v°) ; — Photii, CP. patriarchæ, interrogationes decem, cum totidem responsionibus, et fragmenta (354 v°) ; — Timothei Alexandrini responsa canonica alia (362) ; — Anonymi opusculum de quindecim œcumenis et provincialibus conciliis (365) ; — Anonymi fragmentum de theologia, orthodoxa fide,

etc. : Πάντας τοὺς δήμους... (370) ; — Theodori Andidorum episcopi brevis commentatio de divinæ liturgiæ symbolis ac mysteriis (418) ; — Michaelis Glycæ excerpta SS. Patrum (379) ;
— De gradibus cognationis (380) ; — Joannis patriarchæ ad
metropolitam quemdam decretum de nuptiis a Niceta, diacono
et chartophylace, compositum, etc. (382) ; — Synodi apud
~~Cairum~~ a. 1593 habitæ capita xii. de rebus ecclesiasticis (384) ;
— Neophyti, CP. patriarchæ, constitutio a. 1611 (387 v°) ; —
Ordo sedium Hierosolymit. patriarchæ subjectarum (389 v°).

Copié en 1598 par Nicolas ὁ Ἐλαιάδουλχος. Pap. 389 fol. (Reg. 2040, 2.) *M.*

1324. Pauli et Petri canones ecclesiastici, fine mutili (1) ;
— Joannis Antiocheni et Photii, CP. patriarchæ, præfationes
(3) ; — Photii, CP. patriarchæ, nomocanon (14) ; — Canones
apostolorum et conciliorum xv. (51 v°) ; — Dionysii Alexandrini ad Basilidem epistola (175 v°) ; — Petri Alexandrini canones (178) ; — S. Gregorii Neocæsariensis epistola canonica
(184 v°) ; — S. Athanasii Alexandrini epistola ad Amunem
monachum (187) ; — ejusdem epistolæ xxxix. festivalis fragmentum (189) ; — S. Basilii ad Amphilochium epistolæ canonicæ tres (190 v°), — fragmentum epistolæ ad Amphilochium, de ciborum differentia (205 v°) ; — ad Diodorum
Tarsensem (206) ; — ad Gregorium presbyterum (208 v°) ; —
ad chorepiscopos (209), —'ad episcopos subditos (210) ; —
fragmentum cap. xxvii. et xxix. de S. Spiritu (210 v°) ; —
S. Gregorii Nysseni ad Letoium epistola canonica (213) ; —
S. Gregorii Nazianzeni versus de libris V. et N. Testamenti
qui legi debent (220) ; — Amphilochii Iconiensis versus de
eodem (220 v°) ; — Timothei Alexandrini responsa canonica
(221 v°) ; — Theophili Alexandrini allocutio cum Theophania
die Dominica inciderit (222 v°) ; — ejusdem commonitorium
quod accepit Ammon (222 v°) ; — ejusdem epistolæ ad Aphyngium, de catharis (234), — ad Agathum episcopum (234), —
ad Menam episcopum (234 v°) ; — S. Cyrilli Alexandrini ad
Domnum epistola canonica (234 v°) ; — ejusdem epistola ad
episcopos Libyæ et Pentapoleos (236) ; — Gennadii, CP. patriarchæ, epistola encyclica (236 v°) ; — Epistola de modo
recipiendi hæreticos ad catholicam ecclesiam redeuntes : Τινὰ

διελέχθη... (240) ; — S. Athanasii epistola ad Rufinianum (241);
— Justiniani imp. novella LXXVII. (242) ; — Index novellarum
Justiniani quæ cum sacris canonibus consentiunt (243); —
Justiniani novellarum capita selecta LXXXVII. quæ cum sacris
canonibus consentiunt (247) ; — Theodosii et Valentiniani,
Justiniani, Leonis et Anastasii impp. constitutiones civiles
XXIII. cum ecclesiasticis canonibus consonantes (266 vº) ; —
Collectio eorum quæ dicta sunt in Codice, Digestis, Institu-
tionibus et Novellis de episcopis, clericis, etc., cum paratitlis
(310 vº); — Heraclii imp. constitutiones quatuor (375); —
Maximi patriarchæ expositio rectæ fidei de S. Spiritu contra
Latinos (388).

Copié en 1105 par Nicolas et Jean, prêtre. Parch. 389 fol. (Mazarin.-
Reg. 2043.) *M.*

1325. Canones conciliorum, incipientes ab Ancyrano con-
cilio, initio mutili (1); — Petri, Alexandrini archiepiscopi,
canones (123 vº); — ejusdem [Athanasii Alexandrini] epistolæ
festivalis XXXIX. fragmentum (127 vº); — S. Basilii ad Amphilochium epistolæ canonicæ tres (129), — ad Gregorium
presbyterum (134), — ad Diodorum Tarsensem (138), — ad
chorepiscopos (139), — ad episcopos subditos (140); — S. Basilii fragmentum cap. XXIX. de S. Spiritu (140 vº); — S. Gregorii Nazianzeni versus de libris V. et N. Testamenti (147); —
Amphilochii Iconiensis versus de eodem (147 vº) ; — Timothei
Alexandrini responsa canonica (148 vº); — Theophili Alexandrini allocutio cum Theophania die Dominica inciderit (150 vº);
— ejusdem commonitorium quod accepit Ammon (151);
— ejusdem epistola ad episcopos Libyæ et Pentapoleos (152);
— Gennadii, CP. patriarchæ, epistola encyclica (153); —
S. Cyrilli Alexandrini ad Domnum epistola canonica (154).

XI s. Parch. 154 fol. *M.*

1326. Canones conciliorum, incipientes a canone XXXIX.
concilii Carthaginiensis secundi (1); — Dionysii Alexandrini
ad Basilidem epistola, initio mutila (69); — Petri Alexandrini
canones (70); — S. Gregorii Neocæsariensis epistola canonica
(75 vº); — S. Athanasii Alexandrini epistola ad Amunem monachum (77); — ejusdem epistolæ XXXIX. festivalis fragmentum (79); — S. Basilii ad Amphilochium epistolæ canonicæ

tres (80 v°), — fragmentum epistolæ ad Amphilochium, de
ciborum differentia (93 v°), — ad Diodorum Tarsensem (93 v°),
— ad Gregorium presbyterum (95 v°), — ad chorepiscopos (96),
— ad episcopos subditos (97), — fragmentum cap. xxvii. et xxix.
de S. Spiritu (97 v°); — S. Gregorii Nysseni ad Letoium epistola canonica (99 v°); — S. Gregorii Nazianzeni versus de
libris V. et N. Testamenti (105 v°); — Amphilochii Iconiensis
versus de eodem (106); — Timothei Alexandrini responsa
canonica (107 v°); — Theophili Alexandrini allocutio cum
Theophania die Dominica inciderit (109); — ejusdem commonitorium quod accepit Ammon (109); — ejusdem epistolæ
ad Aphyngium de catharis (110 v°), — ad Agathum episcopum
(110 v°), — ad Menam episcopum (111); — S. Cyrilli Alexandrini ad Domnum epistola canonica (111); — ejusdem epistola
ad episcopos Libyæ et Pentapoleos (112); — Gennadii, CP.
patriarchæ, epistola encyclica (113); — Epistola de modo
recipiendi hæreticos ad catholicam ecclesiam redeuntes : Τινὰ
διελέγθη... (115); — S. Athanasii epistola ad Rufinianum
(115 v°); — Justiniani imp. novella lxxvii. (116 v°); — Index
novellarum Justiniani quæ cum sacris canonibus consentiunt
(118); — Justiniani novellarum capita selecta lxxxvii. quæ cum
sacris canonibus consentiunt (121); — Theodosii et Valentiniani, Justiniani, Leonis et Anastasii impp. constitutiones civiles xxiii. cum ecclesiasticis canonibus consonantes (138); —
Collectio eorum quæ dicta sunt in Codice, Digestis, Institutionibus et Novellis de episcopis, clericis, etc., fine mutila (174 v°).

XI s. Parch. 187 fol. (Colbert. 924.) *M.*

1327. Joannis Zonaræ commentarii in canones conciliorum
Carthaginiensis, Ancyrani, Neocæsariensis, Gangrensis, œcu-
menici septimi et Antiocheni (1); — ejusdem commentarii
in S. Gregorii Nysseni canones (133), — in S. Cyrilli Alexandrini ad Domnum epistolam canonicam (147 v°), — in ejusdem
epistolam ad episcopos Libyæ et Pentapoleos (150), — in
Theophili Alexandrini allocutionem, cum Theophania die
Dominica inciderit (151), — in Timothei Alexandrini responsa
canonica (155 v°), — in Dionysii Alexandrini ad Basilidem
epistolam (161), — in Petri Alexandrini canones (165 v°), —

in S. Gregorii Neocæsariensis epistolam canonicam (177), —
in Gennadii, CP. patriarchæ, epistolam encyclicam (182 v°); —
Interrogationes quorumdam monachorum, cum CP. synodi
responsis, sub Nicolao patriarcha (185); — Theodori Balsamonis disceptatio de eo, num unus et idem duabus sobrinis
jungi debeat (180); — Commonitorium de Græcæ et Romanæ
ecclesiæ sub Constantino et Romano impp. (191); — Theodoreti Cyrensis fragmenta de materia mundi, etc. (197); — Hippocratis ad Demagetum epistola (208 v°); — Josephi Bryennii
dissertatio de divina operatione et de lumine in monte Thabor
viso (209), — disputatio, Deum esse simplicem et omnis com-
positionis expertem (210 v°), — de adversis et cur eveniant
(212), — de processione S. Spiritus (214), — oratio de Domino
cruci affixo (222 v°), — de idololatria (223); — S. Cyrilli the-
saurorum fragmenta de genito et ingenito (223 v°); — Gregorii
Palamæ de S. Cyrillo excerpta, e libro contra Latinos (234 v°);
— Anonymi fragmentum de orthodoxia in rebus : 'Ορθοδοξία
λέγεται... (238 v°); — Amyrutzæ supplicatio ad Deum (239 v°);
— Marci Ephesini epistola encyclica de synodo Florentina
non recipienda (241 v°); — ejusdem ad Georgium Scholarium
epistola contra ritus Romanæ ecclesiæ (244 v°) ; — ejusdem
ad eumdem epistola gratulatoria quod a Latinis desciverit
(246 v°); — ejusdem professio fidei (248); — ejusdem ad Latinos responsio de igne purgatorio (251); — S. Athanasii
disputatio contra Arium in synodo Nicæna (260); — ejusdem
ad Serapionem epistola de divinitate S. Spiritus (281 v°); —
ejusdem epistola ad Amunem monachum, cum Joannis Zonaræ
commentario (303 v°); — ejusdem fragmentum epistolæ xxxix.
festivalis, cum commentario (308 v°); — ejusdem epistola ad
Rufinianum, cum commentario (310 v°); — S. Basilii ad Amphilochium canones lxxxv., cum Joannis Zonaræ commentario (313); — ejusdem fragmentum epistolæ ad Amphilochium
de ciborum differentia (362), — epistola ad Diodorum Tarsensem (362 v°), — ad Gregorium presbyterum (368), — ad chorepiscopos (369 v°), — ad episcopos subditos (370 v°), — fragmentum cap. xxvii. et xxix. de S. Spiritu, ad Amphilochium,
omnia cum interpretatione (373); — ejusdem ad Amphilochium
epistolæ dogmaticæ xxvi. (378); — S. Athanasii professio fidei,

ad Julium papam (444 v°), — expositio symboli (445 v°), —
expositio fidei (446); — ejusdem [S. Joannis Damasceni] dialogus adversus Manichæos (448 v°).

Copié en 1562 par Zacharie de Crète. Pap. 478 fol. (Hurault.-Reg. 2502.) *M.*

1328. Photii, CP. patriarchæ, nomocanon, cum Theodori
Balsamonis scholiis, a tit. iv, 10 ad xiii, 23 (1); — Anonymi
narratio de Christi genealogia, Joanne Baptista, beata Maria
et Jacobo, fratre Domini : Ἀπὸ τῆς ἐνανθρωπήσεως... (58) —
Canones apostolorum et conciliorum, cum Theodori Balsamonis scholiis (60); — Dionysii Alexandrini ad Basilidem
epistola (308); — Petri Alexandrini canones (311); — S. Gregorii Neocæsariensis epistola canonica (316 v°); — S. Athanasii Alexandrini epistola ad Amunem monachum (322 v°);
— ejusdem epistolæ xxxix. festivalis fragmentum (324 v°); —
ejusdem epistola ad Rufinianum (325); — S. Basilii ad Amphilochium epistolæ canonicæ tres (326), — fragmentum epistolæ
ad Amphilochium, de ciborum differentia (350), — ad Diodorum Tarsensem (350), — ad Gregorium presbyterum (352), —
ad chorepiscopos (353 v°), — ad episcopos subditos (354), —
fragmentum cap. xxvii. et xxix. de S. Spiritu, ad Amphilochium (354 v°); — S. Gregorii Nysseni ad Letoium epistola
canonica (357); — Timothei Alexandrini responsa canonica
(366); — Theophili Alexandrini allocutio cum Theophania
die Dominica inciderit (368 v°); — ejusdem commonitorium
quod accepit Ammon (368 v°); — ejusdem epistolæ ad Aphyngium, de catharis (370 v°), — ad Agathum episcopum (370 v°);
— ad Menam episcopum (371); — S. Cyrilli Alexandrini ad
Domnum epistola canonica (371); — ejusdem epistola ad
episcopos Libyæ et Pentapoleos (372 v°); — S. Gregorii
Nazianzeni versus de libris V. et N. Testamenti qui legi
debent (373); — Amphilochii Iconiensis versus de eodem (373
v°); — Gennadii CP. patriarchæ, epistola encyclica (374); —
S. Basilii ad Nicopolitas epistolæ fragmentum; omnia cum
Theodori Balsamonis scholiis (375); — Theodori Balsamonis
epilogus, versibus iambicis (375 v°); — ejusdem ad Antiochenos epistola de jejuniis per singulos menses (375 v°).

XV s. Pap. 378 fol. Du Fresne.-Reg. 2505) *M.*

1329. Photii, CP. patriarchæ, nomocanon, cum Theodori
Balsamonis commentario.

XVI s. Pap. 381 fol. (Mazarin.-Reg. 2507.) M.

1330. Joannis Zonaræ monachi commentarii in canones
conciliorum Gangrensis, Antiocheni, Laodicensis, Sardicensis
et Carthaginiensis, initio mutili (1); — Cyrilli Alexandrini,
Attici CP., etc., epistolæ, cum Zonaræ commentariis (86); —
Ex actis CP. de Agapio et Bagadio (88 vᵒ); — Dionysii
Alexandrini ad Basilidem epistola (90); — Petri Alexandrini
canones (92); — S. Gregorii Neocæsariensis epistola canonica (100); — S. Athanasii Alexandrini epistola ad Amunem monachum (103); — ejusdem epistolæ xxxix. festivalis
fragmentum (106); — ejusdem epistola ad Rufinianum
(107 vᵒ); — S. Basilii ad Amphilochium epistolæ canonicæ
tres (103 vᵒ), — ad Diodorum Tarsensem (132), — ad Gregorium presbyterum (135), — ad chorepiscopos (136), — ad
episcopos subditos (136 vᵒ), — fragmentum cap. xxvii. et xxix.
de S. Spiritu, ad Amphilochium (138); — S. Gregorii Nysseni
ad Letoium epistola canonica (141); — Timothei Alexandrini
responsa canonica (151); — Theophili Alexandrini allocutio
cum Theophania die Dominica inciderit (154 vᵒ); — ejusdem
commonitorium quod accepit Ammon (155); — ejusdem epistolæ ad Aphyngium, de catharis (157 vᵒ), — ad Agathum episcopum (158), — ad Menam episcopum (158); — S. Cyrilli
Alexandrini ad Domnum epistola canonica (158); — ejusdem
epistola ad episcopos Libyæ et Pentapoleos (160); — S. Gregorii Nazianzeni versus de libris V. et N. Testamenti (160 vᵒ);
—Amphilochii Iconiensis versus de eodem (161); — Gennadii,
CP. patriarchæ, epistola encyclica (161 vᵒ); — S. Basilii ad
Nicopolitas epistolæ fragmentum; omnia cum Zonaræ scholiis (163); — Interrogationes monachorum et responsa synodi
CP. sub Alexio Comneno (163); — Anonymi opusculum de
illo : Pater meus major me est (164 vᵒ); — S. Basilii opusculum de sacris mysteriis (166); — Ordo indumenti sacerdotalis
in mystagogia (166 vᵒ); — S. Athanasii fragmentum (167);
— SS. Basilii, Joannis Chrysostomi et Joannis Nesteutæ
canonarium (167 vᵒ); — S. Joannis Nesteutæ canonarium

(172); — S. Basilii, etc., capita varia de mollitie (179); —
De Francis et aliis Latinis : Ὁ πάπας Ῥώμης… (181); — Anastasii abbatis adversus Judæos disputatio (182 vᵒ) ; — S. Pauli
apostoli constitutio de canonibus ecclesiasticis (185 vᵒ); —
SS. Petri et Pauli constitutiones variæ (186); — SS. Patrum
et apostolorum excerpta varia (187). — Prior scriptura, unciali charactere, S. Dionysii Areopagitæ opera præferebat.

XIV s. Parch. 188 fol. Palimps. (Colbert. 2313.) *M.*

1331. Photii, CP. patriarchæ, nomocanon, cum Theodori
Balsamonis scholiis (1); — Interrogationes quorumdam monachorum, cum CP synodi responsis, sub Nicolao patriarcha
(80); — Canones apostolorum et conciliorum, cum Theodori
Balsamonis scholiis (82) ; — Dionysii Alexandrini ad Basilidem epistola (335 vᵒ) ; — Petri Alexandrini canones (339) ; —
S. Gregorii Neocæsariensis epistola canonica (344 vᵒ) ; — S.
Athanasii Alexandrini epistola ad Amunem monachum (350);
— ejusdem epistolæ xxxix. festivalis fragmentum (352); —
ejusdem epistola ad Rufinianum (353);— S. Basilii ad Amphilochium epistolæ canonicæ tres (354), — fragmentum epistolæ
ad Amphilochium, de ciborum differentia (388), — ad Diodorum Tarsensem (388 vᵒ), — ad Gregorium presbyterum (390 vᵒ),
— ad chorepiscopos (392), — ad episcopos subditos (392 vᵒ),
— fragmentum cap. xxvii. et xxix. de S. Spiritu, ad Amphilochium (393 vᵒ); — S. Gregorii Nysseni ad Letoium epistola
canonica (396); — Timothei Alexandrini responsa canonica
(406 vᵒ); — Theophili Alexandrini allocutio cum Theophania die Dominica inciderit (409 vᵒ); — ejusdem commonitorium quod accepit Ammon (409 vᵒ); — ejusdem epistolæ
ad Aphyngium, de catharis (411 vᵒ), — ad Agathum episcopum (412), — ad Menam episcopum (412); — S. Cyrilli
Alexandrini ad Domnum epistola canonica (412 vᵒ) ; — ejusdem epistola ad episcopos Libyæ et Pentapoleos (414); — S.
Gregorii Nazianzeni versus de libris V. et N. Testamenti qui
legi debent (414 vᵒ); — Amphilochii Iconiensis versus de
eodem (415); — Gennadii, CP. patriarchæ, epistola encyclica
(416); — S. Basilii ad Nicopolitas epistolæ fragmentum;
omnia cum Theodori Balsamonis scholiis (417); — Theodori

Balsamonis epilogus, versibus iambicis (417 v°); — ejusdem epistola ad ad Antiochenses de jejuniis per annum (418), — meditationes de patriarcharum privilegiis (423 v°), — meditationes de officio chartophylacis et protecdici (429 v°), — epistola de incensis quæ a patriarcha dari solent (434 v°), — meditationes de convocatione quæ fit ad sacras monasteriorum ædes (437 v°), — ad Theodosium monachum, de monachis viliore panno indutis (438 v°), — meditatio de non legendis mathematicis libris (444), — de eo, num unus et idem duabus sobrinis jungi debeat (447 v°), — responsionum ad Marci Alexandrini quæstiones canonicas cap. vi-lxix. (452); — De modo quo episcopus judicare debeat delinquentes, ex Constitut. apost., II, 11-12. (466 v°); — De mensuris fragmentum (466 v°); — Methodus inveniendi cyclum solarem et lunarem (466 v°); — Pilati ad Tiberium imp. epistola de Christo (467); — S. Maximi tractatus de statu ecclesiæ catholicæ (469); — Anonymi narratio utilis : Τῷ πεφωτισμένῳ Εὐλογίῳ... (469 v°); — Anastasii Sinaitæ quæstio de juramentis (470 v°); — S. Basilii epistola ad Gregorium presbyterum (470 v°); — Nicolai, CP. patriarchæ, carmen de vitæ rectæ instituendæ ratione (471).

XIV s. Parch. 473 fol. (Mazarin.-Reg. 2504.) *M.*

1332. Theodori Balsamonis commentarii in.canones apostolorum et in septem primas synodos œcumenicas.

XVI s. Pap. 483 pages. (Mazarin.-Reg. 2506.) *M.*

1333. Theodori Balsamonis constitutionum imperatoriarum de rebus ecclesiasticis libri tres (1); — Heraclii imp. novellæ constitutiones tres priores (238).

XVI s. Pap. 259 pages. (Colbert. 3143.) *M.*

1334. Joannis Antiocheni præfatio in suam titulorum l. collectionem, initio et fine mutila (1); — Photii, CP. patriarchæ, nomocanon, initio mutilum (2); — Canones apostolorum et conciliorum (49); — Dionysii Alexandrini ad Basilidem epistola (159 v°); — Petri Alexandrini canones (161 v°); — S. Gregorii Neocæsariensis epistola canonica (166); — S. Athanasii Alexandrini epistola ad Amunem monachum (167 v°); — ejusdem epistolæ xxxix. festivalis fragmentum

(169) ; — S. Basilii ad Amphilochium epistolæ canonicæ tres
(170 v°), — fragmentum epistolæ ad Amphilochium, de ciborum differentia (181), — ad Diodorum Tarsensem (181 v°), —
ad Gregorium presbyterum (183), — ad chorepiscopos (183 v°),
— ad episcopos subditos (184), — fragmentum cap. xxvii. et
xxix. de S. Spiritu, ad Amphilochium (185); — S. Gregorii
Nyssenii ad Letoium epistola canonica (186 v°); — S. Gregorii Nazianzeni versus de libris V. et N. Testamenti (191 v°);
— Amphilochii Iconiensis versus de eodem (192); — Timothei Alexandrini responsa canonica (193); — Theophili
Alexandrini allocutio cum Theophania die Dominica inciderit
(195); — ejusdem commonitorium, quod accepit Ammon
(195); — ejusdem epistolæ ad Aphyngium, de catharis (196),
— ad Agathum episcopum (196), — ad Menam episcopum
(196 v°); — S. Cyrilli Alexandrini ad Domnum epistola canonica (196 v°) ;. — Gennadii, CP. patriarchæ, epistola encyclica
(198); — Epistola de modo recipiendi hæreticos ad catholicam ecclesiam redeuntes : Τινὰ διελέχθη... (201); — S. Athanasii epistola ad Rufinianum episcopum (201 v°); — Justiniani imp. novella lxxvii. (202) ; — Index novellarum
Justiniani quæ cum sacris canonibus consentiunt (203); —
Justiniani novellarum capita selecta lxxvii., quæ cum sacris
canonibus consentiunt (206); — Theodosii et Valentiniani,
Justiniani, Leonis et Anastasii impp. constitutiones civiles
xxv. cum ecclesiasticis canonibus consonantes (220); —
Collectio eorum quæ dicta sunt in Codice, Digestis, Institutionibus et Novellis de episcopis, clericis, etc., cum paratitlis,
fine mutila (253 v°).

X s. Parch. 313 fol. (Reg. 2044.) *M.*

1335. Joachimi abbatis collectanea e conciliis et SS. PP.
scriptis : S Joannis, Chrysostomi et Isidori Pelusiotæ fragmenta de legendis Scripturis (2 v°); — S. Cyrilli Alexandrini
fragmenta duo (5 v°); — Neophyti monachi lamentatio de
calamitatibus in Cypro insula, a. 1191, sub Richardo, Angliæ
rege (6); — Nicephori Callisti breve chronicon imperatorum
et patriarcharum CP. (8); — Anonymi oratio de extremo
judicio et corporum resurrectione, initio mutila (9); — Ma-

carii et Isaaci Syri fragmenta de eodem (11 v°); — Anonymi
opusculum de generalibus conciliis : Χρὴ γινώσκειν πάντα...
(12 v°); — Ordo sedium Cypri insulæ sub Constantino et Leone
impp. (14 v°); — Joannis Zonaræ collectionis canonum epitome (15); — Nicephori, CP. patriarchæ, canones (35) ; — S.
Justini philosophi fragmentum de Christi incarnatione et
resurrectione (36 v°); — Chosrois vaticinium de fine mundi
(36 v°); — Anastasii, Cæsareæ in Palæstina episcopi, fragmentum de jejunio beatæ Mariæ (37); — Anonymi opusculum
de eodem : Ἡ πρὸ τῆς κοιμήσεως... (38); — Joannis Zonaræ
epistolæ xvi. ad varios de rebus ecclesiasticis (39); — SS.
Patrum fragmenta de modo accedendi ad sacram mensam,
absente sacerdote (76), — et de fugiendis hæreticis (85 vᶜ); —
S. Gregorii Nysseni epistola de iis qui adeunt Hierosolymam
(92); — SS. Basilii et Gregorii Nazianzeni epistolæ variæ
(93 v°) ; — S. Cyrilli Hierosolymitani catecheses xii-xv.
(133 v°); — S. Joannis Chrysostomi homilia de falsis prophetis
(166 v°); — ejusdem epistola ad Cyriacum episcopum (178 v°);
— Procli, CP. episcopi, epistola ad Armenios, de fide (181);
— Leontii eremitæ opusculum adversus illos qui Nestorii
errores defendunt (186); — ejusdem confutatio Theodori et
aliorum hæreticorum (196); — S. Cyrilli Alexandrini capita
xii. de fide, adversus Nestorium (202 v°); — S. Joannis Damasceni epistola de imaginibus, ad Theophilum imp. (203 v°);
— Heliæ, presbyteri et magnæ ecclesiæ œconomi, narratio
de miraculo in templo Deiparæ patrato (213 v°); — Anonymi
narratio de sacris imaginibus restitutis : Τοῦ βασιλέως Θεοφίλου... (216); — Photii, CP. patriarchæ, epistolæ xxvi. ad varios
(221); — Nicolai, Methonensis episcopi, tractatus de processione S. Spiritus, adversus Latinos (271); — ejusdem tractatus de azymis, adversus Latinos (284) ; — Michaelis Cerularii
ad Petrum Antiochenum epistolæ duæ (298 v°); — Papæ
epistola ad CP. patriarcham, cum ejus responsione (302 v°);
— Germani, CP. patriarchæ, epistola ad Neophytum, Cypri
archiepiscopum (304); — ejusdem ad Cyprios epistola (307);
— ejusdem epistola, Niceæ data, ad patriarcham latinum CP.
(309 v°); — Historia xiii. sanctorum in insula Cypro, a. 1231,
a Latinis in ignem conjectorum (311); — Germani, CP. pa-

triarchæ, epistola ad Gregorium papam, cum responsione
(320 v°); — Fratrum Minorum, summi pontificis legatorum,
professio fidei (324 v°); — Germani, CP. patriarchæ, disputatio cum iisdem legatis (326 v°); — Excerpta varia SS. Patrum (329 v°); — Arsenii, CP. patriarchæ, testamentum
(338 v°); — Anonymi opusculum de schismate Græcorum et
Latinorum : [Λ]εύκιός τις ὀνόματι... (341); — SS. Patrum excerpta
de hora mortis : Ἐτοίμαζε εἰς τὴν ἔξοδον... (344).

XIV s. Bombyc. 347 fol. (Mazarin.-Reg. 2503.) P.

1336. De modo recipiendi hæreticos ad catholicam ecclesiam revertentes : Ἀρειανοὺς μέντοι καὶ Μακεδονιανούς... (1); —
Anathematis formula a Manichæis ad catholicam ecclesiam
reversis subscribenda : Ἀνάθεμα Μάνεντι... (2 v°); — Methodii,
CP. patriarchæ, constitutio de schismaticis ad ecclesiam rever-
tentibus (3 v°); — Oratio ad abluendos recens baptizatos :
Δέσποτα Κύριε ὁ Θεός... (4 v°); — Anonymi opusculum de generalibus conciliis : Χρὴ γινώσκειν πάντα... (5); — Anonymi historia V. Testamenti, initio mutila (9); — Anonymi breves
demonstrationes chronographicæ [ed. Combefis, *Origin. re-
rumque CP. manipulus*, 1664] (111); — Ex Emerii chartularii
rebus a Theodoro conscriptis (117); — Theodori lectoris fragmentum de mulieribus (117 v°); — De spectaculis CP. (118 v°);
— S. Athanasii, Alexandrini episcopi, oratio in Melchisedech
(134); — ejusdem epistola ad Antiochum ducem (137); —
Anonymi chronicorum ecloge, e Joanne Malala, Georgio
Syncello et Theophane, ab Adamo ad Michaelem, Nicephori
imp. generum; desinit in Trajano (143).

XI s. Parch. 160 fol. (Medic.-Reg. 2570.) M.

1337. Matthæi Blastaris syntagma alphabeticum rerum omnium, quæ in sacris canonibus comprehenduntur (1); —
ejusdem synopsis nomocanonis S. Joannis Nesteutæ (187); —
Nicetæ Heracleensis ad Constantinum episcopum responsa
canonica (190); — Nicephori, CP. patriarchæ, canones ecclesiastici xxxvii. (190 v°); — Matthæi Blastaris capita xxiv. e
Joannis Citrii ad Constantinum Cabasilam responsis canonicis
(192); — Officia magnæ ecclesiæ (196 v°); — Canones lxxxv.
SS. Apostolorum (197); — Canones xx. concilii Nicæni primi

(201); — Canones viii. concilii CP. primi (204); — Canones
viii. concilii Ephesini (205 v°); — Canones xxx. concilii Chalcedonensis (206 v°); — Canones cii. concilii Quinisexti (210
v°); — Canones xxii. concilii Nicæni secundi (230); — Canones xvii. concilii CP. primi et secundi (236); — Canones
iii. concilii CP. in templo S⁰. Sophiæ (241 v°); — Canones xxv.
concilii Ancyrani (242); — Canones xv. concilii Neocæsariensis (244 v°); — Canones xxi. concilii Gangrensis (245); —
Canones xxv. concilii Antiocheni (246 v°); — Canones lx.
concilii Laodiceni (250); — Canones xxi. concilii Sardicensis
(152 v°); — Acta et canones xciii. concilii Carthaginiensis
(257); — Dionysii Alexandrini ad Basilidem epistola (270); —
Petri Alexandrini canones (270); — ·S. Gregorii Neocæsariensis epistola canonica (272); — S. Basilii ad Amphilochium
epistolæ canonicæ tres (272 v°); — ejusdem fragmentum
epistolæ ad Amphilochium, de ciborum differentia (283); —
ejusdem ad Gregorium presbyterum epistola (283); — S. Gregorii Nysseni ad Letoium epistola canonica (284); — Timothei Alexandrini responsa canonica (289); — S. Athanasii
Alexandrini epistola ad Amunem monachum (290 v°); —
Theophili Alexandrini canones decem (292 v°). — S. Cyrilli
Alexandrini epistola ad episcopos Libyæ et Pentapoleos (293);
— S. Gregorii Nazianzeni versus de libris V. et N. Testamenti
qui legi debent (293); — Amphilochii Iconiensis versus de
eodem (294); — S. Joannis Chrysostomi canonicon (295); —
De gradibus cognationis (295 v°); — Leonis Sapientis imp.
ordo thronorum (297); — S. Basilii ad Cæsarium epistolæ de
sancta communione fragmentum (298); — De hæresiarchis
fragmentum : Ὁ Ἄρρειος οὐχ ὁμοούσιον... (298); — Theodori,
Scythopoleos episcopi, anathematismi xii. doctrinæ Orige-
nianæ (298 v°); — Theodori Balsamonis responsa ad Marci
Alexandrini canonicas quæstiones (305); — Synodi CP. sub
Alexio Comneno responsa ad monachorum quorumdam quæstiones (328 v°); — Petri Antiocheni ad Dominicum Gradensem epistola de azymis (332 v°); — Additamenta (344).

XV s. Pap. 345 fol. (Dufresne.-Reg. 2509.) *M.*

1338. Matthæi Blastaris syntagma alphabeticum rerum

omnium quæ in sacris canonibus comprehenduntur (1); —
Constantini Harmenopuli promptuarium legum, libris VI.
(210).

XV s. Pap. 372 fol. (Medic.-Reg. 2510.) *M.*

1339. Matthæi Blastaris syntagma alphabeticum rerum
omnium quæ in sacris canonibus comprehenduntur (2); —
præmittuntur varia de mensibus Atheniensium, Macedonum,
Judæorum, Ægyptiorum et Romanorum, de septem hominis
ætatibus, de digitorum nominibus, de mensuris et ponderibus
de Prophetarum et Apostolorum nominibus (1); — Matthæi
Blastaris synopsis nomocanonis S. Joannis Nesteutæ (220);
— Nicephori, CP. patriarchæ, canones ecclesiastici xxxvii.
(225); — Matthæi Blastaris capita xxiv. e Joannis Citrii ad
Constantinum Cabasilam responsis canonicis (226 v°); —
Officia magnæ ecclesiæ (232 v°); — Ordo thronorum (232 v°);
— Ordo sedium Thessalonic. metropolitæ subjectarum (233);
— Vocum latinarum interpretatio (233 v°); — S. Cyrilli
Alexandrini adversus Nestorium capita xii. (234); — Socratis
fragmentum de sedium mutatione (235); — Matthæi Bla-
staris versus de ecclesiæ et aulæ CP. dignitatibus (235); —
Canones SS. Apostolorum (236); — Canones conciliorum
(239); — Excerpta varia juridica (272 v°).

XV s. Parch. 276 fol. (Reg 2510, 2.) *M.*

1340. Matthæi Blastaris syntagma alphabeticum rerum
omnium quæ in sacris canonibus comprehenduntur.

XVII s. Copié par J.-B. Cotelier. Pap. xii ff. et 575 pages. (Baluz.-Reg.
2509, 2.) *M.*

1341. Matthæi Blastaris syntagma alphabeticum rerum
omnium quæ in sacris canonibus comprehenduntur (1); —
Officia magnæ ecclesiæ (271 v°).

Copié en 1593 par Jean de Santa-Maura. Pap. 271 fol. (Teller. Rem.-
Reg. 2039, 3.) *M.*

1342. Matthæi Blastaris syntagma alphabeticum rerum
omnium quæ in sacris canonibus comprehenduntur (1); —
ejusdem synopsis nomocanonis S. Joannis Nesteutæ (496);
— Nicetæ Heracleensis ad Constantinum episcopum responsa
canonica (504 v°); — Nicephori, CP. patriarchæ, canones ec-

clesiastici xxxvii. (506); — Matthæi Blastaris capita xxiv. e
Joannis Citrii ad Constantinum Cabasilam responsis canonicis
(510); — Officia magnæ ecclesiæ (521 vᵒ); — Ordo thronorum
(522).

XVI s. (Copié par André Darmarios.) Pap. 530 fol. (J.-A. de Thou.-
Colbert. 1475.) *M.*

1343. Joannis, Russiæ metropolitæ, epistola ad Clementem
papam (1); — Officium magistratuum, regis, patriarchæ, etc.
ex Epanagoge (5); — Officia magnæ ecclesiæ CP. (6); —
Leonis, Constantini et Basilii impp. prochiron auctum (10);
— Novellæ (189); — Paratitla (233 vᵒ); — Sacramentum triplex
et edicta (233 v°); — Mandatum omni clero et populo datum
ut recens electum patriarcham accipiant (236 vᵒ); — Collectio
vocum latinarum, cum interpretatione, alphabetice (238).

XVI s. Pap. 241 fol. (Fontebl.-Reg. 2051.) *M.*

1344. Collectio eorum quæ dicta sunt in Codice, Digestis,
Institutionibus et novellis de episcopis, clericis, monachis et
rebus sacris (1); — Heraclii imp. constitutiones quatuor (87).

XVI s. (Copié par Jean de Santa-Maura.) 96 fol. (Teller. Rem.-Reg.
2052, 2.) *M.*

1345. Basilicorum libri XXXVIII-XLII., cum scholiis.

XII s. Parch. 143 fol. (Reg. 2046.) *M.*

1346. Ecloge et synopsis librorum LX. Basilicorum, alphabetice (1) ; — Novellæ selectæ Romani senioris, Constantini
Porphyrogeniti, Romani junioris et Nicephori Phocæ (233);
— Constantini Porphyrogeniti novellæ XI. (253 vᵒ); — Nicephori Phocæ novellæ quinque (257); — Leonis Sapientis imp.
novellarum delectus, titulis LV. (260); — Excerpta e Digestis
et Basilicis (269 vᵒ); — S. Gregorii Nazianzeni testamentum
(272); — Moschionis præcepta (273 vᵒ); — De bissexto
(273 vᵒ); — De generatione hominis, et cur iii, ix. et xl. post
mortem die justa persolvantur (274); — De fluviis et mense
augusto (275); — Herodiani tractatus de numerorum notis
(275 vᵒ); — S. Gregorii Nazianzeni fragmentum orationis in
laudem S. Basilii (276).

XI s. Parch. 276 fol. (Reg. 2048.) *M.*

1347. Ecloge et synopsis librorum lx. Basilicorum, alphabetice (1); — Novellæ selectæ Romani senioris, Constantini Porphyrogeniti, Romani junioris et Nicephori Phocæ (417); — Constantini Porphyrogeniti novellæ xi. (469 v°); — Nicephori Phocæ novellæ quinque (485);—Leonis Sapientis imp. novellarum delectus, titulis lv. (488);— Novella Basilii Porphyrogeniti, jan. 6504. (512 v°); — Sisinnii, CP. patriarchæ, sententia synodica adversus incestas nuptias (520); — Excerpta ex Digestis et Basilicis (527).

XVI s. Pap. 553 fol. (Fontebl.-Reg. 2049.) *M.*

1348. Basilicorum libri XX-XXX., cum scholiis.

XIII s. Bombyc. 365 fol. (Reg. 2045.) *M.*

1349. Basilicorum libri XLV-XLVIII., cum scholiis (1); — Eustathii antecessoris liber de temporum intervallis a momento ad annos c. (207); — E lege Falcidia, de hæreditatibus (233).

XI s. Parch. 238 fol. (Medic.-Reg. 1840.) *G.*

1350. Basilicorum liber LX., cum scholiis.

XIII s. Parch. 254 fol. (Reg. 2047.) *G.*

1351. Ecloge et synopsis librorum LX. Basilicorum, alphabetice (1); — Novellæ selectæ Romani senioris, Constantini Porphyrogeniti, Romani junioris, Nicephori Phocæ, Joannis et Basilii junioris (337); — Leonis Sapientis imp. novellarum delectus, titulis lvi. (369 v°); — Novellæ selectæ Constantini Porphyrogeniti, Leonis Sapientis, Manuelis Comneni et Nicephori Botaniatæ (386 v°); — Jurisjurandi formula eorum qui munera obeunt (407); — Eustathii Magistri, Romani, liber de hypobolo (408); — Anonymi fragmentum de peculio castrensi et paganico (408 v°); — Anonymi opusculum de temporum intervallis a momento ad annos c. (409); — Anonymi opusculum de variis capitibus : Μηδεὶς ἀποκρισίαριος ἐναγέσθω... (427 v°); — Vocum latinarum interpretatio (430); — Lexica tria vocum latinarum in legibus occurrentium (430 v°); — Septem sapientum apophthegmata (446 v°); — Fragmentum de mensuris : Ἡ παλαιστὴ ἔχει δακτύλους δ΄ (446 v°); — Matthæi monachi versus politici de officiis magnæ ecclesiæ et aulæ CP. (447); — Michaelis patriarchæ fragmentum epistolæ de gradibus cognationis (449); — Joannis Xiphilini de

sponsalibus opuscula duo (450) ; — Nicephori Botaniatæ aurea
bulla de incestis nuptiis (452 v°) ; — Alexii Comneni novella
de sponsalibus (454) ; — Joannis Curopalatæ suggestio ad
superiorem novellam, cum Alexii responsione (457) ; — Demetrii Cyziceni, Alexii Comneni et aliorum capita varia de
sponsalibus (462) ; — Isaaci Angeli novella de electionibus
(466 v°) ; — Anonymi opusculum de hæresibus : Ὁ περὶ τὸν
Ἄρειον κτίσμα... (471 v°).

XV s. Pap. 472 fol. (Reg. 2520.) *M.*

1351 A. Leonis, Constantini et Basilii impp. prochiron
auctum (1) ; — Novellæ (245 v°) ; — Paratitla (274 v°) ; — Sacramentum triplex et edicta (292 v°) ; — Athanasii, CP. patriarchæ, novella et epistolæ patriarchales quatuor (396) ; —
Collectanea juridica legum rusticarum, navalium, canonum
apostolorum et synodorum, etc. (337 v°) ; — Gregorii Palamæ,
Thessalonicensis metropolitæ, confessio (350).

XV s. Pap. 352 fol. *M.*

1352. Basilicorum synopsis libri I-XVIII, 2, cum scholiis
(1) ; — Fragmenta Sclavonica (125 v°).

XIII s. Parch. 187 fol. (Dupuy.-Reg. 1839.) *G.*

1353. Theodori Hermopolitæ commentarii in eclogas decem priorum librorum Basilicorum.

XV s. Pap. 220 fol. (Medic.-Reg. 2525.) *M.*

1354. Basilicorum tituli varii, sine ordine, e libris XXVIII-
XXIX. et XLV-XLVIII, cum scholiis (5) ; — Anonymi opusculum de temporum intervallis a momento ad annos c., fine
mutilum (437).

Copié en 1556. Pap. 458 fol. (Colbert. 3085.) *G.*

1355. Romani Lecapeni novella de jure prælationis (1 v°) ;
— Constantini Harmenopuli promptuarium juris civilis, in sex
libros divisum, cum scholiis (4) ; — Leges colonariæ (269 v°) ;
— De patriarcha illiusque officio (285) ; — Constantini Har-
menopuli epitome divinorum sacrorumque canonum (275 v°) ;
— Constantini Porphyrogeniti novella de homicidio (304 v°) ; —
Officia aulæ CP. (306 v°) ; — Constantini Magni de Papa edic-
tum (307) ; — Officia magnæ ecclesiæ CP. (308 v°) ; — Ordo

sedium patriarchæ CP. obnoxiarum (308 v°); — De gradibus
cognationis (311 et 314); — Nicephori Botaniatæ chrysobulla
de nuptiis (312 v°); — Basilii Thessalonicensis fragmenta de
gradibus cognationis (313 v° et 315); — Michaelis Cerularii
epistola de matrimonio prohibito (314); — Joannis Chartophylacis fragmentum de matrimonio (319 v°);— Petri Chartophylacis interrogata et responsa de jure canonico (320); —
Jusjurandum quod præstare debent Judæi ad Christianam
fidem conversi (320 v°); — De sacerdote homicida et deposito
fragmentum (321 v°); —Series regum Israel in Samaria (322);
— Series regum et imperatorum Romanorum (322); — Series
imperatorum CP. (322 v°); — Historia synodi adversus S.
Joannem Chrysostomum habitæ, cum epistola Innocentii I.
papæ ad Arcadium (323 v°); — Constantini Harmenopuli liber
de opinionibus hæreticorum qui singulis temporibus exstite-
runt (326); — Decretum synodale de gradibus cognationis, etc. (328); —Demetrii Chomateni, Bulgariæ archiepiscopi,
annotatio de eo quod unum et idem duabus sobrinis jungi
non debeat (330 v°); — Decretum synodi, sub Joanne Xiphilino habitæ, de sponsalibus (332); — Alexii Comneni novella
de sponsalibus (333); — Epistola de modo recipiendi hæreticos
ad catholicam ecclesiam redeuntes : Τίνα διελέχθη... (337); —
Series patriarcharum CP. (337 v°); — Michaelis Chumni, Thessalonicensis metropolitæ, fragmentum de gradibus cognationis (340); — Ordo officiorum palatii CP. (341); — Epochæ
celebriores (341); — Eustathii antecessoris liber de temporum intervallis a momento ad annos c. (343); — Justiniani
imp. novellæ ecclesiasticæ (356); — Novellæ selectæ Romani
senioris, Constantini Porphyrogeniti, Nicephori Phocæ et
Leonis impp. (379); — Leonis Sapientis imp. novellarum
delectus, titulis LV. (397 v°); — Explicatio vocum latinarum
in libris juridicis occurrentium (411).

XV s. Pap. 433 fol. (Fontebl.-Reg. 2522.) *M.*

1356. Excerpta varia ad imperatorum, patriarcharum, etc.,
officium et jurisdictionem pertinentia, ex Epanagogo (1); —
Moschionis præcepta (5 v°); — Glossæ nomicæ (6 v°); —
Leonis, Constantini et Basilii impp. prochiron auctum (13);

— Novellæ (242 v°); — Paratitla (247 v°); — Leges rusticæ
(265); — Fragmenta legum navalium (269 v°); — Athanasii,
CP. patriarchæ novella (270); — Mandatum omni clero et po-
pulo datum ut recens electum patriarcham accipiant (272 v°);
— Sacramentum triplex et edicta (273 v°); — Lex nautica
Rhodiorum (277); — Series regum et imperatorum Israel
Judæ et Samariæ, Assyriorum, Græcorum, Romanorum et
CP. usque ad Joannem V. Palæologum (279); — Series
patriarcharum CP. (281 v°); — Series patriarcharum Romanorum (283); — Series patriarcharum Alexandrinorum, Antio-
chenorum Hierosolymit. (283 v°); — Ordo thronorum (287);
— Michaelis, CP. patriarchæ, epistola de præsanctificatis pa-
nibus, etc. (295); — Joannis, Phurni monachi, ad Gregorium
Antigonitam epistola de quadragesimalibus diebus, etc. (297);
— Nicolai, Andidorum episcopi, expositio cæremoniarum et
mysteriorum sacræ liturgiæ (302 v°); — S. Basilii historiæ
mystagogicæ fragmentum (317); — S. Gregorii Nysseni, Demetrii, Bulgariæ archiep., et Photii CP. fragmenta liturgica
(318); — Lex nautica Rhodiorum, scr. a 1478 (319); — Photii
CP. ad Michaelem Bulgarorum principem epistolæ fragmentum, et expositio de VII. Conciliis œcumenicis (326); — Fragmenta theologica, foliis iv., initio et fine codicis, membr., s. x.

XIV s. Pap. 334 fol. (Reg. 2525, 2.) *M.*

1357. Epanagoge aucta (1); — Eustathii antecessoris liber
de temporum intervallis a momento ad annos c. (97); —
Leges colonariæ (114); — Leges militares, ex Rufo et tacticis (119); — Basilicorum libri XLVI-LII, 2. (123).

XV s. Pap. 277 fol. (Colbert. 3224.) *M.*

1357 A. Basilicorum synopsis (μικρὸν κατὰ στοιχεῖον), auctore
anonymo, initio mutila (I, 3), cum scholiis (1); — Novellæ
Romani senioris, Constantini Porphyrogeniti et Nicephori
Phocæ (226); — Eustathii antecessoris liber de temporum
intervallis a momento ad annos c. (237); — Leonis Sapientis
imp. novellarum delectus, titulis lvi. (258 v°); — Novella
Basilii Porphyrogeniti, jan. 6504 (270); — Sisinnii, CP.
patriarchæ, sententia synodica adversus incestas nuptias
(273 v°); — Excerpta ex Digestis et Basilicis (276 v°); — De

gradibus cognationis (281); — Athanasii, CP. patriarchæ,
Leonis Sapientis, etc. fragmenta juridica de matrimonio
(282 v°); — Ordo thronorum (286); — Lexicon vocum latinarum in libris juris occurentium (286 v°); — Moschionis præcepta (292); — De Istro fluvio fragmentum : Ὅτι ὁ Ἴστρος ὁ
ποταμός... (292 v°); — Glossæ nomicæ (293).

XI-XIV s. Parch. 295 fol. *M.*

1358. Theodori Hermopolitæ commentarii in eclogas decem
priorum librorum Basilicorum (1); — Michaelis Attaliotæ
promptuarium juris (330).

XV s. Pap. 358 fol. (Fontebl.-Reg. 2519.) *M.*

1359. Michaelis Attaliotæ promptuarium juris.

XVI s. Pap. 44 fol. (Colbert. 2936.) *M.*

1360. Constantini Harmenopuli promptuarium juris civilis
(1); — Constantini Magni donatio ad Sylvestrem papam (242
v°); — Leges colonariæ (244); — Constantini Harmenopuli
epitome divinorum et sacrorum canonum (251); — ejusdem
libellus de orthodoxa fide (291 v°); — Leonis Sapientis imp.
ordo thronorum (297 v°); — Officia aulæ et magnæ ecclesiæ
CP. (299); — Sophiani ad Philadelphiensem archiepiscopum
epistola (300).

Copié en 1351. Pap. 301 fol. (Fontebl.-Reg. 2521.) *M.*

1361. Constantini Harmenopuli promptuarium juris civilis,
initio mutilum (1); — Constantini Magni donatio ad Sylvestrem
papam (127); — Philothei, CP. patriarchæ, detestatio anathematismorum (128); — Leges colonariæ (129); — Constantini
Harmenopuli epitome divinorum et sacrorum canonum (133);
— ejusdem liber de fide orthodoxa (159); — Officia aulæ CP.
(163); — Leonis Sapientis imp. ordo thronorum (163 v°); —
Matthæi [Blastaris] confutatio errorum Latinorum (168); —
Excerpta e synodico adversus Barlaamum et Acindynum
edicto (205); — S. Athanasii fragmenta orationis de Christi
incarnatione (206); — Nicolai Cabasilæ opusculum de sacra
stola (206); — ejusdem opusculum de iis quæ in divina liturgia
peraguntur, fiue mutilum (206 v°).

XV s. Pap. 207 fol. (Fontebl.-Reg. 2524.) *M.*

1362. Constantini Harmenopuli promptuarium juris (3);
— præmittuntur Diodori [Siculi] fragmentum de Moyse (A v°),
— excerpta juridica (1); — Constantini Magni donatio ad Sylvestrem papam (196 v°); — Constantini Harmenopuli epitome
divinorum et sacrorum canonum (198); — ejusdem liber de
fide orthodoxa (234 v°); — Officia aulæ CP. (240); — Leonis
Sapientis imp. ordo thronorum (241); — Officia magnæ ecclesiæ CP. (241 v°); — Demetrii Megisti ordo liturgiæ patriarchalis et de ordinationibus (248); — Formulæ epistolarum
patriarchæ CP. et aliorum patriarcharum, etc. (260 v°); — De
Justiniani imp. statua, ad S. Sophiam (266); — Metrophanis
metropolitæ hymnus in honorem Sæ. Melaniæ ἐν τῇ Βουρρίνη
τῆς Κῶ (267).

XV s. Pap. 267 fol. (Hurault.-Reg. 2523.) *M.*

1363. Constantini Harmenopuli promptuarium juris (1);
— Constantini Magni donatio ad Sylvestrem papam (357);
— Philothei, CP. patriarchæ, detestatio anathematismorum
(359); — Leges colonariæ (361); — Constantini Harmenopuli epitome divinorum et sacrorum canonum (371); —
ejusdem liber de fide orthodoxa (438); — Officia aulæ et
magnæ ecclesiæ CP. (447); — Leonis Sapientis imp. ordo
thronorum (449).

Copié en 1544 par Christophe Auer. Papier. 462 pages. (Fontebl.-Reg.
2052.) *M.*

1363 A. Constantini Harmenopuli promptuarium juris (7);
— præmittitur Neophyti, CP. patriarchæ, tomus, a. 1611. (1);
— Constantini Magni donatio ad Sylvestrem papam (210);
— Philothei, CP. patriarchæ, detestatio anathematismorum
(211 v°); — Leges colonariæ (212 v°); — Constantini Harmenopuli liber de fide orthodoxa (218 v°); — Officia aulæ et magnæ ecclesiæ CP. (223 v°); — Leonis Sapientis imp. ordo
thronorum (224 v°); — Regulæ variæ de matrimonio et de
gradibus cognationis (230).

Copié en 1671 par le hiéromoine Theoclète. Pap. 244 fol. *M.*

1364. Justiniani Institutionum libri IV., a Theophilo græce
versi, cum scholiis, initio mutili.

XI s. Parch. 255 fol. (Medic.-Reg. 2517.) *M.*

1365. Justiniani Institutionum libri IV., a Theophilo græce versi.

XIII-XIV s. Parch. et pap. [230 fol. (Medic.-Reg. 2050.) *M.*

1366. Justiniani Institutionum libri IV., a Theophilo græce versi, cum scholiis.

XI s. Parch. 328 fol. (Medic.-Reg. 2518.) *M.*

1367. Basilii, Constantini et Leonis impp. prochiron auctum, initio mutilum, cum Epanagoge, fragmentis e Basilicis, etc. intermixtis. Cf. Zachariæ, Αἱ ῥοπαί. Heidelberg, 1836, in-8, p. 22. (1); — Romani, Constantini et Christophori impp. novella de prælatione (50 v°); — Leges colonariæ (97); — Leges militares, ex Rufo et tacticis (101); — S. Basilii ad Amphilochium epistolæ canonicæ (104); — Lex nautica Rhodiorum (112 et 49 v°)

XII s. Parch. 124 fol. (Colbert. 1538.) *M.*

1368. Leonis, Constantini et Basilii impp. prochiron auctum (7); — præmittuntur sacramentum triplex et edicta (3 v°); — Paratitla (245 v°); — Collectanea ex jure civili et canonico (264 v°); — Περὶ χρυσογραμμίας (274 v°).

XV s. Pap. 274 fol. (Teller. Rem.-Reg. 2525, 3.) *M.*

1369. Anonymi opuscula duo de septem œcumenicis et sexdecim œcumenicis et provincialibus conciliis (3); — Canones apostolorum et conciliorum (10); — inter quos Tarasii, CP. patriarchæ, epistola ad Hadrianum papam, contra simoniam (56); — Ex actis CP. de Agapio et Bagadio (142 v°); — Dionysii Alexandrini ad Basilidem epistola (144); — Petri Alexandrini canones (148 v°); — S. Gregorii Neocæsariensis epistola canonica (154 v°); — S. Gregorii Nazianzeni versus de libris V. et N. Testamenti qui legi debent (157); — Amphilochii Iconiensis versus de eodem (157 v°); — S. Athanasii Alexandrini epistola ad Amunem monachum (159); — ejusdem epistolæ XXXIX. festivalis fragmentum (160 v°); — ejusdem epistola ad Rufinianum episcopum (161 v°); — S. Basilii ad Amphilochium epistolæ canonicæ tres (162 v°), — fragmentum epistolæ ad Amphilochium, de ciborum differentia (177 v°), — ad Diodorum Tarsensem (178), — ad Gregorium presbyterum (179 v°), — ad Chorepiscopos (180), — ad episcopos subditos (181), —

fragmentum cap. xxvii. et xxix. de S. Spiritu, ad Amphilochium (182); — S. Gregorii Nysseni ad Letoium epistola canonica (183 v°) ; — Timothei Alexandrini responsa canonica
(190); — Theophili Alexandrini allocutio cum Theophania die
Dominica inciderit (192); — ejusdem commonitorium, quod
accepit Ammon (192 v°) ; — ejusdem epistolæ ad Aphyngium,
de catharis (193 v°), — ad Agathum episcopum (193 v°), — ad
Menam episcopum (194); — S. Cyrilli Alexandrini ad Domnum
epistola canonica (194) ; — ejusdem epistola ad episcopos
Libyæ et Pentapoleos (196); — Gennadii, CP. patriarchæ,
epistola encyclica (196) ; — S. Basilii ad Nicopolitas epistolæ
fragmentum (197 v°); — Epistola de modo recipiendi hæreticos ad catholicam ecclesiam redeuntes : Τινὰ διελέχθη... (198);
— Nicephorii, CP. patriarchæ, canones ecclesiastici lxvii.
(199); — Sisinnii, CP. patriarchæ, sententia synodica adversus incestas nuptias, initio mutila (206); — Constantini et
Romani impp. edictum de bigamis et trigamis (206 v°); —
S. Basilii ad Cæsarium patricium epistola (208 v°); — ejusdem
ad presbyteros exhortatio (209); — Procli, CP. patriarchæ, ad
Joannem, Antiochenum patriarcham, epistolæ initium (209 v°).

XIV s. Bombyc. 209 fol. (Colbert. 4262.) P.

1370. Canones apostolorum et argumenta conciliorum, fine
mutila (1); — Dionysii Alexandrini ad Basilidem epistola,
initio mutila (33) ; — Petri Alexandrini canones (34); — S.
Gregorii Neocæsariensis epistola canonica (35 v°); — S. Athanasii Alexandrini epistola ad Amunem monachum (36 v°); —
ejusdem epistolæ xxxix. festivalis fragmentum (37 v°); —
ejusdem epistola ad Rufinianum episcopum (38); — ejusdem
quæstionum ad Antiochum ducem fragmentum (38 v°); —
S. Basilii ad Amphilochium epistolæ canonicæ tres (39), — ad
Diodorum Tarsensem (47 v°), — ad Gregorium presbyterum
(49), — ad Chorepiscopos (49 v°), — regularum breviorum
quæstio cxxiv. (50), — epistola ad episcopos subditos (50),
ad Cæsarium patricium (50 v°); — S. Gregorii Nysseni ad
Letoium epistola canonica (51); — Timothei Alexandrini responsa canonica (55); — Theophili Alexandrini allocutio cum
Theophania die Dominica inciderit (55 v°); — ejusdem commo-

nitorium, quod accepit Ammon (56); — ejusdem epistolæ ad
Aphyngium, de catharis (56 v°), — ad Agathum episcopum
(56 v°); — S. Cyrilli Alexandrini epistola ad episcopos Libyæ et
Pentapoleos (56 v°); — Gennadii, CP. patriarchæ, epistola
encyclica (57); — Anonymi opusculum de unione ecclesiæ sub
Romano et Constantino impp. (58 v°); — Sisinnii, CP. patriarchæ, sententia synodica adversus incestas nuptias (60); —
Decretum synodale de nuptiis a. 1038, sub Alexio, CP. patriarcha (61); — Excerptum e novella Leonis et Constantini de
nuptiis (61); — Joannis presbyteri ad Leonem grammaticum
epistola de nuptiis, cum responsione (61 v°); — Collectanea e
constitutionibus apostolorum, legibus et novellis de nuptiis,
clericis et monachis, etc. (61 v°); — inter quæ Niconis, Rai-
thuensis monachi, opusculum de jejunio Deiparæ (66); — Canones concilii Carthaginiensis (70); — Canones concilii Sardicensis (83); — Epistola encyclica ad Orientales de processione
S. Spiritus : Οὐκ ἦν ἄρα ὡς ἐῴκεν... (96 v°); — Theodoreti, Cyri
episcopi [Joannis Antiocheni], collectio canonum, titulis L.
(102); — Anonymi opusculum de septem œcumenicis conciliis
(123 v°); — S. Basilii asceticorum fragmenta (125 v°); —
Photii, CP. patriarchæ, canonicæ constitutiones de diversis
criminibus (126); — S. Gregorii Neocæsariensis fragmentum
de pœnitentium stationibus (128 v°); — Symeonis Magistri
epitome canonum apostolorum et conciliorum (128 v°); —
S. Basilii epitome canonum (136 v°); — Decreta conciliorum
Sardicensis et Antiocheni quinti (140); — Fragmenta canonum
apostolorum, de tribus quadragesimis, ex SS. Joanne Chrysostomo, Ephræmo, etc. (140 v°).

Copié en 1297. Parchemin. 143 fol. (Medic.-Reg. 3027.) P.

1371. Anonymi opusculum de jejunio quadragesimæ, et
de hebdomade præcedente et de hebdomade passionis Domini,
per interrog. et respons. : Ἐν ἓξ μὲν ἡμέραις... (1); — Sophronii, Hierosolymitani patriarchæ, excerpta e decretis synodicis
Romæ missis (9); — ejusdem de Christi incarnatione (15); —
Epochæ conciliorum generalium (24 v°); — Anonymi opusculum de septem conciliis œcumenicis : Χρὴ πάντα Χριστιανόν...
(25); — Synodi cujusdam responsa ad monachorum quorum-

dam interrogationes : 'Απὸ τῆς καθ' ἡμᾶς μονῆς... (34 v°); —
Anonymi opusculum de monasteriis et monachis, e canonibus
conciliorum et novellis : Οἱ ἀληθῶς καὶ... (44); — Arsenii,
Philothei in monte Atho monachi, synopsis divinorum canonum (72); — Michaelis Pselli synopsis nomocanonis, versibus
politicis (115); — ejusdem versus de symbolo orthodoxæ fidei
(118 v°); — Anonymi synopsis fidei : 'Οφείλομεν πιστεύειν...
(123); — Alexii Comneni imp. novella de episcoporum electionibus (125 v°); — Nicolai Hydruntini ad Orientales epistola
de diversis quæstionibus (151); — Nectarii, Casularum abbatis,
versus de præcedentibus abbatibus Josepho, Victore, Nicolao,
Callinico et Hilarione (157 v°).

XIII s. Parch. 157 fol. Palimps. (Medic.-Reg. 2966.) *P.*

1372. Modus recipiendi hæreticos ad apostolicam ecclesiam
revertentes : 'Αρειανοὺς μὲν καὶ Μακεδονιανούς... (1); — Modus
recipiendi Manichæos ad veram fidem convertentes : Προηγου-
μένως μέν... (8 v°) ; — Methodii, CP. patriarchæ, constitutio
de recipiendis hæreticis, secundum diversa loca et ætates
(10 v°); — Orationes propitiatoriæ duæ pro illo qui ad nostram
fidem revertitur (11); — Oratio pro Christianis, qui relictis
ethnicis, catholicam fidem rursus amplectuntur (13); — Oratio
pro puero apostata et pœnitentiam agente (13 v°); — Oratio
pro cathecumeno inter catechumenos admittendo (15); —
Modus recipiendi Judæum ad Christianam fidem conversum
(16); — Modus recipiendi hæreticos Armenos ad catholicam
fidem revertentes (34 v°); — De Theseo fragmentum (42 v°);
— Severianorum objectio de recta fide, e S. Cyrillo, cum
solutione (43); — Theodori Abucaræ fragmentum de Adami
peccato et Incarnatione (45); — De Melchisedecis parentibus
fragmentum (45 v°); — S. Hieronymi interrogata et responsa
Christianis utilia (45 v°); — Judæi ad eumdem interrogationes (49); — Theodori Abucaræ fragmenta de eo quod Deus
habeat filium consubstantialem et coæternum (56); — Euthymii Zygabeni de S. Spiritus processione adversus Italos capita
XII. (58 v°); — De Armeniorum hæresi (61); — De nuptiis
prohibitis et de gradibus cognationis, tit. VII. : 'Η συγγένεια
ὄνομά ἐστι.... (65 et 88); — De pessima Ægyptiorum circa nup-

tias consuetudine : Συνέβη τινὰς ἐν Αἰγύπτῳ... (82); — Justiniani
novella LXVII. (82 v°); — Isidori Pelusiotæ epistolæ quatuor
(104 et 119 v°); — De S. Ephræmo fragmentum (116); —
Michaelis Chumni, Thessalonicensis metropolitæ, tractatus
de gradibus cognationis (117); — De beata Virgine, quod
vixerit annos LXXII. (119); — Agapeti diaconi et Maximi Planudis fragmenta (119 v°); — Divina J.-C. mandata : Ὁ ὀργιζό-
μενος τῷ ἀδελφῷ... (121); — S. Macarii homilia de præceptis
Domini (123); — ejusdem homilia de virtutum differentia
(128); — Dorothei fragmentum de abscindenda propria voluntate (129); — Joannis Cassiani fragmentum de humilitate
(129); — Symeonis S. Mamantis opusculum de pœnitentia et vita monastica (131 v°); — S. Maximi capita ascetica,
per interrog. et respons. (140 v°); — Chalcedonensis metropolitæ monita ad filium suum spiritualem : Κυρία μου ἁγία... ·
(155); — De Philemone abbate, ex Joanne Cassiano (172); —
Amphilochii, Iconiensis episcopi, homilia de pœnitentia (184).

   XV-XIV s. Bombyc. 201 fol. (Reg. 2995.) P.

1373. Matthæi Blastaris syntagma alphabeticum rerum
omnium, quæ in sacris canonibus comprehenduntur (1); —
præmittuntur varia de conciliis œcumenicis et particulari-
bus, etc. (1 v°); — Photii, CP. patriarchæ, collectanea de episcopis, etc. (423 v°); — Petri, Antiocheni patriarchæ, responsum ad Dominici Gradensis epistolam (429 v°); — Leges colonariæ (443 v°); — Officia magnæ ecclesiæ CP. (445 v°); —
Joannis Nesteutæ canonum pœnitentialium excerpta (445 v°);
— Nicetæ Heracleensis ad Constantinum episcopum responsa
canonica (452); — Nicephori, CP. patriarchæ, canones XXXV.
(453); — Joannis, Citri episcopi, ad Nicolai Cabasilæ interrogata responsionum excerpta (455 v°); — Leonis Sapientis imp.
ordo thronorum (465); — Theodori Balsamonis ad Marcum,
Alexandrinum patriarcham, responsa canonica (467); — Synodi CP., sub Nicolao patriarcha, responsa ad monachorum
interrogationes : Εἰ χρὴ μοναχόν... (503).

   Copié en 1525 par le hiéromoine Laurent. Pap. 508 fol. P.

1374. Matthæi Blastaris syntagma alphabeticum rerum
omnium, quæ in sacris canonibus comprehenduntur (1); —

Joannis Nesteutæ canonum pœnitentialium excerpta (304 v°);
— Nicetæ Heracleensis ad Constantinum episcopum responsa
canonica (309); — Nicephori, CP. patriarchæ, canones xxxvii.
(310); — Joannis, Citri episcopi, ad Nicolai Cabasilæ interrogata responsionum excerpta (312); — Officia magnæ ecclesiæ
CP. (317 v°); — Canones apostolorum et conciliorum (319 v°);
— Petri Alexandrini canones (408 v°); — S. Gregorii Neocæsariensis epistola canonica (410 v°); — S. Basilii ad Amphilochium epistolæ canonicæ tres (411); —fragmentum epistolæ ad
Amphilochium, de ciborum differentia (424); — ejusdem epistola ad Gregorium, presbyterum (424); — S. Gregorii Nysseni
ad Letoium epistolæ canonicæ excerptum (424 v°); — Timothei Alexandrini responsa canonica (430 v°); — S. Athanasii
ad Amunem epistolæ excerptum (432); — Theophili Alexandrini allocutio cum Theophania die Dominica inciderit (434);
— S. Cyrilli Alexandrini epistolæ ad episcopos Libyæ et Pentapoleos fragmentum (434 v°); — S. Gregorii Nazianzeni
versus de libris V. et N. Testamenti qui legi debent (435); —
Amphilochii Iconiensis versus de eodem (436); — S. Joannis
Chrysostomi canonicon (437); — De gradibus cognationis
(437 v°); — Leonis Sapientis imp. ordo thronorum (439 v°);
— Expositio vocum latinarum quæ in libris juris occurrunt
(441 v°); — S. Basilii ad Cæsarium epistolæ fragmentum
(442); — Variæ hæresiarcharum opiniones (442 vo); —Theodori Scythopolitani anathematismi (442 v°); — Nomina mensium Atheniensium, Græcorum, Hebræorum, Ægyptiorum
et Romanorum (444); — Theodori Balsamonis ad Marcum,
Alexandrinum patriarcham, responsa canonica (445); — Synodi CP., sub Nicolao patriarcha, responsa ad monachorum
interrogationes : Εἰ χρὴ μοναχόν... (478 v°); — Petri, Antiocheni patriarchæ, ad Dominicum Gradensem epistola (484);
— « Alexii, episcopi Gallipolitani, ad cardinalem Ulyxbonen-
sem » epistola de morte fratris consolatoria, latine (499).

XV s. Pap. 525 fol. (Reg. 3026.) P.

1375. Matthæi Blastaris syntagma alphabeticum rerum
omnium, quæ in sacris canonibus comprehenduntur (11 v°);
— præmittuntur varia de omnium conciliorum canonibus (9);

— Photii, CP. patriarchæ, collectanea de episcopis, etc. (318);
— Petri, Antiocheni patriarchæ, responsum ad Dominici
Gradensis epistolam (323 v°); — Leges colonariæ (337); —
Officia magnæ ecclesiæ CP. (338 v°); — Joannis Nesteutæ canonum pœniténtialium excerpta (339 v°); — Nicetæ Heracleensis ad Constantinum episcopum responsa canonica (345); —
Nicephori, CP. patriarchæ, canones xxxv. (348 v°); — Joannis,
Citri episcopi, ad Nicolai Cabasilæ interrogata responsionum
excerpta (348 v°); — Leonis Sapientis imp. ordo thronorum
(357 v°); — Expositio vocum latinarum quæ in libris juris
occurrunt (358); — Theodori Balsamonis ad Marcum, Alexandrinum patriarcham, responsa canonica (359); — Synodi CP.,
sub Nicolao patriarcha, responsa ad monachorum interrogationes : Εἰ χρὴ μοναχόν... (393); — Ordo sedium Thessalonicensi
metropolitæ subjectarum (400).

Copié en 1540 par Cyrille de Naupacte. Pap. 400 fol. P.

1376. Matthæi Blastaris syntagma alphabeticum rerum
omnium, quæ in sacris canonibus comprehenduntur, A-II,
cum interpretatione Nicolai Cunalis.

XVI s. Pap. 822 fol. (Mazarin.-Reg. 3025.) P.

1377. Matthæi Blastaris syntagma alphabeticum rerum
omnium, quæ in sacris canonibus comprehenduntur (1); —
Joannis Nesteutæ canonum pœnitentialium excerpta (408 v°);
— Nicetæ Heracleensis ad Constantinum episcopum responsa
canonica (414 v°); — Nicephori, CP. patriarchæ, canones
xxxvi. (415); — Joannis, Citri episcopi, ad Nicolai Cabasilæ
interrogata responsionum exerpta (417); — Officia magnæ
ecclesiæ (422); — Leonis Sapientis imp. ordo thronorum (422
v°); — Anonymi hieromonachi professio fidei (427); — Index
nomocanonis, A-II. (429).

XVI s. Pap. 437 fol. (Mazarin.-Reg. 3024.) P.

1377 A. Manuelis Malaxi nomocanon, capitibus ccxxxiii.
XVI s. Pap. 189 fol. P.

1377 B. Anonymi nomocanon, ex variis legum collectio-
nibus collectum, titulis ccxcii, lingua græca vulgari : Ὁ δεχό-
μενος τοὺς λογισμούς... Πρέπει τὸν κριτὴν νά...

Copié en 1655. Pap. 271 fol. P.

1378. Anonymi ecloga e conciliorum canonibus et SS. PP.
scriptis : Κελεύσει τοῦ βασιλέως Ἰουστινιάνου... (1); — opusculum
aliud de eodem : Οὐχὶ τῷ κόσμῳ... (11); — opusculum aliud de
eodem: Πρώτη αἰτία δι' ἥν...(29); — SS. Ephræmi, Cyrilli Alexandrini, etc. fragmenta (74); — Sententiæ variæ monostichæ,
e Menandri fabulis excerptæ : Ἀνὴρ ἰχρηστός... (79); — Sententiæ variæ ad mores informandos idoneæ : [Ἀ]ναπλήσας ἐγὼ κατὰ
νοῦν... (85); — [Gregorii] Corinthi de dialectis fragmenta (99);
— « Ex nomocanone Ruthenorum, » slavon.-lat. (120).

XV-XVI s. Pap. 124 fol. (Teller. Rem.-Reg. 3393.) *P.*

1379. Ordo in deponendis patriarchis, archiepiscopis et
episcopis servandus, ex V. et N. Testamenti libris, canonibus, SS. Patribus et scriptoribus ecclesiasticis; in quo re-
perire est fol. 98, 23 et 20 tria priora opuscula in præcedenti
codice contenta.

XV s. Pap. 154 fol. (Fontebl.-Reg. 3028.) *P.*

1380. Excerpta ex canonibus et legibus de furtis et sacri-
legis, de presbyteris, diaconis, subdiaconis et monachis (1); —
Vita S. Spyridonis, Trimithuntis archiepiscopi, fine mutila (9).

XV s. Pap. 26 fol. (Colbert. 5343.) *P.*

1381. Athanasii, Emeseni scholastici, ecloga legum e Codice et Novellis.

XI s. Parch. 194 fol. (Colbert. 4035.) *P.*

1381 A. Epanagoge aucta (1); — Eustathii antecessoris
liber de temporum intervallis a momento ad annos c. (91); —
Leges colonariæ (105 v°); — Leges militares, ex Rufo et
tacticis (110); — De septem synodis œcumenicis (113 v°).

XIV s. Parch. 114 fol. *P.*

1382. Anonymi synopsis alphabetica legum e Codice et
Novellis : Περὶ ἀπελευθερίας. Οἱ ἄνθρωποι πάντες, ἢ δοῦλοι...

XIV s. Bombyc. 288 fol. (Teller. Rem.-Reg. 3031, 2.) *P.*

1383. Epanagoge aucta (1); — Eustathii antecessoris liber
de temporum intervallis a momento ad annos c. (164 v°); —
Leges colonariæ (189 v°); — Leges militares, ex Rufo et
tacticis (197 v°); — Leges nauticæ (203).

XII s. Parch. 212 fol. (Fontebl.-Reg. 3459.) *P.*

1384. Basilii, Constantini et Leonis impp. prochiron (1); —
Ecloga privata, cum appendice (79 v°); — Fragmenta ex alia
Eclogæ appendice (96); — inter quæ Lex nautica Rhodiorum
(119 v°); — Eclogæ ad Prochiron mutatæ fragmenta (182 v°).
Cf. Zachariæ, Fragm. versionis gr. legum Rotharis. Heidel-
berg, 1835, in-8, p. 7.

XII s. Parch. 193 fol. (Fontebl.-Reg. 3031.) P.

1385. Leonis Sapientis imp. de re militari constitutiones xx.

XIII s. Parch. 267 fol. (Fontebl.-Reg. 3033.) P.

1385 A. Michaelis Attaliotæ promptuarium juris (5); — Zenonis imp. constitutio de novis operibus (107); — Leges militares, ex Rufo et tacticis (108 v°); — Leges colonariæ (110 v°); —
Basilicorum synopsis fragmenta, littera B (115 v°); — Basilii,
Constantini et Leonis impp. titulus de instrumentis, chiro-
graphis et pactis (119); — Basilicorum synopsis excerpta varia (120); — Leonis imp. præfatio ad Basilica, et ecloge Basilicorum (280); — Novellæ Romani senioris et Constantini
impp. (355 v°); — Anonymi fragmentum de bigamis et trigamis (358); — Eustathii antecessoris liber de temporum intervallis a momento ad annos c. (359 v°); — Explicatio vocum
latinarum in libris juris occurrentium (377 v°).

Copié en 1431. Pap. 398 fol. P.

1386. Constantini Harmenopuli promptuarium juris civilis
(1); — Leges colonariæ (231 v°); — Constantini Harmenopuli
epitome divinorum et sacrorum canonum (253); — ejusdem
libellus de orthodoxa fide (299); — Leonis Sapientis imp. ordo
thronorum (304 v°); — Officia magnæ ecclesiæ et aulæ CP.
(305 v°); — Explicatio vocum latinarum in libris juris occurrentium (307); — Jusjurandum quod præstare debet quisque judex,
patriarcha aut episcopus antequam munus suum obeat (312).

XV s. Pap. 314 fol. (Colbert. 4590.) P.

1387. Constantini Harmenopuli promptuarium juris (1); —
Aristotelis magnorum moralium libri duo (160).

Copié (en partie) en 1378 par le moine Denys. Pap. 213 fol. (Colbert.
4671.) P.

1388. Constantini Harmenopuli promptuarium juris (21); —
præmittuntur Constantini magni donatio ad Sylvestrem papam

(2 v°); — Justiniani imp. novella sexta, ad Epiphanium patriarcham (5); — Patriarcharum, archiepiscoporum, episcoporum, etc. formulæ epistolandi (5 v°); — De nuptiis prohibitis fragmentum, cum tabula graduum cognationis (13 v°); — Philothei, CP. patriarchæ, detestatio anathematismorum (243 v°); — De Leonis imp. quadrigamia (245 v°); — De unione utriusque ecclesiæ sub Constantino et Romano impp. (246 v°); — Ordo thronorum (249 v°); — Officia magnæ ecclesiæ et aulæ CP. (256 v°); — Explicatio vocum latinarum in libris juris occurrentium (257 v°); — De magistratuum virtutibus, et jusjurandum quod præstare debet quisque judex, patriarcha aut episcopus antequam munus suum obeat (262); — Leges colonariæ (266); — Constantini Harmenopuli epitome divinorum et sacrorum canonum (272 v°); — ejusdem libellus de orthodoxa fide (316); — Novellæ Romani senioris, Constantini Porphyrogeniti, Romani junioris, Nicephori Botoniatæ, Basilii junioris et Manuelis Comneni (323); — Eustathii, Romani magistri, fragmentum de hypobolo, etc. (383 v°); — Justiniani imp. novellarum excerpta (390); — Athanasii, CP. patriarchæ, novella (397); — Sisinnii, CP. patriarchæ, sententia synodica adversus incestas nuptias, cum Zonaræ interpretatione (400).

XV s. Pap. 405 fol. (Fontebl.-Reg. 3032.) *P.*

1389. Constantini Harmenopuli promptuarium juris (1); — præmittuntur præces quædam (1 v°); — ejusdem epitome divinorum et sacrorum canonum (132 et 191); — Joannis Nesteutæ canonum pœnitentialium excerpta (166 v°); — Nicetæ Heracleensis ad Constantinum episcopum responsa canonica (169); — Nicephori, CP. patriarchæ, canones xxxvi. (169 v°); — Joannis, Citri episcopi, ad Nicolai Cabasilæ interrogata responsionum fragmenta (170 v°); — Ordo thronorum (176); — Series patriarcharum Romanorum, Constantinop., Alexandrinorum, Antiochiensium, Hierosolymit. (182 v°); — Interpretatio in epitome in Constantini Harmenopuli collectionem sacrorum et divinorum canonum (191); — Dionysii Alexandrini ad Basilidem epistola (210); — Petri Alexandrini canones (211 v°); — S. Gregorii Neocæsariensis epistola canonica (216); — S. Athanasii Alexandrini epistola ad Amunem

monachum (217 v°); — ejusdem epistolæ xxxix. festivalis fragmentum (219); — S. Basilii ad Amphilochium epistolæ canonicæ tres (220 v°), — fragmentum epistolæ ad Amphilochium
de ciborum differentia (230 v°), — ad Diodorum Tarsensem
(231), — ad Gregorium presbyterum (232 v°), — ad Chorepiscopos (233), — ad episcopos subditos (233 v°), — fragmentum
cap. xxvii. et xxix. de S. Spiritu, ad Amphilochium (234); —
S. Gregorii Nysseni ad Letoium epistola canonica (235 v°) ; —
Timothei Alexandrini responsa canonica (239 v°); — Theophili Alexandrini allocutio cum Theophania die Dominica inciderit (241); — ejusdem commonitorium quod accepit Ammon
(241); — ejusdem epistolæ ad Aphyngium, de catharis (242),
— ad Agathum episcopum (242 v°), — ad Menam episcopum
(242 v°); — S. Cyrilli Alexandrini ad Domnum epistola canonica (242 v°); — ejusdem epistola ad episcopos Libyæ et Pentapoleos (243 v°); — Ex actis CP. de Agapio et Bagadio (246);
— Gennadii, CP. patriarchæ, epistola encyclica (247); —
S. Basilii ad Nicopolitas epistolæ fragmentum (248 v°); —
S. Athanasii epistola ad Rufinianum episcopum (248 v°);
— Judicium synodale de nuptiis sub Constantino et Romano
impp. (249); — Marci Eugenici orationes duæ de igne purgatorio (258); — ejusdem expositio sacræ liturgiæ (290); —
Nicolai Cabasilæ expositio in sacram liturgiam (311);. —
ejusdem fragmentum de anima (337 v°); — Michaelis Glycæ
epistola ad Esaiam monachum (343); — Nicolai, CP. patriarchæ, carmen de jejuniis ac festis totius anni, ad Meletium
monachum (347 v°); — Libanii sophistæ characteres epistolici
(351); — ejusdem ratio conscribendarum epistolarum (354);
Hermodori epistola ad Matthiam Avaridem, a. 1536. (358);
— Sosipatri ad Antiochum epistola (358 v°); — Justini Deca-
dyi epistola ad Demetrium Photinum (358 v°); — Theophrasti
characteres (360); — Manuelis magni rhetoris versus (364 v°);
— Varia theologico-philosophica (365); — S. Cyrilli Alexandrini fragmentum de ponderibus et mensuris (387 v°); —
Anonymi opusculum de litterarum græcarum inventoribus
(387 v°); — Chronicon breve ad a. 1570. (88); — Fragmenta
de bissexto, indictione, cyclo solari, etc. (391).

XVI s. Pap. 394 fol. P.

1390. Assisiarum regni Hierosolymitani pars altera, lingua græca vulgari.

XV s. Pap. 210 fol. (Colbert. 4723.) *P.*

1391. Bulla Alexandri IV. papæ, circa annum 1255 in Cyprum insulam missa, fine mutila (1); — Adhortationes ad judices et advocatos : Ἄκουσον δέσποτα κριτά... (9);— Anonymi collectio de jure nuptiarum, titulis XI. : Ἄρχεται ὁ συνήγορος... (10); — Basilii, Constantini et Leonis prochiron legum, desunt tituli VI. priores (48) ; — Leonis imp. novellarum ecloge, adjectis Michaelis Attaliotæ fragmentis (121); — Excerpta ex synopsi Basilicorum et Michaele Attaliota, capitibus LXIII. (135 v°); — Ecloga privata, cum appendice (179); — Leges colonariæ (206 v°); — Officia magnæ ecclesiæ et aulæ CP. (211); — Synopsis Basilicorum fragmenta capitibus xxv. (213 v°); — inter quæ Lex nautica Rhodiorum (228).

XIII s. Bombyc. 240 fol. Peint. (Reg. 3538.) *P.*

1392. Friderici II. imp., Hierosolymæ et Siciliæ regis, constitutionum imperatoriarum libri III.

XIII s. Parch. 94 fol. Palimps. (Reg. 3370.) *P.*

1393. Strabonis rerum geographicarum libri XVII.

XIII-XIV s. Bombyc. 260 fol. *A.*

1394. Strabonis rerum geographicarum libri XVII.

XV s. Copié par Cyriaque d'Ancône. Parch. 400 fol. Peint. (Medic.-Reg. 2056.) *M.*

1395. Strabonis rerum geographicarum libri XVII.

XVI s. Pap. 283 fol. (Fontebl.-Reg. 2055.) *M.*

1396. Strabonis rerum geographicarum libri XVII.

XV s. Pap. 308 fol. Peint. (Fontebl.-Reg. 2529.) *M.*

1397. Strabonis rerum geographicarum libri novem priores, fine mutili.

XI s. Parch. 232 fol. Palimps. (Medic.-Reg. 2528.) *M.*

1398. Strabonis rerum geographicarum excerpta de forma mundi (1); — Anonymi emendatio rerum quarumdam perperam a Strabone scriptarum (7); — Strabonis excerpta de mutationibus circa terram (9), — de Roma (10 v°), — de regionibus inter Istrum et Adriaticum mare (15) ; — Strabonis rerum geographicarum libri XI-XVII. (63).

XVI s. Pap. 228 fol. (Fontebl.-Reg. 2530.) *M.*

1399. Pausaniæ Græciæ descriptionis libri X.

Copié en 1497 par Pierre Hypselas. Pap. 238 fol. (Medic.-Reg. 2064.) *M.*

1400. Pausaniæ Græciæ descriptionis liber I., Attica.

XVI s. Pap. 71 fol. (Medic.-Reg. 2819.) *M.*

1401. Ptolemæi geographiæ libri VIII., cum Agathodæmonis Alexandrini xxvii. tabulis geographicis.

XV s. Parch. 101 fol. Peint. (Fontebl.-Reg. 1802.) *A.*

1402. Ptolemæi geographiæ libri VIII., cum v. tabulis geographicis.

XV s. Parch. 72 fol. Peint. (Medic.-Reg. 1803, 2.) *A.*

1403. Ptolemæi geographiæ libri VIII.

XV s. Copié par Michel Apostolios. 225 fol. (Medic.-Reg. 2725.) *M.*

1404. Ptolemæi geographiæ libri I-VII.

XV s. Pap. 175 fol. (Teller. Rem.-Reg. 2725, 2.) *M.*

1405. Agathemeri geographiæ hypotyposis (1) ; — Dionysii Byzantii fragmentum de Bospori navigatione (16 v°) ; — Herodoti historiarum liber I., fine mutilus (18) ; — Hermæ medici [iatro]mathematica ad Ammonem Ægyptium (42) ; — Theophili episynagoge de mundanis principiis (75) ; — Diogenis Laertii vitæ philosophorum xvii. priorum (98) ; — Eunapii Sardiani vitæ sophistarum (124) ; — S. Gregorii Nazianzeni epistolæ xxi.-ccxlix. (170) ; — inter quas S. Gregorii Nysseni ad Flavianum epistola (219) ; — S. Basilii ad Gregorium fratrem epistolæ de mixtione fragmentum (222 v°).

XVI s. Pap. 222 fol. (Fontebl.-Reg. 2058.) *M.*

1406. Agathemeri geographiæ hypotyposis (1) ; — Dionysii Byzantii fragmentum de Bospori navigatione (15).

XVI s. Pap. 15 fol. (Mazarin.-Reg. 2059.) *G.*

1407. Georgii Metochitæ epitaphium, auctore Nicephoro Gregora (1) ; — Arriani de expeditione Alexandri magni libri VII. (11 v°) ; — ejusdem de rebus Indicis liber unus (174) ; — Ptolemæi geographiæ epitome (203 et 1 v°).

Copié en 1438. Pap. 215 fol. (Medic.-Reg. 2541.) *M.*

1408. Strabonis rerum geographicarum libri XVII.

XV s. Pap. 582 fol. (Trichet Dufresne.-Reg. 3034.) *P.*

1409. Excerpta varia ex Strabone (1), — Pausania (26 v°), — Dionis historiis (44), — Aristotelis de mundo (70), — Platone (70 v° et 103 v°), — Synesio (74 v°), — Joanne Lydo (77), — SS. Basilio, Joanne Chrysostomo, etc. (99 v°) ; — Anonymi fragmentum de azymis, etc. : Ὅτι οἱ τὰ ἄζυμα... (130) ; — Proverbia græco-barbara : Οἱ τέσσαρες τοὺς τέσσαρας... (135 v°) ; — Pythagoræ aurea carmina (139) ; — Ænigmata (140) ; — Juliani Parabatæ versus : Κούρη Ἰκαρίοιο... (140 v°) ; — Oracula varia, versibus (140 v°) ; — Anonymi narratio utilis de Christi ordinatione : Ἐν τοῖς χρόνοις Ἰουστινιανοῦ... (141 v°) ; — Anonymi opusculum de providentia : Ἡ ἐν τῷ Θεῷ... (144) ; — Plutarchi ad Pollianum epistola (146) ; — Officia magnæ ecclesiæ CP. (161).

XIV s. Pap. 161 fol. (Fontebl.-Reg. 3367.) *P.*

1410. Pausaniæ Græciæ descriptionis libri X.

Copié en 1491 par Michel Suliardos. Pap. 307 fol. (Fontebl.-Reg. 3043.) *P.*

1411. Pausaniæ Græciæ descriptionis libri X. (1); — Dionysii Alexandrini orbis descriptio (429); — Eustathii Thessalonicensis commentarius in Dionysium Alexandrinum (153); — Ptolemæi geographiæ epitome (567).

XV s. Pap. 585 fol. (Fontebl.-Reg. 3042.). *P.*

1412. Stephani Byzantii liber de urbibus.

Copié en 1486 par Michel Suliardos. Pap. 147 fol. (Medic.-Reg. 3040.) *P.*

1413. Stephani Byzantii liber de urbibus.

XV s. (Copié par Michel Suliardos.) Pap. 138 fol. (Dupuy.-Reg. 3039.) *P.*

1414. Nicephori Blemmydæ geographiæ compendium (1); — ejusdem compendium aliud (43 v°).

XVI s. (Copié par Antoine Episcopoulos.) Pap. 50 fol. (Mazarin.-Reg. 3126.) *P.*

1415. Georgii Gemisti Plethonis excerpta geographica.

Copié en 1545 par Ange Vergèce. Pap. 26 fol. Peint. (Colbert. 6442.) *P.*

1416. Portulanus Mediterranei maris, lingua græca vulgari.

XVI s. Pap. 168 pages. (Colbert. 6560.) *P.*

1417. Arriani commentariorum in Epicteti enchiridion libri IV., cum Epicteti vita : Ὁ Ἐπίκτητος οὗτος... (8 v°); — præmittuntur Epochæ celebriores ab Adamo ad Christum (1 v°); — Excerpta ex SS. Irenæo, Justino et Platone (2); — Chronicorum canones duo (3); — Pythagoræ theorema de numeris (7 v°); — Aristotelis moralium ad Nicomachum libri X., cum scholiis (75); — ejusdem magnorum moralium libri duo (168); — Diogenis Laertii excerpta de vita Platonis (186 v°).

XV s. Pap. 188 fol. (Fontebl.-Reg, 2654.) *M.*

1418. Josephi antiquitatum Judaicarum libri I-XIV, 3.

XV s. Parch. 145 fol. (Medic.-Reg. 2254.) *M.*

1419. Josephi antiquitatum Judaicarum libri decem priores.

XI s. Parch. 295 fol. (Reg. 2252.) *M.*

1420. Josephi antiquitatum Judaicarum libri decem poste-riores.

XVI s. (Copié par Christophe Auer.) Pap. 263 fol. (Fontebl.-Reg. 2255.) *M.*

1421. Josephi antiquitatum Judaicarum libri decem priores, initio et fine mutili.

XIV s. Bombyc. 310 fol. (Medic.-Reg. 2253.) *M.*

1422. Josephi antiquitatum Judaicarum libri XX. in epi-tome redacti.

XVI s. (Copié par Christophe Auer.) Pap. 281 fol. (Fontebl.-Reg. 2256.) *M.*

1423. Josephi de bello Judaico libri VII (1); — præmittitur fragmentum de tabernaculo, arca, etc., Josephi antiquitatum lib. III, 5. (A v°); — Fl. Josephi vita : Ἐμοὶ δὲ γένος ἐστί,.. (177).

XIII s. Parch. 192 fol. (Fontebl.-Reg. 2259.) *M.*

1424. Josephi antiquitatum Judaicarum libri XX. in epi-tome redacti (1); — Nicephori Gregoræ epistolæ duæ ad Glabam et Soteriotam (265); — ejusdem dialogi fragmentum (266).

XIV s. Bombyc. 268 fol. (Fontebl.-Reg. 2257.) *P.*

1425. Josephi de bello Judaico libri VII.

XI s. Parch. 466 pages. *M.*

1426. Josephi de bello Judaico libri VII.

XIV s. Bombyc. 152 fol. (Fontebl.-Reg. 2260.) *M.*

1427. Josephi de bello Judaico libri VII. ; desiderantur libri V. finis, liber VI. et initium libri VII.

XIII s. Parch. 267 fol. (Fontebl.-Reg. 2258.) *M.*

1428. Josephi de bello Judaico libri VII. (1); — Luciani dialogi Deorum viii. (163); — ejusdem somnium, seu Gallus (166), — Timon (170 v°), — Charon (176 v°), — Menippus (180), — Prometheus (183 v°), — Phalaris (195), — Hippias (197 v°); — Isocratis excerpta ex oratione ad Nicoclem de regno (184); — Apollonii Tyanæi epistolæ (185); — Phalaridis epistolæ (187 v° et 200 v°); — S. Basilii et Libanii epistolæ mutuæ (191 v°); — Bruti epistolæ (203 v°); — Aristidis legatio (207 v°).

XIV s. Pap. 211 fol. (Hurault.-Reg. 2261.) *M.*

1428 A. Josephi de bello Judaico libri II., IV. et III., parte mutili.

XIII s. Parch. 67 fol. *M.*

1429. Josephi de bello Judaico libri II-IV., initio et fine mutili.

XI s. Parch. 130 pages. *M.*

1430. Eusebii Cæsariensis ecclesiasticæ historiæ libri X., initio mutili.

X s. Parch. 345 fol. (Mazarin.-Reg. 1902.) *M.*

1431. Eusebii Cæsariensis ecclesiasticæ historiæ libri X. (1); —ejusdem oratio de laudibus Constantini imperatoris (275 v°).

XI s. Copié par le moine Serge. 328 fol. (Colbert. 621.) *M.*

1432. Eusebii Cæsariensis ecclesiasticæ historiæ libri X. (1); — ejusdem oratio de laudibus Constantini imperatoris (125 v°); — ejusdem de vita Constantini magni libri IV. (150).

XIII s. Copié par Longin. Bombyc. 197 fol. (Reg. 1903, 2.) *M.*

1433. Eusebii Cæsariensis ecclesiasticæ historiæ libri X., initio mutili (1); — ejusdem de vita Constantini magni lib. II, cap. 24. (180); — Theodoreti, Cyri episcopi, ecclesiasticæ historiæ libri I-V, 20 (184).

XI s. Parch. 318 fol. (Colbert. 733.) *M.*

1434. Eusebii Cæsariensis ecclesiasticæ historiæ libri X. (1); — ejusdem de vita Constantini magni lib. II, cap. 24. (243).

XVI s. Pap. 247 fol. (Fontebl.-Reg. 1903.) *M.*

1435. Eusebii Cæsariensis ecclesiasticæ historiæ libri X.

XVI s. (Copié par Constantios.) Pap. 260 fol. (Teller. Rem.-Reg. 1903, 3.) *M.*

1436. Eusebii Cæsariensis ecclesiasticæ historiæ libri I-VI., initio mutili.

XV s. (Copié par Michel Apostolios.) Parch. et pap. 163 fol. (Colbert. 1084.) *M.*

1437. Eusebii Cæsariensis de vita Constantini magni libri IV. (1); — ejusdem ecclesiasticæ historiæ libri X. (43).

XIII s. Bombyc. 192 fol. (Fontebl.-Reg. 2280.) *M.*

1438. Eusebii Cæsariensis oratio de laudibus Constantini imperatoris (1); — ejusdem de vita Constantini magni libri IV. (31); — Constantini imp. oratio ad sanctorum cœtum (95); — Arriani de expeditione Alexandri libri VII. (115); — ejusdem Indica historia (251 v°); — Galeni introductio, sive medicus (275).

XVI s. Pap. 308 fol. (Teller. Rem.-Reg. 2281, 2.) *M.*

1439. Eusebii Cæsariensis oratio de laudibus Constantini imperatoris (1); — Constantini imp. oratio ad sanctorum cœtum (76 v°).

XVI s. Copié par Ange Vergèce. 95 fol. (Fontebl.-Reg. 2281.) *M.*

1440. Theodoreti, Cyri episcopi, ecclesiasticæ historiæ libri V. (1); — Theodori Lectoris ecclesiasticæ historiæ eclogæ, a Nicephoro Callisto collectæ (142).

XVI s. (Copié par Constantios.) Pap. 153 fol. (Fontebl.-Reg. 1985.) *M.*

1441. Theodoreti, Cyri episcopi, historia religiosa (1); — Hippolyti Thebani chronici excerptum, de genealogia beatæ Mariæ (155 v°).

XI s. Parch. 159 fol. (Mazarin.-Reg. 2365.) *M.*

1442. Theodoreti, Cyri episcopi, historia religiosa (1); — ejusdem ecclesiasticæ historiæ libri V., fine mutili (73 v°).

XIII s. Bombyc. 165 fol. (Fontebl.-Reg. 3000.) *P.*

1443. Socratis scholastici ecclesiasticæ historiæ libri VII.

XVI s. (Copié par Constantios.) Pap. 244 fol. (Fontebl.-Reg. 2053.) *M.*

1444. Hermiæ Sozomeni ecclesiasticæ historiæ libri IX., cum Nicephori Callisti indice (1); — Evagrii scholastici ecclesiasticæ historiæ libri VI., cùm Nicephori Callisti indice (281).

XVI s. Pap. 393 fol. (Fontebl.-Reg. 2054.) *M.*

1445. Hermiæ Sozomeni ecclesiasticæ historiæ libri IX.

XVI s. (Copié par Constantios.) Pap. 240 fol. (Teller. Rem.-Reg. 1903, 4.) *M.*

1446. Evagrii scholastici ecclesiasticæ historiæ libri VI.

XVI s. (Copié par Constantios.) Pap. 140 fol. (Teller. Rem.-Reg. 1903, 5.) *M.*

1447. Martyrium S. Theodori tyronis (1); — Martyrium XL. martyrum Sebastenorum (7 v°); — S. Basilii homilia in laudem XL. martyrum (13); — S. Joannis Chrysostomi homiliæ de adoratione crucis (20), — in annuntiationem beatæ Mariæ (26 v°), — in quatriduanum Lazarum (29 v°), — in ramos palmarum (33 v°), — in ficum arefactam (43), — in decem virgines (48); — S. Ephræmi Syri homilia de meretrice (51 v°); — S. Joannis Chrysostomi homiliæ in proditionem Judæ (59), — in crucem et latronem (68 v°); — S. Epiphanii Cyprii homilia in sepulturam Domini (76 v°); — S. Gregorii Nazianzeni homiliæ duæ in Pascha et in tarditatem (88); — S. Joannis Chrysostomi homilia de eodem (105); — S. Gregorii Nazianzeni homilia in novam Dominicam (109); — S. Joannis Chrysostomi homilia de eodem (114); — Martyrium S. Georgii (125); — S. Cyrilli Hierosolymit. homilia de paralytico jacente apud piscinam (135 v°); — S. Joannis Chrysostomi homilia de eodem, die mesopentecostes (141); — ejusdem homilia de Samaritana (146); — S. Athanasii Alexandrini homilia de cæco nato (153); — S. Joannis Chrysostomi homiliæ duæ in ascensionem Domini (161 v°); — Andreæ Cretensis homilia de vita humana et de defunctis (183 v°); — S. Gregorii Nazianzeni homilia in Pentecosten (198 v°); — S. Joannis Chrysostomi homilia de eodem (207 v°); — S. Ephræmi Syri homilia de omnibus sanctis (213 v°); — S. Joannis Chrysostomi homilia in nativitatem S. Joannis Baptistæ

(218 v°); — ejusdem homilia in laudem SS. Petri et Pauli (225 v°); — Procli, CP. patriarchæ, homilia in laudem S. Pauli apostoli (228); — S. Joannis Chrysostomi homilia de eodem (230); — ejusdem homilia in laudem XII. apostolorum (234); — Martyrium Sæ. Febroniæ (237); — Narratio de veste Deiparæ deposita in Blachernis (255); — Vita S. Onuphrii (258 v°); — Martyrium S. Procopii (269); — Martyrium SS. Ceryci et Julittæ (288); — Martyrium S. Anthenogenis (292); — S. Joannis Chrysostomi homilia de S. Petro apostolo et Elia Thesbite (294 v°); — Martyrium S. Pantcleemonis (304 v°); — S. Gregorii Nazianzeni homilia de Macchabæis (317 v°); — S. Joannis Chrysostomi homilia de transfiguratione Domini (325); — S. Ephræmi Syri homilia de eodem (331 v°); — S. Cyrilli Alexandrini homilia de eodem (338); — S. Gregorii Nazianzeni homilia de pauperibus caritate complectendis (341); — Martyrium SS. Aniceti et Photii (361); — S. Gregorii Nazianzeni homilia in dormitionem beatæ Mariæ (377); — Germani, CP. patriarchæ, homilia de eodem (384 v°); — S. Joannis Chrysostomi homilia in decollationem S. Joannis Baptistæ (391); — Martyrium XLII. martyrum Sebastenorum, fine mutilum (394 v°).

XI s. Parch. 395 fol. (Reg. 2030.) *M.*

1448. Eusebii Pamphili narratio de vita S. Silvestri papæ et de Constantino magno (1); — Vita S. Pauli Thebani (25); — S. Joannis Chrysostomi oratio in laudem S. Juliani (35); — Martyrium S. Polyeucti (44); — Vita S. Marciani presbyteri (50); — Vita S. Theodosii cœnobiarchæ (68); — Martyrium SS. Hermyli et Stratonici (100); — Nili monachi narratio de SS. PP. interfectis in monte Sina et in Raithu (106); — Vita S. Joannis Calybitæ (135 v°); — Anonymi homilia in adorationem venerandæ catenæ S. Petri (146); — S. Athanasii homilia de vita S. Antonii (162 v°); — Vita S. Athanasii (205).

X s. Parch. 231 fol. (Medic.-Reg. 2004.) *M.*

1449. Vita S. Basilii, auctore Amphilochio Iconiensi (2); — S. Joannis Chrysostomi homilia in eos qui tabernas ingrediuntur (28); — Vita S. Silvestri, Romæ episcopi (37 v°); —

S. Basilii oratio in laudem Gordii martyris (59 v°); — Theodoreti commentarius de Malachia propheta (66); — Vita S^æ.
Syncleticæ (78); — S. Basilii oratio ad baptismum exhortatoria (110); — S. Gregorii Nazianzeni oratio in sancta lumina
(120); — Narratio de translatione manus S. Joannis Baptistæ
Antiochiæ allatæ (129); — Vita S^æ. Domnicæ (140 v°); —
Martyrium S. Polyeucti (150 v°); — S. Gregorii Nazianzeni
homilia in S. Gregorium Nyssenum (158 v°); — Vita S. Marciani presbyteri (162); — Vita S. Theodosii cœnobiarchæ
(172 v^b); — Martyrium S^æ. Tatianæ (210); — Martyrium SS.
Hermyli et Stratonici (229); — Nili monachi narratio de SS.
PP. in Sina monte interfectis (245 v°); — Vita S. Joannis
Cabylitæ (280); — Anonymi homilia in adorationem vene-
randæ catenæ S. Petri (287).

X s. Parch. 292 fol. (Reg. 2005.) *M.*

1450. Martyrium S. Tryphonis (1); — S. Joannis Chryso-
stomi homilia in Hypapantem (10); — S. Basilii fragmenta in
Hexaemeron homiliarum VIII. et IX. (15); — S. Cyrilli Hie-
rosolymitani homilia in Hypapantem, initio mutila (19); —
S. Amphilochii Iconiensis homilia de Deipara, Anna et Sy-
meone (23); — Vita S. Nicolai Studitæ (29 v°); — S. Joannis
Chrysostomi homiliæ duæ de Pharisæo et Publicano (59); —
Vita S. Parthenii, Lampsaceni episcopi (68); — Martyrium S.
Theodori τοῦ στρατηλάτου (81 v°); — Vita S. Lucæ junioris, fine
mutila (94); — S. Joannis Chrysostomi homilia II. de filio
prodigo, initio mutila (147); — Vita S. Martiniani (150); —
Martyrium S. Theodori tyronis (168 v°); — S. Joannis Da-
masceni homilia de fidelibus defunctis (180); — S. Joannis
Chrysostomi homilia de secundo Christi adventu (194); — S.
Gregorii Nazianzeni homilia de pauperibus caritate complectendis (204 v°); — S. Joannis Chrysostomi homilia in ingres-
sum Quadragesimæ et de Jona propheta (228); — S. Basilii
magni de jejunio homiliæ duæ (237); — S. Joannis Chrysostomi homilia de mortuis non nimium lugendis (255); — S.
Gregorii Nazianzeni homilia in plagam grandinis (266); —
Nectarii, CP. archiepiscopi, homilia de S. Theodoro martyre
(277 v°); — S. Gregorii Nysseni homilia de eodem (286 v°);

— Narratio de Christi imagine Chalcopratiana, de Theodoro et Abramio (293) ; — Narratio de Christi imagine Berytensi (309) ; — Narratio de miraculo CP. patrato apud puteum magnæ ecclesiæ, de Patricio et Notario, fine mutila (310 v°).

XI s. Parchemin. 310 fol. (Medic.-Reg. 2009.) *M.*

1451. Vita S. Ambrosii Mediolanensis, initio mutila (1) ; — Vita S. Danielis Stylitæ (9 v°) ; — Vita S. Spyridonis, Trimithuntis episcopi (52) ; — Martyrium SS. Eustratii, Auxentii, Eugenii; Mardarii et Orestæ (88) ; — Certamen trium SS. puerorum Ananiæ, Azariæ et Misaelis, et Danielis prophetæ (105) ; — Martyrium S. Ignatii Theophori (109) ; — Martyrium Sæ. Anastasiæ et sociorum (115) ; — Martyrium S. Stephani protomartyris, initio mutilum (127) ; — Martyrium S. Tryphonis, initio mutilum (131) ; — Martyrium S. Nicephori (138 v°) ; — Martyrium S. Blasii (142) ; — Vita S. Martiniani (147) ; — Vita S. Auxentii, initio mutila (179 *bis*) ; — Theodori Studitæ homilia in inventionem capitis S. Joannis Baptistæ (182 v°).

XI s. Parch. 185 fol. (Colbert. 460.) *M.*

1452. Vita et miracula S. Tryphonis, initio mutila (1) ; — Sophronii Hierosolymit. homilia in Hypapantem (8) ; — Vita S. Nicolai Studitæ (15 v°) ; — Martyrium Sæ. Agathæ (33) ; — Martyrium S. Abramii, Arbel. episcopi, fine mutilum (37 v°) ; — Vita S. Parthenii, Lampsaceni episcopi (38) ; — Martyrium S. Theodori τοῦ στρατηλάτου (44) ; — ejusdem encomium, auctore Niceta philosopho (48 v°) ; — Vita S. Georgii, Amastridis archiepiscopi (57) ; — Theodoreti, Cyri episcopi, narratio de Zacharia propheta (73) ; — Martyrium S. Nicephori (75) ; — ejusdem narrationis metaphrasis, auctore Joanne, Sardium episcopo (77 v°) ; — Martyrium S. Charalampi (83) ; — Martyrium S. Blasii, Sebastiani episcopi (89 v°) ; — De VII. SS. mulieribus (91 v°) ; — S. Meletii Antiocheni encomium, auctore S. Joanne Chrysostomo (94) ; — ejusdem vita, in compendium redacta (97 v°) ; — Martyrium SS. trium millium Nicomediæ passorum (102) ; — Vita S. Martiniani (103) ; — Vita S. Auxentii (110 v°) ; — Martyrium S. Onesimi apostoli, Pauli discipuli, auctore Eusebio (128 v°) ; — Martyrium SS. Pamphili, Valentis, Pauli, Seleuci, Porphyrii, Theoduli et

Juliani Ægyptiorum (131 v°); — Martyrium S. Theodori tyronis (136); — ejusdem encomium, auctore Chrysippo, Hierosolymit. presbytero (139); — Martyrium SS. Leonis et Paregorii (150); — Vita S. Auxibii, Soliæ archiep. in insula Cypro (153 v°); — Vita S. Alexandri (159 v°); — Martyrium SS. Mauricii et LXX. discipulorum (174 v°); — Martyrium SS. Sadoth episcopi et CXXVIII. sociorum (180); — Vita S. Polycarpi (182); — Martyrium S. Polycarpi, Smyrnensis episcopi (192 v°); — Narratio de inventione capitis S. Joannis Baptistæ (196 v°); — Vita S. Tarasii, CP. patriarchæ, auctore Ignatio monacho (201); — Vita S. Porphyrii, Gazæ episcopi (222); — Martyrium S. Nestoris, Pergæ episcopi (226); — Vita S. Pauli Corinthii, fine mutila (227 v°).

X s. Parch. 227 fol. (Medic.-Reg. 2010) M.

1453. Martyrium S͏ͣ. Glyceriæ (1); — Vita S. Pachomii (25 v°); — Vita SS. Constantini imp. et Helenes ejus matris (68); — Vita S. Onuphrii eremitæ (92); — Vita S. Methodii, CP. patriarchæ (103); — S. Joannis Chrysostomi homilia in laudem S. Juliani martyris (109); — Antipatri, Bostrensis episcopi, homilia in laudem S. Joannis Baptistæ (117); — S. Joannis Chrysostomi homilia in nativitatem S. Joannis Baptistæ (121); — ejusdem homilia in principes apostolorum Petrum et Paulum (123); — ejusdem homilia in laudem duodecim apostolorum (126); — Narratio depositionis pretiosæ vestis Deiparæ in Blachernis (129); — Vita S. Anatolii, CP. patriarchæ (139); — Martyrium SS. Ceryci et Julittæ, auctore Theodoro Iconiensi (147); — S. Joannis Chrysostomi homilia in laudem Heliæ prophetæ (150); — Historia Heliæ prophetæ (153 v°); — Vita S. Symeonis Sali (160 v°); — Vita S͏ͣ. Eupraxiæ, initio mutila (185); — Vita S͏ͣ. Olympiadis, magnæ ecclesiæ CP. diaconissæ (200 v°); — S. Joannis Chrysostomi homilia in Macchabæos (207 v°); — Historia S͏ͣ. Olympiadis, auctore Sergio (210); — Vita S. Isaaci, CP. abbatis (216); — S. Joannis Chrysostomi homilia in laudem S. Stephani protomartyris (214 v°); — Vita S. Dalmati archimandritæ (226 v°); — S. Cyrilli Alexandrini epistola xx. ad Dalmatum archimandritam (236 v°); — S. Joannis Chrysostomi homilia in trans-

figurationem Domini (239 v°); — Andreæ Cretensis homilia
de eodem (245); — S. Joannis Damasceni homilia de eodem
(254); — Vita S. Maximi confessoris (265); — S. Joannis Damasceni homiliæ duæ in dormitionem Deiparæ (281 v°); —
Andreæ Cretensis homiliæ duæ de eodem (298 v°); — Martyrium SS. Adriani et Nataliæ uxoris (312); — Florilegium ex
dictis Pœmeni abbatis (322 v°); — Encomium Mosis Æthiopis
(327); — Andreæ Cretensis homilia in decollationem S. Joannis Baptistæ (330 v°); — S. Joannis Chrysostomi homiliæ duæ
de eodem (344); — Germani, CP. patriarchæ, homilia in
zonam beatæ Mariæ, fine mutila (357).

XII s. Parch. 363 fol. (Colbert. 977.) G.

1454. Vita S. Symeonis Stylitæ (1); — S. Joannis Chryso-
stomi homilia in principium anni (9); — Theodoreti encomium
S. Symeonis Stylitæ, ex Historia religiosa (11 v°); — Michaelis
monachi homilia in laudem Zachariæ, patris S. Joannis Baptistæ (18); — Anonymi narratio de nativitate beatæ Mariæ
(24 v°); — Andreæ Cretensis homilia in nativitatem beatæ
Mariæ (31 v°); — Vita Sᵗ. Theodoræ Alexandrinæ (36); —
Alexandri monachi narratio de inventione sanctæ crucis (42);
— Martyrium SS. Eustathii, Agapii, Theopisti et Theopistes (61);
— S. Joannis Chrysostomi homilia in Zachariam et Elisabeth
(69 v°); — Martyrium Sᵗ. Theclæ (72); — Vita Sᵗ. Euphrosynes Alexandrinæ et S. Paphnutii ejus patris (77 v°); —
Acta S. Joannis evangelistæ, auctore Prochoro (83 v°); — S.
Joannis Chrysostomi homilia in S. Joannem evangelistam (91);
— Acta SS. Cypriani Antiocheni et Justinæ (95); — Narratio peregrinationum S. Thomæ in India (99); — Narratio
pœnitentiæ Sᵉ. Pelagiæ (107); — Procli, CP. patriarchæ,
homilia in S. Lucam evangelistam (112 v°); — Martyrium
septem Ephesi puerorum (115); — Martyrium S. Arethæ et
sociorum (125); — Martyrium SS. Cosmæ et Damiani (145 v°);
— Martyrium S. Acindyni et sociorum (148); — Martyrium
S. Menæ Ægyptii (158); — Narratio miraculorum S. Menæ,
auctore Timotheo Alexandrino (162 v°); — Cosmæ Vestitoris
homilia de S. Joanne Chrysostomo et ejus persecutione (168);
— Acta S. Philippi apostoli (171).

X s. Parch. 180 fol. (Colbert. 427.) G.

1455. Vita S. Euthymii (1); — Commentarius de S. Timotheo apostolo (50 v°); — Martyrium S. Anastasii (54 v°); — Martyrium S. Clementis Ancyrani (70); — Vita S^r. Eusebiæ, Xenes dictæ (102); — Vita S. Gregorii Nazianzeni (110 v°); — Vita S. Xenophontis et filiorum Joannis et Arcadii (131); — Narratio de translatione reliquiarum S. Joannis Chrysostomi (143 v°); — Vita S. Ephræmi Syri (150); — Vita SS. Cyri abbatis et Joannis, fine mutila (156).

XI s. Parch. 156 fol. (Mazarin.-Reg. 2008.) *M.*

1456. Vita S. Clementis, Romæ episcopi, initio mutila (1); — S. Ephræmi, Chersonis episcopi, narratio de miraculo in puero a S. Clemente patrato (1 v°); — Vita S. Athanasii, Alexandrini archiepiscopi, initio mutila (9); — Vita S. Euthymii abbatis (31 v°); — Commentarius de S. Timotheo apostolo (104); — Martyrium S. Anastasii Persæ (111); — Martyrium S. Clementis, Ancyrani episcopi (134); — Vita S^r. Eusebiæ, Xenes dictæ (178); — Vita S. Gregorii Nazianzeni (189); — Narratio de translatione reliquiarum SS. Theodori confessoris et Josephi Thessalonicensis (217); — Narratio de translatione reliquiarum S. Joannis Chrysostomi (229 v°); — Vita S. Ephræmi Syri (239); — Vita S. Xenophontis et filiorum Joannis et Arcadii (248); — Martyrium SS. Cyri abbatis et Joannis (265 v°); — Martyrium S. Petri, Alexandrini episcopi, initio et fine mutila (275 *bis*).

XI s. Parch. 281 fol. (Colbert. 2588.) *M.*

1457. Vita S. Euthymii (2); — Commentarius de S. Timotheo apostolo (59); — Martyrium S. Anastasii Persæ (64); — Martyrium S. Clementis Ancyrani (82 v°); — Vita S^e. Eusebiæ, Xenes dictæ (119 v°); — Vita S. Gregorii Nazianzeni (129); — Martyrium S. Xenophontis et filiorum Arcadii et Joannis (151 v°); — Narratio de translatione reliquiarum S. Joannis Chrysostomi (166 v°); — Vita S. Ephræmi Syri (174 v°); — Martyrium SS. Cyri abbatis et Joannis (182).

XI s. Copié par le moine Antoine. Parchemin. 191 fol. (Colbert. 250.) *M.*

1458. Liber visionis Nahum prophetæ, cum Theodoreti interpretatione et Epiphanii, Cypri episcopi, argumento (1); — Vita SS. Xanthippi, Polyxenæ et Rebeccæ (5 v°); — Prophetia Habacuc, cum Theodoreti interpretatione (17); — Prophetia Sophroniæ, cum Theodoreti interpretatione (24); — Martyrium SS. Indæ et Domnæ (29); — Vita S. Sabæ, initio mutila (33); — Vita S. Nicolai Myrensis (35); — Martyrium SS. Barbaræ et Julianæ (41); — Joannis, Sardium archiepiscopi, narratio de eodem martyrio, fine mutila (46); — Narratio de S. Nicolao et de tribus ducibus per miraculum servatis, initio mutila (49); — Encomium S. Nicolai Myrensis (50); — Encomium aliud ejusdem (55 v°); — Vita S. Ambrosii, Mediolanensis archiepiscopi (63 v°); — ejusdem epistola (67); — ejusdem vita altera, in epitome (67 v°); — Andreæ Cretensis homilia de S. Patapio et ejusdem miracula (72 v°); — — Georgii, Nicomediæ archiepiscopi, homilia de conceptione beatæ Mariæ (82 v°); — ejusdem homilia de conceptione S^æ. Annæ (86 v°); — ejusdem homilia de conceptione et nativitate beatæ Mariæ (92); — Theophanii, Cæsareæ archiepiscopi, homilia in laudem SS. Menæ, Hermogenis et Eugraphi (97); — Vita S. Danielis Stylitæ (107 v°); — Vita S. Spyridonis, Trimithuntis episcopi (111 et 132); — Vita S. Lucæ Stylitæ (113 v°); — Martyrium SS. Eustratii, Auxentii, Eugenii, Mardarii et Orestæ (150); — Martyrium S^æ. Luciæ virginis, initio mutilum (161); — Martyrium SS. Philemonis et Apollonii (161); — Martyrium SS. Philetæri et Eubioti (166 v°); — Encomium S. Eleutherii martyris (176 v°); — Prophetia Aggæi, cum Theodoreti commentario (182 v°); — Narratio de Daniele propheta et de tribus pueris (185 v°); — Asterii, Amaseæ episcopi, narratio de Daniele et Susanna (192); — S. Joannis Chrysostomi epistola de eo quod nemo læditur nisi a se ipso (194 v°); — ejusdem homilia in illud : Cantate Domino canticum novum (206); — S. Gregorii Nysseni homilia de divinitate Filii et S. Spiritus et de Abraham (212 v°); — S. Joannis Chrysostomi homilia in illud : Pone manum tuam sub femur meum (216 v°); — ejusdem homilia de signaculis librorum, fine mutila (224); — ejusdem homilia de theatris non frequentandis, initio mutila (231); — ejusdem homilia de beato Abraham (237); — S. Basilii Seleuciensis homilia de Josepho (241 v°); — ejusdem homilia de Abraham (244 v°).

XI s. Parch. 247 fol. (Medic.-Reg. 1835.) *G.*

1459. Vita S. Symeonis Stylitæ, initio et fine mutila (cap. 31-235).

XI s. Parch. 101 fol. (Colbert. 3050.) *G*.

1460. Vita S. Euthymii abbatis, initio mutila (1); — Anonymi narratio de S. Timotheo apostolo (51); — Martyrium S. Anastasii Persæ (57); — Martyrium S. Clementis, Ancyrani episcopi (75 v°); — Vita Sᵃ. Eusebiæ, Xenes dictæ (112); — Vita S. Gregorii Nazianzeni (121 v°); — Vita S. Xenophontis et liberorum Joannis et Arcadii (144 v°); — Anonymi narratio de translatione reliquiarum S. Joannis Chrysostomi (159); — Vita S. Ephræmi Syri (166 v°); — Martyrium SS. Cyri et Joannis (174 v°); — Martyrium et miracula S. Tryphonis (184); — Anonymi narratio de translatione capitis S. Joannis Baptistæ in urbem Edessam (196 v°).

XI s. Parch. 202 fol. (Colbert. 617.) *M*.

1461. Martyrium Sᵃ. Barbaræ (1); — Vita S. Sabæ archimandritæ (8); — Vita S. Nicolai, Myrensis episcopi (85); — Vita S. Ambrosii, Mediolanensis episcopi (108); — Vita S. Patapii Thebani (119); — Martyrium SS. Menæ, Hermogenis et Eugraphi (124 v°); — Vita S. Danielis Stylitæ (151 v°); — Vita S. Spyridonis, Trimithuntis episcopi (188); — Martyrium SS. Eustratii, Auxentii, Eugenii, Mardarii et Orestæ (214 v°).

XI s. Parch. 235 fol. (Colbert. 398.) *M*.

1462. Vita S. Sabæ archimandritæ, initio et fine mutila (1); — Vita S. Nicolai, Myrensis episcopi, initio mutila (54); — Miracula S. Nicolai, auctore Methodio, CP. patriarcha (72 v°); — Martyrium S. Menæ Ægyptii, initio mutilum (78); — Vita S. Danielis Stylitæ (104 v°); — Vita S. Spyridonis, Trimithuntis episcopi (140 v°); — Martyrium SS. Eustratii, Auxentii, Eugenii, Mardarii, et Orestæ, fine mutilum (163 v°).

XI s. Parch. 171 fol. (Colbert. 2514.) *M*.

1463. Vita S. Gregorii Agrigentini, auctore Leontio, presbytero et hegumeno S. Sabæ (1); — Vita S. Clementis, Romani episcopi (54); — S. Ephræmi, Chersonis episcopi, narratio de miraculo in puero a S. Clemente patrato (103 v°); — Vita S. Stephani junioris, auctore Stephano, diacono magnæ ecclesiæ CP. (108 v°); — Acta S. Andreæ apostoli

(156); — Martyrium S^æ. Barbaræ (183); — Vita et miracula
S. Nicolai Myrensis (187); — Visio Danielis prophetæ (195 et
211); — Narratio de aliis S. Nicolai miraculis, fine mutila
(206); — S. Ephræmi homilia de formosissimo Josepho (217);
— S. Joannis Chrysostomi homilia in Christi nativitatem et
de S. Philogonio (232); — S. Gregorii Nazianzeni homilia in
Julianum exæquatorem (239); — ejusdem homilia in sancta
Theophania (245 v°); — S. Basilii homilia in Christi nativitatem (252 v°); — S. Joannis Chrysostomi homilia in Christi
nativitatem (258).

XI s. Parch. 265 fol. (Fontebl.-Reg. 2028.) *M.*

1464. Vita S. Theodosii archimandritæ prope Hierusalem,
initio mutila (1); — Martyrium SS. Hermyli et Stratonici (47);
— Nili monachi historia monachorum in montibus Sina et
Raithu a barbaris interfectorum (56); — Vita S. Joannis Caly-
bitæ (101); — Anonymi homilia in venerationem catenæ S.
Petri (117); — Vita S. Antonii, auctore S. Athanasio (140);
— Vita S. Athanasii Alexandrini (194); — Vita S. Euthymii
abbatis, fine mutila (233).

XI s. Parch. 246 pages. *M.*

1465. Vita S. Euthymii abbatis (1); — Anonymi narratio
de S. Timotheo apostolo (47); — Martyrium S. Anastasii
Persæ (52); — Martyrium SS. Clementis et Agathangeli (70);
— Vita S^æ. Eusebiæ, Xenes dictæ (107); — Vita S. Gregorii
Nazianzeni, fine mutila (117).

XI s. Parch. 133 fol. (Reg. 2007.) *M.*

1466. Martyrium S. Stephani, initio mutilum (1); — Martyrium S^æ. Barbaræ (40); — Vita S. Nicolai Myrensis (48 v°);
— Vita S. Ambrosii Mediolanensis (72 v°); — Vita S. Patapii
abbatis (86 v°); — Martyrium SS. Menæ, Hermogenis et Eugraphi (93); — Martyrium S. Eustratii, Auxentii, Eugenii,
Mardarii et Orestæ (125); — Martyrium SS. Thyrsi, Lucii,
Callinici, Philemonis et Apollonii (148 v°); — Martyrium
S. Eleutherii et S^æ. Evanthiæ matris (176 v°); — Anonymi
narratio de Daniele et tribus pueris (186 v°); — Martyrium
decem in Creta martyrum (206 v°); — Martyrium S^æ. Eugeniæ
Romanæ (211); — Vita S. Theodori Grapti et Theophanis

fratris ejus (237 v°); — S. Gregorii Nysseni homilia in S. Stephanum protomartyrem (250 v°); — Martyrium SS. Indæ et
Domnæ (260 v°); — Vita S. Marcelli, Acoemetarum archimandritæ, fine mutila (285 v°).

XI s. Parch. 289 fol. (Reg. 2024.) *M*.

1467. Vita S. Basilii, auctore Amphilochio Iconiensi (3);
— Vita S. Silvestri, Romani episcopi (20 v°); — Martyrium
S. Polyeucti (37 v°); — Vita S. Marciani (41 v°); — Vita S.
Theodosii archimandritæ (50); — Martyrium SS. Hermyli et
Stratonici (90); — Nili monachi historia monachorum in
monte Sina interfectorum (97); — Vita S. Joannis Calybitæ
(132); — Vita S. Pauli Thebani (145); — Anonymi homilia
de veneratione catenæ S. Petri (156 v°); — Vita S. Antonii,
auctore Athanasio Alexandrino (176 v°); — Vita S. Athanasii
Alexandrini (230); — Vita S. Euthymii abbatis (262); —
Martyrium SS. Eugenii, Valerii et Aquilæ, auctore Joanne
Xiphilino (334); — Vita S. Timothei apostoli (346); — Martyrium S. Anastasii (353 v°); — Martyrium SS. Clementis
et Agathangeli (374 v°); — Vita Sæ. Eusebiæ, Xenes dictæ
(410 v°); — Vita S. Gregorii Nazianzeni, auctore Gregorio
presbytero (418 v°); — Martyrium SS. Xenophontis et filiorum Joannis et Arcadii (439); — Anonymi narratio de translatione reliquiarum S. Joannis Chrysostomi (453 v°); — Vita
S. Ephræmi Syri (462 v°); — Martyrium SS. Cyri et Joannis
(470).

XII-XV s. Parch. et pap. 478 fol. *G*.

1468. Vita S. Mamantis (3); — Cosmæ Vestitoris homilia
in laudem Zachariæ, patris S. Joannis Baptistæ (9); — Vita
Sæ. Theodoræ (12); — Vita S. Symeonis Stylitæ (17); — Martyrium S. Nicetæ (26); — Martyrium Sæ. Euphemiæ (28 v°);
— S. Joannis Chrysostomi homilia in conceptionem S. Joannis Baptistæ (34 v°); — Martyrium Sæ. Theclæ (38 v°); —
Procli, CP. patriarchæ, homilia in laudem S. Joannis evangelistæ (44 v°); — S. Joannis apostoli circuitus, auctore
Prochoro diacono (46 v°); — Martyrium S. Ananiæ apostoli
(83);— Confessio Sæ. Justinæ (84 v°); — Martyrium SS. Cypriani et Justinæ (88 v°); — Acta S. Thomæ apostoli (91);

— Historia rerum a S. Thoma in India gestarum (93 v°);
— Martyrium SS. Sergii et Bacchi (95); — Martyrium S^æ. Pe-
lagiæ (104 v°); — Martyrium SS. Eulampii et Eulampiæ
(111 v°); — Vita S^æ. Zenaïdis (120); — Martyrium SS. Tarachi,
Probi et Andronici (122); — Martyrium SS. Carpi, Papyli
et Agathonici (134 v°); — Martyrium S. Longini centurio-
nis (136); — Martyrium SS. Nazarii, Protasii, Gervasii et
Celsii (140 v°); — Mors S. Lucæ evangelistæ (148 v°); —
Martyrium SS. Dasii, Caii et Zotici (149); — Martyrium S.
Artemii (150); — Narratio de miraculo S. Artemii (152 v°);
— Martyrium SS. Marciani et Martyrii notariorum (155 v°);
— Vita SS. Abramii et Mariæ, ejus neptis (157 v°); — Marty-
rium SS. Zenobii et Zenobiæ (168 v°); — Vita SS. Cosmæ et
Damiani (172); — Martyrium SS. Acindyni, Pegasii, Aphtho-
nii, Elpidiphori et Anempodisti (182); — Martyrium SS.
Acepsimæ episcopi, Josephi presbyteri et Aithalæ diaconi
(192 v°); — Martyrium SS. Galactionis et Epistemes (206 v°);
— Martyrium S^æ. Marinæ (211 v°); — S. Joannis Chrysostomi
homilia de Petro et Elia (224); — ejusdem homilia de cele-
bratione diei Dominicæ (229 v°); — Narratio et revelatio S.
Archippi, custodis templi S. Michaelis in Chonis (252 v°); —
Martyrium S^æ. Parasceves, fine mutilum (238); — Martyrium
S. Vari, initio mutilum (241); — Martyrium S^æ. Domnæ et
SS. in Nicomedia martyrum (246); — Martyrium S. Menæ
(260 v°); — Vita S. Joannis Pantelcemonis, auctore Leontio
Neapolitano (279 v°); — Vita S. Joannis Chrysostomi, auctore
Theodoro, Trimithuntis episcopo (314); — Martyrium S. Philippi apostoli, fine mutilum (326 v°); — Martyrium SS. Samonæ, Guriæ et Abibi, initio mutilum (332); — Vita S. Martini, Turonensis episcopi (339 v°); — Martyrium S. Eusignii
(348 v°); — Germani, CP. patriarchæ, homilia in præsentationem
beatæ Mariæ (354 v°); — Anonymi narratio de nativitate beatæ
Mariæ (358); — Vita et miracula S. Gregorii Agrigentini, auctore Leontio, S. Sabæ in urbe Roma abbate, fine mutila (364 v°).

XI s. Parch. 405 fol. (Reg. 1833.) *G.*

1469. Vita S. Nicolai Myrensis, initio mutila (1); — Vita
S. Ambrosii Mediolanensis, fine mutila (2); — Martyrium

S. Menæ et sociorum, initio mutilum (3); — Vita S. Danielis
Stylitæ (23 v°); — Vita S. Spyridonis, Trimithuntis episcopi
(64); — Martyrium SS. Eustratii, Auxentii, Eugenii, Orestæ et
Mardarii, fine mutilum (95 v°).

XI s. Parch. 117 fol. (Reg. 2025.) *M.*

1470. Martyrium S⁰ᵉ. Irenes (3); — Martyrium S. Christophori (19); — Martyrium S. Barbari (25); — Martyrium S.
Isidori (28 v°); — S. Joannis Chrysostomi homiliæ tres in me-
diam Pentecosten (31 v°); — ejusdem homiliæ tres in Ascen
sionem (38 v°); — S. Basilii, Seleuciensis episcopi homilia
in quadragesimam (43 v°); — S. Basilii Cæsariensis homilia
in sanctam Trinitatem (45); — S. Joannis Chrysostomi homilia in omnes sanctos (47); — S. Ephræmi Syri homilia de
eodem (50); — Martyrium S. Theodori, militum præfecti (53);
— Martyrium S. Barnabæ apostoli (55 v°); — S. Joannis Chrysostomi homilia in Ascensionem (58 v°); — S. Gregorii Nazianzeni homilia in Pentecosten (61); — Martyrium SS. Fidei,
Spei, Charitatis et Sophiæ illarum matris (67); — Antipatri,
Bostrensis episcopi, homilia in nativitatem S. Joannis Ba-
ptistæ (73 v°); — Vita et martyrium S⁰ᵉ. Febroniæ (77); —
Martyrium S. Charitonis et sociorum (90 v°); — Martyrium
S. Callinici (91); — S. Joannis Chrysostomi homiliæ tres in
SS. Petrum et Paulum (93); — Acta SS. Petri et Pauli (98 v°);
— Martyrium SS. Cosmæ et Damiani (108); — Martyrium S.
Pancratii (112); — Martyrium S⁰ᵉ. Cyriacæ (114 v°); — Mar-
tyrium S. Procopii (120); — Martyrium S. Ceryci, auctore
Theodoro episcopo (126 v°); — Martyrium S. Sperati (128 v°);
— Martyrium S. Athenogenis (130); — Martyrium S⁰ᵉ. Marinæ (132); — Martyrium S. Æmiliani (141); — S. Joannis
Chrysostomi homilia in Esaiam prophetam (144); — Martyrium S. Panteleemonis (151 v°); — S. Gregorii Nazianzeni
homilia in Macchabæos (160); — Narratio translationis reliquiarum S. Stephani protomartyris (165); — S. Cyrilli Alexandrini homilia in Transfigurationem (168); — Andreæ Cretensis homilia de eodem (170 v°); — Martyrium SS. Xysti, Romæ
episcopi, et Laurentii diaconi (178 v°); — Martyrium S. Eu-
pli (181 v°); — Andreæ Cretensis homiliæ duæ in dormitio-

nem beatæ Mariæ (183 v°); — S. Joannis Chrysostomi homilia de eodem (199 v°); — S. Joannis Damasceni homilia de
eodem (202 v°); — Germani, CP. patriarchæ, homilia in laudem beatæ Mariæ (206 v°); — Theodori Studitæ homilia in
laudem S. Bartholomæi apostoli (209 v°); — Andreæ Cretensis homilia in laudem S. Titi apostoli (214); — Martyrium S.
Adriani et sociorum (223 v°); — Andreæ Cretensis homilia
in decollationem S. Joannis Baptistæ (232); — S. Joannis
Chrysostomi homilia de eodem (242 v°).

Copié en 890 par Anastase. Parch. 248 fol. (Colbert. 340.) *M.*

1471. Vita S. Euthymii abbatis (1); — Anonymi narratio
de S. Timotheo apostolo (58); — Martyrium S. Anastasii
Persæ (64); — Martyrium SS. Clementis Ancyrani et Agathangeli (83 v°); — Vita Sⁱⁿ. [Eusebiæ,] Xenes dictæ (121); —
Vita S. Gregorii Nazianzeni (130 v°); — Martyrium S. Xenophontis et sociorum (154); — Narratio translationis reliquiarum S. Joannis Chrysostomi (168 v°); — Vita S. Ephræmi
Syri (176); — Martyrium SS. Cyri et Joannis (183).

XI s. Parch. 192 fol. (Colbert. 463.) *M.*

1472. Vita S. Pauli Thebani (1); — Martyrium S. Polyeucti
(11); — Vita S. Marciani, œconomi magnæ ecclesiæ CP. (17 v°);
— Vita S. Theodosii archimandritæ (30 v°); — Martyrium
SS. Hermyli et Stratonici (68 v°); — Nili monachi historia
monachorum in montibus Sina et Raithu a barbaris interfectorum (75); — Vita S. Joannis Calybitæ (105); — Anonymi
homilia in venerationem catenæ S. Petri (115 v°); — Vita S.
Antonii eremitæ, auctore S. Athanasio, initio mutila (131).

XI s. Parch. 172 fol. (Colbert. 357.) *M.*

1473. Vita S. Pauli Thebani (2); — Martyrium S. Polyeucti
(10); — Vita S. Marciani, œconomi magnæ ecclesiæ CP. (16);
— Vita S. Theodosii archimandritæ (26 v°); — Martyrium SS.
Hermyli et Stratonici (58 v°); — Nili monachi historia monachorum in montibus Sina et Raithu a barbaris interfectorum
(63 v°); — Vita S. Joannis Calybitæ (86); — Anonymi homilia
in venerationem catenæ S. Petri (95); — Vita S. Antonii eremitæ, auctore S. Athanasio (109); — Vita S. Athanasii (143 v°).

XI s. Parch. 164 fol. (Colbert. 430.) *M.*

1474. Vita S. Arsenii abbatis (2); — Martyrium SS. Manuelis, Sabelis et Ismaelis (23 v°); — S. Hippolyti homilia de fine mundi, de Antichristo et de secundo Domini adventu (33); — Vita S. Sampsonis Xenodochi (49); — Acta SS. Petri et Pauli (62 v°); — Martyrium S. Procopii (75 v°); — Martyrium S. Panteleemonis (98); — Martyrium S. Callinici (112); — Vita S. Eudocimi (117); — Josephi historia Macchabæorum (124 v°); — S. Basilii Seleuciensis homilia in Domini transfigurationem (143); — Andreæ Cretensis homilia de eodem (145 v°); — Anonymi narratio de gestis beatæ Mariæ (156 v°); — Vita S. Joannis Baptistæ (174 v°); — Anonymi narratio translationis manus S. Joannis Baptistæ (191); — Anonymi narratio de imagine Christi Berytensi (199); — Anonymi narratio de miraculo imaginis Christi in puteo ad magnam ecclesiam CP. (207); — [Constantini Porphyrogeniti] narratio de imagine Christi ad Abgarum missa (212); — Anonymi narratio de Edessena Christi imagine (225); — Anonymi narratio de imagine Christi in Chalcopratis (227 v°); — Anonymi narratio de miraculis imaginis beatæ Mariæ, Romanæ dictæ (237 v°).

XI s. Parch. 249 fol. (Colbert. 453.) *G.*

1475. Vita S. Sampsonis Xenodochi, initio mutila (1); — Acta SS. Petri et Pauli (14); — Martyrium S. Procopii (27 v°); — Martyrium S. Panteleemonis (50); — Martyrium S. Callinici (64 v°); — Martyrium S. Eudocimi (69 v°); — Fl. Josephi historia Macchabæorum (77 v°); — Anonymi narratio de gestis beatæ Mariæ et de inventione venerandæ ejus vestis (96 v°); — Constantini Porphyrogeniti narratio de imagine Christi ad Abgarum missa (122 v°); — Vita S. Joannis Baptistæ (136 v°); — Commentarius de XII. Prophetis minoribus (152).

XI s. Parch. 160 fol. (Colbert. 2454.) *M.*

1476. Certamen martyrum XLII. Amoriensium, initio mutilum (1); — Certamen XL. martyrum Sebastenorum (2); — S. Basilii homilia in laudem XL. martyrum (6); — Andreæ Cretensis homilia in Annuntiationem, initio mutila (7); — S. Joannis Chrysostomi homilia in Dominicam primam jejuniorum (7); — ejusdem homilia in Dominicam secundam jeju-

niorum (9) ; — S. Gregorii Thaumaturgi homilia in Annuntiationem, initio mutila (18) ; — S. Joannis Chrysostomi homilia
in Paralyticum (20 v°) ; — ejusdem homilia in Dominicam
tertiam jejuniorum (21 v°) ; — ejusdem homiliæ duæ in Dominicam quartam jejuniorum (25 v°) ; — ejusdem homilia in
Dominicam quintam jejuniorum (31) ; — ejusdem homilia in
Lazarum quatriduanum (37 v°) ; — Andreæ Cretensis homilia
de eodem (39 v°) ; — S. Joannis Chrysostomi homilia in ramos
palmarum (47) ; — Andreæ Cretensis homilia de eodem (49 v°) ;
— S. Joannis Chrysostomi homilia in Josephum (59) ; — S.
Joannis Damasceni homilia in ficum arefactam (62) ; — S.
Joannis Chrysostomi homiliæ duæ in parabolam decem virginum (64 v°) ; — ejusdem homiliæ duæ in meretricem quæ
unxit Dominum (72) ; — ejusdem homiliæ tres de Judæ pro-
ditione (79 v°) ; — ejusdem homilia in sanctam Parasceven
(90) ; — S. Athanasii homilia in passionem Christi (91) ;
— S. Epiphanii homilia in passionem et sepulturam Domini
(92) ; — S. Gregorii Nysseni homilia in descensum Christi ad
inferos, fine mutila (100 v°).

[Copié en 890, par Anastase.] Parch. 102 fol. (Colbert. 1511.) *M.*

1477. Vita S^æ. Mariæ Ægyptiacæ (1) ; — S. Joannis Climaci
scala paradisi (18 v°) ; — ejusdem liber ad pastorem (199 v°) ;
— Martyrium SS. Eustratii, Auxentii, Eugenii, Mardarii et
Orestæ (217).

Copié en 1060 par Léonce, notaire. Parch. 243 fol. (Mazarin.-Reg.
2374.) *M.*

1478. Prophetia Danielis, initio mutila (1) ; — Certamen
Danielis et trium puerorum (13) ; — S. Joannis Chrysostomi
oratio in laudem beati Philogonii (19) ; — S. Gregorii Nazianzeni homilia in Christi nativitatem (29) ; — S. Basilii homilia
de eodem (40) ; — S. Joannis Chrysostomi homilia de eodem
(50) ; — S. Gregorii Nazianzeni homilia in laudem S. Stephani
protomartyris (65) ; — Vita S. Basilii, auctore Amphilochio
Iconiensi (77) ; — S. Joannis Chrysostomi homilia de Christi
baptismo (114) ; — S. Basilii homilia ad baptismum exhortatoria (125) ; — S. Gregorii Nazianzeni homilia in sancta lumina
(137) ; — ejusdem homilia in sanctum baptisma (149) ; —

S. Joannis Chrysostomi homilia in occursum Domini (181); — Amphilochii Iconiensis homilia de eodem (187); — S. Joannis Chrysostomi homilia in Pharisæum et Publicanum (194); — ejusdem homilia in filium prodigum (199); — S. Joannis Damasceni homilia de iis qui in fide obdormierunt (212): — S. Joannis Chrysostomi homilia in psalmum XLVIII. (228); — ejusdem homilia in Danielem et tres pueros (237); — ejusdem homilia in transgressionem primorum parentum (247); — Nectarii, CP. patriarchæ, homilia in S. Theodorum martyrem (270); — Narrationes e variis scriptoribus collectæ ad cultum imaginum firmandum : Ἐν ὁρίοις Τύρου... (283); — S. Joannis Chrysostomi homilia de gloriando in cruce Domini (299); — ejusdem homilia in Annuntiationem (305).

XI s. Parch. 317 pages. *G.*

1479. Vita S. Symeonis Stylitæ (1); — Martyrium S. Mamantis (29); — Martyrium S. Anthimi, Nicomediensis episcopi (38); — Martyrium S. Babilæ, Antiocheni episcopi (45); — Historia miraculi S. Michaelis in urbe Chonis, initio mutila (49); — Martyrium SS. Eudoxi, Romuli, Zenonis et Macarii (52); — Martyrium S. Sozontis (59); — Martyrium S. Severiani (61 v°); — Martyrium SS. Metrodoræ et Nymphodoræ (68 v°); — Vita Sæ. Theodoræ Alexandrinæ (75); — Martyrium S. Autonomi (88); — Martyrium S. Cornelii centurionis (91 v°); — Martyrium S. Nicetæ (100 v°); — Martyrium Sæ. Euphemiæ (104 v°); — Martyrium SS. Fidei, Spei, Charitatis et matris illarum Sophiæ (117 v°); — Martyrium SS. Trophimi, Sabbatii et Dorymedontis (126 v°); — Martyrium S. Eustathii et sociorum (136); — Martyrium S. Phocæ, initio mutilum (154); — Martyrium Sæ. Theclæ (157 v°); — Vita Sæ. Euphrosynæ, initio mutila (172); — Commentarius de S. Joanne evangelista (179); — Martyrium S. Callistrati et sociorum, fine mutilum (190).

XI s. Parch. 193 fol. (Colbert. 780.) *G.*

1480. Martyrium SS. Cypriani et Justinæ, initio mutilum (1); — Martyrium S. Dionysii Areopagitæ (12); — Martyrium Sæ. Charitinæ (21 v°); — Vita Sæ. Pelagiæ Antiochenæ (43 v°); — Martyrium SS. Eulampii et Eulampiæ (49 v°); — Martyrium

SS. Probi, Tarachi et Andronici (56); — Martyrium SS. Carpi et Papyli (63 v°); — Martyrium SS. Nazarii, Gervasii, Protasii et Celsii (75 v°); — Martyrium S. Luciani (82 v°); — Martyrium S. Longini centurionis (92); — Commentarius de S. Luca evangelista (99); — Martyrium S. Vari et sociorum (104); — Martyrium S. Andreæ in Crisi (114); — Martyrium S. Artemii (123 et 277 v°); — Vita S. Hilarionis (144 v°); — Vita S. Abercii, Hierapolitani episcopi (171 v°); — Commentarius de S. Jacobo apostolo (193); — Martyrium S. Arethæ et sociorum (202 v°); — Martyrium SS. Marciani et Martyrii notariorum (226 v°); — Martyrium S. Demetrii (229); — Martyrium Sæ. Anastasiæ Romanæ (238); — Vita S. Abramii (247); — Martyrium SS. Zenobii et Zenobiæ (267 v°); — Martyrium S. Epimachi (273).

XI s. Parch. 285 fol. (Colbert. 688.) *M.*

1481. Vita SS. Cosmæ et Damiani (1); — Martyrium SS. Acindyni, Pegasii, Anempodisti, Aphthonii et Elpidiphori (5); — Martyrium SS. Acepsimæ, Josephi et Aithalæ (16 v°); — Vita S. Joannicii (30 v°); — Martyrium SS. Galactionis et Epistemes (57); — Vita S. Pauli confessoris (64); — Martyrium S. Hieronis et sociorum (70); — Vita Sæ. Matronæ (74 v°); — Vita Sæ. Theoctistes Lesbiæ (90 v°); — Martyrium S. Menæ Ægyptii (99 v°); — Vita S. Joannis Eleemonis (104 v°); — Vita S. Joannis Chrysostomi (137 v°); — Vita S. Philippi apostoli (215 v°); — Martyrium SS. Guriæ, Samonæ et Abibi, fine mutilum (220 v°).

XI s. Parch. 226 fol. (Colbert. 3046.) *M.*

1482. Martyrium S. Platonis (1); — Vita S. Amphilochii Iconiensis (7); — Vita S. Gregorii Agrigentini (14); — Martyrium Sæ. Catharinæ (54); — Acta S. Petri, auctore S. Clemente Romano (64); — Martyrium S. Petri, Alexandrini episcopi (120); — Martyrium S. Mercurii (128 v°); — Vita S. Alypii (138 v°); — Martyrium S. Jacobi Persæ (151); — Vita S. Stephani junioris, fine mutila (160).

XI s. Parch. 182 fol. (Colbert. 622.) *M.*

1483. Vita S. Joannicii, initio mutila (1); — Martyrium SS. Galactionis et Epistemes (9); — Vita S. Pauli, CP. archi-

episcopi, fine mutila (15 v°); — Martyrium S. Hieronis, fine
mutilum (20); — Vita S^æ. Matronæ (23 v°); — Vita S^æ.
Theoctistes Lesbiæ, initio et fiue mutila (37); — Martyrium
S. Menæ Ægyptii, initio mutilum (44); — Vita S. Joannis
Eleemonis (47); — Vita S. Joannis Chrysostomi, fine mu-
tila (65 v°).

XI s. Parch. 106 fol. (Colbert. 3047.) *M.*

1484. Martyrium S. Ananiæ apostoli (1); — Martyrium
SS. Cypriani et Justinæ (4); — Martyrium S. Dionysii Areo-
pagitæ (19 v°); — Martyrium S^æ. Charitinæ (28 v°); — Vita
S. Thomæ apostoli (31 v°); — Martyrium SS. Sergii et Bacchi
(38); — Vita S^æ. Pelagiæ Antiochenæ (50 v°); — Martyrium
SS. Eulampii et Eulampiæ (56); — Martyrium SS. Probi,
Tarachi et Andronici (61 v°); — Martyrium SS. Carpi, Papyli
et sociorum (68); — Martyrium SS. Nazarii, Gervasii, Protasii
et Celsii (78 v°); — Martyrium S. Luciani (84 v°); — Vita S.
Longini centurionis (93); — Vita S. Lucæ evangelistæ (98);
— Martyrium S. Vari et sociorum (103 v°); — Martyrium
S. Andreæ in Crisi (112 v°); — Martyrium S. Artemii (120 v°);
— Vita S. Hilarionis (146 v°); — Martyrium S. Abercii, Hiera-
politani episcopi (168 v°); — Vita S. Jacobi apostoli, fratris
Domini (187 v°); — Martyrium S. Arethæ et sociorum (194 v°);
— Martyrium SS. Marciani et Martyrii notariorum (214 v°); —
Martyrium S. Demetrii (216); — Martyrium S^æ. Anastasiæ
Romanæ (223 v°); — Martyrium SS. Zenobii et Zenobiæ
(230 v°); — Martyrium S. Epimachi (235 v°); — Vita S. Abra-
mii (239).

XII-XIII s. Parch. 255 fol. (Colbert. 2999.) *M.*

1485. Vita S. Joannis evangelistæ, initio mutila (1); —
Martyrium S. Gregorii, Armeniæ majoris episcopi (7 v°); —
Vita S^æ. Pelagiæ Antiochenæ (28); — Vita S. Lucæ evange-
listæ (33); — S. Joannis Chrysostomi homilia in laudem S.
Lucæ (34 v°); — S. Ephræmi sermo de S. Abramio (35 v°); —
Martyrium S. Cypriani (38); — Vita S. Thomæ apostoli (40);
— Historia septem Dormientium (64); — Martyrium S. De-
metrii (72); — Anonymi narratio de reliquiis et miraculis
S. Demetrii (73 v°); — Vita SS. Cosmæ et Damiani (77); —

Anonymi narratio de muliere Judæa cancro laborante et sanata
(79); — Leonis, magnæ ecclesiæ CP. diaconi, homilia in S.
Michaelem archangelum (81); — Vita S. Joannis Eleemonis,
auctore Leontio, Neapoleos Cypri episcopo (84 v°); — Cosmæ
vestitoris oratio in laudem S. Joannis Chrysostomi (97); —
Martyrium S. Philippi apostoli (100); — Miraculum SS. Samonæ, Guriæ et Abibi Edessæ patratum (108); — Acta S.
Matthæi evangelistæ (116); — Martyrium S. Romani (117);
— Martyrium S. Andreæ apostoli (164 v°); — Martyrium S.
Stephani junioris, auctore Stephano, magnæ ecclesiæ CP.
diacono, fine mutilum (175).

X s. Parch. 183 fol. (Colbert. 505.) *M*.

1486. Vita S. Thomæ apostoli (1); — Martyrium SS. Sergii et Bacchi (4 v°); — Vita Sᵃ. Pelagiæ Antiochenæ (12); —
Martyrium SS. Probi, Andronici et Tarachi (15 v°); — Martyrium SS. Carpi, Papyli et sociorum (19 v°); — Martyrium
S. Longini centurionis (27); — Vita S. Lucæ evangelistæ
(31); — Martyrium S. Andreæ in Crisi (35); — Martyrium S.
Artemii (41); — Vita S. Hilarionis (61); — Vita S. Jacobi
apostoli, fratris Domini (78); — Martyrium S. Arethæ et sociorum (84); — Martyrium S. Demetrii (100); — Vita S. Abramii (106); — Martyrium S. Epimachi (120).

XI s. Parch. 122 fol. (Colbert. 326.) *G*.

1487. Martyrium SS. Cosmæ et Damiani, initio mutilum
(1); — Martyrium S. Acindyni, Pegasii, Anempódisti, Aphthonii et Elpidiphori (5); — Martyrium SS. Acepsimæ, Josephi
et Aithalæ (24 v°); — Vita S. Joannicii (39 v°); — Martyrium
SS. Galactionis et Epistemes (73 v°); — Vita S. Pauli, CP.
archiepiscopi (83); — Martyrium S. Hieronis (90); — Vita
Sᵃ. Matronæ (96); — Vita Sᵃ. Theoctistes Lesbiæ (176 v°);
— Martyrium S. Menæ Ægyptii (127 v°); — Vita S. Joannis
Eleemonis (134); — Vita S. Joannis Chrysostomi (174).

XI s. Parch. 276 fol. (Colbert. 876.) *M*.

1488. Vita S. Tychonis thaumaturgi, initio mutila (1); —
sequitur dormitio S. Amos prophetæ (38 v°); — Vita ejusdem
Tychonis, in epitome (39); — Martyrium SS. Manuelis, Sabelis et Ismaelis (43); — Martyrium corumdem, in epitome

(52 v°); — Vita S. Hypatii (54 v°); — Martyrium S. Leontii et sociorum (141); — **Vita eorumdem, in epitome (153)**; — Vita S. Alexii, in epitome (154 v°); — Martyrium SS. Innæ, Rhemæ et Pinæ, S. Andreæ apostoli discipulorum (157); — Martyrium S. Zosimi, in epitome (158 v°); — Martyrium S. Juliani, in epitome (159); — Martyrium S. Juliani Ciliciensis (160 v°); — S. Joannis Chrysostomi homilia in S. Julianum, fine mutila (174 v°).

XI s. Parch. 187 fol. G.

1489. Vita S. Symeonis Stylitæ (1); — Martyrium S. Mamantis (28); — Martyrium S. Anthimi Nicomediensis, fine mutilum (37); — Martyrium S. Babylæ Antiocheni, initio mutilum (44); — Anonymi narratio miraculi S. Michaelis in urbe Chonis (50); — Martyrium SS. Eudoxii, Romuli, Zenonis et Macarii, fine mutilum (56); — Martyrium S. Sozontis, initio mutilum (63); — Martyrium S. Severiani (65); — Martyrium SS. Menodoræ, Metrodoræ et Nymphodoræ (72); — Vita Sæ. Theodoræ Alexandrinæ (78 v°); — Martyrium S. Autonomi (92); — Martyrium S. Cornelii centurionis (96 v°); — Martyrium S. Nicetæ (106); — Martyrium Sæ. Euphemiæ (110); — Martyrium SS. Fidei, Spei, Charitatis et Sophiæ, illarum matris (121 v°); — Martyrium SS. Trophimi, Sabbatii et Dorymedontis, fine mutilum (131); — Martyrium S. Eustathii et sociorum, initio mutilum (140); — Martyrium S. Phocæ (161); — Martyrium Sæ. Theclæ (166); — Vita Sæ. Euphrosynæ, cognomento Smaragdi (179 v°); — Commentarius in S. Joannem evangelistam (188 v°); — Martyrium S. Callistrati et sociorum (200 v°); — Martyrium S. Charitonis (209 v°); — Vita S. Cyriaci anachoretæ (211); — Certamen S. Gregorii, majoris Armeniæ archiepiscopi (222).

XI s. Parch. 251 fol. (Colbert. 772.) *M*.

1490. Martyrium SS. Thyrsi, Lucii, Philemonis, Callinici et Apollonii (2); — Martyrium S. Eleutherii (27 v°); — Vita S. Pauli Latrensis (36); — Vita S. Anatolii, CP. archiepiscopi (81 v°); — Commentarius de Daniele propheta et tribus pueris (93); — Martyrium S. Bonifacii Romani (110); — Martyrium S. Sebastiani et sociorum (119); — Martyrium S. Ignatii Antiocheni (132 v°); — Martyrium Sᵃᵉ. Julianæ Nicomediensis (141); — Martyrium Sᵉ. Anastasiæ Romanæ (148); — Certamen SS. decem martyrum Cretensium (166 v°); — Martyrium Sᵃᵉ. Eugeniæ (170); — S. Gregorii Nysseni oratio in laudem S. Stephani protomartyris (191 v°); — Vita SS. Theodori Grapti et Theophanis ejus fratris (201); — Martyrium SS. Indæ et Domnæ (213); — Vita S. Marcelli archimandritæ (234 v°); — Vita Sᵃᵉ. Melaniæ Romanæ (254 v°).

XI ᵉ. Parch. 272 fol. (Colbert. 2722.) *M*.

1491. Martyrium SS. Thyrsi, Lucii et sociorum, initio mutilum (1); — Martyrium SS. Philemonis, Apollonii et sociorum (5 v°); — Martyrium S. Eleutherii (13 v°); — Martyrium Sᵃᵉ. Susannæ (18 v°); — Martyrium S. Marini (25); — Martyrium S. Bonifacii (31 v°); — Commentarius de Daniele propheta et tribus pueris (36 v°); — Martyrium S. Myronis (44 v°); — Martyrium SS. Philetæri et Eubioti (48); — Martyrium S. Blasii (64 v°); — Martyrium S. Ignatii Antiocheni (86); — — Theodori Studitæ oratio funebris in matrem suam (94); — Martyrium S. Themistoclis (120 v°); — Martyrium Sᵃᵉ. Julianæ Nicomediensis (125 v°); — Martyrium Sᵃᵉ. Anastasiæ (134); — S. Joannis Damasceni oratio in laudem Sᵃᵉ. Anastasiæ (151); — Certamen SS. decem in Creta martyrum (162 v°); — Martyrium Sᵃᵉ. Eugeniæ (169 v°); — Commentarius de SS. Eugenia, Basilla et sociis (182); — S. Gregorii Nazianzeni homilia in Christi nativitatem (186 v°); — S. Basilii homilia de eodem (194); — Procli, CP. patriarchæ, homiliæ duæ de eodem (200 v°); — S. Joannis Chrysostomi homiliæ duæ de eodem (209); — S. Athanasii homilia de eodem (214 v°); — Procli, CP. patriarchæ, homilia in S. Stephanum protomartyrem (221); — S. Joannis Chrysostomi homilia de eodem (224 et 228); — Joannis, Euboeæ presbyteri, homilia in SS. Innocentes (226); — Vita S. Marcelli archimandritæ (230 v°).

X ᵉ. Parch. 245 fol. (Colbert. 450.) *G*.

1492. Vita S. Hypatii, Gangrensis episcopi, initio mutila (1); — Vita S. Symeonis Stylitæ (11); — Martyrium S. Mamantis (30 v°); — Martyrium S. Anthimi Nicomediensis (37); — Martyrium S. Babylæ Antiocheni (42); — Anonymi narra-

tio miraculi S. Michaelis in urbe Chonis (47); — S. Joannis
Chrysostomi homiliæ duæ in SS. Archangelos (51 v°); —
Martyrium SS. Eudoxii, Romuli, Zenonis et Macarii (54); —
Martyrium S. Sozontis (59); — Martyrium S. Severiani (61 v°);
— Martyrium SS. Menodoræ, Nymphodoræ et Metrodoræ
(66 v°); — Vita Sæ. Theodoræ Alexandrinæ (71 v°); — Martyrium S. Autonomi (81); — Martyrium S. Cornelii centurio-
nis (84); — Martyrium S. Nicetæ (91); — Martyrium Sæ. Eu-
phemiæ (94); — Martyrium SS. Fidei, Spei, Charitatis et
Sophiæ, illarum matris (102 v°); — Martyrium SS. Trophimi,
Sabbatii et Dorymedontis (109 v°); — Martyrium SS. Eustathii et sociorum (116 v°); — Asterii, Amaseni episcopi, oratio
in S. Phocam (134 v°); — Martyrium Sæ. Theclæ (138); —
Vita S. Euphrosynæ, cognomento Smaragdi (149); — Commentarius de S. Joanne evangelista (156); — Martyrium S.
Callistrati et sociorum (166); — Vita S. Charitonis (173); —
Martyrium S. Cyriaci anachoretæ (181 v°); — Certamen S.
Gregorii, majoris Armeniæ archiepiscopi (191); — S. Basilii
homilia prima de jejunio, initio mutila (215); — ejusdem homilia tertia de jejunio, fine mutila (221 v°).

XI s. Parch. 221 fol. (Colbert. 1891.) *M.*

1493. Vita S. Pauli Thebani (1); — Martyrium S. Polyeucti
(23); — Vita S. Marciani presbyteri (37); — Vita S. Theodosii
archimandritæ, initio mutila (65); — Martyrium SS. Hermyli
et Stratonici (128); — Nili monachi historia monachorum in
montibus Sina et Raithu interfectorum (141); — Vita S. Joannis Calybitæ, initio et fine mutila (197); — Anonymi homilia
de veneratione catenæ S. Petri (205); — Vita S. Antonii, auctore S. Athanasio (215); — Vita S. Athanasii Alexandrini,
fine mutila (300).

XI s. Parch. 356 pages. *M.*

1494. Martyrium S. Ananiæ apostoli (1); — Martyrium
Sæ. Charitinæ (6 v°); — Commentarius de S. Thoma apostolo
(8 v°); — Martyrium SS. Sergii et Bacchi (13); — Vita Sæ. Pelagiæ Antiochenæ (22 v°); — Martyrium SS. Eulampii et Eulampiæ (26 v°); — Martyrium SS. Probi, Tarachi et Andronici
(34); — Martyrium SS. Carpi, Papyli et sociorum (35 v°); —

Martyrium SS. Nazarii, Gervasii, Protasii et Celsii (43 v°); —
Martyrium S. Luciani (47 v°); — Martyrium S. Longini centurionis (54); — Commentarius de S. Luca evangelista (58); —
Martyrium S. Vari et sociorum (62); — Martyrium S. Artemii
(68 v°); — Vita S. Hilarionis (87 v°); — Vita S. Abercii, Hierapolitani episcopi (103); — Commentarius de S. Jacobo apostolo, fratre Domini (114 v°); — Martyrium S. Arethæ et sociorum (121); — Martyrium SS. Marciani et Martyrii notariorum
(135); — Martyrium S. Demetrii (136 v°); — Martyrium S^æ.
Anastasiæ Romanæ (142) ; — Vita S. Abramii (147); — Martyrium SS. Zenobii et Zenobiæ (158); — Martyrium S. Epimachi, fine mutilum (161 v°).

XII s. Parch. 162 fol. (Colbert. 211.) G.

1495. Martyrium S. Ananiæ apostoli (1); — Martyrium SS.
Cypriani et Justinæ (4); — Martyrium S. Dionysii Areopagitæ
(18 v°); — Martyrium S^æ. Charitinæ (27); — Commentarius
de S. Thoma apostolo (30); — Martyrium SS. Sergii et Bacchi
(36 v°); — Vita S^æ. Pelagiæ Antiochenæ (49 v°); — Martyrium
SS. Eulampii et Eulampiæ (55); — Martyrium SS. Probi, Tarachi et Andronici (61 v°); — Martyrium SS. Carpi, Papyli
et sociorum (68 v°); — Martyrium SS. Nazarii, Gervasii, Protasii et Celsii (79 v°); — Martyrium S. Luciani (85 v°); — Mar-
tyrium S. Longini centurionis (95); — Commentarius de S.
Luca evangelista (101); — Martyrium S. Vari et sociorum
(107); — Martyrium S. Andreæ in Crisi (117); — Martyrium
S. Artemii (125 v°); — Vita S. Hilarionis (154); — Vita S.
Abercii, Hierapolitani episcopi (178 v°); — Commentarius de
S. Jacobo apostolo, fratre Domini (199 v°); — Martyrium S.
Arethæ et sociorum (208 v°); — Martyrium SS. Marciani et
Martyrii notariorum (231); — Martyrium S. Demetrii (233);
— Martyrium S^æ. Anastasiæ Romanæ (241 v°); — Vita S.
Abramii (250); — Martyrium SS. Zenobii et Zenobiæ (269 v°).

XI s. Parch. 276 fol. (Colbert. 262.) M.

1496. Martyrium S^æ. Barbaræ (1); — Vita S. Sabæ (7 v°);
— Vita S. Nicolai Myrensis (77); — Vita S. Ambrosii Medio-
lanensis (92); — Vita S. Patapii (102 v°); — Martyrium SS.
Menæ, Hermogenis et Eugraphi (107 v°); — Vita S. Danielis

Stylitæ (132); — Vita S. Spyridonis, Trimithuntis episcopi
(166 v°); — Martyrium SS. Eustratii, Auxentii, Eugenii, Mardarii et Orestæ (192); — Martyrium SS. Thyrsi, Lucii, Callinici, Philemonis et Apollonii (213); — Martyrium S. Eleutherii (240); — Commentarius de Daniele propheta et tribus
pueris (248); — Martyrium S. Bonifacii (264); — Martyrium
S. Ignatii Antiocheni (272 v°); — Martyrium Sæ. Julianæ Nicomediensis (291); — Martyrium SS. Anastasiæ, Agapes,
Irenes et Chioniæ (297 v°); — Certamen decem in Creta martyrum (315 v°); — Martyrium Sæ. Eugeniæ (319); — S. Joannis
Chrysostomi homilia in S. Philogonium (340); — S. Basilii
homilia in Christi nativitatem (348 v°); — S. Gregorii Nysseni
homilia in laudem S. Stephani protomartyris (356); — Martyrium SS. Theodori Grapti et Theophanis (366); — Vita S.
Marcelli archimandritæ (402); — Vita Sæ. Melaniæ (409 v°).

XI s. Parch. 437 fol. (Colbert. 778.) *G.*

1497. Martyrium SS. Cosmæ et Damiani, initio mutilum
(1); — Martyrium S. Acindyni et sociorum (3); — Martyrium
S. Acepsimæ et sociorum, fine mutilum (18 v°); — Vita S.
Joannicii, initio et fine mutila (38); — Martyrium SS. Galactionis et Epistemes, initio mutilum (59); — Vita S. Pauli, CP.
episcopi (67 v°); — Martyrium S. Hieronis et sociorum (73 v°);
— Vita Sæ. Matronæ, fine mutilum (79 v°); — Vita S. Joannis
Eleemonis, initio mutilum (95); — Vita S. Joannis Chrysostomi, fine mutila (101).

XI s. Parch. 185 fol. (Colbert. 2994.) *M.*

1498. Commentarius in Danielem et tres pueros (1); —
Martyrium S. Bonifacii (12 v°); — Martyrium S. Sebastiani
et sociorum (19 v°); — Martyrium S. Ignatii, Antiocheni
episcopi (28); — Martyrium Sæ. Julianæ, fine mutilum (33 v°);
— Vita S. Ambrosii, Mediolanensis archiepiscopi (34); — Vita
et miracula S. Patapii (45); — Vita SS. Menæ, Hermogenis et
Eugraphi (50); — Vita Sæ. Eusebiæ, Xenes dictæ (68); —
Vita S. Gregorii Theologi (76 v°); — Vita S. Danielis Stylitæ
(99 v°); — Vita S. Spyridonis, Trimithuntis episcopi (134 v°);
— Martyrium SS. Eustratii, Eugenii, Auxentii, Mardarii et
Orestæ, fine mutilum (158).

XI s. Parch. 165 fol. (Colbert. 423.) *M.*

1499. Martyrium S. Clementis Romani (253); — Martyrium S. Petri Alexandrini (270 v°); — Martyrium S. Mercurii (285 v°); — Martyrium S. Alypii Stylitæ (301 v°); — Martyrium S. Jacobi Persæ (322); — Martyrium S. Stephani junioris (334 v°); — Acta S. Andreæ apostoli (402).

Copié en 1055-1056 par le moine Euthyme. Parch. Fol. 253-421. (Colbert. 414.) *M*.

1500. Martyrium S. Tryphonis, initio mutilum (1); — S. Joannis Chrysostomi homilia in occursum Domini (8); — Vita S. Parthenii, episcopi Lampsaceni (19 v°); — Vita S. Lucæ junioris (31 v°); — Martyrium S. Nicephori (81 v°); — Martyrium S. Blasii (91); — Vita S. Martiniani monachi (99); — Martyrium S. Theodori militum præfecti (116 v°); — Martyrium S. Theodori tyronis (128); — S. Gregorii Nysseni homilia in laudem ejusdem S. Theodori (139); — Historia XL. martyrum Sebastenorum, auctore Evodio (146); — Martyrium SS. XL. martyrum (161); — Eorumdem martyrum testamentum (171); — Historia CP. a Persis liberatæ, imperante Heraclio (173 v°); — Vita Sæ. Mariæ Ægyptiacæ, auctore Sophronio Hierosolymitano (182); — Martyrium S. Georgii (202 v°); — Anonymi oratio in laudem S. Basilii, Amaseni episcopi (214).

XII s. Parch. 223 fol. (Colbert. 563.) *G*.

1501. Martyrium Sæ. Barbaræ, initio mutilum (1); — Vita S. Sabæ abbatis (5 v°); — Vita S. Nicolai, Myrensis episcopi (64 v°); — Vita S. Ambrosii, Mediolanensis episcopi (82); — Vita S. Patapii (90); — Martyrium SS. Menæ, Hermogenis et Eugraphi (94 v°); — Vita S. Danielis Stylitæ (115); — Vita S. Spyridonis, Trimithuntis episcopi (144); — Martyrium SS. Eustratii, Auxentii, Eugenii, Mardarii et Orestæ (157); — Martyrium S. Eleutherii, initio mutilum (160 et 16); — S. Joannis Chrysostomi homilia de non frequentandis theatris, fine mutila (20 v°).

XI s. Parch. 160 fol. (Colbert. 3049.) *M*.

1501 A. Vita S. Abercii, initio mutila (1); — Commentarius de S. Jacobo, fratre Domini (23); — Martyrium S. Arethæ et sociorum (34); — Martyrium S. Andreæ in Crisi (69 v°);

— Martyrium S. Artemii (81); — Vita S. Hilarionis, fine mutila (132 v°).

XII s. Parch. 133 fol. *G.*

1502. Vita S. Joannis Eleemonis (1); — Vita S. Joannis Chrysostomi, fine mutila (33 v°).

XV-XI s. Pap. et parch. 116 fol. (Colbert. 5132.) *P.*

1503. Martyrium S. Ananiæ apostoli (1); — Martyrium SS. Cypriani et Justinæ (3 v°) ; — Martyrium S. Dionysii Areopagitæ (16 v°); — Martyrium Sæ. Charitinæ (19 v°); — Commentarius de S. Thoma apostolo (22); — Martyrium SS. Sergii et Bacchi (27); — Martyrium Sæ. Pelagiæ Antiochenæ (38); — Martyrium SS. Eulampii et Eulampiæ (42 v°); — Martyrium SS. Probi, Tarachi et Andronici (48); — Martyrium SS. Carpi et Papyli (53); — Martyrium SS. Nazarii, Gervasii, Protasii et Celsii (60 v°); — Martyrium S. Juliani (65); — Martyrium S. Longini centurionis (71 v°); — Commentarius de S. Luca evangelista (76 v°); — Martyrium S. Vari et sociorum (81); — Martyrium S. Andreæ in Crisi (87 v°); — Martyrium S. Artemii (94); — Vita S. Hilarionis (118); — Vita S. Abercii, Hierapolitani episcopi (139 v°); — Commentarius de S. Jacobo, fratre Domini (156); — Martyrium S. Arethæ et sociorum (163); — Martyrium SS. Marciani et Martyrii notariorum (180 v°); — Martyrium S. Demetrii (182); — Martyrium Sæ. Anastasiæ Romanæ (188 v°); — Vita S. Abramii (194 v°); — Martyrium SS. Zenobii et Zenobiæ (209); — Martyrium S. Epimachi ; initium tantum superest (212 v°).

XI s. Parch. 212 fol. (Colbert. 1081.) *M.*

1504. Vita Sæ. Mariæ Ægyptiæ, auctore Sophronio Hierosolymitano (1); — Anonymi homilia in venerationem catenæ S. Petri (16 v°); — Hesychii, Hierosolymitani presbyteri, homilia in occursum Domini (29 v°); — S. Methodii, Olympi episcopi, homilia de eodem (34); — Commentarius de SS. Petro et Paulo apostolis (50); — S. Joannis Chrysostomi homilia in eosdem sanctos (73 v°); — Theodori Magistri oratio in S. Paulum, ex variis S. Joannis Chrysostomi locis (77); — Anastasii Sinaitæ, homilia in Transfigurationem (85); — Narratio de assumptione Deiparæ, S. Jacobo fratri Domini tributa

(95); — Ándreæ Cretensis homiliæ duæ in dormitionem beatæ Mariæ (114 vº); — Anastasii Sinaitæ homilia in Christi passionem (148 vº); — S. Gregorii Nysseni homiliæ quinque in orationem Dominicam (168); — S. Basilii epistola ad S. Gregorium Naz. de vita solitaria (208 vº); — Stephani, Nicomediensis syncelli et metropolitæ, brevis commentatio de tribus animæ partibus (213 vº).

XII s. Parch. 215 fol. (Colbert. 1933.) *M.*

1505. Martyrium S. Theodori militum præfecti, initio mutilum (1); — Narratio de imagine Christi Berytensi (5 vº); — S. Joannis Chrysostomi homilia de pœnitentia (11); — ejusdem homilia de crucis adoratione (14); — ejusdem homilia in parabolam operariorum (17 vº); — ejusdem homilia de jejunio in ultima hebdomade (22 vº); — ejusdem homilia in psalmum LXXI. (28); — S. Gregorii Nysseni homilia in laudem XL. martyrum (31); — S. Basilii homilia de eodem (35); — Vita Sᵉ. Mariæ Ægyptiacæ, auctore Sophronio Hierosolymitano (39); — S. Joannis Chrysostomi homilia de divite et Lazaro (49 vº); — ejusdem homilia in Annuntiationem (51); — Martyrium S. Georgii (53); — S. Joannis Chrysostomi homilia de quatriduano Lazaro (61 vº); — Anonymi oratio de meretrice, de unguento et de cœna mystica, initio mutila (62); — S. Ephræmi homilia de formosissimo Josepho (64); — S. Joannis Chrysostomi homilia de decem virginibus (82); — ejusdem homilia de consummatione sæculi (85); — S. Ephræmi homilia de meretrice et de Pharisæo (88); — S. Joannis Chrysostomi homilia in Judæ proditionem (92 vº); — Georgii Nicomediensis homilia de Deipara et de salutari passione (99); — S. Gregorii Nazianzeni homilia in Pascha et in tarditatem (109 vº); — S. Epiphanii homilia de resurrectione Christi (111); — S. Gregorii Nazianzeni homiliæ duæ in novam dominicam (115); — S. Joannis Chrysostomi homilia de unguentiferis mulieribus (127 vº); — Leontii CP. homilia in meso-pentecosten, initio mutila (136 vº); — S. Joannis Chrysostomi homilia in Ascensionem (138 vº); — S. Gregorii Nazianzeni homilia in Pentecosten (142 vº); — S. Joannis Chrysostomi homilia in Martyres (147); — Antipatri, Bos-

trensis episcopi, homilia in nativitatem S. Joannis Baptistæ
(152); — Martyrium SS. Petri et Pauli apostolorum (154 v°);
— S. Ephræmi homilia in transfigurationem Domini (157 v°);
— S. Joannis Chrysostomi homilia de eodem (161 v°); — Martyrium S. Panteleemonis, fine mutilum (163).

XII s. Parch. 169 fol. (Mazarin.-Reg. 2032.) *M.*

1506. Vita S. Symeonis Stylitæ, initio mutila (1); — Martyrium S. Severiani (14 v°); — Martyrium S. Anthimi, Nicomediensis episcopi (19); — Vita Sæ. Theodoræ Alexandrinæ (28); — Vita Sæ. Euphrosynæ Alexandrinæ (40); — Vita S. Jacobi monachi eremitæ, fine mutila (51); — Martyrium S. Eustathii (52); — Martyrium Sæ. Theclæ (64); — Martyrium S. Callistrati (75 v°); — Martyrium S. Gregorii, majoris Armeniæ episcopi (90 v°); — Oratio S. Gregorii (106 v°); — Pœnitentia S. Cypriani Antiocheni (171); — Martyrium S. Dionysii Areopagitæ, initio mutilum (193).

XI s. Parch. 204 fol. (Colbert. 1931.) *M.*

1507. Vita S. Euthymii abbatis, auctore Cyrillo Scythopolitano, initio mutila (1); — Vita S. Timothei (5); — Vita S. Anastasii martyris (8 v°); — Vita S. Clementis Ancyrani (21 v°); — Vita Sæ. Eusebiæ, Xenes dictæ (47); — Vita S. Gregorii Nazianzeni, auctore Gregorio presbytero (53 v°); — Vita SS. Xenophontis et filiorum Joannis et Arcadii (69 v°); — Anonymi narratio de translatione reliquiarum S. Joannis Chrysostomi (79 v°); — Vita S. Ephræmi Syri (85); — Martyrium SS. Cyri et Joannis (90); — Fragmentum vitæ cujusdam sancti, unciali charactere (97); — S. Joannis Chrysostomi homilia I. in Genesim, s. XV. Pap. (98).

XII s. Parch. 105 fol. *M.*

1508. Vita S. Basilii, auctore Amphilochio Iconiensi (1); — Vita S. Silvestri papæ et Constantini magni, auctore Eusebio (17 v°); — Martyrium S. Gordii (35 v°); — S. Basilii, homilia hortatoria ad baptismum (40 v°); — Martyrium S. Polyeucti (48); — Vita S. Marciani (54 v°); — Vita S. Theodosii cœnobiarchæ (68); — Vita SS. Hermyli et Stratonici (107 v°); — Historia monachorum in montibus Sina et Raithu a barbaris interfectorum, auctore Nilo monacho (114 v°); — Vita

S. Joannis Calybitæ (147 v°); — Vila S. Pauli Thebani (159);
— Anonymi homilia in venerationem catenæ S. Petri (171 v°);
— Vita S. Antonii (190 v°); — Vita S. Athanasii (238); — Vita
S. Euthymii (256 v°); — Anonymi homilia de S. Timotheo
apostolo (295); — Martyrium S. Anastasii (299 v°); — Certamen S. Clementis Ancyrani (313 v°); — Vita Sᵃᵉ. Eusebiæ,
Xenes dictæ (344); — Vita S. Gregorii Nazianzeni, auctore
Gregorio presbytero (352 v°); — Vita SS. Xenophontis et
filiorum Joannis et Arcadii (373 v°); — Anonymi narratio de
translatione reliquiarum S. Joannis Chrysostomi (387 v°); —
Vita S. Ephræmi Syri (395 v°); — Martyrium SS. Cyri et
Joannis (402 v°, et 47); — Vita S. Maximi confessoris (412).

XII-XIII s. Bombyc. 433 fol. (Fontebl.-Reg. 2003.) *M.*

1509. Martyrium Sᵃᵉ. Barbaræ (1); — Vita S. Sabæ abbatis
(7); — Vita S. Nicolai Myrensis (74); — Vita S. Ambrosii
Mediolanensis (93); — Vita S. Patapii Thebani (102 v°); —
Martyrium SS. Menæ, Hermogenis et Eugraphi (108); — Vita
S. Danielis Stylitæ (131 v°); — Vita S. Spyridonis, Trimithuntis episcopi (163 v°); — Martyrium SS. Eustratii, Auxentii, Eugenii, Mardarii et Orestæ, fine mutilum (188).

XII s. Parch. 207 fol. (Medic.-Reg. 2023.) *G.*

1510. Martyrium S. Andreæ, initio mutilum (1); — Martyrium SS. Menæ, Hermogenis et Eugraphi, auctore S. Athanasio (19 v°); — Vita S. Artemii, auctore Joanne monacho
Rhodio (27); — Vita S. Theodori, militum præfecti, auctore
Nectario, CP. patriarcha (64 v°); — Pantaleonis diaconi oratio
in archangelum Michaelem (74 v°); — Vita S. Joannis Eleemonis, auctore Leontio, Neapoleos Cypri episcopo (108 v°); —
Acta S. Thomæ apostoli (161); — Martyrium S. Thomæ in
India (224); — Martyrium S. Clementis, discipuli S. Petri
(230); — Vita S. Philareti Eleemonis (240); — Anonymi parabola de fine præsentis vitæ : Πάντας μὲν ἀγαπητοί... (259 v°); —
Vita S. Euphrosyni coqui (260); — Narratio miraculi de diacono et presbytero injuriarum non oblitis patrato : Θαυμαστὸς
ὁ Θεὸς ἐν τοῖς ἁγίοις... (272); — Anonymi oratio de imagine
Christi in Chalcopratis (276); — Martyrium S. Panteleemonis

(291 v°); — S. Joannis Chrysostomi homilia de filio prodigo, fine mutila (304).

XII s. Parch. 310 fol. (Reg. 2452.) *M*.

1511. Vita S. Ambrosii Mediolanensis (1); — Vita S. Patapii Thebani, initio mutila (12 v°); — Martyrium SS. Menæ, Hermogenis et Eugraphii, initio mutilum (31); — Vita S. Danielis Stylitæ, initio mutila (39); — Vita S. Sabæ abbatis, initio et fine mutila (55); — Vita et miracula S. Nicolai Myrensis, initio mutila (73 v°); — Vita S. Spyridonis, Trimithuntis episcopi, initio et fine mutila (83).

XII s. Parch. 94 fol. (Baluze. — Reg. 1831, 2.) *M*.

1512. Martyrium S. Ananiæ apostoli (1); — Martyrium SS. Cypriani et Justinæ (5); — Martyrium S. Dionysii Areopagitæ (23); — Martyrium Sæ. Charitinæ (34); — Vita S. Thomæ apostoli (37 v°); — Martyrium SS. Sergii et Bacchi (45); — Martyrium Sæ. Pelagiæ Antiochenæ (60); — Martyrium SS. Eulampii et Eulampiæ (66); — Martyrium SS. Carpi et Papyli (72 v°); — Martyrium SS. Nazarii, Gervasii, Protasii et Celsii (82 v°); — Martyrium SS. Probi, Tarachi et Andronici (88 v°); — Martyrium S. Longini centurionis (94 v°); — Martyrium S. Luciani (100); — Martyrium septem in Epheso puerorum (108); — Vita S. Lucæ evangelistæ (119 v°); — Martyrium S. Artemii (124 v°); — Vita S. Hilarionis (150); — Martyrium S. Abercii (175 v°); — Martyrium S. Arethæ et sociorum (193 v°); — Martyrium S. Demetrii (213); — Narratio miraculorum S. Demetrii (220 v°); — Vita S. Abramii (224); — Vita S. Andreæ in Crisi (238); — Vita S. Jacobi fratris Domini (246); — Vita Sæ. Anastasiæ Romanæ (255 v°); — Martyrium SS. Zenobii et Zenobiæ (263); — Martyrium S. Vari et sociorum (267 v°).

XII s. Parch. 276 fol. (Colbert. 501.) *M*.

1513. Vita S. Gregorii Thaumaturgi, auctore S. Gregorio Nysseno (1); — Martyrium S. Platonis (35); — Vita S. Amphilochii, Iconiensis episcopi (42 v°); — Vita S. Gregorii Agrigentini (50 v°); — Vita Sæ. Catharinæ (92 v°); — Vita S. Petri apostoli, auctore S. Clemente (106 v°); — Vita S. Petri, Alexandrini archiepiscopi (173 v°); — Passio S. Mercurii (184); —

Vita S. Alypii (194 v°); — Vita S. Jacobi Persæ (208); — Vita
S. Stephani junioris (217); — Commentarius de S. Andrea
apostolo (259 v°); — Commentarius de S. Matthæo apostolo
(271).

XII s. Parch. 273 fol. (Fontebl.-Reg. 2456). *M.*

1514. Vita S. Gregorii Nazianzeni, initio mutila (1); —
Vita S. Joannis Chrysostomi, auctore Leone imp. (28); —
Vita S. Gregorii Thaumaturgi, auctore S. Gregorio Nysseno,
fine mutila (68 v°); — Martyrium SS. Eulampii et Eulampiæ
(105); — Martyrium SS. Probi, Tarachi et Andronici (108 v°);
— Martyrium SS. Carpi, Papyli et sociorum (112 v°); — Martyrium SS. Gervasii, Nazarii, Protasii et Celsii (119); — Martyrium S. Dionysii Areopagitæ, fine mutilum (123); — Acta
S. Jacobi apostoli, initio mutila (127); — Martyrium S. Arethæ
et sociorum, fine mutilum (130 v°); — Martyrium S. Vari et
sociorum, fine mutilum (141); — Martyrium S. Ananiæ, initio
mutilum (147); — Martyrium SS. Cypriani et Justinæ, fine
mutilum (148 v°); — Acta S. Thomæ apostoli (154); — Martyrium SS. Sergii et Bacchi, fine mutilum (157 v°); — Martyrium
S. Cornelii centurionis (160); — Narratio miraculi S. Michaelis
archangeli in Chonis (167 v°); — Martyrium SS. Eudoxii, Romuli, Zenonis et Macarii (171); — Martyrium S. Gregorii,
majoris Armeniæ episcopi, mutilum (173); — Martyrium S.
Autonomi (176); — Martyrium SS. Trophimi, Sabbatii et
Dorymedontis, fine mutilum (185).

XII s. Parch. 211 fol. (Colbert. 802.) *M.*

1515. Vita S. Symeonis Stylitæ, initio mutila (1); — Martyrium S. Mamantis (1); — Martyrium S. Anthimi, Nicomediensis episcopi (9); — Martyrium S. Babylæ, Antiocheni
archiepiscopi (14 v°); — Narratio miraculi S. Michaelis archangeli in Chonis (20 v°); — Martyrium SS. Eudoxii, Romuli, Zenonis et Macarii (26); — Martyrium S. Sozontis
(31 v°); — Martyrium S. Severiani (34); — Martyrium SS.
Menodoræ, Metrodoræ et Nymphodoræ (40); — Vita Sæ. Theodoræ Alexandrinæ (46); — Martyrium S. Autonomi (57); —
Martyrium S. Cornelii centurionis (60 v°); — Martyrium S.
Nicetæ (68 v°); — Martyrium Sæ. Euphemiæ (72); — Marty-

rium SS. Fidei, Spei, Caritatis et Sophiæ illarum matris
(80 v°); — Martyrium SS. Trophimi, Sabbatii et Dorymedontis
(88 v°); — Martyrium S. Eustathii et sociorum (96 v°); —
Martyrium S. Gregorii, majoris Armeniæ episcopi (103); —
Vita S. Cyriaci anachoretæ (101 et 107); — Asterii, Amaseni
episcopi, homilia in laudem S. Phocæ (126); — Martyrium
Sᵃᵉ. Theclæ (130); — Vita Sᵃᵉ. Euphrosynæ Alexandrinæ (141);
— Commentarius de S. Joanne apostolo (149); — Martyrium
S. Callistrati et sociorum, fine mutilum (159 v°).

XI s. Parch. 164 fol. (Colbert. 868.) *M.*

1516. Martyrium SS. Manuelis, Sabelis et Ismaelis (6); —
Acta SS. Petri et Pauli apostolorum (15); — Martyrium S.
Procopii (26 v°); — Vita S. Samsonis (47); — Vita S. Eudocimi (59 v°); — Martyrium S. Panteleemonis (67); — Martyrium S. Callinici (80); — Josephi narratio de Macchabæis
(85); — S. Joannis Chrysostomi homilia in Macchabæos (102);
— S. Basilii Seleuciensis homilia in Christi transfigurationem
(107); — Andreæ Cretensis homilia de eodem (110); — Anonymi narratio de beata Maria (120); — Anonymi narratio de
S. Joanne Baptista (144 v°); — Theodori Daphnopatæ oratio
in S. Joannis Baptistæ manum allatam Antiochia (160); —
Vita S. Thomæ apostoli, auctore Niceta Thessalonicensi, fine
mutila (167).

XI s. Parch. 207 fol. *M.*

1517. Martyrium S. Demetrii (1); — Vita et miracula S.
Demetrii, auctore Joanne, Thessalonicensi archiepiscopo (12);
— ejusdem Joannis Thessalonicensis homilia in dedicatione
ædis S. Demetrii (206); — Narratio miraculorum S. Demetrii
(208); — Joannis Thessalonicensis homilia in laudem S. Demetrii (226); — Josephi, Thessalonicensis archiepiscopi, homilia in laudem S. Demetrii, fine mutila (248).

XII s. Parch. 253 fol. (Mazarin.-Reg. 2454.) *M.*

1518. Vita Sᵃᵉ. Barbaræ (1); — Vita S. Sabæ abbatis (8);
— Vita S. Nicolai Myrensis (78); — Vita S. Ambrosii Mediolanensis (97); — Vita S. Patapii Thebani (107 v°); — Martyrium SS. Menæ, Hermogenis et Eugraphi (112); — Vita S.
Danielis Stylitæ (137); — Vita S. Spyridonis, Trimithuntis

episcopi (171); — Martyrium SS. Eustratii, Auxentii, Eugenii, Mardarii et Orestæ, fine mutilum (195).

XI s. Parch. 216 fol. (Reg. 2451.) *M.*

1519. Miracula SS. Cosmæ et Damiani, initio mutila (1);
— Martyrium SS. Acindyni, Pegasii, Anempodisti, Aphthonii
et Elpidiphori (23); — Martyrium SS. Acepsimæ episcopi,
Josephi presbyteri et Aithalæ diaconi (45); — Vita S. Joannicii, auctore Saba monacho (74); — Martyrium SS. Galac-
tionis et Epistemes (150); — Vita S. Pauli, CP. episcopi
(164); — Vita Sᵃᵉ. Matronæ (188); — Pantaleonis diaconi
narratio miraculorum S. Michaelis archangeli (256); — ejusdem narratio miraculorum S. Gabrielis archangeli (303); —
Martyrium S. Severiani (309); — Martyrium S. Orestæ (316);
— Vita S. Martini, Franciæ episcopi (322); — Martyrium S.
Menæ (346); — Martyrium SS. Victoris et Stephanidis (355);
— Martyrium S. Vincentii (363); — Paralipomena vitæ S.
Joannis Eleemonis, auctore Leontio presbytero (382); — Sy-
meonis Metaphrastæ oratio in laudem S. Joannis Chrysostomi
(453); — Vita S. Joannis Chrysostomi, auctore Georgio
Alexandrino, fine mutila (536).

XI s. Parch. 768 pages. *G.*

1520. Martyrium S. Polyeucti (1); — Vita S. Marciani (22);
— Vita S. Theodosii archimandritæ (65); — Martyrium SS.
Hermyli et Stratonici (178); — Historia monachorum in mon-
tibus Sina et Raithu interfectorum, auctore Nilo monacho
(196); — Vita S. Joannis Calybitæ (287); — Vita S. Pauli
Thebani (319).

XII s. Parch. 344 pages. *G.*

1521. Vita S. Symeonis Stylitæ, initio mutila (1); — Martyrium S. Mamantis (29 v°); — Martyrium S. Anthimi Nicomediensis (39); — Martyrium S. Babylæ Antiocheni (45 v°);
— Michaelis Syncelli oratio in laudem S. Joannis Baptistæ
(53); — Narratio miraculorum S. Michaelis archangeli in urbe
Chonis (61); — Martyrium SS. Eudoxiæ, Romuli, Zenonis
et Macarii (68); — Martyrium S. Sozontis (76 v°); — Vita
beatæ Mariæ virginis (79 v°); — Martyrium S. Severiani
(91 v°); — Martyrium SS. Menodoræ, Metrodoræ et Nympho-

doræ (99); — Vita Sæ. Theodoræ Alexandrinæ (106); — Martyrium S. Autonomi (119 v°); — Martyrium S. Cornelii centurionis (123 v°); — Martyrium S. Nicetæ (132 v°); — Andreæ Cretensis homilia in exaltationem Sæ. Crucis (137); — Pantaleonis diaconi homilia de eodem (143 v°); — Martyrium Sæ. Euphemiæ (146); — Martyrium SS. Spei, Fidei, Caritatis, et Sophiæ illarum matris (157); — Martyrium SS. Trophimi, Sabbatii et Dorymedontis (167); — Martyrium SS. Eustathii et Theopistis (177 v°); — Asterii, Amaseni episcopi, homilia in S. Phocam (202); — Martyrium Sæ. Theclæ (206 v°); — Basilii Seleuciensis homilia in S. Theclam (219); — Vita Sæ. Euphrosynæ Alexandrinæ (259); — Vita S. Joannis evangelistæ (266 v°); — Martyrium S. Callistrati et sociorum (275 v°); — Vita S. Charitonis (283); — Martyrium S. Cyriaci (291); — Martyrium S. Gregorii, majoris Armeniæ archiepiscopi (299); — Antipatri Bostrensis oratio in nativitatem S. Joannis Baptistæ, fine mutila (324).

XII-XIII s. Parch. 328 fol. (Reg. 2016.) *M.*

1522. Vita SS. Cosmæ et Damiani (1); — Martyrium SS. Acindyni, Pegasii, Aphthonii, Anempodisti et Elpidiphori (6); — Martyrium SS. Acepsimæ, Josephi et Aithalæ (25); — Vita S. Joannicii (45 v°); — Martyrium SS. Galactionis et Epistemes (83); — Vita S. Pauli, CP. episcopi (94); — Martyrium SS. Hieronis et sociorum (102 v°); — Vita Sæ. Matronæ (110 v°); — Vita Sæ. Theoctistes Lesbiæ (136); — Martyrium S. Menæ Ægyptii (149 v°); — Vita S. Joannis Eleemonis (158); — Vita S. Joannis Chrysostomi (211); — Commentarius de S. Philippo apostolo (327); — Martyrium SS. Samonæ, Guriæ et Abibi, fine mutilum (334).

XII s. Parch. 356 fol. (Fontebl.-Reg. 2018.) *M.*

1523. Vita S. Symeonis Stylitæ (1); — Martyrium S. Mamantis (27 v°); — Martyrium S. Anthimi Nicomediensis (36); — Martyrium S. Babylæ Antiocheni (42 v°); — Narratio miraculorum S. Michaelis archangeli in urbe Chonis (49); — Martyrium SS. Eudoxii et Romuli (55); — Martyrium S. Sozontis (61); — Martyrium S. Severiani (63); — Martyrium SS. Menodoræ, Metrodoræ et Nymphodoræ (69 v°); — Vita

Sᵃ. Theodoræ Alexandrinæ (76); — Martyrium S. Autonomi
(89); — Vita S. Cornelii centurionis (93); — Martyrium SS.
Trophimi, Sabbatii et Dorymedontis (101); — Martyrium SS.
Fidei, Spei, Caritatis et Sophiæ illarum matris (108); —
Martyrium Sᵃ. Euphemiæ (114); — Martyrium S. Nicetæ
(126); — Martyrium SS. Eustathii et Theopistis (134); —
Asterii, Amaseni episcopi, oratio in S. Phocam (156); — Mar-
tyrium Sᵃ. Theclæ (160 v°); — Martyrium Sᵃ. Euphrosynæ
Alexandrinæ (173 v°); — Vita S. Joannis evangelistæ (182); —
Martyrium S. Callistrati (193); — Vita S. Charitonis (201 v°);
— Martyrium S. Cyriaci (212); — Vita S. Gregorii, majoris
Armeniæ archiepiscopi (222 v°).

XII s. Parch. 249 fol. (Medic.-Reg. 2015.) *M.*

1524. Martyrium S. Ananiæ apostoli (2); — Martyrium SS.
Cypriani et Justinæ (5 v°); — Martyrium S. Dionysii Areopagitæ (21 v°); — Martyrium Sᵃ. Charitinæ (30 v°); — Vita S.
Thomæ apostoli (36 v°); — Martyrium SS. Sergii et Bacchi
(40); — Vita Sᵃ. Pelagiæ Antiochenæ (54); — Martyrium
SS. Eulampii et Eulampiæ (59 v°); — Martyrium SS. Probi,
Tarachi et Andronici (66); — Martyrium SS. Carpi et Papyli
(73); — Martyrium SS. Nazarii, Gervasii, Protasii et Celsii
(84); — Vita S. Luciani (90); — Martyrium S. Longini cen-
turionis (99); — Vita S. Lucæ evangelistæ (106); — Marty-
rium S. Vari et sociorum (111 v°); — Martyrium S. Andreæ
in Crisi (120 v°); — Martyrium S. Artemii (129); — Vita S.
Hilarionis (157); — Vita S. Abercii, Hierapoleos episcopi
(180); — Martyrium S. Jacobi, fratris Domini (199 v°); —
Martyrium S. Arethæ et sociorum (208); — Martyrium SS.
Marciani et Martyrii (228); — Martyrium S. Demetrii (229 v°);
— Martyrium Sᵃ. Anastasiæ Romanæ (237 v°); — Vita S.
Abramii (244 v°); — Martyrium SS. Zenobii et Zenobiæ (260);
— Martyrium S. Epimachi (265).

XII s. Parch. 268 fol. (Fontebl.-Reg. 2017.) *M.*

1525. Martyrium SS. Acindyni, Pegasii, Anempodisti,
Aphthonii et Elpidiphori, initio mutilum (1); — Martyrium
SS. Acepsimæ, Josephi et Aithalæ (10 v°); — Vita S. Joan-
nicii (27); — Vita SS. Galactionis et Epistemes (58); — Vita

S. Pauli, CP. episcopi (66 v°) ; — Martyrium S. Hieronis et
sociorum (73); — S. Joannis Chrysostomi homilia in Seraphim (79); — Vita S&ae;. Matronæ (86) ; — Vita S&ae;. Theoctistes
Lesbiæ (106); — Vita S. Menæ Ægyptii (115 v°); — Vita S.
Joannis Eleemonis (121 v°); — Vita S. Joannis Chrysostomi
(157 v°); — Vita S. Philippi apostoli (237 v°); — Martyrium
SS. Guriæ, Samonæ et Abibi (241 v°); — Vita S. Matthæi
evangelistæ (257); — S. Gregorii Nysseni homilia in laudem
S. Gregorii Neocæsariensis (260); — Martyrium S. Platonis
(288 v°); — Vita S. Gregorii Decapolitani, auctore Ignatio,
diacono magnæ ecclesiæ (295); — Germani, CP. patriarchæ,
homilia in præsentationem Deiparæ (313 v°); — Vita S. Am-
philochii, Iconiensis episcopi (318); — Vita S. Gregorii,
Agrigentini episcopi (324); — Martyrium S&ae;. Catharinæ (352);
— Vita S. Clementis Romani (364) ; — Martyrium S. Petri
Alexandrini (420); — Martyrium S. Mercurii (429); — Vita
S. Alypii (438 v°); — Martyrium S. Jacobi Persæ (450); —
Vita S. Stephani junioris (457 v°); — Vita S. Andreæ apostoli
(496).

XIII s. Parch. 506 fol. (Reg. 2020.) *M.*

1526. Vita S. Symeonis Stylitæ, auctore Theodoreto (2);
— Martyrium S. Mamantis (33); — Martyrium S. Anthimi
Nicomediensis (43 v°); — Martyrium S. Babylæ Antiocheni
(51); — Narratio miraculorum S. Michaelis in urbe Chonis
(59); — Martyrium SS. Eudoxii, Romuli, Zenonis et Macarii
(66 v°); — Martyrium S. Sozontis (74); — Martyrium S. Severiani (77 v°); — Martyrium SS. Menodoræ, Metrodoræ et
Nymphodoræ (85 v°); — Vita S&ae;. Theodoræ Alexandrinæ
(93 v°); — Martyrium S. Autonomi (109 v°); — Vita S. Cornelii centurionis (114); — Martyrium S. Nicetæ (125); —
Martyrium S&ae;. Euphemiæ (129 v°); — Martyrium SS. Fidei,
Spei, Caritatis et Sophiæ illarum matris (142 v°); — Martyrium SS. Trophimi, Sabbatii et Dorymedontis (153 v°); —
Martyrium SS. Eustathii et Theopistis (164); — Asterii, Ama-
seni episcopi, oratio in S. Phocam (191 v°); — Martyrium S&ae;.
Theclæ (197); — Vita S&ae;. Euphrosynæ Alexandrinæ (213);
— Vita S. Joannis evangelistæ (224 v°); — Martyrium S. Cal-

listrati et sociorum (238 v°); — Vita S. Charitonis (249 v°); — Vita S. Cyriaci (262 v°); — Vita S. Gregorii, majoris Armeniæ episcopi (275 v°).

XIV s. Parch. 311 fol. (Fontebl.-Reg. 2014.) *M.*

1527. Vita S. Arsenii (3); — Martyrium SS. Manuelis, Sabelis et Ismaelis (26); — Vita S. Samsonis (35 v°); — Acta SS. Petri et Pauli apostolorum (50); — Martyrium S. Procopii (63 v°); — Martyrium S. Pantelecmonis (87); — Martyrium S. Callinici (102 v°); — Martyrium S. Eudocimi (107 v°); — Josephi narratio de Macchabæis (116); — Vita beatæ Mariæ virginis (136); — Constantini Porphyrogeniti narratio de imagine Christi Edessena CP. translata (165); — Narratio de inventione capitis S. Joannis Baptistæ, auctore Symeone Metaphraste (179 v°); — Commentarii in XII. Prophetas minores (197 v°); — Vitæ S. Joannis evangelistæ, auctore Prochoro diacono, fragmenta (A et 207).

XII s. Parch. 210 fol. (Reg. 2013.) *M.*

1528. Vita S. Arsenii (1); — Martyrium SS. Manuelis, Sabelis et Ismaelis (21 v°); — Vita S. Samsonis (31 v°); — Vita SS. Petri et Pauli apostolorum (47 v°); — Martyrium S. Procopii (63); — Asterii, Amaseni episcopi, oratio in S. Euphemiam (86 v°); — S. Joannis Chrysostomi homilia in SS. Petrum et Eliam (88 v°); — Martyrium S. Pantelecmonis (100); — Martyrium S. Callinici (117); — Vita S. Eudocimi (122 v°); — Josephi narratio de Macchabæis (131 v°); — Vita beatæ Mariæ virginis (153); — Constantini Porphyrogeniti narratio de imagine Christi Edessena CP. translata (182); — Narratio de inventione capitis S. Joannis Baptistæ, auctore Symeone Metaphraste (197); — Commentarii in XII. Prophetas minores, fine mutili (216).

XII s. Parch. 224 fol. Peint. (Medic.-Reg. 2012.) *M.*

1529. Martyrium S. Tryphonis (3); — Amphilochii Iconiensis homilia in occursum beatæ Mariæ (12); — Vita et miracula S. Parthenii (17 v°); — Vita S. Lucæ junioris (29); — Martyrium S. Nicephori (76); — Martyrium S. Blasii (84 v°); — Martyrium S. Martiniani (91 v°); — Martyrium S. Theodori militum præfecti (107); — S. Gregorii Nysseni oratio in lau-

dem S. Theodori (115); — Martyrium SS. XLII. martyrum,
auctore Evodio monacho (121); — S. Basilii homilia in laudem
XL. martyrum (134); — Martyrium SS. XL. martyrum (141);
— S. Joannis Chrysostomi homilia in annuntiationem beatæ
Mariæ (149 v°); — Narratio miraculi beatæ Mariæ cum CP.
Persæ obsiderent (156 v°); — Vita S^æ. Mariæ Ægyptiacæ,
auctore Sophronio Hierosolymitano (164 v°); — Martyrium
S. Georgii, auctore Theodoro Daphnopata (184); — Martyrium
S. Georgii, fine mutilum (208 v°).

XII s. Parch. 220 fol. (Reg. 2011.) *M.*

1530. Martyrium S. Philippi apostoli, initio mutilum (1);
— Martyrium SS. Samonæ, Guriæ et Abibi (3); — Acta S.
Matthæi apostoli (19); — Martyrium S. Platonis (22); — Vita
S. Amphilochii, Iconiensis episcopi (26 v°); — Vita S. Grego-
rii, Agrigentini episcopi (33); — Martyrium S^æ. Catharinæ
(70); — Acta SS. Petri et Pauli apostolorum, auctore S. Cle-
mente Romano (82 v°); — Vita S. Alypii (138); — Martyrium
S. Jacobi Persæ (151); — Vita S. Stephani junioris (159); —
Acta S. Andreæ apostoli (199); — Vita S. Gregorii thauma-
turgi, auctore S. Gregorio Nysseno (211).

XII-XIII s. Parch. 248 fol. (Reg. 2021.) *G.*

1531. Vita S. Sabæ abbatis, initio mutila (1); — Vita S.
Nicolai Myrensis (44 v°); — Vita S. Ambrosii Mediolanensis
(58); — Vita S. Patapii (66); — Martyrium SS. Menæ, Hermogenis et Eugraphii (69 v°); — Vita S. Danielis Stylitæ (89);
— Vita S. Spyridonis, Trimithuntis episcopi (114 v°); — Mar-
tyrium SS. Eustratii, Auxentii, Eugenii, Mardarii et Orestæ
(134 v°); — Martyrium SS. Thyrsi, Lucii, Callinici, Philemo-
nis et Apollonii (150 v°); — Martyrium S. Eleutherii (172); —
Commentarius de Daniele propheta et tribus pueris (178 v°);
— Martyrium S. Bonifacii Romani (191); — Martyrium S.
Ignatii Theophori (197 v°); — Martyrium S^æ. Julianæ Nico-
mediensis (204 v°); — Martyrium SS. Anastasiæ, Agapes,
Irenes et Chioniæ (209 v°); — Certamen decem martyrum
Cretensium (223 v°); — Martyrium S^æ. Eugeniæ (226); — S.
Basilii homilia in Christi nativitatem (246 v°); — S. Gregorii
Nysseni homilia in laudem S. Stephani protomartyris (252 v°);

Vita SS. Theodori Grapti et Theophanis fratris (259 v°); —
Martyrium SS. Indæ et Domnæ (268 v°); — Vita S". Melaniæ
Romanæ (295).

Copié en 1112 par le moine Clément. Parch. 309 fol. (Colbert. 25.) G.

1532. Theodoreti Cyrensis historia religiosa, a cap. x. (1);
— Palladii historia Lausiaca, fine mutila (173).

XII s. Parch. 411 pages. P.

1533. Vita S. Joannis Eleemonis (18 v°); — Vita S^æ. Matronæ, fine mutila (35).

XII s. Parch. 39 fol. G.

1534. Vita et martyrium S^æ. Eudociæ Samaritanæ (3); —
Martyrium S^æ. Eudociæ (17); — Martyrium SS. Theophili,
Theodori, Constantini, Callisti et Bassi (22 v°); — Martyrium
XL. Martyrum (29 v°); — S. Basilii homilia in laudem XL.
Martyrum (35); — S. Joannis Chrysostomi homilia in annun-
tiationem Deiparæ (50 v°); — Vita S^æ. Mariæ Ægyptiacæ,
auctore Sophronio Hierosolymitano (57); — Vita S. Josephi
hymnographi, scevophylacis magnæ ecclesiæ CP. (67 v°); —
Martyrium S. Carterii Cappadocis (77); — Martyrium SS.
Terentii, Africani, Maximi et Pompei (87 v°); — Martyrium
S. Theodori, Pergæ in Pamphilia (92 v°); — Vita S. Theodori,
Anastasiopoleos episcopi (95 v°); — Martyrium S. Georgii
(107 v°); — Vita S. Marci evangelistæ (124 v°); — Martyrium
S. Basilii, Amaseni episcopi (129); — Martyrium SS. Jasonis
et Sosipatri (139); — Acta S. Jacobi, fratris S. Joannis evan-
gelistæ (155 v°); — Vita S. Jeremiæ prophetæ (159); — Vita
S. Athanasii, Alexandrini episcopi (169); — Martyrium S^æ.
Irenes reginæ (191 v°); — Vita in compendium beati Jobi
(214); — S. Joannis Chrysostomi homilia in Jobum (216); —
Martyrium S. Epimachi (223); — S. Joannis Chrysostomi
homilia in S. Joannem evangelistam (228 v°); — Martyrium
S. Acacii Cappadocis (233 v°); — Prophetia, apocalypsis et
martyrium S. Isaiæ prophetæ (245); — Martyrium S. Christophori Cynocephalytæ (251 v°); — Martyrium S. Mocii (262);
— Vita S. Epiphanii, Constantiensis Cypri archiepiscopi (268);
— Martyrium S. Alexandri (278 v°); — Martyrium S. Thalelæi
(295 v°); — Vita S. Constantini imp. et S^æ. Helenæ ejus ma-

tris (306 v°); — Vita in compendium S. Symeonis Stylitæ
(309 v°); — Martyrium SS. Meletii, militum præfecti, Joannis
et Stephani comitum (313 v°); — Martyrium S. Therapontis, in
Cypro episcopi (319); — Vita S. Isaaci archimandritæ (327);
— Martyrium S. Hermiæ (332).

XII s. Parch. 337 fol. (Colbert. 206.) G.

1535. Martyrium S. Philemonis, initio mutilum (1); — Martyrium S. Eleutherii (11); — Commentarius de Daniele propheta et tribus pueris (19 v°); — Martyrium S. Bonifacii Romani (36); — Martyrium S. Sebastiani (44 v°); — Martyrium
S. Ignatii Theophori (58 v°); — Martyrium Sæ. Julianæ Nicomediensis (67 v°); — Martyrium Sæ. Anastasiæ (74 v°); — Martyrium decem martyrum Cretensium (93 v°); — Martyrium
Sæ. Eugeniæ (97); — Martyrium SS. Theodori Grapti et Theophanis ejus fratris (118 v°); — Martyrium SS. Indæ et Domnæ
(130 v°); — Vita S. Marcelli archimandritæ, initio mutila (151);
— Vita Sæ. Melaniæ Romanæ, fine mutila (171 v°).

XI s. Parch. 189 fol. (Colbert. 766.) M.

1536. Vita S. Pauli eremitæ, initio mutila (1); — Martyrium S. Polyeucti (3); — Vita S. Marciani (9); — Vita S. Theodosii abbatis (21); — Martyrium SS. Hermyli et Stratonici
(55 v°); — Historia monachorum in montibus Sina et Raithu
a barbaris interfectorum, auctore Nilo monacho (61); — Vita
S. Joannis Calybitæ (89); — Vita S. Antonii eremitæ, auctore
S. Athanasio (99 v°); — Vita S. Athanasii, Alexandrini archiepiscopi (141 v°); — Vita S. Euthymii abbatis (170); —
Commentarius de S. Timotheo apostolo (225 v°); — Martyrium S. Clementis, Ancyrani episcopi (238); — Vita S. Gregorii Nazianzeni (274); — Vita S. Xenophontis et filiorum
Joannis et Arcadii (295).

XI s. Parch. 306 fol. (Colbert. 2536.) M.

1537. Martyrium SS. Probi, Tarachi et Andronici, initio
mutilum (1); — Martyrium S. Arethæ et sociorum (20 v°); —
Vita S. Acyndini et sociorum (46); — Martyrium SS. Eustratii, Auxentii, Eugenii, Mardarii et Orestæ (62); — Vita Sæ.
Euphrosynæ et S. Paphnutii (81 v°); — Martyrium Sæ. Febroniæ (90); — Vita SS. Patermuthii, Copræ et Alexandri

(112); — Martyrium SS. Acepsimæ, Aithalæ et Josephi (121);
— Martyrium S. Petri, Alexandrini archiepiscopi, initio et
fine mutilum (139).

XI s. Parch. 143 fol. (Colbert. 3021.) *M.*

1538. Acta S. Jacobi apostoli, initio mutila (2); — Historia
rerum in Perside gestarum, auctore Anastasio, Nicopoleos
episcopo (7); — Vita Sæ. Euphrosynes (28 v°); — Martyrium
S. Demetrii (38 v°); — Martyrium Sæ. Catharinæ (43 v°); —
S. Joannis Chrysostomi homilia de pœnitentia (56); — Nectarii, CP. patriarchæ, homilia de S. Theodori memoria sab-
bato jejuniorum (65 v°); — S. Joannis Chrysostomi homilia
in operarios vineæ (73); — Vita Sæ. Mariæ Ægyptiacæ, auctore Sophronio Hierosolymitano (83 v°) ; — Martyrium Sæ.
Irenes (104 v°); — Vita S. Onuphrii et aliorum eremitarum
(131 v°); — S. Joannis Chrysostomi homilia in S. Joannem
Baptistam (146); — Martyrium Sæ. Marinæ (153); — Martyrium S. Panteleemonis (165) ; — S. Joannis Chrysostomi
homilia in SS. Petrum et Heliam (179 v°); — S. Gregorii Nazianzeni homilia in Macchabæos (190); — Anonymi narratio
de septem pueris Ephesi dormientibus (197 v°) ; — Vita S. Eu-
phemiani (210); — S. Joannis Chrysostomi homilia in dedica-
tiones (214 v°); — Vita S. Eugenii et Mariæ ejus filiæ (217 v°);
— S. Ephræmi Syri de compunctione, salute animæ, etc. cap.
xxi-xxii. (220 v°); — Fragmenta palimpsesta (1 et 224).

XI s. Parch. 224 fol. (Colbert. 850.) *M.*

1539. Vita et miracula S. Gregorii Thaumaturgi, initio
mutila (1); — Martyrium S. Platonis (37); — Martyrium S.
Romani (50 v°); — Martyrium S. Dasii (57); — Germani,
CP. patriarchæ, homilia in præsentationem Deiparæ (60); —
Georgii, Nicomediensis episcopi, homilia de eodem (65); —
Martyrium Sæ. Cæciliæ (74 v°); — Vita S. Gregorii Agrigen-
tini, auctore Leontio (94 v°); — Martyrium Sæ. Catharinæ
(162); — Martyrium S. Petri, Alexandrini archiepiscopi (174);
— Martyrium S. Mercurii (182 v°); — Vita S. Alypii (188 v°);
— Martyrium S. Jacobi Persæ (206); — Martyrium S. Irenar-
chi (215 v°); — Martyrium S. Stephani junioris (222); — Acta
SS. Andreæ et Matthæi apostolorum (285); — Fragmentum

de variis farinarum generibus, de cote Naxia, de vitibus, de
pane et mello mixto (306).

XI s. Parch. 306 fol. (Colbert. 2823). *M.*

1540. Commentarius de S. Thoma apostolo, initio mutilus
(1); — Martyrium SS. Sergii et Bacchi (10); — Commentarius de S. Jacobo apostolo, fratre Domini (18 v°); — Martyrium SS. Probi, Tarachi et Andronici (34); — Martyrium SS.
Nazarii, Gervasii, Protasii et Celsii (53); — Martyrium SS.
Chrysanthi et Dariæ (65); — Martyrium S. Longini centurionis, auctore Hesychio Hierosolymit. (81); — Vita S. Hilarionis
(88); — Acta S. Thomæ apostoli (126); — Vita S. Abercii,
Hierapolitani episcopi (129 v°); — Anonymi narratio de septem pueris Ephesi dormientibus (152); —Martyrium S. Arethæ
et sociorum (166); — Martyrium S. Demetrii (190 v°); — Martyrium S. Vari et sociorum (196); — Martyrium S. Abramii,
fine mutilum (205).

XI s. Parch. 213 fol. (Colbert. 1932.) *M.*

1541. Vita SS. Cosmæ et Damiani (1); — Martyrium S.
Acyndini et sociorum (5 v°); — Martyrium SS. Acepsimæ, Josephi et Aithalæ (19 v°); — Vita S. Joannicii (35 v°); — Martyrium SS. Galactionis et Epistemes (66); — Vita S. Pauli,
CP. archiepiscopi (74 v°); —Martyrium S. Hieronis et sociorum
(81); — S. Joannis Chrysostomi homilia in illud : Vidi Dominum sedentem in throno (87); — ejusdem homilia II. in
Esaiam (99 v°); — ejusdem homilia de Seraphim (105 v°); —
Narratio miraculorum S. Michaelis archangeli, auctore Pan-
taleone, magnæ ecclesiæ CP. diacono (114); — Vita Sæ. Matronæ (150); — Vita Sæ. Theoctistes Lesbiæ (169); — Martyrium S. Menæ Ægyptii (181); — Vita S. Joannis Eleemonis
(187 v°); — Vita S. Joannis Chrysostomi (229); — Commentarius de S. Philippo apostolo (340); — Commentarius de S.
Matthæo evangelista (368).

XIII s. Parch. 371 fol. (Mazarin.-Reg. 2031.) *M.*

1542. Martyrium Sæ. Eudociæ, fine mutilum (1); — S. Gregorii Nysseni liber de opificio hominis (10).

X-XIII s. Parch. 110 fol. (Fontebl.-Reg. 2317.) *M.*   .

1543. Martyrium S. Ananiæ apostoli (1); — Martyrium S.

Cypriani et S^æ. Justinæ (4 v°); — Martyrium S. Dionysii Areopagitæ (19 v°); — Martyrium S^æ. Charitines (28 v°); — Commentarius de S. Thoma apostolo (32 v°); — Martyrium SS. Sergii et Bacchi (39); — Vita S^æ. Pelagiæ Antiochenæ (52); — Martyrium SS. Eulampii et Eulampiæ (57 v°); — Martyrium SS. Probi, Tarachi et Andronici (64); — Martyrium SS. Carpi, Papyli et sociorum (71); — Martyrium SS. Nazarii, Gervasii, Protasii et Celsii (81 v°); — Martyrium S. Luciani (87 v°); — Martyrium S. Longini centurionis (96 v°); — Commentarius de S. Luca evangelista (102 v°); — Martyrium S. Vari et sociorum (107); — Martyrium S. Andreæ in Crisi (114 v°); — Martyrium S. Artemii (122 v°); — Vita S. Hilarionis (149); — Vita S. Abercii, Hierapoleos episcopi (172); — Commentarius de S. Jacobo apostolo, fratre Domini (190); — Martyrium S. Arethæ et sociorum (198); — Martyrium SS. Marciani et Martyrii notariorum (218); — Martyrium S. Demetrii (220); — Martyrium S^æ. Anastasiæ Romanæ (227); — Vita S. Abramii (234); — Vita SS. Zenobii et Zenobiæ (230 v°); — Martyrium S. Epimachi (255 v°).

XIII s. Parch. 258 fol. (Reg. 1834.) G.

1544. Martyrium S. Jacobi Persæ, initio mutilum (1); — Martyrium S. Stephani junioris (1); — Vitæ S. Joannis Chrysostomi et SS. Samonæ, Guriæ et Abibi fragmenta (24); — Commentarius de S. Matthæo evangelista, initio mutilus (32 v°); — Commentarius de S. Andrea apostolo (46); — Martyrium S^æ. Barbaræ, initio mutilum (57); — Vita S. Nicolai, Myrensis episcopi (61); — Vita S. Patapii Thebani (77); — Vita S. Spyridonis, Trimithuntis Cypri episcopi (80); — Commentarius de Daniele propheta et tribus pueris (98 v°); — Martyrium S. Ignatii, Antiocheni episcopi (110 v°); — Martyrium S^æ. Anastasiæ Romanæ (116 v°); — Vita SS. Theodori Grapti et Theophanis ejus fratris (140 v°); — Vita S. Gregorii Nazianzeni, fine mutila (148 v° et 29).

XIV s. Bombyc. 153 fol. (Colbert. 1337.) M.

1545. Vita S. Joannis Chrysostomi, initio mutila (1); — Vita S. Philippi apostoli (26 v°); — Martyrium SS. Samonæ, Guriæ et Abibi, initio mutilum (34); — Commentarius de S.

Matthæo evangelista (42 v°); — Vita S. Gregorii Thaumaturgi,
auctore S. Gregorio Nysseno, initio mutila (45); — Martyrium
S. Platonis (72 v°); — Vita S. Amphilochii, Iconiensis episcopi (78); — S. Gregorii, Nicomediensis episcopi, homilia in
præsentationem beatæ Mariæ, fine mutila (86); — Vita S.
Gregorii, Agrigentini episcopi, initio mutila (92 *bis*); — Vita
S. Clementis, Romæ episcopi (132); — Vita S. Petri, Alexandrini archiepiscopi (192); — Vita S. Alypii (201); — Martyrium S. Jacobi Persæ (213 v°); — Vita S. Stephani junioris
(223); — Vita S. Andreæ apostoli, fine mutila (255).

XIII s. Parch. 262 fol. (Colbert. 2589.) *M.*

1546. Martyrium S. Ananiæ apostoli (1); — Vita SS. Cypriani Antiocheni et Justinæ (3 v°); — Vita S. Dionysii Areopagitæ (9 v°); — Vita Sæ. Charitinæ (17); — Commentarius
de S. Thoma apostolo (20); — Martyrium SS. Sergii et Bacchi
(25 v°); — Vita Sæ. Pelagiæ Antiochenæ (37); — Martyrium
SS. Eulampii et Eulampiæ (42); — Martyrium SS. Tarachi,
Probi et Andronici (47 v°); — Vita SS. Carpi, Papyli et sociorum (54); — Martyrium SS. Nazarii, Gervasii, Protasii et
Celsii (64 v°); — Vita S. Luciani (71); — Martyrium S. Longini centurionis (79); — Vita S. Lucæ evangelistæ (84 v°); —
Procopii diaconi et chartophylacis oratio in laudem S. Lucæ
evangelistæ (89 v°); — Martyrium S. Andreæ in Crisi (96 v°);
— Martyrium S. Vari et sociorum (103 v°); — Vita S. Arte-
mii, auctore Joanne monacho (111); — Vita S. Hilarionis
(140); — Vita S. Abercii, Hierapoleos episcopi (161 v°); —
Vita S. Jacobi fratris Domini (179); — Vita Sæ. Anastasiæ
Romanæ (186 v°); — Martyrium S. Arethæ et sociorum (194);
— Martyrium SS. Marciani et Martyrii notariorum (213); —
Martyrium S. Demetrii (214 v°); — Visio cujusdam illustris
viri (222); — Vita S. Abramii (225); — Martyrium SS. Zenobii et Zenobiæ (240 v°); — Martyrium S. Epimachi, fine
mutilum (244 v°).

XII s. Parch. 245 fol. (Reg. 2448.) *M.*

1547. Vita S. Basilii junioris, auctore Gregorio, ejus discipulo (1); — Vita S. Paisii, auctore Joanne Colobo (129); —
Vita S. Andreæ junioris, auctore Nicephoro CP. (158); —

Vita S. Marci Atheniensis (249 v°); — Versus in laudem SS. Meletii et Lucæ (258 v°).

Copié en 1286. Bombyc. 259 fol. (Mazarin.-Reg. 2458.) *P.*

1548. Vita S. Arsenii (1); — Martyrium SS. Manuelis, Sabelis et Ismaelis (20 v°); — Vita S. Samsonis (28 v°); — Vita SS. Petri et Pauli apostolorum (40); — Martyrium S. Procopii (51 v°); — Martyrium S. Panteleemonis (70 v°); — Vita S. Callinici (83 v°); — Vita S. Eudocimi (88); — Josephi narratio de Macchabæis (94); — Symeonis Metaphrastæ oratio in nativitatem beatæ Mariæ (111 v°); — Constantini Porphyrogeniti oratio in imaginem ad Abgarum missam (134 v°); — S. Anastasii Antiocheni homilia in Transfigurationem (147); — Vita S. Joannis Baptistæ (152).

XII s. Parch. 166 fol. (Medic.-Reg. 2446.) *M.*

1549. Martyrium S. Acindyni et sociorum, initio et fine mutilum (1); — Martyrium S. Acepsimæ et sociorum, initio et fine mutilum (4); — Vita S. Joannicii, initio mutila (5); — — Martyrium SS. Galactionis et Epistemes (17); — Vita S. Pauli, CP. archiepiscopi (21); — Martyrium S. Hieronis et sociorum (23 v°); — Vita Sæ. Matronæ (26 v°); — Vita Sæ. Theoctistes Lesbiæ (38); — Vita S. Menæ Ægyptii (44 v°); — Vita S. Joannis Eleemonis (48); — Vita S. Joannis Chrysostomi (70 v°); — Acta S. Philippi apostoli (129); — Martyrium SS. Guriæ, Samonæ et Abibi (132 v°); — Acta S. Matthæi evangelistæ (146); — S. Gregorii Nysseni oratio in laudem S. Gregorii Thaumaturgi (148 v°); — Martyrium S. Platonis (173 v°); — Vita S. Gregorii Decapolitæ, auctore Ignatio diacono (179 v°); — Georgii chartophylacis oratio in præsentationem beatæ Mariæ (196); — Germani, CP. patriarchæ, homilia de eodem (202 v°); — Vita S. Amphilochii Iconiensis (206); — Martyrium Sæ. Catharinæ (213 v°); — Vita S. Gregorii, Agrigentini episcopi (223); — Vita S. Clementis, Romæ episcopi (254); — Martyrium S. Petri, Alexandrini archiepiscopi (291 v°); — Martyrium S. Mercurii (297 v°); — Vita S. Alypii (305); — Vita S. Jacobi Persæ (314 v°); — Vita S. Stephani junioris, fine mutila (320 v°).

XII s. Parch. 332 fol. (Colbert. 3048.) *M.*

1550. Martyrium Sᵃᵉ. Barbaræ (1); — Vita S. Sabæ abbatis
(5); — Vita S. Nicolai Myrensis (46); — Vita S. Ambrosii
Mediolanensis (57 vᵒ); — Vita S. Patapii (63 vᵒ); — Martyrium SS. Menæ, Hermogenis et Eugraphii (66 vᵒ); — Vita S.
Danielis Stylitæ (82); —Vita S. Spyridonis, Trimithuntis Cypri
episcopi (102); — Martyrium S. Eleutherii (118); — Commentarius de Daniele propheta et tribus pueris (122); — Martyrium S. Sebastiani (130); — Martyrium S. Bonifacii Romani
(137); — Martyrium S. Ignatii Antiocheni (141); — Martyrium Sᵃᵉ. Julianæ (145 vᵒ); — Martyrium Sᵃᵉ. Anastasiæ Romanæ (149); — Martyrium decem in Creta martyrum (159);
— Vita Sᵃᵉ. Eugeniæ (160 vᵒ); — Vita SS. Theodori Grapti et
Theophanis ejus fratris (171); — Martyrium SS. Indæ et
Domnæ (177 vᵒ); — Vita S. Marcelli archimandritæ (188 vᵒ);
— Vita Sᵃᵉ. Melaniæ Romanæ (196 vᵒ).

XIII s. Parch. 207 fol. (Colbert. 854.) *M.*

1551. Martyrium S. Mamantis, fine mutilum (1); — Andreæ
Cretensis homilia in nativitatem beatæ Mariæ, initio mutila
(8); — ejusdem homilia in exaltationem Sᵃᵉ. Crucis (12); —
Acta S. Thomæ apostoli (17 vᵒ); — Narratio miraculi S. Michaelis archangeli in urbe Chonis, initio mutila (32); — Andreæ Cretensis homilia in nativitatem beatæ Mariæ (37); —
Martyrium S. Demetrii (43); — Vita S. Joannis Chrysostomi,
auctore Theodoro, Trimithuntis episcopo (50 vᵒ); — Martyrium S. Philippi apostoli (67); — Germani, CP. patriarchæ,
homilia in præsentationem beatæ Mariæ (79); — S. Joannis
Chrysostomi homilia in annuntiationem beatæ Mariæ (83); —
Martyrium Sᵃᵉ. Barbaræ (87); — Vita S. Nicolai, Myrensis
episcopi (94); — S. Gregorii Nazianzeni homilia in Christi
nativitatem (113); — Amphilochii Iconiensis homilia II. in
circumcisionem Domini (121); — S. Gregorii Nazianzeni
homilia in sancta Theophania (124 vᵒ); — Amphilochii Iconiensis homilia in Christi occursum (135); — S. Basilii homilia in laudem XL. martyrum Sebastenorum (140 vᵒ); — Vita
Sᵃᵉ. Mariæ Ægyptiacæ, auctore Sophronio Hierosolymit.
(147 vᵒ); — S. Joannis Chrysostomi homilia in S. Crucem
(163); — Andreæ Cretensis homilia in Lazarum (167); —

ejusdem homilia in ramos palmarum (179 v°); — S. Joannis Chrysostomi homilia in Judæ proditionem (193); — S. Epiphanii homilia in Christi sepulturam (201 v°); — S. Gregorii Nazianzeni homilia in Pascha et in tarditatem (213); — ejusdem homilia in novam dominicam (215); — S. Epiphanii homilia in resurrectionem Domini (219 v°); — S. Gregorii Nazianzeni homilia in Pentecosten (224 v°); — S. Joannis Chrysostomi homilia in omnes sanctos (230 v°); — Martyrium et miracula S. Georgii (236); —Martyrium S. Eugenii (253); — S. Joannis Damasceni homilia II. in dormitionem beatæ Mariæ (259); — S. Joannis Chrysostomi homilia in Herodiadem, fine mutila (272 v°).

XIV s. Parch. 272 fol. (Colbert. 2794.) *M.*

1552. Vita SS. Cosmæ et Damiani (1); — Martyrium SS. Acindyni, Pegasii, Anempodisti, Aphthonii et Elpidiphori (6); — Vita SS. Acepsimæ, Josephi et Aithalæ (20); — Vita S. Joannicii (35 v°); — Martyrium SS. Galactionis et Epistemes (66); — Vita S. Pauli, CP. episcopi (74); — Martyrium S. Hieronis et sociorum (80 v°); — Vita S^æ. Matronæ (86 v°); — Vita S^æ. Theoctistes Lesbiæ (106 v°); — Martyrium S. Menæ Ægyptii (118); — Vita S. Joannis Eleemonis (124); — Vita S. Joannis Chrysostomi (167 v°); — Commentarius de translatione reliquiarum S. Joannis Chrysostomi (222); — Vita S. Athanasii, initio mutila (232); — Vita S. Euthymii, initio et fine mutila (261).

XV-XII s. Parch. 301 fol. (Medic.-Reg. 2019.) *M.*

1553. Vita S. Sabæ abbatis, initio mutila (1); — Vita S. Nicolai Myrensis (29 v°); — Vita S. Ambrosii Mediolanensis (41 v°); — Vita S. Patapii (48 v°); — Martyrium SS. Menæ, Hermogenis et Eugraphii (52 v°); — Vita S. Danielis Stylitæ (69 v°); — Vita S. Spyridonis, Trimithuntis Cypri episcopi (93); — Martyrium SS. Eustratii, Auxentii, Eugenii, Mardarii et Orestæ (110 v°); — Martyrium S. Eleutherii (125); — Vita S. Pauli Latrensis (131); — Martyrium S. Bonifacii (172 v°); — Martyrium S. Bacchi junioris (174); — Commentarius de Daniele propheta et tribus pueris (184 v°); — Martyrium S. Sebastiani et sociorum (191); — Martyrium S. Ignatii

Antiocheni (201); — Martyrium S^æ. Julianæ (208); — Martyrium S^æ. Anastasiæ (213 v°); — Martyrium decem in Creta martyrum (227); — Vita S^æ. Eugeniæ (230); — Vita SS. Theodori Grapti et Theophanis ejus fratris (246); — Martyrium SS. Indæ et Domnæ (254 v°); — Vita S. Marcelli archimandritæ (271); — Vita S^æ. Melaniæ Romanæ (286).

XIV s. Pap. 301 fol. (Colbert. 1080.) *M.*

1554. Vita S. Amphilochii Iconiensis (1); — Vita S. Gregorii, Agrigentini episcopi (9 v°); — Martyrium S^æ. Catharinæ (54); — Vita S. Clementis Romani (69 v°); — Vita S. Petri, Alexandrini archiepiscopi (146 v°); — Martyrium S. Mercurii (159 v°); — Vita S. Alypii (174); — Martyrium S. Jacobi Persæ (193); — Vita S. Stephani junioris (204 v°); — Vita S. Andreæ apostoli (262); — Vita S. Gregorii, initio mutila (277).

XIV s. Bombyc. 310 fol. *M.*

1554 A. S. Athanasii Alexandrini narratio de imagine Christi Berytensi (1); — Anonymi narratio de miraculo imaginis Christi in puteo ad magnam ecclesiam CP. (5 v°); — S. Joannis Chrysostomi homilia in vanitatem vitæ et in mortuos (8); — Actorum S. Joannis evangelistæ excerpta (15 v°); — Actorum S. Thomæ apostoli excerpta (20); — Visio terribilis et utilis cujusdam [Cosmæ] monachi : Εἰ μὲν οὖν μικρὸς ἅμα... (22 v°); — Narratio de S. Christophoro CP. (55 v°); — S. Epiphanii homilia in Christi sepulturam (57 v°); — S. Joannis Chrysostomi homiliæ duæ in Christi resurrectionem (73 v°); — ejusdem homilia in Annuntiationem (78); — Andreæ Cretensis homilia in Lazarum quatriduanum (83 v°); — S. Athanasii homilia in magnam Parasceven (101 v°); — Leontii, CP. presbyteri, homilia in Jobum (106 v°); — Amphilochii Iconiensis homilia in mulierem peccatricem (113); — S. Joannis Chrysostomi homilia in illud Matthæi : Pater, si possibile est (125 v°); — Procli, CP. archiepiscopi, homilia in Transfigurationem (136 v°); — S. Joannis Chrysostomi homilia in SS. Petrum et Paulum apostolos (144 v°); — Andreæ Cretensis homilia in dormitionem Deiparæ (147); — Eulogii, Antiocheni episcopi, homilia in dominicam palmarum (157 v°); — S. Joannis Chrysostomi

homilia de ablutis a Christo apostolorum pedibus, fine mutila
(168 v°).

XIV s. Bombyc. 172 fol. *M*.

1555. Vita S. Symeonis Stylitæ, auctore Theodoreto Cy-
rensi (1); — Martyrium SS. Sergii et Bacchi (5); — Vita S^æ.
Pelagiæ Antiochenæ (10); — Vita S. Lucæ evangelistæ (16);
— Martyrium S. Vari et sociorum (18 v°); — Martyrium S.
Mamantis (26 v°); — Vita SS. Eulampii et Eulampiæ (30 v°);
— Martyrium S. Andreæ Cretensis (34); — Martyrium SS.
Tarachi, Probi et Andronici (36); — Martyrium SS. Menodoræ,
Metrodoræ et Nymphodoræ (40 v°); — Vita S. Artemii (43 v°);
— Martyrium SS. Papyli, Carpi et Agathopodis (45); — Vita
S. Luciani (52); — Vita S. Longini centurionis (55 v°); —
Martyrium S. Anthimi (57 v°); — Vita S. Babylæ Antiocheni
(60 v°); — Narratio miraculi S. Michaelis archangeli in urbe
Chonis (63 v°); — Martyrium S. Sozontis (65 v°); — Martyrium
S. Severiani militis (67); — Vita S^æ. Theodoræ Alexandrinæ
(71); — Vita S. Autonomi (75 v°); — Vita S. Cornelii centu-
rionis (77); — Vita S. Nicetæ Gothi (81); — Martyrium S^æ.
Euphemiæ (82 v°); — Martyrium SS. Fidei, Spei, Caritatis
et Sophiæ illarum matris (86 v°); — Vita SS. Trophimi, Sabbatii et Dorymedontis (90); — Martyrium SS. Eustathii et
Theopistis uxoris (93 v°); — Vita S. Phocæ, auctore Asterio
Amaseno (102); — Martyrium S^æ. Theclæ (104); — Vita S^æ.
Euphrosynæ Alexandrinæ (109 v°); — Commentarius de S.
Joanne evangelista (114); — Vita S. Callistrati et sociorum (118
v°); — Vita S. Charitonis (122); — Vita S. Cyriaci anachoretæ
(126); — Vita S. Gregorii, majoris Armeniæ archiepiscopi
(131 v°); — Martyrium S. Ananiæ apostoli (142 v°); — Martyrium SS. Cypriani et Justinæ (144); — Vita S. Dionysii Areopagitæ (149); — Vita S^æ. Charitinæ (154); — Commentarius
de S. Thoma apostolo (155); — Vita S. Hilarionis (165 v°); —
Vita S. Abercii, Hierapoleos episcopi (175); — Vita S. Jacobi,
fratris Domini (180 v°); — Martyrium S. Arethæ et sociorum
(182); — Martyrium SS. Marciani et Martyrii (190 v°); — Martyrium S. Demetrii (191 v°); — Vita S^æ. Anastasiæ Romanæ
(195); — Vita S. Abramii (197); — Martyrium SS. Zenobii

et Zenobiæ (206 v°); — Vita S. Epimachi, fine mutila (209).

XIV s. Bombyc. 209 fol. (Medic.-Reg. 2459.) *M.*

1555 A. Fragmenta historica de V. et N. Testamento, initio mutila (1); — Chronologia brevis ab Adamo usque ad Tiberium II. (578) (3); — Eustathii Epiphaniensis epitome Fl. Josephi archeologiæ (6); — Ordo thronorum patriarch. metropolit., etc. (23 v°); — Anonymi collectio sententiarum moralium e scriptoribus sacris et profanis, capitibus LXXII. : Περὶ βίου, ἀρετῆς καὶ κακίας. Τί στενὴ ἡ ὁδος... (28); — Fidei expositio, dialogus Christianum inter et hæreticos : Ποίας θρησκείας εἶ... (100 v°); — Fragmentum de eucharistia : Οὐχ ὅτι αὐτὸ τὸ σῶμα... (102 v°); — Versus varii in sanctas imagines : Ἄνωθεν ἥκω τὴν χάριν σοι... (104 v°); — Ecloge e S. Scriptura : Λέγει ἐν τοῖς ἄσμασιν ὁ Σολομῶν... (106); — Sententiæ de die judicii : Ἡτοίμασεν ἐν κρίσει τὸν θρόνον... (119 v°); — Cassiani abbatis tractatus de octo vitiosis cogitationibus (124 v°); — Ecloge ex diversis S. Joannis Chrysostomi homiliis : Μέγα ἀγαθὸν εὐχή... (139); — Preces et cantica varia, inter quæ enarratio in Pater noster (141 v°); — Varia liturgica (147); — Joannis, CP. archiepiscopi, enarratio in parabolas evangelicas (147 v°); — De septem synodis œcumenicis : Ἐγένετο ἡ ἐν Νικαίᾳ... (152 v°); — Fragmentum de hæresibus : Βαρβαρισμὸς ἔτη ,βο'... (154 v°); — Fragmentum de creatione : Εἴκοσι καὶ δύο ἔργα... (154 v°); — Chronologia brevis ab Adam usque ad Constantinum magnum (156); — De creatione mundi et hominis : Συνέστηκε μὲν οὖν οὕτως... (156); — Interrogationes et responsiones variæ : Ἐρ. Τί χρὴ λέγειν ἡμᾶς... (157); — Decem præcepta legis (159 v°); — [Secundi philosophi] sententiæ (160); — Interrogationes variæ : Πότερόν σοι δοκεῖ, ἀθάνατος ἦν ὁ Ἀδάμ... (161); — S. Gregorii Nazianzeni responsiones variæ (165 v°); — S. Basilii historia ecclesiastica (167 v°); — Mandata SS. apostolorum : Ἰωάννης εἶπεν · Ὁδοὶ δύο εἰσίν... (178 v°); — SS. Joannis Chrysostomi, Gregorii Nazianzeni, Basilii, Theodoreti, Augustini, Epiphanii, Eusebii, Hesychii fragmenta varia de Christo, etc. (179 v°); — S. Hippolyti fragmenta de XII. apostolis et LXX. discipulis (186 v°); — SS. Maximi, Isidori Pelusiotæ et Basilii fragmenta (188); — Horologium duodecim mensium et varia de computo, fine mutila (190 v°).

XIV s. Bombyc. 194 fol. *M.*

1556. Vita SS. Matthæi et Andreæ apostolorum (1); — Vita S^æ. Barbaræ (11 v°); — Vita S. Nicolai Myrensis (15 v°); — Vitæ S. Abramii excerptum (22); — S. Ephræmi oratio in Josephum patriarcham (33); — S. Joannis Chrysostomi homilia in Christi nativitatem (48); — Vita et miracula S. Basilii, auctore Amphilochio Iconiensi (51); — S. Joannis Chrysostomi homilia in sancta lumina (58); — Vita S. Joannis Calybitæ (63); — Narratio de inventione capitis S. Joannis Baptistæ (72); — S. Athanasii Alexandrini oratio in natalem S. Joannis Baptistæ (80 v°); — S. Joannis Chrysostomi homilia in SS. Petrum et Paulum (85 v°); — ejusdem homilia in duodecim apostolos (89 v°); — Martyrium S. Procopii et sociorum (93); — Martyrium SS. Ceryci et Julittæ, auctore Theodoro, Iconiensi episcopo (102 v°); — S. Joannis Chrysostomi homilia in Eliam et viduam (106); — Vita S. Panteleemonis (110); — S. Cyrilli Alexandrini homilia in Christi transfigurationem (123); — Andreæ Cretensis homilia in dormitionem beatæ Mariæ (126 v°); — S. Joannis Chrysostomi homilia in S. Joannis decollationem (133); — Acta S. Thomæ apostoli (138); — Martyrium S. Isidori (142); — S. Joannis Chrysostomi homilia in Præsentationem (144); — Martyrium S. Blasii, Sebasteni episcopi (150); — Vita S. Alexii (158); — Martyrium XL. martyrum Sebastenorum (163); — S. Joannis Chrysostomi homilia in Annuntiationem (167 v°); — S. Joannis Chrysostomi homilia de presbyterorum officio (171); — Martyrium S. Georgii Cappadocis (173); — Anonymi oratio de inventione S^æ. Crucis (188); — S. Joannis Chrysostomi homilia in Publicanum et Pharisæum (193); — ejusdem homilia de filio prodigo (197 v°); — ejusdem homilia de ejectione Adami e paradiso (203); — Nectarii, CP. patriarchæ, oratio in laudem S. Theodori, militum præfecti (222); — Anonymi oratio de sanctis imaginibus et festo orthodoxiæ (230 v°); — S. Joannis Chrysostomi homilia in crucis venerationem (237 v°); — Andreæ Cretensis homilia in Lazarum quatriduanum (244); — ejusdem homilia in ramos palmarum (252 v°); — S. Joannis

Chrysostomi homilia in Jobum (265) ; — Anastasii Sinaitæ
oratio de sacra synaxi et injuriarum oblivione (275); — S.
Joannis Chrysostomi homilia de eleemosyna et in decem virgines (283 vº) ; — ejusdem homilia quinta de jejunio (291);
— ejusdem homilia LXXXI. in Matthæum (294) ; — ejusdem
homilia de pœnitentia et eleemosyna (300 vº) ; — ejusdem oratio in Judæ proditionem (308 vº); — S. Ephræmi homilia de
caritate et pœnitentia (317 vº) ; — S. Joannis Chrysostomi homilia in magnam parasceven (325 vº); — S. Ephræmi homilia
in Christi passionem (333 vº) ; — S. Epiphanii homilia in
Christi sepulturam (338 vº); — S. Gregorii Nazianzeni homilia in Pascha et in tarditatem, fine mutila (349 vº); — Acta
SS. Matthæi et Andreæ, et fragmenta hagiologica, unciali
charactere, s. VIII., olim in cod. nunc desunt.

XV s. Bombyc. 351 fol. (Reg. 2444.) *M.*

1557. Vita S. Basilii, auctore Amphilochio Iconiensi (1);
— Vita S. Silvestri papæ (26) ; — Martyrium S. Polyeucti
(46 vº); — Vita S. Marciani (51 vº); — Vita S. Theodosii archimandritæ (61 vº); — Martyrium SS. Hermyli et Stratonici
(91 vº); — Historia monachorum in montibus Sina et Raithu
interfectorum, auctore Nilo monacho (97); — Vita S. Pauli
Thebani (121); — Vita S. Joannis Calybitæ (129 vº); — Vita
S. Petri apostoli (138 vº); — Vita S. Antonii, auctore S. Atha-
nasio (152); — Vita S. Athanasii Alexandrini (188); — Vita
S. Euthymii, auctore Cyrillo Scythopolitano (211); — Mar-
tyrium SS. Eugenii, Canidii, Valeriani et Aquilæ, auctore
Joanne Xiphilino (262); — Martyrium S. Eugenii (275); —
Vita S. Timothei apostoli (285 vº); — Martyrium S. Anastasii
Persæ (290 vº); — Martyrium S. Clementis Ancyrani et S.
Agathangeli (306); — Vita Sæ. Eusebiæ, Xenes dictæ (336);
— Vita S. Gregorii Nazianzeni (343 vº); — Vita S. Xeno-
phontis, uxoris et filiorum (362 vº); — Anonymi narratio de
translatione reliquiarum S. Joannis Chrysostomi (374 vº); —
Vita S. Ephræmi Syri (381); — Joannis, Euchaïtarum epi-
scopi, homilia in laudem SS. Basilii, Joannis Chrysostomi et
Gregorii Nazianzeni (387); — Martyrium SS. Joannis et Cyri
(397 vº).

Copié en 1567 par le moine Acace. Pap. 408 fol. *M.*

1558. Vita S. Symeonis Stylitæ, auctore Theodoreto Cyrensi (1); — Martyrium S. Mamantis (20 v°); — Vita S. Anthimi Nicomediensis (27 v°); — Martyrium S. Babylæ Antiocheni (32 v°); — Narratio miraculi S. Michaelis archangeli in urbe Chonis (38); — Martyrium SS. Romuli, Zenonis et Macarii (42 v°); — Martyrium S. Sozontis (47 v°); — Martyrium S. Severiani (50); — Martyrium SS. Metrodoræ, Nymphodoræ et Menodoræ (55); — Vita Sæ. Theodoræ Alexandrinæ (60); — Martyrium S. Autonomi (70); — Vita S. Cornelii centurionis (73); — Martyrium S. Nicetæ Gothi (80 v°); — Martyrium Sæ. Euphemiæ (83 v°); — Martyrium SS. Fidei, Spei, Caritatis et Sophiæ illarum matris (91 v°); — Martyrium SS. Trophimi, Sabbatii et Dorymedontis (98 v°); — Martyrium S. Eustathii (105 v°); — Asterii Amaseni homilia in laudem S. Phocæ (123); — Martyrium Sæ. Theclæ (126 v°); — Vita Sæ. Euphrosynæ Alexandrinæ (137); — Commentarius de S. Joanne evangelista (144 v°); — Martyrium S. Callistrati et sociorum (154); — Vita S. Charitonis (161 v°); — Vita S. Cyriaci anachoretæ (170 v°); — Vita S. Gregorii, majoris Armeniæ catholici (179); — Martyrium S. Ananiæ apostoli (201 v°); — Vita SS. Cypriani et Justinæ (204 v°); — Vita S. Dionysii Areopagitæ (216 v°); — Martyrium Sæ. Charitinæ (224); — Commentarius de S. Thoma apostolo (226 v°); — Martyrium SS. Sergii et Bacchi (232); — Martyrium Sæ. Pelagiæ Antiochenæ (243); — Martyrium SS. Eulampii et Eulampiæ (247 v°); — Martyrium SS. Probi, Tarachi et Andronici (253); — Martyrium SS. Carpi et Papyli (259); — Martyrium SS. Nazarii, Gervasii, Protasii et Celsii (268 v°); — Martyrium S. Luciani (273 v°); — Martyrium S. Longini centurionis (284 v°); — Martyrium S. Andreæ in Crisi (287); — Commentarius de S. Luca evangelista (294); — Martyrium S. Vari et sociorum (299); — Martyrium S. Artemii (307); — Vita S. Hilarionis (330); — Martyrium S. Abercii, Hierapoleos episcopi (351); — Commentarius de S. Jacobo, fratre Domini (368 v°); — Martyrium S. Arethæ et sociorum (375 v°); — Martyrium SS. Marciani et Martyrii (394 v°); — Martyrium S. Demetrii (396 v°); — Martyrium Sæ. Anastasiæ Romanæ (403 v°); — Vita S. Abramii (410 v°); — Martyrium

SS. Zenobii et Zenobiæ (427); — Martyrium S. Epimachi (431 v°).

XVI s. Pap. 436 fol. (Mazarin.-Reg. 2453.) *M*.

1559. Vita S. Joannis Damasceni, auctore Joanne, Hierosolymit. patriarcha (1); — Vita S^m. Barbaræ (13); — Vita S. Sabæ abbatis (17); — Vita S. Nicolai Myrensis (59 v°); — Vita S. Ambrosii Mediolanensis (72); — Vita SS. Menæ, Hermogenis et Eugraphii (78); — Vita S. Danielis Stylitæ (92 v°); — Vita S. Spyridonis, Trimithuntis Cypri episcopi (113 v°); — Martyrium SS. Eustratii, Auxentii, Eugenii, Mardariæ et Orestæ (128 v°); — Commentarius de Daniele propheta et tribus pueris (140 v°); — Vita S. Bonifacii Romani (150); — Vita S. Ignatii Antiocheni (154 v°); — Vita S^m. Anastasiæ Romanæ (159 v°); — Martyrium SS. decem in Creta martyrum (170); — S. Gregorii Nysseni oratio in S. Stephanum protomartyrem (172); — Vita S. Theodori Grapti (177); — Martyrium SS. Indæ et Domnæ (183 v°); — Martyrium septem Ephesi puerorum (195 v°); — Vita S. Marcelli archimandritæ (203); — Vita S^tæ. Melaniæ Romanæ (216).

XIV s. Parch. 228 fol. (Fontebl.-Reg. 2449.) *M*.

1560. Menologium sept. 4 — aug. 28.

XV s. Bombyc. 205 fol. (Reg. 2484.) *M*.

1561. Menæum januarii 1-29.

XIII s. Parch. 116 fol. Peint. (Reg. 2471.) *M*.

1562. Menæum februarii.

XI s. Parch. 145 fol. (Colbert. 4583.) **P**.

1563. Menæum martii.

XII s. Parch. 136 fol. (Mazarin.-Reg. 2445.) **P**.

1564. Menæum aprilis.

XI s. Parch. 70 fol. (Reg. 2476.) *M*.

1565. Menæum aprilis.

XIV s. Parch. 125 fol. (Mazarin.-Reg. 2478.) **P**.

1566. Menæum maii et junii.

XIV s. Copié par Hyacinthe. Parch. 196 fol. (Colbert. 4172.) **P**.

1567. Menæum junii.

XIV s. Parch. 75 fol. (Colbert. 3064.) *M*.

1568. Menæum augusti.

XV s. Pap. 230 fol. (Mazarin.-Reg. 2480.) *M.*

1569. Menologium octob. 3 — aug. 31. (1); — De indictione (74 vᵒ); — Synaxarium magnæ quadragesimæ (75); — Menæum junii 10-29. (94).

XII s. Parch. 153 fol. (Colbert. 4166.) *P.*

1570. Menæum novembris.

Copié en 1127 par Theoctiste. Parch. 214 fol. (Mazarin.-Reg. 2498.) *M.*

1571. Menæum decembris et januarii.

Copié en 1253. Parch. 266 fol. (Reg. 2489.) *M.*

1572. Menæum decembris et januarii.

XIII s. Parch. 278 fol. Palimps. (Mazarin.-Reg. 2488.) *M.*

1573. Menæum martii et aprilis.

XV s. Copié par Theophylacte. Pap. 305 fol. (Reg. 2473.) *M.*

1574. Menæum martii, aprilis et maii.

Copié en 1404 par André ταβουλλάριος. Pap. 235 fol. (Reg. 2474.) *M.*

1575. Menologium martii-augusti.

XII s. Parch. 221 fol. (Mazarin.-Reg. 2475.) *M.*

1576. Menæum junii et julii.

XV s. Pap. 246 fol. (Reg. 2479.) *M.*

1577. Menologium maii-augusti.

Copié en 1520 par Georges. Pap. 202 fol. (Reg. 2477.) *M.*

1578. Christophori Patricii Mitylenæi synaxarium, versibus iambicis, sept.-febr.

XV s. Pap. 509 pages. *M.*

1579. Synaxarium quatuor mensium sept.-dec. (6); — præmittitur anonymi oratio de patientia et pœnitentia, initio mutila (1); — Menæum januarii et februarii (185).

XV-XIV s. Pap. et parch. 250 fol. Palimps. *M.*

1580. Menologium septembris, octobris et novembris.

XV s. Pap. 253 fol. (Reg. 2482.) *M.*

1581. Menologium septembris-februarii, 24.

XIII s. Parch. 248 pages. *M.*

1582. Menologium septembris-februarii.

XIII s. Parch. 278 fol. *M.*

1583. Menologium septembris, octobris et novembris.

XIII s. Parch. 315 fol. (Medic.-Reg. 2483.) *M.*

1584. Menologium octobris, 23 — januarii, 22, mutilum.

XIII s. Parch. 266 pages. *M.*

1585. Synaxarium, seu menologium totius anni, auctore Nicephoro Callisto Xanthopulo.

Copié en 1370 par Marcien. Pap. 326 fol. (Fontebl.-Reg. 2494.) *M.*

1586. Synaxarium, mart. 21-aug. 30. (1); — Narratio translationis CP. reliquiarum S. Stephani protomartyris (15†); — Commentarius de septem pueris Ephesi dormientibus (157); — S. Joannis evangelistæ narratio de dormitione beatæ Mariæ (170); — Historia [Protevangelium] Jacobi Hierosolymitani, seu sermo de nativitate beatæ Mariæ (179 v°); — Anonymi narratio de inventione sanctæ crucis (190 v°); — Visio Constantini magni imp. de sancta cruce (196); — Narratio inventionis sanctæ crucis a sancta Helena (198); — Martyrium SS. XL. martyrum Sebastenorum (206 v°); — S. Joannis Chrysostomi homilia in nativitatem Domini, fine mutila (213 v°).

XII s. Parch. 223 fol. (Colbert. 5041.) *P.*

1587. Synaxarium martii-augusti.

XII s. Copié par Jean, prêtre. 211 fol. (Colbert. 1892.) *M.*

1588. Synaxarium septembris-julii, 28.

XII s. Parch. 270 fol. (Colbert. 371.) *M.*

1589. Synaxarium septembris-martii, initio et passim mutilum (13); — præmittitur tabula synaxarii sept.-aug. (1).

XII s. Parch. 284 fol. (Colbert. 431.) *M.*

1590. Menologium septembris-februarii.

Copié en 1063. Parch. 230 fol. (Colbert. 2455.) *M.*

1591. Synaxarium septembris-februarii.

XII s. Parch. 191 fol. (Colbert. 2822.) *M.*

1592. Synaxarium septembris-februarii, initio et fine mutilum.

XII s. Parch. 163 fol. (Colbert. 4969.) *M.*

1593. Synaxarium septembris-februarii.

XVI s. Copié par Georges (?). Pap. 347 fol. (Colbert. 1460.) *M.*

1594. Synaxarium septembris-februarii.

XII s. Parch. 243 fol. (Reg. 2485.) *M.*

1595. S. Joannis Chrysostomi homilia in Publicanum et Pharisæum (3); — ejusdem homilia in filium prodigum (6 v°); — ejusdem homilia de patientia (12); — S. Hippolyti Romani homilia de consummatione mundi, de Antichristo et de secundo Domini adventu (19); — S. Joannis Chrysostomi homilia in ejectionem Adami e paradiso (32); — Martyrium S. Theodori, militum præfecti (46 v°); — Anonymi homilia de imaginibus et festo orthodoxiæ : Τοῦ βασιλέως Θεοφίλου... (52 v°); — S. Joannis Chrysostomi homilia de jejunio (59 v°); — ejusdem homilia in venerationem sanctæ crucis (61); — ejusdem homilia in parabolam de eo qui in latrones inciderat (65 v°); — Vita Sᵃᵉ. Mariæ Ægyptiacæ, auctore Sophronio Hierosolymit. (68 v°); — Narratio miraculi CP. a Persis et barbaris obsessæ (82); — S. Joannis Chrysostomi homilia in divitem et Lazarum (87 v°); — ejusdem homilia in Lazarum quatriduanum (90); — ejusdem homilia in festum palmarum (93); — Andreæ Cretensis homilia in festum palmarum (96); — S. Joannis Chrysostomi homilia in ficum arefactam (106); — S. Ephræmi Syri homilia in Josephum (110); — S. Joannis Chrysostomi homilia in decem virgines (122); — ejusdem homilia in meretricem et Pharisæum (125 v°); — ejusdem homilia in Judæ proditionem (130); — S. Joannis Damasceni homilia in sanctam crucem (137); — S. Joannis Chrysostomi catechesis mysteriorum (141); — ejusdem homilia in magnam Parasceven (142); — Georgii Nicomediensis homilia in beatam Mariam ad crucem et sepulcrum stantem (145); — Versus in magnam Parasceven (156); — Versus in honorem beatæ Mariæ ad crucem stantis (158 v°); — S. Epiphanii Cyprii homilia in Christi sepulturam (159); — S. Joannis Chrysostomi homilia in S. Pascha (168); — S. Gregorii Nazianzeni homilia in Pascha et in tarditatem (171); — S. Joannis Chrysostomi homilia in Christi resurrectionem (172 v°); — ejusdem homilia in novam Dominicam (173 v°); — S. Gregorii Nysseni homilia in Christi resurrectionem (178); — S. Cyrilli Alexandrini homilia in paralyticum (186); — S. Joannis Chrysostomi homilia in mesopentecosten (191 v°); — ejusdem homilia in Samaritanam (193 v°); — S. Athanasii Alexandrini homilia in cæcum natum (200); — S. Joannis Chrysostomi homilia in Christi ascensionem (208); — S. Cyrilli Alexandrini homilia in nativitatem beatæ Mariæ (210); — S. Joannis Chrysostomi [Procli, CP. patriarchæ,] homilia in Pentecosten (214 v°); — S. Joannis Chrysostomi homilia in omnes martyres (217); — Andreæ Cretensis homilia in vitam humanam et in defunctos (222 v°); — S. Joannis Chrysostomi homilia in psalmum L. (235); — ejusdem homilia de pœnitentia regis Achab (244 v°); — Nicephori Callisti Xanthopuli synaxaria in præcipua triodii festa, fine mutila (251).

XV s. Pap. 305 fol. (Reg. 2461.) *M.*

1596. Palladii historia Lausiaca, initio mutila (63); — Apophthegmata SS. PP. : Ὁ ἅγιος ἀββᾶς Ἀντώνιος.... (216); — Apophthegmatorum SS. PP. collectiones aliæ tres, quarum prima incipit : Διηγεῖτό τις τῶν ἀναχωρητῶν... (310); — Anastasii [Sinaitæ] narrationes animæ utiles (381); — S. Gregorii Magni fragmentum (397); — Vita in epitome S. Euphrosyni coqui (400); — SS. PP. narrationes animæ utiles : Εἶπε γέρων· Ἠκούσαμεν... (404); — Paradisus SS. PP. : Εἶπε πάλιν ὁ ἀββᾶς Κασιανός... (418); — [Joannis Moschi] pratum spirituale (483); — Miraculum CP. patratum de presbytero et diacono (675); — Vita S. Antonii, auctore S. Athanasio (681).

XI s. Parch. Pages 49-742. *M.*

1597. Palladii historia Lausiaca (1); — accedit historia Judæi CP. [Evagrius, IV, 36] (127 v°); — ejusdem opusculum de gentibus Indiæ et Brachmanibus (129); — Theodoreti Cyri historia religiosa (146).

XIII s. Parch. 270 fol. (Colbert. 973.) *M.*

1598. Paradisi SS. PP. pars altera, a littera N (1); — Anonymi opusculum de XII. anachoretis : Ἀναχωρηταὶ σοφοὶ καὶ πνευματικοί... (172); — Anachoretarum apophthegmata : Εἶπεν γέρων ἐν καιρῷ...... (175); — Moysis abbatis capita VII. ascetica ad Pœmena abbatem (177); — SS. senum interrogationes

et responsiones variæ : Πῶς δεῖ εἶναι μοναχόν... (186 v°); —
Vita Sᵃ. Syncleticæ, auctore S. Polycarpo, fine mutila (208);
— Macarii abbatis capita ascetica cl. (253).

Copié en 993 par Joannicius. Parch. 303 fol. (Colbert. 670.) *M.*

1599. Apophthegmata SS. PP. : Ὁ ἅγιος ἀββᾶς Ἀντώνιος...
(1); — Joannis Moschi pratum spirituale, fine mutilum
(173 v°); — Fragmentum libri Judicum, cap. v, chaldaice (A).

XII s. Parch. 198 fol. (Mazarin.-Reg. 2384.) *M.*

1600. Narrationes variæ de abbatibus Macario, Sisoide, etc.,
initio mutilæ (2); — Apophthegmata anachoretarum : Ἡρω-
τήθη ὁ ἀββᾶς Ἡσαΐας... (14); — Interrogationes et responsiones
variæ : Πῶς δεῖ εἶναι τὸν μοναχόν... (16); — Palladii historia
Lausiaca (19 v°); — Paradisus SS. PP., fine mutilus (141 v°).

XI s. Parch. 191 fol. (Medic.-Reg. 1978.) *M.*

1601. Josephi antiquitatum Judaicarum libri X. priores,
in epitome (1); — Procopii de Persis fragmentum (151); —
Agathiæ de Francis fragmentum (152).

Copié en 1323. Parch. 152 fol. (Fontebl.-Reg. 2875.) *P.*

1602. Josephi antiquitatum Judaicarum libri XI priores,
initio et fine mutili.

XV s. Pap. 384 pages. *P.*

·1603. Agrippæ et Berenices oratio ad Judæos, ex Josepho
(1); — Asiæ, Europæ et Libyæ eparchiæ (6 v°); — Basilii imp.
ad Leonem filium capita parænetica lxv. (9); — S. Basilii
homiliæ novem in Hexaemeron (27); — ejusdem oratio in
laudem XL. martyrum (110); — ejusdem de fato et providentia orationes duæ [S. Joannis Chrysost. de eodem homilia iv. et v.] (117); — Fragmenta astrologica : Κριός. Οὗτος ἔχει
ὄψιν... (128); — Symeonis Sethi tractatus de ciborum facultatibus (130); — ejusdem tractatus de alimentis (173 v°); —
ejusdem fragmenta de venæ sectione et purgationibus, ex
Aristotele (176 v°); — Dioscoridis fragmenta (178); — Anonymi compositiones medicæ : Ὄνυχας ψωράδας... (197 v°); —
Pythagoræ aurea carmina (202); — Orphei hymni (203 et
397); — Zoroastris et Platonis dogmatum epitome, auctore
Georgio Gemisto Plethone (209 v°); —ejusdem excerpta e Stra-

bone (211) ; — Nemesii Emeseni de natura hominis liber
(224) ; — Fragmentum de sole sec. Anaximandrum (249) ; —
Xenophontis de rebus mirabilibus excerpta (249 v°) ; — Anonymi opusculum de hominis fabrica : Τὰ περὶ τῆς τοῦ ἀνθρώπου...
(260) ; — Libanii declamatio morosi, qui uxorem garrulam
duxerat (269) ; — Anonymi remediorum collectio : Ἐὰν γυνὴ
τὸν μυελόν... (277 v°) ; — Aristotelis liber de mundo (282) ;
— S. Joannis Damasceni tractatus de libero arbitrio (300) ;
— Plutarchi opusculum de liberorum educatione (306) ; —
De eo quod recte facit is, qui, ad orientem conversus, Deum
precatur : Ἐπεὶ τοίνυν ὁ Θεὸς φῶς... (321 v°) ; — Geoponicorum capita et prognostica varia ex Africano, Democrito, Di-
dymo, Florentino, etc. (322) ; — Æsopi fabulæ (346) ; — De
planetis et zodiaco fragmentum (350 v°) ; — Remedia varia
(352 et 378) ; — Apophthegmata varia : Παντὶ γὰρ τρόπῳ οἱ ἄριστοι... (354 v°) ; — S. Epiphanii tractatus de duodecim gemmis (356 v°) ; — Juliani imp. epistola ad S. Basilium, cum
hujus responso (358 bis) ; — Arriani præfatio libri I. de expeditione Alexandri (361) ; — ejusdem historiæ Indicæ cap. I-XV,
3. (362) ; — Prodici fabula de Hercule, ex Xenophonte (374) ;
— Encomium Spartiatarum, qui pro patria ad Thermopylas
occubuerunt (376 v°) ; — Nomina septem sapientum, etc.
(377 v°) ; — Ciceronis somnium Scipionis, a Maximo Planude græce versum (379) ; — Georgii Gemisti Plethonis de
virtute fragmentum (387) ; — Dionysii Periegetæ orbis descriptionis fragmentum libri I. (393) ; — Apophthegmata VII.
sapientum (397 v°) ; — S. Basilii fragmentum (399 v°).

XVI s. Pap. 400 fol. (Fontebl.-Reg. 3363.) P.

1603 A. Theodoreti historiæ ecclesiasticæ libri II, 12 — III, 7.
XI s. Parch. 29 fol. P.

1604. Martyrium XLII. martyrum, auctore Evodio monacho
(2) ; — Vita S. Gregorii papæ (30) ; — Martyrium SS. XL.
martyrum (40) ; — Vita S. Alexii (57 v°) ; — S. Joannis Chrysostomi homilia in Annuntiationem ; præmittuntur Michaelis Phranzæ versus de eodem (74) ; — Vita Sæ. Mariæ Ægyptiacæ, auctore Sophronio Hierosolymit. (91) ; — Martyrium
S. Georgii (144) ; — Miracula S. Georgii (170 v°) ; — Marty-

rium S. Marci evangelistæ (179 v°); — Anonymi homilia in laudem S. Basilii, Amaseni episcopi : Οἱ τὸ ἐπίγειον κράτος... (186); — S. Basilii homilia de jejunio (205); — S. Joannis Chrysostomi homilia in principes apostolorum Petrum et Paulum (243) ; — Narratio de inventione vestis beatæ Mariæ (247); — Martyrium Sæ. Parasceves (260); — S. Joannis Chrysostomi homilia in Transfigurationem (267 v°); — Andreæ Cretensis homilia in dormitionem beatæ Mariæ (272); — S. Joannis Chrysostomi homilia in decollationem S. Joannis Baptistæ (284 v°).

XI s. Parch. 293 fol. (Fontebl.-Reg. 2991.) *P.*

1605. Martyrium S. Sergii, initio mutilum (1); — Joannis Moschi pratum spirituale (4); — Novus Paradisus (130); — Apophthegmata SS. PP. : Ἦν τίς ἀρχάριος... (228 v°) ; — Narrationes variæ SS. PP. (235); — Excerpta e conciliis de communione et sacra liturgia (284 v°); — De VII. conciliis œcumenicis : Χρὴ γινώσκειν αἱ ἑπτά... (285).

XII s. Parch. 286 fol. (Reg. 2921, 2.) *P.*

1606. Vita et miracula S. Nicolai Myrensis.

XI s. Parch. 71 fol. (De Mesmes.-Reg. 3003, 2.) *P.*

1607. Vita S. Symeonis Stylitæ (1); — Martyrium S. Mamantis (20 v°); — Martyrium S. Anthimi Nicomediensis (27 v°); — Martyrium S. Babylæ Antiocheni (33) ; — Miraculum S. Michaelis archangeli in urbe Chonis (39); — Martyrium SS. Eudoxii, Romuli et Zenonis (44); — Andreæ Cretensis homiliæ duæ in nativitatem beatæ Mariæ (49 v°); — S. Joannis Damasceni homilia de eodem (64 v°); — Martyrium S. Sozontis (69 v°); — Martyrium S. Severiani (72); — Martyrium SS. Menodoræ, Metrodoræ et Nymphodoræ (78); — Vita Sæ. Theodoræ Alexandrinæ (84); — Martyrium S. Autonomi (96); — Vita S. Cornelii centurionis (99 v°); — Martyrium S. Nicetæ (108); — Martyrium Sæ. Euphemiæ (112); — Martyrium SS. Fidei, Spei et Caritatis, et Sophiæ illarum matris (123 v°); — Martyrium SS. Trophimi, Sabbatii et Dorymedontis (132 v°); — Martyrium SS. Eusthatii et Theopistis uxoris (141); — Martyrium S. Phocæ (162); — Martyrium Sæ. Theclæ Iconiensis (166 v°); — Vita Sæ. Euphrosynæ Alexandrinæ (179);

— Anonymi homilia in S. Joannem Baptistam (188); — Martyrium S. Callistrati et sociorum (199 v°); — Vita S. Charitonis (207 v°); — Martyrium S. Cyriaci anachoretæ (215 v°); — Vita S. Gregorii, majoris Armeniæ episcopi (225 v°).

XIII s. Bombyc. 249 fol. P.

1608. Martyrium SS. XL. martyrum (4); — Acta S. Joannis evangelistæ (16); — Vita SS. Constantini imp. et Helenæ ejus matris (64 v°); — Vita S. Philareti Eleemonis (109 v°); — Acta SS. Petri et Pauli apostolorum (137); — Acta S. Joannis Baptistæ (156); — Anonymi homilia in nativitatem ejusdem (163 v°); — S. Ephræmi Syri homilia in Transfigurationem (173 v°); — ejusdem admonitiones et capita varia ascetica (191 v°); — ejusdem homilia de secundo Christi adventu et de pœnitentia (204 v°); — ejusdem homilia de virginitate (208); — ejusdem homilia de castitate et amore (198 v°); — ejusdem homilia de ultimo judicio et compunctione, fine mutila (220 v°).

XIV s. Bombyc. 225 fol. P.

1609. Vita S. Sabæ, auctore Cyrillo Scythopolitano.

XI s. Parch. 163 fol. Palimps. (Colbert. 4461.) P.

1610. Vita S. Symeonis, S. Mamantis præfecti (1); — Versus in S. Mamantem (69 v°); — ejusdem capita c. theologica et practica (71); — ejusdem capita alia c. (92 v°); — ejusdem capita xxv. theologica et gnostica (117); — ejusdem cum scholastico dialogus (121 v°); — ejusdem orationes variæ XV. de fide et moribus (125).

XIV s. Pap. 318 fol. (Mazarin.-Reg. 2943.) P.

1610 A. Martyrium S. Clementis, initio mutilum (1); — Narrationes aliquot SS. PP. (38 v°); — Historia rerum in synodo ad Quercum adversus S. Joannem Chrysost. gestarum, cum Innocentii papæ ad Arcadium epistola (40); — Michaelis Oxitæ, CP. patriarchæ, institutio de jejunio sextæ diei (45 v°); — Anonymi fragmentum de vita monastica: Κατ' εἰκόνα καὶ καθ' ὁμοίωσιν... (46 v°); — S. Joannis Chrysostomi homilia in vanitatem vitæ et mortuos (48); — Lucæ, Antiocheni patriarchæ, ad Joannem, Heracleæ episcopum, epistola dogmatica (55); — Anonymi fragmentum de hæresibus : Ἀνάθεμα τοίνυν καὶ κατάθεμα... (62); — S. Joannis Damasceni homilia de iis qui in fide obdormierunt, fine mutila (67).

XIV s. Bombyc. 69 fol. *P.*

1611. Martyrium S. Jacobi Persæ (2); — S. Basilii homilia in Christi nativitatem (17 v°); — Martyrium SS. XL. martyrum Sebastenorum (34 v°); — Procli, CP. patriarchæ, homilia in Transfigurationem (46); — Anonymorum homiliæ variæ de evangeliis et epistolis dominicalibus (55, 170 et 330 v°); — Martyrium Sᵃᵉ. Euphrosynes (112 v°); — Vitæ S. Spyridonis, Trimithuntis Cypri episcopi, fragmentum (114); — S. Joannis Chrysostomi homilia in Christi nativitatem (121); — ejusdem homilia in sancta lumina (134); — Vita Sᵃᵉ. Eusebiæ, Xenes dictæ (144 v°); — S. Amphilochii Iconiensis homilia in Præsentationem (154); — Vita S. Longini centurionis (165); — De veste beatæ Mariæ in Blachernis asservata (223); — Narratio miraculi S. Michaelis archangeli in urbe Chonis (234 v°); — Martyrium Sᵃᵉ. Theodoræ Alexandrinæ (245 v°); — Martyrium S. Andreæ apostoli (268 v°); — De Christi imagine ex Edessa CP. translata (290 v°) ; — Vita S. Joannis Chrysostomi (298); — De Anthemio sophista, S. Basilio et Hesychio monacho (304 v°); — Vita S. Thomæ apostoli (429 v°); — Fragmenta ascetica, initio et fine mutila (439).

Copié en 1553 par Demetrius, prètre. Pap. 445 fol. (Colbert. 4719.) *P.*

1612. Commentarius de Daniele et tribus pueris (1); — Danielis visiones (6 v°); — Martyrium XL. martyrum (33); — Martyrium S. Adriani et sociorum (49); — Anonymi versus de Dei perfectionibus : Θεὸς ἦν μὲν ἀεὶ καὶ ἔστι... (65); — Anonymi explicatio historiarum quarum meminit S. Gregorius Nazianzenus in homilia in sancta lumina (68); — Anonymi epitaphium Georgii τοῦ Ζεπέ (75); — Fragmenta de rebus physicis (76 et 128); — Dies atri (79); — Physiologus : Τῇ δὲ πέμπτῃ ἡμέρᾳ... (81); — SS. PP. excerpta varia et fragmenta theologica (136 v°); — Nicolai Cabasilæ expositio in visionem Ezechielis (169 v°); — Anonymi explicatio inscriptionum I͞C X͞C et M͞P Θ͞Y (182); — S. Maximi opusculum de duabus in Christo naturis (188); — Anonymi opusculum adversus Latinos, de papa, et cibis vetitis aut permissis : Καὶ σὺ μὲν λέγεις... (192); — S. Ephræmi Syri oratio de præstantia vitæ monasticæ (198); — ejusdem sermo de garrulitate (218 v°); — SS. PP. excerpta varia (231 v°); — S. Basilii homilia de humilitate (236); — Michaelis Pselli fragmentum de symbolo (244 v°).

Copié en 1493. Pap. 248 fol. (Reg. 3004.) P.

1613. Vita S. Joannis Calybitæ, initio mutila (1); — Vita S. Xenophontis et Mariæ ejus uxoris (7) ; — Narratio de quodam presbytero fornicatore : Πρεσβύτερος τίς ἐν ΚΠ... (17 v°); — S. Joannis Chrysostomi homilia in Jobum (19 v°); — ejusdem homilia de eleemosyna (25 v°); — S. Ephræmi Syri catechesis in hebdomade prima jejuniorum (30); — ejusdem de judicio, amore et compunctione (52 v°); — Leontii archiepiscopi homilia in Annuntiationem (61 v°) ; — S. Ephræmi Syri de caritate, compunctione et secundo Christi adventu (74) ; — Testamentum Abrahami patriarchæ (87 v°); — S. Joannis Chrysostomi homilia in vanitatem vitæ et in mortuos (97); — Vita Sæ. Mariæ Ægyptiacæ, auctore Sophronio Hierosolymit., initio mutila (103); — S. Epiphanii homilia in sepulturam Domini (119 v°); — S. Joannis Chrysostomi catecheticus sermo brevis in Pascha (136 v°); — Acta S. Thomæ apostoli (137 v°); — Vita S. Joannis Eleemonis, fine mutila (156 v°).

XV s. Pap. 191 fol. (Trichet Dufresne.-Reg. 3002.) P.

1614. Martyrium S. Clementis Romani (1); — Martyrium S. Ignatii Antiocheni (13); — Excerpta constitutionum apostolorum (29); — Canones SS. apostolorum (32); — Excerpta e diversis conciliorum constitutionibus (37); — Anastasii Sinaitæ oratio de sacra synaxi et oblivione injuriarum (53); — Constitutionum apostolicarum liber I. (68).

XVI s. Pap. 71 fol. (Mazarin.-Reg. 3001.) P.

1615. Menæum januarii.

XV s. Pap. 413 fol. (Colbert. 4464.) P.

1616. Menæum februarii.

XVI s. Pap. 185 fol. (Colbert. 4655.) P.

1617. Menæum martii-~~januarii~~.

Copié en 1071 par le moine Cyrille. Parch. 208 fol. P.

1618. Menæum aprilis.

XIV s. Parch. 92 fol. (Colbert. 4261.) P.

1619. Menæum septembris—novembris, initio et fine mutilum.

XII-XI s. Parch. 217 fol. (Colbert. 4455.) P.

1620. Menæum septembris, fine mutilum.

XIV s. Bombyc. 135 fol. (Colbert. 4472.) P.

1621. Menæum novembris, 13 — decembris, 24.

XIII s. Parch. 117 fol. (Reg. 2487.) P.

1622. Menæum septembris.

XIII s. Parch. 202 fol. (Mazarin.-Reg. 2486.) P.

1623. Menæum decembris, 7-31 ; Prophetiæ et preces variæ.

XIV s. Parch. 181 fol. (Colbert. 4176). P.

1624. Synaxarium SS. septembris, 1 — augusti, 16.

XIV s. Parch. 253 fol. Palimps. (Mazarin.-Reg. 3013.) P.

1625. Homiliæ de dominicis II-VIII. post. Pascha, initio mutilæ (1); — Officium S. Theodori tyronis (24 v°); — S. Theodori Studitæ prooemium in catecheticum sermonem S. Joannis Chrysostomi (26 v°); — S. Joannis Chrysostomi homilia in S. Pascha, fine mutila (27 v°); — Anonymi interrogationes et responsiones de Trinitate : Τί ἐστὶν Θεός; Θεὸς ἐστὶν οὐσία νοερά... (28); — Anonymi interrogationes de V. Testamento : Τῇ ὑψηλότερον τὸν οὐρανόν; Ἡ ἀγάπη.... (43 v°); — Anonymi interrogationes et responsiones de sancta ecclesia : Τή δηλοῖ τὸ ἅγιον σημαντήριον... (45 v°); — Anonymi opusculum de sacra synaxi, etc., per interrog. et respons. : Περὶ δὲ τῆς ἁγίας ἱερουργίας (46 v°); — Visiones Danielis prophetæ (52 v°); — Fragmenta theologica (54); — Anonymi sermo de temperantia et castitate : Ὁ περὶ ἀγνείας λόγος... (60); — S. Joannis Chrysostomi homilia in Lazarum quatriduanum (64); — ejusdem homilia in ramos palmarum (67 v°); — ejusdem homilia de jejunio et eleemosyna (74); — Anastasii Sinaitæ homilia in Psalmum VI. (83); — S. Ephræmi Syri homilia de animi tranquillitate (103 v°); — ejusdem homilia de secundo Domini adventu (110 v°); — Vita S. Symeonis Stylitæ, auctore Antonio ejus discipulo (121 v°); — De festo orthodoxiæ, etc. (146); —

S. Joannis Chrysostomi homilia in sabbatum septuagesimæ
et in mortuos (161).

XV s. Copié par Eudocime. Pap. 165 fol. *P.*

1626. Palladii historia Lausiaca, fine mutila.

XII s. Parch. 149 fol. (Colbert. 4303.) *P.*

1627. Palladii historia Lausiaca, fine mutila.

XIII s. Bombyc. 428 fol. (Colbert. 4474.) *P.*

1628. Palladii historia Lausiaca, capitibus LXXXIII.

XIV s. Bombyc. 246 fol. (Mazarin.-Reg. 3003.) *P.*

1629. Paradisus SS. PP., capitibus xxv. (1); — Apophthegmata SS. PP. : Πόσον δεῖ κοιμηθῆναι... (138).

Copié en 1581 par Jérémie. Pap. 159 fol. (Colbert. 4726.) *P.*

1630. Tabulæ computi (A v°); — Callisti Xanthopuli catalogus patriarcharum CP. usque ad Athanasium (1302) (C); —
Rose des vents (J); — Elenchus in codice contentorum (K); —
Anonymi opusculum de anima et hominis fabrica : Τῶν ψυχικῶν
δυνάμεων... (1); — Galeni liber de pulsibus (19); — Theophili
iatrosophistæ liber de excrementis (22); — Theophanis de
diæta, ad Constantinum Porphyrogenitum, initium tantum
(28); — Remedia varia, ex Galeno, etc. (28); — Michaelis
Pselli tractatus de medicina, versibus politicis (33); — De IV.
evangelistis, Manuelis Phile versus de SS. Petro et Paulo et
IV. evangelistis (43 v° et 45); — Apollinarii de Judæ sus-
pendio (44 v°); — Epigrammata heroïca monosticha in VII.
catholicas epistolas (44 v°); — [Theodori Prodromi] catalogus
imperatorum CP., versibus iambicis (45 v°); — Sapientum
sententiæ, versibus iambicis : Ἀρχὴν ἁπάντων τὸν τοῦ Θεοῦ...
(46 v°); — Hymni in laudem beatæ Mariæ (50); — Canon pa-
racleticus in Deiparam (54); — Joannis Geometræ hymni in
Deiparam, in S. Eustratium, in Ascensionem, in S. Theodorum, in inventionem capitis S. Joannis Baptistæ, in S. Demetrium, etc. (56); — De septem synodis œcumenicis : Χρὴ
γινώσκειν πάντα Χριστιανόν... (64); — Confessio fidei (69); — S.
Epiphanii opusculum de XII. lapidibus, etc. (70); — Nume-
ralis interpretatio nominum Moysis, Christi, crucis et de anno
nativitatis et morte Christi (73 v°); — Basilii, archipresbyteri

lauræ Maleini, vitæ asceticæ delineatio (74); — Anastasii Sinaïtæ quæstio de confessione (76); — De φθορὰ, διαφθορὰ et
κατακφθορά, et proverbia (76); — Heraclii imperatoris syntagma
de motu siderum (76 v°); — Versus de XII. signis zodiaci :
Κριὸς προήγων ἐστι... (77 v°); — De septem climatibus et XII.
ventis (78); — Menses Romanorum, Hebræorum, Ægyptiorum, Græcorum, Atheniensium, Macedonum (79); — Varia de
computo (79 v°); — Empedoclis sphæra (84); — Apophthegmata septem sapientum, etc. ex Plutarcho (86); — Philonis
Judæi (88 v°), — Julii Pollucis (92 et 94), — Plutarchi (93 et
100), — Aristophanis grammatici (93 v°), — Suidæ (96 v°),
Theophylacti Simocattæ (98 v°), — Josephi (98 v°), — Philostrati (99 v°), — Synesii (100), — Æliani (100), — Joannis
Philadelphiensis (100 v°), — Philonis (101), — Pythagoræ
(101), — Orphei excerpta (101); — Litteræ digitis Christi
scriptæ (101 v°); — Varia de numeris litterarum alphabeti,
Homerici versus ισόψηφοι, etc. (101 v°); — Anonymi de cælo,
terra, sole, luna, stellis, tempore, diebus, mensibus, etc. :
Ὁ οὐρανὸς ἐν σχήματι κύβου... (103); — Sophoclis sententia de
divinitate (112 v°); — De Hippodromo : Κρίκη τις ἦν ἐν Ἰταλίᾳ...
(113); — Varia de mensuris, ætatibus hominis, de artium inventoribus, etc. (114); — Vera fides Christianorum (116 v° et
121); — S. Gregorii Thaumaturgi expositio fidei, et excerpta
theologica (117); — Andreæ Cretensis de sanctarum imaginum adoratione (123 v°); — De baptismate apostolorum et
genealogia Christi (124 v°); — S. Gregorii Nysseni de confessione (125); — Herodiani opusculum de signis numerorum
(126); — De illis qui in quaque arte excelluerunt (126 v°); —
Joannis Geometræ confessio in Christum et versus in omnes
sanctos, Trinitatem et Deiparam, etc. (127); — Anonymi
versus varii in Christum, Deiparam, Angelos, S. Joannem
Baptistam, etc., in Porphyrium, Simplicium, S. Gregorium
Nazianzenum (133); — Gnomologia, versibus : Ἀνθρώπους μὲν
λήσεις, ἄτοπόν τι ποιήσας... (135); — Epigrammata in Justinianum imp. et Mæandrum fluvium (137 v°); — Ænigmata
varia, versibus (138); — Theodori Prodromi versus aliquot
(138); — Basilii Megalomitæ ænigmata (138 v°); — Dionysii Catonis disticha, a Maximo Planude græce versa, cum

scholiis (140 v°); — Leonis Bardalæ protosecretarii versus
de secundo Christi adventu (147 v°); — Manuelis Phile iambi
de animalium proprietatibus (148); — ejusdem epigrammata
de xii. mensibus (162); — Georgii Pisidæ versus de vita
humana (163); — ejusdem versus in templum quod est in
Blachernis et epigrammata varia (166); — Procli Diadochi
Platonici opusculum de epistolari charactere (166 v°); —
Theodori Prodromi versus in annulum pro sigillo habentem
duos amantes (180); — Alexandri Aphrodisæi physicorum
dubiorum solutiones (181); — Explicatio brevis orationis
Dominicæ (183 v°); — Doctrina brevis de natura et fide :
Φύσις, οὐσία, μορφή... (184); — Sententiæ sapientum : Ἕπου
Θεῷ, γνῶθι σαυτόν... (186 v°); — Sententiæ septem sapientum
(187); — Novem sapientum apophthegmata ad Alexandrum
Macedonem (188 v°); — S. Maximi fragmentum in illud
apostoli : Mortificate igitur membra vestra (189); — De
decem Ægyptiorum plagis (189);—Sententiæ variæ e sapientia
Sirach, Andocide, Xenophonte, Demosthene, S. Nilo, Nico-
strate, Homero, Hesiodo et Secundo (189); — Versus de septem
sapientibus (189 v°, 190 v° et 191); — Versus in xiv. Pauli
epistolas (190); — Epigramma in finem interpretationis
Theophylacti in epistolas Pauli : Ἤδη τέρμα κύρσαν... (190 v°); —
Epigrammata in quoddam sepulcrum : Ἢν ἔσχον ἀντίληψιν...
(190 v°), — et contra perversos amicos : Πανὸς σύριγξ ἤλεγξε...
(191); — Heracliti et Democriti sententiæ de variis vitæ institutis (191); — Anonymi commentarius in Pythagoræ carmina
aurea : Ἀθανάτους μὲν πρῶτα... (191 v°); — Epigrammata in
divitem insatiabilem, etc. : Εἰ μὲν ζῆς ἐλάφου... (192); —
Phocylidis sententiæ (192 v°); — De diurno signorum appa-
rentium ortu et occasu (194); — De coro, leceth seu thecel,
bado seu bato, mnaside vel modio, de ponderibus et mensuris
(194); — De triginta Judæ argenteis (194 v°); — Epigrammata
in statuas varias : Πόλλας ἐγὼ χρυσησφυρήλατος... (195); — De
duodecim ventis (195); — Ordo periegesis mundi, de oceano,
Europa, sinibus, insulis, Lybia et Asia (195 v°); — Epigrammata in auream crucem, S. Michaelem, etc. : Φέρει δὲ χρυσὸν
τοῦ πάθους... (195 v°); — Michaelis Pselli quæstiones medicæ
(196); — SS. PP. apophthegmata : Ἱερεμίου. Δεῦτε καὶ ἐμβά-

λωμεν... (204); — Divisiones et subdivisiones trium animæ partium : Εἰς γ' διαιρεῖται ἡ ψυχή... (202); — Hippocratis de corporis partibus (202 vº); — Macarii Magnetis iatrosophistæ de urinis (205); — De venenosis animalibus et remedia varia (208 vº); — Michaelis Pselli de corporis partibus (209); — ejusdem de novis ægritudinum nominibus (210); — S. Basilii brevis expositio fidei (211 vº); — Menandri iatrosophistæ fragmentum de mulieribus (212 vº); — Ignatii CP. versus in Adamum (213 vº); — Hippocratis epistola ad Ptolemæum regem de sanitate tuenda (215); — Galeni fragmentum de podagra (216); — Andromachi remedia in eamdem (217); — Anonymi disticha in Psalmos : Ψαλμῶν ὁ πρῶτος πρῶτον... (219); — Anonymi methodus chrysographiæ : Λάβων χρυσὸν ἀκίβδηλον... (222 vº); — Michaelis Pselli explicatio litterarum aspiratarum, tenuium et mediarum, de lapidibus, de paradoxis lectionibus, de generatione hominis, de tabulis geographicis (ex Strabone), de gradibus et ordinibus post et circa Deum collocatis (223); — Joannis Antiocheni excerpta de temporibus et mundi creatione (234); — Michaelis Pselli homilia in Annuntiationem (240); — ejusdem de paradiso (244 vº); — ejusdem de rebus georgicis (245); — Luciani vocum aliquot collectio : Ἰφικρατίδες κρηπίδες... (246 vº); — Anonymi lexicon Herodoteum : Ἀνέλη χρήση ἐξηθέων... (247 vº); — Collectanea de re grammatica, de verbis, de syntaxi, lexicon grammaticum (249 vº); — [Leonis Bardalæ] protosecretarii epistola ad Theodorum Metochitam (255); — Anonymi syntaxis quatuor partium orationis, versibus politicis : Τ... τὴν σύνταξιν καὶ τῶν μερῶν τοῦ λόγου... (255); — Mœridis Atticistæ lexicon (264); — Excerpta e S. Maximo, Diadocho episcopo, Hesychio presbytero, Philotheo monacho, Symeone, S. Mamantis præfecto (269). — Cf. Fabricius, *Bibl. gr.* (1737), t. X, p. 478-488; ed. Harles., t. XI, 566-576; et Boissonade, *Anecd. gr.*, t. I et II.

XIV s. Bombyc. 278 fol. (Fontebl.-Reg. 3502.) P.

1631. Anonymi cujusdam visionis narratio, initio mutila (1); — Vita S. Alexii (14 vº); — Ex miraculis S. Basilii, de Josepho medico (34 vº); — S. Joannis Chrysostomi homilia de sacerdotio Domini et animarum salute (40); — Excerptum e Paterico (45); — Interrogationes et responsiones theologicæ : Τί λέγεται πρόσχωμεν τὰ ἅγια... (50); — Visio Constantini Magni de sancta cruce (50 v°); — S. Ephræmi Syri oratio de compunctione (63); — Collectanea e conciliis et SS. PP., initio et fine mutila (73); — De gradibus consanguinitatis matrimonium impedientibus, initium desideratur (81); — De Armenorum cæremoniis et erroribus (97); — Interrogationes et responsiones theologicæ : Πότε ἔπλασεν ὁ Θεὸς τὸν Ἀδάμ;... (119); — S. Athanasii Alexandrini interrogationes variæ (126 v°); — SS. Epiphanii et Macarii colloquium de die judicii (136); — Interrogationes aliæ : Τί ἐστιν ὁ μίχλη; Παχὺς ἀήρ... (143 v°); — De quinque Aristotelis categoriis (145 v°); — S. Athanasii Alexandrini dialogus adversus Judæos (147); — Fragmenta theologica (165); — Dioclis Carystii epistola de conservanda valetudine, ad Antigonum regem (168 v°); — Fragmenta liturgica (172).

XIV-XVI s. Bombyc., parch. et pap. 196 fol. (Colbert. 6248.) P.

1631 A. Hilarionis Cigalæ, Cypri archiepiscopi, brevis septem ætatum chronologia (1); — Miracula, ex V. Testamento, versibus politicis : Γῆν τε πόλους τε φάος τε... (11 *bis*); — Anonymi scholion de virginitate : Τὴν παρθενίαν διὰ τῶν ἡμετέρων λόγων... (28); — Pindari Olympia (37); — Constantini Harmenopuli lexicon (95); — De variis mensurarum generibus (157); — Anonymi tractatus de logica : Ἐπειδὴ ἐπὶ πάσης πραγματείας... (160); — Anonymi commentarius de philosophia ex Aristotele : Τὰ ζητούμενα περὶ ἑκάστου τῶν ὄντων... (167); — Formulæ epistolarum (249).

Copié en 1676. Pap. 276 fol. P.

1632. Vita S. Xenophontis, Mariæ uxoris, Joannis et Arcadii filiorum ejus (2); — Vita S. Philareti Eleemonis (21); — Martyrium S. Panteleemonis, in linguam vulgarem versum ab Ignatio hieromonacho (51); — Vita S. Joannis Calybitæ (94); — Vita S. Alexii (113); — Vita Sᵃᵉ. Eupraxiæ, ab eodem Ignatio in linguam vulgarem versa (126); — Martyrium Sᵃᵉ. Catharinæ (194 v°); — Vita Sᵃᵉ. Mariæ, Marini dictæ (226); — Macarii abbatis narratio de angelo qui sibi in deserto occurrit (233 v°); — Narratio de presbyteris indignis, sub

Leone et Alexandro impp., in diœcesi S. Basilii, etc. (243 v°);
— Sophronii, Hierosolymit. archiepiscopi, narratio de illis
qui officium ecclesiasticum non recitant (261); — Narrationes
de Paulo abbate et sapienti muliere et ejus amante (263 v°).

XVI s. Pap. 271 fol. *P.*

1633. Herodoti Halicarnassei historiarum libri IX.

XIV s. Parch. 278 fol. (Reg. 2534, 2.) *M.*

1634. Herodoti Halicarnassei historiarum libri IX.

Copié en 1372 par Constantin. 481 fol. (Colbert. 832.) *M.*

1635. Herodoti Halicarnassei historiarum libri IX. (1); —
Xenophontis Cyropædiæ libri VIII. (239); — ejusdem de expeditione Cyri libri VII. (348).

Copié (en partie) en 1447. Pap. 405 fol. (Medic.-Reg. 2534.) *M.*

1636. Thucydidis de bello Peloponnesiaco libri VIII. (6); —
præmittuntur vita Thucydidis, auctore Marcellino (1), — et
vita alia, auctore anonymo : Θουκυδίδης ’Αθηναῖος ’Ολόρου... (5).

XV s. Pap. 195 fol. (Medic.-Reg. 2537.) *M.*

1637. Thucydidis de bello Peloponnesiaco libri VIII. (1);
— Theodori Prodromi catalogus imperatorum CP. a Constantino magno ad Andronicum seniorem, versibus politicis (224);
— ejusdem catalogus patriarcharum CP. a Metrophane ad
Callistum I. (225).

XV s. (Copié par Georges Hermonyme.) Parch. 226 fol. (Reg. 2065.) *M.*

1638. Thucydidis de bello Peloponnesiaco libri VIII. (1);
Luciani Herodotus, vel Aetion (239); — ejusdem Zeuxis, vel
Antiochus (240 v°) : — ejusdem pro eo quod inter salutan-
dum lapsus fuerat (243); — ejusdem Harmonides (245 v°); —
ejusdem fugitivi (247); — Maximi Planudis encomium hiemis
(252); — Demosthenis Olynthiacæ prima et secunda (259).

XV s. (Copié par Georges Hermonyme.) Pap. 267 fol. (Colbert. 298.) *G.*

1639. Xenophontis Cyropædiæ libri VIII. (1); — ejusdem
de Cyri expeditione libri VII. (104); — Theophrasti characteres (189).

Copié en 1474-1475 par Demetrius Leontaris. Pap. 194 fol. (Fontebl.-
Reg. 2536.) *M.*

1640. Xenophontis Cyropædiæ libri VIII. (1); — Anonymi

iambi in laudem Leonis imp. : Οὐδέν τι τερπνόν... (123 v°);
— Xenophontis de Cyri expeditione libri VII. (124).

XIV s. Parch. 206 fol. (Medic.-Reg. 2535.) *M.*

1641. Xenophontis de Cyri expeditione libri VII. (1); —
ejusdem Cyropædiæ libri VIII. (95).

XV s. Copié par Michel Apostolios. Pap. 228 fol. (Colbert. 1203.) *M.*

1642. Xenophontis historiæ græcæ libri VII. (2); — ejusdem memorabilium Socratis dictorum libri IV. (65); — ejusdem Agesilaus (107 v°); — ejusdem Hieron, seu Tyrannicus
(116 v°); — Platonis de republica libri X. (128); — ejusdem
convivium (208 v°); — ejusdem Minos, seu de legibus (223);
— ejusdem definitiones (231); — Heronis stereometrica
(233 v°); — De providentia fragmentum : Τῶν οὐσιῶν κατὰ
Ἀριστοτέλους... (239); — Cl. Ptolemæi tractatus de judicandi
facultate et animi principatu (240); — ejusdem tractatus de
motu orbium cælestium (246); — ejusdem de promptis canonibus (251); — Comparatio Alexandri et Cæsaris, ex Appiani
historia romana (263); — Appiani historiæ romanæ liber IV.
(264 v°); — Diodori Siculi de sepultura Alexandri, ex Bibliothecæ historicæ lib. XVIII. (275 v°); — Manuelis Phile versus
de Alexandro magno (276 v°); — ejusdem versus in tabellam
nuptias Alexandri pictas exhibentem (277); — Fragmentum
de variis animalibus : Σελάχια λέγεται ὅσα τῶν ἰχθύων... (277).

XV s. Pap. 277 fol. (Reg. 2536, 2.) *M.*

1643. Xenophontis liber de equestri disciplina (1); — ejusdem Hieron, seu tyrannicus (11); — ejusdem liber de re
equestri (22); — ejusdem de Lacedæmoniorum republica (35);
— memorabilium Socratis dictorum libri IV. (44 v°); — ejusdem œconomicus (116 v°); — ejusdem convivium (151 v°); —
Polybii de variis rerumpublicarum formis, ex lib. VI. (170).

XV s. Pap. 205 fol. (Colbert. 1202.) *M.*

1644. Xenophontis de Lacedæmoniorum republica (1); —
ejusdem de republica Atheniensium (14); — Plotini enneadum
libri IV., fine mutili (24); — Hermogenis de formis oratoriis
liber II., initio mutilus (28); — ejusdem de eloquentia liber,
fine mutilus (33 v°); — Galeni ars medica (38).

XV s. Pap. 59 fol. (Colbert. 4239.) *M.*

1645. Xenophontis convivium (1); — ejusdem de Lacedæmoniorum republica (33); — memorabilium Socratis dictorum libri IV (51).

XV s. (Copié par Georges Hermonyme.) Pap. 168 fol. (Colbert. 1808.) *M*.

1646. Xenophontis œconomicus.

XV s. (Copié par Georges Hermonyme.) Pap. 59 fol. (J.-A. de Thou.-Colbert. 1280.) *M*.

1647. Xenophontis œconomicus.

XV s. (Copié par Georges Hermonyme.) Pap. 58 fol. (Memmiano-Bigot.-Reg. 2536, 3.) *M*.

1648. Polybii historiarum libri VI. priores.

XV s. Pap. 82 fol. (Medic.-Reg. 1859.) *G*.

1649. Polybii historiarum libri VI. priores.

Copié en 1547 par Ange Vergèce. Pap. 214 fol. (Fontebl.-Reg. 2069.) *G*.

1650. Polybii historiarum excerpta librorum VII-XIX., et de Media.

XVI s. Pap. 156 fol. (Trichet Dufresne.-Reg. 2544.) *M*.

1651. Polybii historiarum excerpta librorum VII-XIX., et de Media.

XVI s. Pap. 160 fol. (Dupuy.-Reg. 2545.) *M*.

1652. Polybii historiarum libri VI., XVIII. et X., excerpta de variis rerumpublicarum formis, de militia romana, etc.

XVI s. (Copié par Michel.) Pap. 34 fol. (Dupuy.-Reg. 2546.) *M*.

1653. Apollodori Atheniensis bibliotheca (1); — Dionis Chrysostomi orationes IV. de regno (62); — Themistii oratio de iis qui sub Valente occubuerunt (101); — ejusdem oratio de pace (109 v°); — ejusdem sermo adhortatorius ad Valentinianum juniorem (116); — ejusdem oratio ad Jovianum imp. (120); — ejusdem oratio in laudem Constantini imp. (124); — ejusdem oratio gratulatoria ad imperatorem (131).

XVI s. Pap. 139 fol. (Fontebl.-Reg. 2208.) *M*.

1654. Dionysii Halicarnassei antiquitatum Romanarum libri V. priores.

Copié en 1535 par Ange Vergèce. Pap. 178 fol. (Fontebl.-Reg. 2073.) *M*.

1655. Dionysii Halicarnassei antiquitatum Romanarum libri II., VII-X.

Copié en 1540 par Ange Vergèce. Pap. 224 fol. (Fontebl.-Reg. 2547.) *M*.

1656. Dionysii Halicarnassei ars rhetorica (1); — ejusdem ad Ammæum de iis quæ Thucydidi propria sunt (27 v°); — ejusdem de structura orationis (30 v°); — Demetrii Phalerei liber de elocutione (54 v°); — Alexandri rhetoris de figuris sententiæ et elocutionis (73); — Menandri rhetoris de divisione causarum in genere (85); — Aristidis de civili et simplici dictione libri duo (117); — Apsinis ars rhetorica (144 v°); — Minuciani, seu Nicagoræ, opusculum de argumentorum sedibus (176).

XV s. Pap. 178 fol. (J.-A. de Thou.-Colbert. 1703.) *M.*

1657. Dionysii Halicarnassei de Thucydidis charactere judicium, initio mutilum (1); — ejusdem de admirabili vi dicendi in Demosthene, initio mutilum (26 v°); — ejusdem ad Ammæum de iis quæ Thucydidi propria sunt (64 v°); — ejusdem de antiquis oratoribus judicium, fine mutilum (71 v°); — ejusdem ad Pompeium epistola (115); — Æliani variæ historiæ libri XII. (125); — Philostrati epistolæ amatoriæ (217 v°); — Theophylacti Simocattæ epistolæ duæ priores (220 v°).

XVI s. Pap. 220 fol. (Teller. Rem.-Reg. 2220.) *M.*

1658. Diodori Siculi historiarum libri V. priores (1); — Apollodori Atheniensis bibliotheca (214).

XVI s. Pap. 264 fol. (Trichet Dufresne.-Reg. 2063.) *G.*

1659. Diodori Siculi historiarum libri V. priores.

XVI s. Pap. 218 fol. (Fontebl.-Reg. 2062.) *M.*

1660. Diodori Siculi historiarum libri XI-XX.

XVI s. Pap. 489 fol. (Fontebl.-Reg. 2061.) *M.*

1661. Diodori Siculi historiarum libri XI-XVII., fine mutili.

XVI s. Pap. 306 fol. (Fontebl.-Reg. 2060.) *M.*

1662. Diodori Siculi historiarum libri XI-XV.

XV s. Pap. 180 fol. (Medic.-Reg. 2539.) *M.*

1663. Diodori Siculi historiarum libri XI-XV.

XVI s. Pap. 253 fol. (Colbert. 663.) *M.*

1664. Diodori Siculi historiarum libri XV-XX. (1); — Notæ chronologicæ, s. xv. (237).

XV s. Pap. 237 fol. *M.*

1665. Diodori Siculi historiarum libri XVI-XX., fine mutili.

XI s. Parch. 258 fol. (Medic.-Reg. 2538.) *M.*

1666. Diodori Siculi historiarum libri XV-XIX., fine mutili (1); — Anonymi de insidiis adversus reges factis, a Davide usque ad Zenonem et Leontium impp. : Ὅτι Δαδὶδ ὁ βασιλεὺς Ἱερουσαλήμ... (97).

XV-XVI s. Pap. 146 fol. (Fontebl.-Reg. 2540.) *M.*

1667. Diodori Siculi historiarum liber XVII.

XVI s. (Copié par Pierre Danès.) Pap. 95 fol. (Baluze.-Reg. 2540, 3.) *M.*

1668. Diodori Siculi historiarum liber XVII.

XVI s. Pap. 61 fol. (J.-A. de Thou.-Colbert. 2192.) *M.*

1669. Diodori Siculi historiarum liber XVII.

XVI s. Pap. 60 fol. (Baluze.-Reg. 2540, 2.) *M.*

1670. Antiquum rationarium Augusti Cæsaris [Montfaucon, *Analecta gr.*] (3); — Novum rationarium Alexii Comneni [*Ibid.*] (13); — Anonymi supputatio librarum : Τὰ οδ΄ νομίσματα ποιοῦσι λίτραν... (21 v°); — De divisionibus libræ : Τὸ ἥμισυ τοῦ νομίσματος... (33 v°); — De divisionibus per 5-20 : Πέμπτον μέρος τοῦ ἑνός... (35); — Methodus computi ecclesiastici : Ὁ ἐνιαυτὸς ἔχει μῆνας δώδεκα... (46 v°); — Euclidis geometria (62); — Heronis de geometria (63); — Euclidis εὐθυμετρικά (129); — Heronis isagogæ [geometriæ] (130 v°).

XII s. Parch. 132 fol. (Medic.-Reg. 2724.) *M.*

1671. Plutarchi Chæronensis vitæ parallelæ, cum notis quibusdam stichometricis : Theseus (1), — Romulus (4 v°), — Solon (10), — Publicola (15), — Themistocles (19), — Camillus (23), — Aristides (29), — Cato major (33 v°), — Cimon (38 v°), — Lucullus (42), — Pericles (50), — Fabius Maximus (55), — Nicias (60), — Crassus (65 v°), — Coriolanus (71 v°), — Alcibiades (76 v°), — Demosthenes (82 v°), — Cicero (86), — Phocion (93), — Cato junior (98), — Dio (108), — Brutus (125), — Æmilius Paulus (122 v°), — Timoleon (128 v°), — Sertorius (134), — Eumenes (138), — Philopœmen (141), — Flaminius (145), — Pelopidas (149), — Marcellus (154), — Alexander (159 v°), — Cæsar (171), — Demetrius

(180), — Antonius (186 v°), — Pyrrhus (197), — Marius
(202 v°), — Aratus (209 v°), — Artaxerxes (215 v°), — Agis
et Cleomenes (219 v°), — Tiberius et Caïus Gracchi (226 v°),
— Lycurgus (232), — Numa (237 v°), — Lysander (242), —
Sylla (246 v°), — Agesilaus (253 v°), —Pompeius (259 v°); —
ejusdem moralia : de virtute et vitio (1), — de liberis educandis (1), — quomodo quis suos in virtute profectus sentire
queat (4), — de sera numinis vindicta (6 v°), — de utilitate
ex inimicis capienda (11 v°), — de ratione poetarum utiliter
legendorum (13), — de differentia adulatoris et amici (18), —
quomodo quis citra invidiam se laudare possit (24), — de ira
cohibenda (26 v°), — de curiositate (29), — de animi tranquillitate (31), — de immoderata et vitiosa verecundia (34 v°), —
de fraterno amore (36 v°), — de garrulitate (40), — quomodo
audiendi sunt qui recta præcipiunt (43), — de amicorum multitudine (46), — de divitiarum cupiditate (47), — de fortuna
(48), — quod pejores sunt animi morbi quam corporis (49),
— aquane an ignis sit utilior (49 v°), — de superstitione (50),
— consolatio ad Apollonium (52), — consolatio ad uxorem
(56 v°), — de fuga (58), — Galba (60), — Otho (63 v°), —
de gloria Atheniensium (66), — de differentia principum et
philosophi (67 v°), — de sanitate tuenda (68 v°), —num seni
gerenda sit respublica (72), — convivium philosophorum (76),
— de Iside et Osiride (80 v°), — de mulierum virtutibus
(88 v°), — conjugalia præcepta (93 v°), — de principe indocto
(95 v°), — de esu carnium (96), — de fato (97 v°), — Platonicæ quæstiones (101), — de musica (103), — quod Stoïci
absurdiora docent quam poetæ (107), — Menandri et Aristophanis comparatio (107), — de animæ procreatione, e Timæo
(107 v°), — non posse suaviter vivi secundum Epicuri præcepta (108), — contra dictum Epicuri : qui bene latuit, bene
vixit (113), — quod vitiositas ad infelicitatem sufficiat (114),
— de prolis amore (114 v°), — de odio et invidia (115 v°), —
de monarchia, democratia et oligarchia (116), — amatoriæ
narrationes (116 v°), —quæstionum naturalium liber (117 v°),
— de placitis philosophorum (120), — de virtute morali
(128 v°), — de primo frigido (131 v°), — de Homero (134 v°),
— virtutem doceri posse (145), — de fortuna Romanorum

(145 v°), — de fortuna et virtute Alexandri magni libri II.
(147 v°), — præcepta politica (152), — apophthegmata regum
et ducum (158 v°), — apophthegmata Laconica (167 v°), —
parallela historiarum Græcarum et Romanarum (176), —
vitæ decem rhetorum (189 v°), — bruta animalia ratione uti
(194 v°), — de vitando ære alieno (196), — de Stoïcorum
repugnantiis (197), — de animalium solertia (203 v°), — de
ei apud Delphos (210), — de oraculorum defectu (212 v°).

Copié en 1296. Parch. 272 et 220 fol. (Medic.-Reg. 1842.) G.

1672. Plutarchi Chæronensis vitæ parallelæ : Theseus (2).
— Romulus (8), — Solon (16 v°), — Publicola (23 v°), —
Themistocles (29 v°), — Camillus (37), — Aristides (47 v°),
— Cato major (55), — Cimon (64), — Lucullus (69 v°), —
Pericles (83), — Fabius Maximus (92), — Nicias (99), —
Crassus (106), — Coriolanus (117), — Alcibiades (125 v°),
— Demosthenes (135 v°), — Cicero (141 v°), — Phocion (154),
— Cato junior (160 v°), — Dio (174), — Brutus (184 v°), —
Æmilius Paulus (195), — Timoleon (202), — Sertorius (210),
— Eumenes (215 v°), — Philopœmen (221), — Flaminius
(226), — Pelopidas (232), — Marcellus (241), — Alexander
(249), — Cæsar (265 v°), — Demetrius (279), — Antonius
(289 v°), — Pyrrhus (306 v°), — Marius (316 v°), — Aratus
(329), — Artaxerxes (340), — Agis et Cleomenes (347), —
Tiberius et Caius Gracchi (360), — Lycurgus (369 v°), —
Numa (378 v°), — Lysander (387), — Sylla (395), — Agesilaus
(400 v°), — Pompeius (416); — ejusdem moralia : de virtute
et vitio (437), — de liberis educandis (437 v°), — quomodo
quis suos in virtute profectus sentire queat (443), — de sera
numinis vindicta (448), — de utilitate ex inimicis capienda
(457), — de ratione poetarum utiliter legendorum (460), —
de differentia adulatoris et amici (469), — quomodo quis citra
invidiam se laudare possit (479 v°), — de ira cohibenda
(483 v°), — de curiositate (487), — de animi tranquillitate
(490 v°), — de immoderata et vitiosa verecundia (496), — de
fraterno amore (499), — de garrulitate (504), — quomodo
audiendi sunt qui recta præcipiunt (509 v°), — de amicorum
multitudine (514), — de divitiarum cupiditate (515 v°), — de

fortuna (517 v°), — quod pejores sunt animi morbi quam corporis (518 v°), — aquane an ignis sit utilior (519 v°), — de
superstitione (520 v°), — consolatio ad Apollonium (523 v°), —
consolatio ad uxorem (531 v°), — de fuga (533 v°), — Galba
(537), — Otho (542 v°), — de gloria Atheniensium (545 v°),
— de differentia principum et philosophi (548), — de sanitate
tuenda (549 v°), — num seni gerenda sit respublica (556), —
convivium philosophorum (560 v°), — de Iside et Osiride
(569), — de mulierum virtutibus (583 v°), — conjugalia præcepta (592 v°), — de principe indocto (596 v°), — de esu
carnium libri II. (598), — de fato (601), — Platonicæ quæstiones (604 v°), — de musica (610), — quod Stoïci absurdiora
docent quam poetæ (618), — Menandri et Aristophanis comparatio (618 v°), — de animæ procreatione, e Timæo (619 et
870), — non posse suaviter vivi secundum Epicuri præcepta
(620), — contra dictum Epicuri : qui bene latuit, bene vixit
(629 v°), — quod vitiositas ad infelicitatem sufficiat (630 v°),
— de prolis amore (631 v°), — de odio et invidia (633 v°), —
de monarchia, democratia et oligarchia (634 v°), — amatoriæ
narrationes (635 v°), — quæstionum naturalium liber (637),
— de placitis philosophorum libri V. (642), — de virtute
morali (659), — de primo frigido (665), — de Homero (670),
— virtutem doceri posse (691 v°), — de fortuna Romanorum
(692), — de fortuna et virtute Alexandri magni libri II.
(697 v°), — præcepta politica (707), — apophthegmata regum
et ducum (716), — apophthegmata Laconica (729), — parallela historiarum Græcarum et Romanarum (738), — vitæ
decem rhetorum (756 v°), — bruta animalia ratione uti (764),
— de vitando ære alieno (766 v°), — de Stoïcorum repugnantiis
(768 v°), — de animalium solertia (777 v°), — de εἰ apud Delphos
(787 v°), — de oraculorum defectu (790), — dialogus amatorius (801), — de facie in orbe lunæ (809 v°), — quare Pythia
non amplius reddat oracula carmine (819 v°), — adversus Colotem (825), — de communibus notitiis adversus Stoïcos (832 v°),
— de Socratis dæmonio (832 v°), — de Herodoti malignitate
(852), — conviviorum libri IX. (876); — Appiani comparatio
Alexandri et Cæsaris, ex lib. XV. historiæ romanæ (937).

XIV s. Parch. 944 fol. (Reg. 1860.) G.

1673. Plutarchi Chæronensis vitæ parallelæ : Theseus (1), — Romulus (7), — Solon (17), — Publicola (24), — Themistocles (29), — Camillus (35 v°), — Aristides (45 v°), — Cato major (53 v°), — Cimon (62 v°), — Lucullus (68), — Pericles (83), — Fabius Maximus (92), — Nicias (99 v°), — Crassus (108), — Coriolanus (117 v°), — Alcibiades (125 v°), — Demosthenes (136 v°), — Cicero (142), — Phocion (152 v°), — Cato junior (160 v°), — Dio (176 v°), — Brutus (188), — Æmilius Paulus (200), — Timoleon (209), — Sertorius (218 v°), — Eumenes (225), — Philopœmen (231 v°), — Titus (236 v°), — Pelopidas (242 v°), — Marcellus (251 v°), — Alexander (261 v°), — Cæsar (279 v°), — Demetrius (295), — Antonius (305), — Pyrrhus (321), — Marius (329), — Aratus (340), — Artaxerxes (350), — Agis et Cleomenes (356), — Tiberius et Caius Gracchi (367), — Lycurgus (375 v°), — Numa (383), — Lysander (392), — Sylla (398), — Agesilaus (409), — Pompeius (417 v°).

XIV s. Parch. 432 fol. (Hurault.-Reg. 2066.) *M.*

1674. Plutarchi Chæronensis vitæ parallelæ, cum notis quibusdam stichometricis : Theseus (1), — Romulus (9 v°), — Solon (23 v°), — Publicola (35), — Themistocles (45), — Camillus (56 v°), — Aristides (74), — Cato major (86), — Cimon (99), — Lucullus (107 v°), — Pericles (130), — Fabius Maximus (145), — Nicias (157), — Crassus (170), — Coriolanus (186 v°), — Alcibiades (199 v°), — Demosthenes (215), — Cicero (224 v°), — Phocion (242), — Cato junior (253), — Dio (275), — Brutus (291), — Æmilius Paulus (308 v°), — Timoleon (322 v°), — Sertorius (335), — Eumenes (344), — Philopœmen (352), — Titus (360), — Pelopidas (368 v°), — Marcellus (381 v°), — Alexander (394), — Cæsar (421), — — Demetrius (443 v°), — Antonius (459), — Pyrrhus (483 v°), — Marius (496 v°), — Aratus (518), — Artaxerxes (527), — Agis et Cleomenes (536), — Tiberius et Caius Gracchi (573 v°), — Lycurgus (566 v°), — Numa (578 v°), — Lysander (590), — Sylla (601), — Agesilaus (618), — Pompeius (632).

XIII s. Parch. 659 fol. (Medic.-Reg. 2067.) G.

1675. Plutarchi Chæronensis vitæ parallelæ : Theseus (3),

— Romulus (12 v°), — Solon (26 v°), — Publicola (37), — Themistocles (46), — Camillus (56 v°), — Aristides (74), — Cato major (81 v°), — Cimon (93), — Lucullus (101 v°), — Pericles (120), — Fabius Maximus (133), — Nicias (144), — Crassus (155 v°), — Coriolanus (170), — Alcibiades (182), — Demosthenes (196 v°),—Cicero (205 v°) ;—ejusdem convivium septem sapientum (223), — de εἰ apud Delphos (234), — de oraculorum defectu (241),— de Stoïcorum repugnantiis (258), — num seni gerenda sit respublica (272 v°), — bruta animalia ratione uti (281), — de animalium solertia (285 v°), — virtutem doceri posse (301 v°), — de prolis amore (302 v°), — de invidia et odio (305 v°), — Menandri et Aristophanis comparatio (306 v°), — de animæ procreatione, e Timæo (307 v° et 490), — non posse suaviter vivi secundum Epicuri præcepta (309),— contra dictum Epicuri : qui bene latuit bene vixit (321 v°), — amatoriæ narrationes (323), — liber naturalium quæstionum (325 v°), — de primo frigido (331), — de fortuna Romanorum (336 v°), — consolatio ad Apollonium (343), — consolatio ad uxorem, fine mutila (354 v°), — de virtute morali (358 v°), — de vitando ære alieno (365 v°), — præcepta politica (368), — conjugalia præcepta (384), — dialogus amatorius (388 v°), — de facie in orbe lunæ (403 v°), — quare Pythia non amplius reddat oracula carmine (419 v°), — adversus Colotem (429 v°), — de communibus notitiis adversus Stoïcos (443), — de Socratis dæmonio (461), — de Herodoti malignitate (477), — Platonicæ quæstiones (501 v°), — quod Stoïci absurdiora docent quam poetæ (509 v°), — de sera numinis vindicta (511), — de utilitate ex inimicis capienda (522 v°).

XV s. Pap. 526 fol. Peint. (Fontebl.-Reg. 2548.) *M.*

1676. Plutarchi Chæronensis vitæ parallelæ : Lycurgus (1), — Numa Pompilius (17 v°), — Solon (34), — Publicola (49), — Aristides (61), — Cato major (76), — Themistocles (93),— Camillus (108), — Cimon (127 v°), — Lucullus (139 v°), — Pericles (167 v°), — Fabius Maximus (186), — Nicias (201 v°), — Crassus (217 v°), — Agesilaus (238 v°), — Pompeius (257 v°), — Phocion (295), — Cato junior (309), — Dio (340 v°), — Brutus (366), — Æmilius Paulus (394), — Timoleon (416 v°).

XV s. Pap. 440 fol. (Colbert. 1033.) *M.*

1677. Plutarchi Chæronensis vitæ parallelæ : Fabius Maximus, initio mutilus (1), — Nicias (7), — Crassus (18), — Coriolanus (32 v°), — Alcibiades (43 v°), — Demosthenes (56), — Cicero (63 v°), — Agesilaus (77), — Pompeius (91), — Phocion (121), — Cato junior (132).

XV-XVI s. Pap. 147 fol. (Reg. 2189,2.) *M.*

1678. Plutarchi Chæronensis vitæ parallelæ : Alexander (1), — Cæsar (28 v°); — Phocion (56), — Cato junior (72 v°), — Dio, fine mutilus (93 v°), — Brutus, initio mutilus (100); — ejusdem præcepta politica (107 v°), — apophthegmata regum et imperatorum, mutila (143), — de fortuna et virtute Alexandri magni, mutilum (146); — Index operum Plutarchi (148).

XI s. Parch. 148 fol. (Fontebl.-Reg. 2550.) *P.*

1679. Synesii fragmentum de situ et operationibus animæ (1); — Plutarchi Chæronensis vitæ parallelæ : Demetrius (5), — Antonius (26 v°), — Pyrrhus (57), — Marius (74), — Aratus (93 v°), — Artaxerxes (110 v°), — Agis et Cleomenes (121 v°), — Tiberius et Caius Gracchi (142 v°), — Lycurgus (159), — Numa (173), — Lysander (185 v°), — Sylla, fine mutilus (198), — Theseus (205), — Romulus (216), — Solon (230), — Publicola (244), — Themistocles (251), — Camillus (262 v°), — Aristides (278 v°), — Cato major (291), — Cimon (305), — Lucullus (313 v°), — Pericles (333 v°), — Fabius Maximus, fine mutilus (349).

XIV s. Bombyc. 351 fol. (Reg. 2519.) *M.*

1680. Plutarchi Chæronensis vita Cæsaris, initio mutila (1); — ejusdem apophthegmata Laconica (2 v°), — parallela Græcarum et Romanarum historiarum, initio mutila (38), — vitæ decem rhetorum (81), — bruta animalia ratione uti (101 v°), — de vitando ære alieno (109), — de Stoïcorum repugnantiis (113 v°), — de animalium solertia (139 v°), — de εἰ apud Delphos (167 v°), — de oraculorum defectu (178), — conviviorum libri IX., fine mutili (203 v°).

XIV s. Bombyc. 339 fol. (Medic.-Reg. 2551.) *P.*

1681. Appiani Alexandrini Romanarum historiarum quæ supersunt.

XVI s. (Copié par Christophe Auer.) Pap. 308 fol. (Fontebl.-Reg. 2072.) *M.*

1682. Appiani Alexandrini Romanarum historiarum quæ supersunt.

XVI s. Pap. 336 fol. (Colbert. 1000.) *M*.

1683. Arriani expeditionis Alexandri libri VII.

XV s. Pap. 241 fol. *M*.

1684. Arriani expeditionis Alexandri libri VII. (1); — ejusdem de rebus indicis liber VIII. (119) ; — Diodori Siculi fragmentum de Alexandri sepultura (139 v°) ; — Lexicon breve vocum difficiliorum Arriani : Ἀτραποὺς, ὁδούς... (140 v°).

XV s. (Copié par Nicolas βεστιαρήτου καὶ γραμματικοῦ Μωραίου. Pap. 141 fol. (Fontebl.-Reg. 2542.) *M*.

1685. Pseudo-Callisthenis historia rerum ab Alexandro gestarum (1) ; — Æsopi fabulæ aliquot (54 v°).

Copié en 1468 par Nectairé, hiéromoine de S. Nicolas d'Otrante. Pap. 60 fol. (Fontebl.-Reg. 2543.) *M*.

1686. Polyæni stratagematum libri VIII.

XV s. Pap. 122 fol. (Medic.-Reg. 2738.) *M*.

1687. Polyæni stratagematum libri VIII.

Copié en 1540 par Valeriano Albini. Pap. 158 fol. (Reg. 2177.) *M*.

1688. Polyæni stratagematum libri VIII.

XVI s. Pap. 124 fol. (Hurault.-Reg. 1844.) *G*.

1689. Dionis Cassii Romanæ historiæ libri XXXVI — LVIII.

XV s. Pap. 218 fol. (Fontebl.-Reg. 2071.) *M*.

1690. Dionis Cassii Romanæ historiæ libri XXXVI — LIV.

XVI s. Pap. 358 fol. (Medic.-Reg. 2070.) *M*.

1691. Dionis Cassii historiæ Romanæ epitome, auctore Joanne Xiphilino.

Copié en 1548 par Christophe Auer. Pap. 343 pages. (Teller. Rem.-Reg. 2071, 2). *M*.

1692. Dionis Cassii historiæ Romanæ epitome, auctore Joanne Xiphilino ; desinit cum Tiberio, fine mutilo.

XVI s. Pap. 48 fol. (Medic.-Reg. 2212.) *M*.

1693. Æliani variæ historiæ libri XIV. (1); — Luciani tetrastichon de Homero (56) ; — Anonymi versus quatuordecim de Herculis laboribus : Δέρχεο ἄθλα πολύστονα... (56) ; — Heraclidis Pontici fragmenta de rebus publicis (56 v°).

XV s. Parch. 60 fol. (Fontebl.-Reg. 2083.) *M.*

1694. Æliani variæ historiæ libri XIV. (1) ; — Heraclidis Pontici fragmenta de rebus publicis (66 v°) ; — Æliani de natura animalium libri XVII. (73).

XVI s. Pap. 287 fol. (De Boze.-Reg. 2174, 3.) *M.*

1695. Æliani de natura animalium libri XVII.

XVI s. Pap. 194 fol. (Medic.-Reg. 2663.) *M.*

1696. Philostrati vitæ sophistarum (3) ; — ejusdem imagines, cum scholiis (55 v°) ; — ejusdem heroicus, cum scholiis (89) ; — ejusdem de Apollonio Tyanensi libri VIII. (123) ; — ejusdem fragmenta erotica (278 v°) ; — Callistrati descriptiones septem priores (279) ; — Philostrati epistolæ amatoriæ (282 et 306 v°) ; — Alciphronis rhetoris epistolæ rusticæ, nauticæ et parasiticæ (288).

XIV s. Parch. 307 fol. (Reg. 2831.) *M.*

1697. Philostrati vitæ sophistarum (1) ; — ejusdem de epistolarum forma et epistolæ LXXIII. Juliæ Augustæ initium (49 v°).

XV s. Pap. 50 fol. (Delamare.-Reg. 2808, 2.) *M.*

1698. Philostrati heroicus, cum scholiis (1) ; — ejusdem imaginum liber I, cum scholiis (43) ; — M. Antonini commentariorum et Æliani de natura animalium excerpta (79) ; — Manuelis [Moschopuli] de affectionibus vocabulorum fragmentum, etc. (91 v°) ; — Versus de mensibus et nomina mensium Romanorum, Ægyptiorum, Macedonum, Cappadocum, Græcorum, Hebræorum, Bithyniorum et Cypriorum (94).

XIV s. Bombyc. 94 fol. (Colbert. 4213.) *P.*

1699. Procopii Cæsariensis de bello Gothico libri IV. (1) ; — ejusdem de bello Persico libri II. (189) ; — ejusdem de bello Vandalico libri II., fine mutili (272).

XV s. Copié par Nicolas βεστιαρήτου καὶ γραμματικοῦ Μωραίου. Pap. 339 fol. (Medic.-Reg. 2555.) *M.*

1700. Procopii Cæsariensis de bello Persico libri II. (1) ; — ejusdem de bello Vandalico libri II., fine mutili (665).

XVII s. Copié par Pierre Chabanne. Pap. 1196 pages. (J.-A. de Thou.-Colbert. 1716.) *M.*

1701. Procopii Cæsariensis de bello Gothico libri IV.

XVII s. Copié par le même. Pap. 1480 pages. (J.-A. de Thou.-Colbert. 1717.) *M.*

1702. Procopii Cæsariensis de bello Persico libri II. (1); — ejusdem de bello Vandalico libri II. (208).

XIV s. Parch. 219 fol. (Fontebl.-Reg. 2554.) *M.*

1703. Procopii Cæsariensis de bello Gothico libri IV., fine mutili.

XV s. Pap. 165 fol. (Fontebl.-Reg. 2556.) *M.*

1704. Georgii monachi Hamartoli chronicon usque ad Diocletianum imp. (1); — Nicephori philosophi caput de filiis Dei, de gigantibus et de diluvio, s. xv. (158).

XII s. Parch. 158 fol. (Medic.-Reg. 2559.) *M.*

1705. Georgii monachi Hamartoli chronicon usque ad Leonem Armenium imp. (7); — præmittitur capitum index (1).

XIII s. Bombyc. 268 fol. (Colbert. 4215.) *P.*

1706. Georgii monachi Hamartoli chronicon usque ad Michaelem imp., Theophili filium (14) ; — præmittitur capitum index (1) ; — Joannis Sinaitæ historia SS. Barlaam et Joasaph (375).

XVI s. Pap. 509 fol. (Faure.-Reg. 2077, 2.) *M.*

1707. Georgii monachi Hamartoli chronicon auctum et interpolatum, ab initio mundi usque ad Julium Cæsarem (1); — Fragmenta de Cæsaris nomine, de lxx.' interpretibus, de equo J. Cæsaris fissipede (94) ; — Nicetæ Choniatæ annales (97).

XVI s. Pap. 423 fol. (Fontebl.-Reg. 2076.) *G.*

1708. Georgii monachi Hamartoli chronicon auctum et interpolatum a Julio Cæsare usque ad Alexium Comnenum.

XVI s. Pap. 368 fol. (Fontebl.-Reg. 2077.) *M.*

1709. Thophanis chronographia, fine mutila.

XVI s. Pap. 202 fol. (Trichet Dufresne.-Reg. 2080.) *M.*

1710. Theophanis chronographia, fine mutila ; præfationis initium desideratur.

X s. Parch. 397 fol. (Colbert. 5091.) *P.*

1711. Nicephori, CP. patriarchæ chronographia brevis (1);
— præmittuntur notæ chronographicæ recentiores (A v°); —
Ecloga chronographiæ Georgii Syncelli (1); — Theophanis
chronographia (231); — Anonymi chronographica narratio de
iis quæ contigerunt tempore Leonis, filii Bardæ Armeni (368 v°);
— Leonis grammatici chronographia (373); — Vita Alexandri
magni, fine mutila : Οἱ σοφώτατοι Αἰγύπτιοι θεῶν... (395), in qua
Darii, Alexandri et Aristotelis epistolæ.

XI s. Parch. 6,230 pages et fol. 231-428. (Medic.-Reg. 2217.) *M.*

1712. Symeonis Metaphrastæ chronicon (18 v°); — præmittuntur index codicis (1), — de conciliis œcumenicis : Ἡ πρώτη
σύνοδος ἐγένετο... (4), — versus varii de conciliis : Γίνωσκε καὶ
τὸν ἀριθμόν... (4 v°), — chronicon abbreviatum conciliorum
(5 v°), — Symeonis Metaphrastæ opusculum de mundi creatione, ex Genesi, etc. (6), — Anonymi narratio de structura
templi Sᵃᵉ. Sophiæ CP. : Ἡ μεγάλη ἐκκλησία... (13); — Leonis
Diaconi historia, a Constantini Porphyrogeniti morte usque
ad Joannem Tzimiscem imp. (272); — Michaelis Pselli chronographiæ libri VIII., a Basilio Macedone usque ad Constantinum Ducam (322); — Itinerarium a Cypro insula usque ad
Usumcasan, s. xv. (424); — Ordo belli gerendi ab Amuratho
sultane constitutus (424 v°); — Vaticinia varia de CP. a Turcis
capta : Ἡ Ῥώμη οἰκοδομεῖτο ἐπὶ τὸν χρόνον... et Ἡ προγενεστέρα
περίστασις... (426 v°); — « Copia de certa profecia, scritta nell'
anno de Signor 1422,... d' uno fratre nominato Theoforo, » de
evertendo a Carolo VIII. Turcarum imperio (ital.-gr.) (429).

XIV s. Parch. 430 fol. (Trichet Dufresne.-Reg. 2561.) *M.*

1713. Georgii Cedreni historiarum compendium, initio et
fine mutilum.

XII s. Parch. 156 fol. (Fontebl.-Reg. 2562.) *M.*

1713 A. Georgii Cedreni historiarum compendii fragmenta,
ad codicem præcedentem pertinentia, e cod. Basileensi B.
II. 15.

XII s. Parch. 14 fol. *M.*

1714. Joannis Zonaræ annales.

XIII s. Bombyc. 349 fol. (Fontebl.-Reg. 2074.) *M.*

1715. Joannis Zonaræ annales (3) ; — præmittitur auctoris elogium : Ὡς μὲν εἴπερ τις… (1).

Copié en 1289 par Μώκιος ὁ Ταράνης. Bombyc. 469 fol. (Reg. 2075, 2.) G.

1716. Joannis Zonaræ annales, initio et fine mutilæ.

XV s. Pap. 335 fol. (Fontebl.-Reg. 2557.) *M.*

1717. Joannis Zonaræ annalium pars prior usque ad Maximinum, initio mutila.

XIV s. Bombyc. 418 fol. (Colbert. 5090.) *M.*

1718. Joannis Zonaræ annalium pars a Diocletiano usque ad Alexium Comnenum.

XVI s. Pap. 240 fol. (Fontebl.-Reg. 2075.) *M.*

1719. Michaelis Glycæ annales.

XVI s. Pap. 227 fol. (Colbert. 922.) *M.*

1720. Constantini Manassis chronicon, a versu 660 (1); — Chronologia CP. imperatorum ab Alexio Comneno usque ad captam a Latinis CP. (73); — Fragmentum de hominis generatione : Τὸ σπέρμα ἐν τῇ μήτρᾳ… (73); — Leonis rhetoris versus carcini (73 v°); — Anonymi versus de physignatho, de sabbati via, de divinatione : Ὡ τραυλόρήμων, τραυλεπεί… (73 v°); — Versus aliquot sapientum, Philonis, Ignatii, Hippocratis, Clitarchi, Demonactis, Isidori, Pythagoræ, Epicteti : Ἐστὶ τῶν ἀγαθῶν ἐπιδείκνυσθαι… (74); — Anonymi versus de S. Michaele archangelo : Θεοῦ στρατηγὸς εἰμί… (74 v°); — Anonymi versus varii, de Orione, de litterarum alphabeti inventione : Ὡ πλάνης τέχνασμα… (74 v°); — Canones, seu cantus ecclesiastici, auctoribus Cosma monacho et S. Joanne Damasceno, cum interpretatione Gregorii, Corinthii archiepiscopi (75); — Manuelis Dimiri, codicis scribæ, versus de eisdem canonibus (99); — Fragmenta de re grammatica, initio mutila (100); — Meliniotæ versus de temperantia, in quibus amatoria et allegoriæ (101 v°); — Basilii, Constantini et Leonis impp. prochiron auctum (124 v°); — Paratitla (153 v°); — Athanasii scholastici fragmenta (155 v°); — Excerpta ex lege Mosaica (156); — Lex nautica Rhodiorum (158 v°); — Constitutiones apostolorum de eligendis episcopis, presbyteris, etc. (162); — Fragmentum de XII. lapidibus (163 v°); — Ordo metropolitanarum sedium (163 v°); — Anonymi lexicon, A-Φ, initio et fine mutilum (164); — Isaiæ fragmenta cap. 52-53. (193).

XV s. Copié par Manuel Dimiri. Bombyc. 193 fol. (Reg. 2561, 2.) *M.*

1721. Joannis Scylitzæ Curopalatæ [Georgii Cedreni] synopsis historiarum a Michaele Rhangabe ad Nicephorum Botaniatam.

Copié en 1543 par Christophe Auer. Pap. 726 pages. (Fontebl.-Reg. 2081.) *M.*

1722. Nicetæ Choniatæ annales, usque ad regnum Balduini Flandri, cap. iv. (1); — Anonymi demonstratio orthodoxæ fidei de sancta Trinitate, ex SS. Scripturis (309).

XV s. Pap. 312 fol. Peint. (Medic.-Reg. 2560.) *M.*

1723. Georgii Pachymeris historiæ libri XIII. (1); — Nicephori Gregoræ historiæ Byzantinæ libri XI. (313); — præmittuntur menses Atheniensium (A); — accedunt notæ chronologicæ annorum 1400, 1415, 1447, 1442. (466), — et fragmentum de metris ïambico et heroïco (470 v°).

Copié (en partie) en 1443. Pap. 471 fol. (Fontebl.-Reg. 2558.) *M.*

1724. Nicephori Gregoræ historiæ Byzantinæ libri XII-XVII., e cod. Vat. 164.

Copié en 1543 par Christophe Auer. Pap. 244 pages. (Fontebl.-Reg. 2079.) *M.*

1725. Nicephori Gregoræ historiæ Byzantinæ libri IV. priores (1); — Zosimi comitis novæ historiæ libri V. (52).

XVI s. Pap. 168 fol. (Fontebl.-Reg. 2078.) *M.*

1726. Nicolai Chalcondylæ de rebus Turcicis libri X. (1); — Georgii Codini de originibus CP. excerpta (196); — ejusdem de officiis palatii CP. (214); — Series chronologica imperatorum CP. a Constantino Magno ad Constantinum Palæologum (153); — Series patriarcharum CP. a Metrophane ad Esaiam, versibus iambicis (159 v°); — Fragmentum de Sᵃ. Sophia : Τὴν μεγάλην ἐκκλησίαν... (161).

Copié en 1544 par Basile Valeris. Pap. 268 fol. (Trichet Dufresne.-Reg. 2082.) *G.*

1727. Nicolai Chalcondylæ de rebus Turcicis libri X.

XVI s. Pap. 185 fol. (Fontebl.-Reg. 2567.) *M.*

1728. Nicolai Chalcondylæ de rebus Turcicis libri X.

XVI s. (Copié par Constantin Palaeocappa.) Pap. 284 fol. (Colbert. 1086.) *G.*

1729. Nicolai Chalcondylæ de rebus Turcicis libri X.

XVI s. Copié par Michel Conteleon. Pap. 293 fol. (Hurault.-Reg. 2568.) *P.*

1730. Georgii Codini liber de officiis palatii CP.

XVI s. Pap. 42 fol. (Medic.-Reg. 2564.) *M.*

1731. Herodoti historiarum excerpta.

Copié en 1474 par Demetrius Cantacuzène. Pap. 200 fol. (Fontebl.-Reg. 3041.) *P.*

1732. Vita Homeri, auctore Herodoto (1); — Juliani imp. Cæsares (13); — ejusdem oratio de regno (28 v°); — ejusdem oratio in Constantii imp. laudem (61); — ejusdem encomium imperatricis Eusebiæ (90 v°).

XV s. Copié par Jean Plousiadenos. Pap. 107 fol. (Fontebl.-Reg. 3291.) *P.*

1732 A. Anonymi historia belli Trojani, initio et fine mutila, lingua græca vulgari.

XV s. Pap. 193 fol. *P.*

1733. Thucydidis de bello Peloponnesiaco libri VIII., cum scholiis (5); — præmittitur Thucydidis vita, auctore Marcellino (1 v°); — Dionysii Halicarnassei epistola ad Ammæum de iis quæ Thucydidis propria sunt (241 v°); — Polemonis sophistæ declamatio de Callimacho et Cynogiro (245); — Anonymi explicatio vocum difficiliorum in Thucydide (254).

XV s. Bombyc. 255 fol. (Medic.-Reg. 3045.) *P.*

1734. Thucydidis de bello Peloponnesiaco libri I-VII, 50, cum scholiis (5); — præmittitur Thucydidis vita, auctore Marcellino (1 v°); — Procli Diadochi institutionum theologicarum capita CXI. (343); — Plutarchi Chæronensis liber de placitis philosophorum (382).

XV s. Bombyc. 396 fol. (Medic.-Reg. 3047.) *P.*

1735. Thucydidis de bello Peloponnesiaco libri VIII. (1); — Dionysii Halicarnassei epistola ad Ammæum de iis quæ Thucydidis propria sunt (319).

XVI s. Pap. 325 fol. (Fontebl.-Reg. 3046.) *P.*

1736. Thucydidis de bello Peloponnesiaco libri VIII. (3);
— præmittitur Thucydidis vita, auctore Marcellino (1); —
Dionysii Halicarnassei de iis quæ Thucydidis propria sunt
(349).

XV s. Pap. 357 fol. (Medic.-Reg. 3044.) P.

1737. Orationes ex historia Thucydidis excerptæ, initio et
fine mutilæ.

XVI s. Parch. 44 fol. (Reg. 3048.) P.

1738. Xenophontis historiæ græcæ libri VII.

XV s. Pap. 74 fol. (Colbert. 4392.) P.

1739. Xenophontis historiæ græcæ libri VII. (1); — Anonymi narratio de quodam somnio : Κοιμηθεὶς δὲ ἐν τῷ βασιλείῳ...
(157); — Catonis et Plutarchi fragmenta (159); — Georgii
Gemisti Plethonis rerum post prælium ad Mantineam gestarum
brevis enarratio, ex Diodoro, et Plutarcho (160); — Appiani
excerpta de regibus Macedonibus in Syria (194 v°); — Strabonis geographiæ libb. IX. et X. excerpta (209 v°); — Theophrasti historiæ plantarum excerpta (220 v°); — Aristotelis
animalium historiæ excerpta (223); — Diodori historiarum de
Assyriorum et Medorum imperio excerpta (236); — Dionysii
Halicarnassei excerpta e libro I. Romanæ historiæ (255); —
Pythagoræ versus aurei (259); — Orphei hymni (260 v°); —
Zoroastris et Platonis dogmatum summaria complexio (266 v°);
— Leonardi Aretini tractatus de Florentinorum republica
(268); — Anthologiæ epigrammata aliquot : Μυριάσιν ποτὲ τῇδε...
(271 v°); — Alexandri Aphrodisiensis problematum ethi-
corum excerpta (272); — Aristotelis excerpta de eo quod in
nobis est (279); — Bessarionis cardinalis quæstiones ad
Gemistum Plethonem, cum Plethonis ad Bessarionem epistola
(282); — Andronici Callisti fragmenta de scientia naturæ et de
fortuna (291 v°); — Polybii excerpta de Italia (295 v°); —
Menses Atheniensium, Romanorum, Ægyptiorum et Arabum
(299 v°); — Xenophontis memorabilium excerpta (299 v°);
Georgii Gemisti Plethonis opusculum de virtutibus (308 v°);
— Genealogia Palæologorum (314); — De peccatis et pœnitentia fragmenta (315); — Series ducum Venetorum (316);
— De variis hominis ætatibus (316 v°); — Georgii Gemisti

Plethonis excerpta e Strabone, de orbis figura (317); — Problemata varia : Εὑρεῖν τοῦ. δοθέντος ἀριθμοῦ... (331 v°); — De septem mysteriis ecclesiæ (332 v°); — Isocratis oratio ad Demonicum (333); — Nemesii Emeseni tractatus de natura hominis (340); — Attici philosophi fragmentum de ideis Platonis (366); — Excerpta de Xenophane et Empedocle (375 v°); — S. Joannis Damasceni excerpta geographica (376); — Platonis epistola ad Perdiccam, fine mutila (376 v°).

XV s. Pap. 376 fol. (Medic.-Reg. 3049.) P.

1740. Xenophontis rerum memorabilium libri ~~VIII~~. (1); Xenophontis vita, auctore Diogene Laertio (117 v°).

XIII s. Bombyc. 117 fol. (Medic.-Reg. 3460.) P.

1741. Dionysii Halicarnassei ars rhetorica (1); — Menandri rhetoris de genere demonstrativo libri II. (38); — Aristidis de civili et simplici oratione libri II. (72); — Dionysii Halicarnassei epistola altera ad Ammæum de iis quæ Thucydidis propria sunt (102 v°); — Alexandri opusculum de figuris sententiarum atque elocutionis (106 v°); — Aristotelis de rhetorica libri III. (120); — ejusdem poetica (184); — Dionysii Halicarnassei opusculum de verborum compositione (200); — Demetrii Phalerei opusculum de elocutione (226); — Apsinis ars rhetorica (246); — ejusdem de problematibus figuratis (287); — Minuciani, vel Nicagoræ, opusculum de argumentis (290); — Maximi sophistæ opusculum de objectionibus insolubilibus (294); — Anonymi tractatus de communione et differentia statuum : Ἴδιον στοχασμοῦ τὸ ἀνεύθυνον... (297 v°); — Dionysii Halicarnassei de veteribus scriptoribus censura (299).

X-XI s. Parch. 301 fol. (Medic.-Reg. 3269.) P.

1742. Dionysii Halicarnassei de priscis rhetoribus liber, desinens in Isæo (1); — ejusdem ad Pompeium epistola de Platone (49 v°); — ejusdem tractatus de admiranda vi dicendi in Demosthene (66); — ejusdem ad Ammæum epistola de Demosthene et Aristotele (128 v°).

XVI s. Pap. 143 fol. (Colbert. 4871.) P.

1743. Dionysii Halicarnassei tractatus de admiranda vi dicendi in Demosthene, initio mutilus (1); — ejusdem ad Ammæum epistola de Demosthene et Aristotele (51).

XVI s. Pap. 60 fol. (Colbert. 4045.) *P.*

1744. Dionysii Halicarnassei epitome de nominum compositione (1); — Theophrasti characterum capita xv. priora (26); — Michaelis Apostolii versus ïambici, heroïci et elegiaci in dominicas et festa sanctorum, cum epistola prævia ad Emmanuelem Atramyttinum (37); — ejusdem oratio funebris in Bessarionem cardinalem (61); — S. Basilii de matrimoniis licitis et illicitis et de gradibus cognationis excerpta (69).

XV s. (Copié, en partie, par Michel Apostolios.) Pap. 77 fol. (Mazarin.-Reg. 3360.) *P.*

1745. Dionysii Halicarnassei tractatus de admirabili vi dicendi in Demosthene (1); — ejusdem tractatus de Thucydidis charactere (1).

XVI s. Pap. 60 fol. et 104 pages. (Medic.-Reg. 3263.) *P.*

1746. Joannis Canabutzæ commentarius in locum libri I. antiquitatum Dionysii Halicarnassei de insula Samothrace et diis Troïcis.

Copié en 1569 par Antoine Episcopopoulos. Pap. 95 fol. (Reg. 3057.) *P.*

1747. Georgii Gemisti Plethonis de Assyriorum Medorumque imperio epitome, e Diodoro Siculo.

XVI s. Pap. 80 pages. *P.*

1748. Georgii Gemisti Plethonis de Assyriorum Medorumque imperio epitome, e Diodoro Siculo.

XVI s. Pap. 34 fol. (Colbert. 4878.) *P.*

1749. Rationarium vetus Augusti Cæsaris, e cod. 1670. (1); — Rationarium novum Alexii Comneni, ex eodem cod. (10 vᵒ); — Heronis isagoge, ex eodem cod. (21); — Procli Diadochi opusculum de epistolico charactere (24); — Vocum aliquot græcarum explicatio, ex Suida (26); — « Officia bellica a Josepho Scaligero collecta » (29).

XVII s. Pap. 29 fol. (Delamare.-Reg. 3339,4.) *P.*

1750. Plutarchi Chæronensis vita M. T. Ciceronis (1); —

« M. T. Ciceronis vita, ex Plutarcho, Achille Philerote Boc-
chio Bononiensi interprete » (87).

Copié en 1560 par Bacchius Barbadorius et Michel Sophianos. Pap. 119
fol. (Mazarin.-Reg. 3056.) P.

1751. Catalogus operum Plutarchi, auctore Lampria,
e codd. Fulvii Ursini (1) ; — Bessarionis cardinalis epistola
ad Michaelem Apostolium (9) ; — S. Gregorii Thaumaturgi
opusculum de anima (11 v°) ; — Theodosii imp. edictum contra Porphyrium, Irenæum et Nestorianos (17) ; — Leonis et
Constantini impp. eclogæ proœmium (19) ; — Attici, CP.
patriarchæ, epistola ad S. Cyrillum Alexandrinum de S.
Joannis Chrysostomi nomine in sacris diptychis jussu imperatoris relato, cum S. Cyrilli responsione (27) ; — Anonymi
oratio in laudem S. Georgii, initio et fine mutila (39).

XVI s. Copié (en partie) par Jean de Sainte-Maure. Pap. 45 fol. (Teller.
Rem.-Reg. 3392.) P.

1752. Variæ lectiones in Plutarchi vitas parallelas et opuscula varia, e codd. cardinalis Rodolphi, Vaticanis, Patavino,
Griman. apud S. Anton. Venetiis.

XVI s. Pap. 49 fol. (Colbert. 5261.) P.

1753. Arriani de expeditione Alexandri libri VII. (1) ; —
ejusdem historia Indica (225).

XV s. Pap. 267 fol. (Colbert. 4617.) P.

1754. Arriani de expeditione Alexandri libri VII. (1) ; —
ejusdem historia Indica (224) ; — Theodori Studitæ fragmentum de Artziburio (268).

XV s. Pap. 268 fol. (Medic.-Reg. 3051.) P.

1755. Arriani de expeditione Alexandri libri VII. (1) ; —
ejusdem historia Indica (217).

XVI s. Pap. 254 fol. (Fontebl.-Reg. 3050.) P.

1756. Æliani de natura animalium libri XVII., initio mutili.

XIV s. Bombyc. 134 fol. (Medic.-Reg. 3133.) P.

1757. Æliani variæ historiæ libri XIV. (1) ; — Heraclidæ
Pontici fragmenta de rebus publicis (95).

Copié en 1509. Pap. 101 fol. (Medic.-Reg. 3132.) P.

1758. Diogenis Laertii de vitis, dogmatibus et apophtheg-
matibus clarorum philosophorum.

XV s. Pap. 203 fol. (Fontebl.-Reg. 3131.) P.

1759. Diogenis Laertii de vitis, dogmatibus et apophtheg-
matibus clarorum philosophorum (1); — præmittitur epitaphium Basilii Bulgarochtoni imp. (A).

XIV s. Bombyc. 251 fol. (Medic.-Reg. 3130.) P.

1760. Anonymi versus de Psalterio : Φθάσης τῶν Ψαλμῶν...
(1); — Philostrati de vitis sophistarum libri II. (2); — ejusdem heroica (47); — ejusdem imagines (81); — Philostrati
junioris imagines (122); — Æschinis epistolæ (138); — Ar-
taxerxis et Hippocratis epistolæ (146); — Platonis epistolæ
(146 v°); — Diogenis epistolæ xxiii. (154); — Euripidis epistolæ v. (158); — Phalaridis epistolæ cxlvii. (162); — Mithri-
datis collectio Bruti epistolarum lxxiii. (199); — Hippocratis
epistolæ(205); — Democriti epistolæ (216); — Darii et Heracliti epistolæ (217 v°); — Georgii Gemisti Plethonis oratio in
obitum HelenæPalæologinæ (225); — LucæNotaræ epistolæ ad
Theodorum Carostinum et Georgium Scholarium, cum Scholarii responsis (227); — Michaelis Apostolii oratio ad Italos
de suis in litteris meritis (238); — ejusdem oratio in laudem
Friderici III. imp. (245); — ejusdem oratio ad Amirytzem
philosophum socero iratum (249); — ejusdem monodia in
mortem Joannis Palæologi imp. (250 v°); — ejusdem oratio ad
Constantinum Palæologum cum imperium suscepit (252 v°);
— Libanii sophistæ epistolæ aliquot (258 et 268); — Bessarionis cardinalis epistola ad Michaelem Apostolium (261 v°);
— Libanii et S. Basilii epistolæ mutuæ (263); — Libanii
sophistæ characteres epistolici (273); — Nicetæ Davidis philosophi commentarius de S. Gregorii Nazianzeni epitaphio
in S. Basilium (275 v°); — S. Gregorii Nazianzeni iambi
(277 v°); — Synesii epistolæ cl. (279); — S. Cyrilli Alexandrini fragmentum (349).

XV s. (Copié par Michel Souliardos.) Pap. 340 fol. (Colbert. 4958.) P.

1761. Philostrati imagines, cum scholiis.

XV s. Copié par Emmanuel Atramyttenos. Pap. 176 fol. (Colbert.
4904.) P.

1762. Philostrati de vitis sophistarum libri II.

XVI s. Pap. 111 fol. (J.-A. de Thou.-Colbert. 3904.) *P.*

1763. Joannis Malalæ Antiocheni archæologia.

XVII s. (Copié par Cl. Saumaise.) Pap. 12 fol. (Delamare.-Reg. 3005,3.) *P.*

1764. Georgii Syncelli chronographia, initio et fine mutila (ed. reg. p. 51-341).

XI s. Parch. 143 fol. (Reg. 3058,2.) *P.*

1765-1766. Anonymi ecloge chronicorum ab Adamo ad J. Cæsarem, e Joanne Malala Antiocheno; a J. Cæsare ad Diocletianum, e Georgio Syncello; a Diocletiano ad Leonem Armenum, e Theophane, e cod. 1336. (2 et 264 v°); — Anonymi historia V. Testamenti, initio mutila (39); — Anonymi de translatione librorum græcorum in linguam arabicam : Πτολεμαῖος ὁ Φιλάδελφος... (302); — Anonymi capita duo de eclipsibus (303 v°); — Chronologia brevis a mundi creatione usque ad Manuelem Comnenum (306); — Codini opusculum de constructione Sᵉ. Sophiæ (311); — Series regum Persarum usque ad Alexandrum (333), — regum Macedonum a Philippo ad Cleopatram (334), — imperatorum Romanorum usque ad Joannem Palæologum (334 v°); — Chronologia ex Theodoro Metochita (338 v°); — Chronographia brevis ab Adamo ad Michaelem III. imp. (340 v°); — Chronologia brevior ab Adamo usque ad Justinianum (359 v°); — Anthologiæ epigrammata aliquot (365 v°); — Anonymi chronologia a Moyse usque ad Theodorum Lascarim (376); — Chronologia brevis ab Adamo ad Constantinum Palæologum (391); — Series imperatorum CP. usque ad Isaacum Angelum (392 v°).

1766. Nicetæ, Nicæni chartophylacis, narratio de temporibus et causis quibus Græca ecclesia a Romana divulsa sit (1); — Anonymi fragmentum de ludis Olympicis : Ὅτι ὁ Ὀλυμπιο-νίκης... (13 v°); — Dionysii Periegetæ excerpta ex orbis descriptione (16); — De festo neomeniæ (18); — Series regum Macedonum et Romanorum ab Alexandro ad Julium Cæsarem (18 v°); — Ducæ, Michaelis Ducæ nepotis, historia Byzantina (19); — Catalogus urbium quæ priori nomine amisso aliud acceperunt (410); — Ordo thronorum, sub Leone Sapiente imp. (413 v°); — Officia magnæ ecclesiæ CP. (424); — Officia palatii CP. (427 v°); — De quatuor paradisi fluviis (429 v°); — De bissexto (434); — De generatione et corruptione corporis humani (437); — De metallis in insula Cypro repertis, ex Galeno et Aristotele (439 v°); — Catalogus catholicorum Armeniæ (441).

XVII s. Pap. 395 et 452 pages. (Baluze.-Reg. 3406 et 3407.) P.

1767. Georgii Cedreni narratio de S. Silvestri papæ cum Judæis quibusdam colloquio.

XV s. Pap. 8 fol. (Colbert. 3643.) P.

1768. Joannis Zonaræ annalium libri X-XVIII.

XIV s. Pap. 348 fol. (Fontebl.-Reg. 3058.) P.

1769. « Annalium Michaelis Glycæ Siculi fragmentum, historiam imperii Græcorum a Leone Magno ad Monomachum usque complectens. E. biblioth. Patrum Oratorii Romani ms. antiq. num. 60. Romæ, an. D. 1648. »

Copié en 1648. Pap. 62 fol. (Colbert. 3642.) P.

1770. Constantini Manassis chronicon, versibus politicis, usque ad Nicephorum Botaniatam.

Copié en 1545 par Jérôme Tragoudistes. Pap. 158 fol. (Reg. 3059, 2.) P.

1771. Constantini Manassis chronicon, versibus politicis, usque ad Nicephorum Botaniatam (1); — S. Andreæ Sali dialogus cum Epiphanio de fine mundi, Christo et Antichristo, lingua græca vulgari (160); — Sermones ex Æthiopica lingua in Græcam vulgarem conversi ab Euthymio, lauræ S. Athanasii in Monte Atho præfecti [Vita Barlaami et Joasaphi, auctore Joanne S. Sabæ monacho] (181 v°); — Fragmentum de Pilato : Ἐπειδήπερ βιαῖον καὶ ἀδηκίαν... (282 v°).

XV s. Pap. 283 fol. (Colbert. 5227.) P.

1772. Constantini Manassis chronicon, versibus politicis, usque ad Nicephorum Botaniatam (1); — Basilii Macedonis imp. ad Leonem filium capita exhortatoria LXXVI. (148); — Manuelis Phile carmen iambicum in Georgii Pachymeris mortem (167); — S. Basilii et Demosthenis fragmenta (168 v°); — Dionysii Alexandrini excerpta de orbis descriptione (170); — M. T. Ciceronis somnium Scipionis cum interpretatione

Macrobii, in græcam linguam versum a Maximo Planude
(178); — Nomina aliquot animalium terrestrium et aquatilium (303); — Michaelis Pselli de Trinitate fragmentum (304);
— Hieroclis liber de providentia et fato (304 vᵒ); — Plutarchi
tractatus de liberis educandis (322); — Fragmenta de re medica, de urinis, etc. : Ἐὰν ἔστι καθάριον... (332 vᵒ); — Anonymi
quæstiones variæ : Διατί θ' αἱ μοῦσαι... (334); — Moysis decalo-
gus (336).

XVI s. Pap. 336 fol. (Medic.-Reg. 3059.) *P.*

· **1773.** Alphabetum græcum (B); — Anonymi chronologia
brevis ab Adamo usque ad Justinianum imp. (2); — Anonymi
opusculum de re metrica : Τὸ τῶν ποδῶν ἐπώνυμον... (5 vᵒ); —
Joannis Botaniatæ versus ad Isidorum, diaconum et tabula-
rium, de metro iambico (15); — De particulis fragmentum :
Τὸ α οὐκ ἔστι μέρος λόγου... (17); — Herodiani opusculum de
inclinatis, encliticis et syncliticis particulis (17 vᵒ); — ejusdem
de verbo ἔστιν (19 vᵒ); — Anonymi commentarius de accentibus : Τί ἐστι προσῳδία; ... (20); — Anonymi definitio xxiv. litterarum (21); — Anonymi commentarius de formatione nominum ex verbis et verborum ex nominibus : Πότε γίνονται τὰ
ὀνόματα... (21 vᵒ); — De litteris quæ cum aliis contrahuntur
(22 vᵒ); — De vocum affectionibus (23); — Anonymi et Dionysii de pedibus, etc. : Αἱ δύο συλλαβαί... (23 vᵒ); — inter
quæ : Apophthegmata septem sapientum (25 vᵒ); — Nomina
novem Musarum (26); — Georgii Gemisti Plethonis tractatus
de virtutibus (28); — Anonymi fragmentum de zodiaco :
Ἰστέον δὲ ὅτι ὁ ζωδιακός... (32 vᵒ); — Diogeniani de proverbiis
(34); — Zenobii epitome proverbiorum Tarrhæi et Didymi
(34 vᵒ); — Epitheta in Jovem, Bacchum, deosque alios (62);
— Epigrammata in Agamemnonis tumulum, in Pompeium, in
grammaticam, etc. (63); — Dionysii Thracis grammatica (64);
— Anonymi opusculum de metris : Τί ἐστι μέτρον; Ποδῶν συνθήκη...
(98); — Sphingis ænigma, de tragœdia fragmentum (104); —
Laurentii Zani, Antiocheni patriarchæ, epitaphium, latine
(105); — Anonymi regulæ verborum a poetis aliisque scriptoribus usurpatorum : Ἰστέον ὅτι τῆς συναλοιφῆς... (106); — Anonymi themata verborum difficiliorum, quæ in Homero legun-

tur : Κεκάδοντο, χάζω... (118); — Τοῦ Βαταίζου opusculum ejusdem
argumenti (124); — Anonymi lexicon etymologicon, initio
mutilum : Ἀρχὴ τοῦ Z. Ζητῶ καὶ ζητεύω... (148); — Anonymi
opusculum de vocibus ἔω καὶ εἰμί : Ἰστέον ὅτι δύο ῥήματα... (178);
— De verbis τοῦ πορεύομαι et τοῦ καθέζεσθαι significantibus : Τοῦ
δὲ πορεύομαι δύο... (182); — Æsopi vita, auctore Maximo Planude (198); — Menandri et Philistionis sententiarum comparatio (226); — Apophthegmata varia : Ἀνάχαρσις ἀστραγα-
λίζων... (230 vᵒ); — De hominis ætatibus : Κατὰ τὴν πρώτην...
(231 vᵒ); — Plutarchi ecloge de impossibilibus (232); — De
VII. sapientibus (Anthol. IX, 366) et excerpta ex Euripide et
Pythagora (232 vᵒ); — Apophthegmata septem sapientum
(233 vᵒ); — Menses Atheniensium et Romanorum (236 vᵒ);
— De vocum affectionibus : Πάθη τῶν λέξεων... (237); — De
Musis fragmentum (237 vᵒ); — Menses Atheniensium, Romanorum, Macedonum, Hebræorum, Ægyptiorum et Græcorum (238); — Aristotelis vita : Ὁ Ἀριστοτέλης τῷ μὲν γένει...
(238 vᵒ); — Proverbiorum collectio : Ἄβρωνος βίος. Ἀγορά...
(240 vᵒ); — Epigrammata varia (244 vᵒ et 279 vᵒ); — S. Basilii
homilia de legendis gentilium libris (269); — De Græcorum
numeris (281); — Joannis grammatici Characis opusculum
de inclinatis dictionibus (284 vᵒ); — Demosthenis orationes
Olynthiacæ tres (297); — ejusdem adversus Philippum oratio I., fine mutila (313).

Copié en 1493 par Barthélemi Comparini de Prato. 324 fol. (Medic.-Reg.
3214.) P.

1774. Chronologia brevis ab Adámo usque ad Michaelem
et Theophilum impp. (D vᵒ); — Septem sapientum apophthegmata, auctore Demetrio Phalereo (J); — Cebetis Thebani
tabula (1); — Æliani variarum historiarum libri XIV. (19);
— Æliani tactica (123); — Onosandri strategica (159); —
Polyæni stratagematum libri VIII. (189); — Xenophontis
respublica Lacedæmoniorum (331); — Bessarionis cardinalis
epistola ad Michaelem Apostolium (344); — Andronici Callisti monodia in CP. (345); — Sententiæ variæ, ex Euripide, etc. (354 vᵒ).

XVI s. (Copié en partie par J. Lascaris.) Pap. Fol. A-M et 355 fol. (Fontebl.-Reg. 3064.) P.

1775. Chronicon breve ab a. 1197. ad a. 1470, ad calcem Mich. Ducæ editum (A); — Theophylacti, Bulgariæ archiepiscopi, commentarius in Joannis evangelium, fine mutilum (1).

XIV s. Bombyc. 160 fol. (Medic.-Reg. 2936.) *P.*

1776. Theodori Metochitæ doxologia de Deo, de rebus suis et de monasterio Choræ (1), — carmen in Deiparam et de monasterio Choræ (35 v°), — carmen in laudem Gregorii, Bulgariæ archiepiscopi (54 v°), — carmen ad Nicephorum Gregoram et de suis scriptis (59 v°), — carmen in S. Athanasium (69), — carmen in tres hierarchas SS. Basilium, Gregorium Nazianzenum et Joannem Chrysostomum (81 v°), — carmen in mortem Irenes Augustæ, Andronici Palæologi uxoris (100), — carmen in mortem Michaelis Palæologi, Andronici imp. filii (108 v°), — carmen de mathematicis rebus et de musica (119), — carmen in obitum Joannis Palæologi Cæsaris (125 v°), — carmen ad Theodorum Xanthopulum, de rebus suis infaustis (153 v°), — carmen ad Nicephorum Xanthopulum et de suis scriptis (162), — carmen ad consobrinum protosecretarium de anteacta sua vita (170 v°), — ad eumdem de infelici rerum suarum statu (179 v°), — ad eumdem de eodem (187 v°), — ad eumdem carmen de rerum humanarum instabilitate (198), — carmen ad eumdem cum adversam fortunam experiri cœpit (206), — ad eumdem de eodem (216 v°), — ad eumdem de eodem (235).

XV s. Parch. 240 fol. (Hurault.-Reg. 3350.) *P.*

1777. Pauli Silentiarii descriptio ecclesiæ Sᵃᵉ. Sophiæ, versibus iambicis, e cod. Palat. n° 23.

Copié en 1607 par Cl. Saumaise. Pap. 32 fol. (Delamare.-Reg. 3247, 2.) *P.*

1778. Nicetæ Choniatæ annales.

XIII s. Parch. 256 fol. (Colbert. 4509.) *P.*

1779. Nicolai Chalcondylæ de rebus Turcicis libri X.

Copié en 1579 par André Darmarios. Pap. 652 fol. (J.-A. de Thou.-Colbert. 3820.) *P.*

1780. Nicolai Chalcondylæ de rebus Turcicis libri X.

XVI s. Pap. 275 fol. (Medic.-Reg. 3062.) *P.*

1781. Nicolai Chalcondylæ de rebus Turcicis libri X.

XVI s. Pap. 237 fol. (Medic.-Reg. 3061.) P.

1782. Georgii Codini origines CP., initio mutilæ (1); — Horologium, cum interpretatione et chronologia mystica : Αὔτη μὲν ἡ διαγραφή… (67 v°); — Leonis Sapientis imp. versus anacreontici in novissimum judicium (69 v°); — Michaelis Pselli versus ad Mich. Ducam de conciliis generalibus (71 v°); — ejusdem versus de fide (73); — ejusdem versus de theologia (74); — ejusdem versus de XII. apostolis (75 v°); — Paschalion, ab a. 1320, cum cyclis solari et lunari (76); — S. Gregorii Nazianzeni epigramma in tumulum S. Basilii, cum Nicetæ Paphlagonis commentario (83 v°); — S. Maximi tractatus de duabus in Christo naturis (86); — S. Damasi papæ fragmenta ex capitulis ad Paulinum, Thessalonicensem episcopum (88); — S. Athanasii Alexandrini interrogationes et responsiones ad Antiochum ducem (91 v°); — S. Epiphanii, Cypri episcopi, opusculum de XII. lapidibus in vestibus Aaronis (111); — S. Gregorii Cyprii, CP. patriarchæ, confessio ad eos qui eum calumniabantur (116 v°); — ejusdem sermo ad imperatorem, de Marco monacho (120 v°); — Sententiæ excerptæ ex operibus variorum poetarum et rhetorum, fine mutilæ : Οἱ γέρανοι καὶ περὶ τὴν πτῆσιν… (122).

XIV s. Bombyc. 124 fol. (Reg. 3058,3.) P.

1783. Georgii Codini origines CP. (1); — Anonymi breve chronicon a Julio Cæsare ad Michaelem Comnenum, a. 1283. (67 v°); — Anonymi nomenclatura tumulorum impp. in SS. Apostolorum templo CP. et in variis monasteriis exstantium (69 v°); — Anonymi compendium historiæ V. Testamenti, initio mutilum (72); — Ordo officiorum aulæ CP. (96); — Series patriarcharum CP. usque ad Josephum II, cujus effigies exstat in fine codicis (97).

XV s. Pap. 98 fol. Peint. (Reg. 3058, 4.) P.

1784. Georgii Codini origines CP. (1); — ejusdem officia aulæ CP. (66); — Series imperatorum Romanorum a Julio Cæsare ad Joannem Palæologum (121); — Epochæ celebriores ab Adamo ad Constantinum Magnum (125 v°); — Series patriarcharum Romæ, Hierosolymæ, Alexandriæ, Antiochiæ, Constantinopolis (126); — Series regum Judæ et Israel (132); — Series regum Assyriorum (133); — Series regum Græcorum ab Alexandro ad Cleopatram (133 v°).

XVI s. (Copié par Théodose, notaire.) Pap. 133 fol. (Colbert. 3558.) P.

1785. Georgii Codini originum CP. excerpta (1); — ejusdem officia aulæ CP. (17); — Anonymi chronicon breve ab Adamo usque ad expugnationem CP. (51 v°); — Series patriarcharum CP. (58); — Anonymi opusculum de constructione ædis Sᵃᵉ. Sophiæ : Τὴν μεγάλην ἐκκλησίαν... (60).

XVI s. (Copié par Constantin Palæocappa.) Pap. 67 fol. (Colbert. 3938.) P.

1786. Georgii Codini officia aulæ CP. (1); — Constantini Harmenopuli promptuarium juris civilis (65).

XV-XVI s. Pap. 211 fol. (Fontebl.-Reg. 2527.) P.

1787. Georgii Codini officia aulæ CP.

XVI s. Pap. 63 fol. (Trichet Dufresne.-Reg. 3060.) P.

1788. Georgii Codini origines CP. (1); — Anonymi opusculum de constructione ædis Sᵃᵉ. Sophiæ (49); — Series impp. Romanorum a Julio Cæsare ad Michaelem Comnenum (67 v°); — Anonymi descriptio tumulorum impp. in SS. Apostolorum æde (71); — Ordo thronorum et officia magnæ ecclesiæ (73 v°); — Origenis fragmentum de oratione (74 v°); — Synopsis constitutionum canonicarum de nuptiis prohibitis (80); — Basilii, Constantini et Leonis impp. prochiron legum titulis xxi. (84 v°); — Leonis et Constantini impp. ecloga (111 v°); — Leges militares ex Rufo et tacticis (139); — Pœnæ in Manichæos aliosque hæreticos constitutæ (147); — Leges colonariæ (152 v°); — De septem hominis ætatibus : Βρέφος ἀπὸ γεννήσεως... (159 v°); — Canones apostolorum cum Theodori Balsamonis interpretatione (159 v°); — Anonymi commentarius de quatuor primis conciliis generalibus : Ἡ ἁγία καὶ οἰκουμενικὴ πρώτη... (199 v°); — Anonymi moralia præcepta : Ἐχθρὸς οὐ ὁ ἀδικῶν μόνος... (201 v°); — Sapientis cujusdam anonymi fabulæ æsopicæ, alphabetice : Ἀνὴρ πένταθλος ἐπ' ἀνδρείᾳ... (204); — Gabriæ fabulæ, versibus iambicis, in epitome (218); — Basilii imp. ad Leonem filium capita exhortatoria LXV. (220 v°); — S. Athanasii ad Antiochum quæstionum fragmenta (237 v°); — Splenii philosophi opusculum de generatione hominis (238 v°); — Dialogus Judæum inter et Christianum : Ἡρώτησεν Ἰουδαῖος Χριστιανὸν λέγων... (239 v°); — — Fragmenta theologica : Πάντων τῶν ἐνεργουμένων... (246 v°); — Contractus nuptialis formulæ (256); — Adjuratio pro purgatione domus (257).

Copié en 1440 par le hiéromoine Gennade. Bombyc. 259 fol. (Colbert. 3607.) P.

1789. Ex Himerii chartularii rebus a Theodoro conscriptis de CP. [Combefis, *Origines CP.*, p. 11.]

XVI s. Pap. 20 fol. (Teller. Rem.-Reg. 3394.) P.

1790. Manuelis Malaxi chronicon a mundi creatione ad a. 1573, lingua græca vulgari (1); — inseruntur [Nicephori Xanthopuli] officia palatii CP. (295) — et series patriarcharum CP. (297).

XVI s. Pap. 900 pages. (Colbert. 4787.) P.

1791-1792. Thucydidis de bello Peloponnesiaco libri I-IV. et V-VIII.

XVI s. (Copié par Jean d'Otrante.) Pap. 355 fol. (Medic.-Reg. 3462 et 3463.) P.

1793. Xenophontis de rebus Græcorum libri VII.

XVI s. (Copié par Jean d'Otrante.) Pap. 344 pages. (Medic.-Reg. 3465.) P.

1794. Xenophontis memorabilium Socratis dictorum libri IV.

XVI s. (Copié par Jean d'Otrante.) Pap. 175 fol. (Reg. 3465, 3.) P.

1795. Xenophontis Cyropædiæ libri VIII.

XVI s. (Copié par Jean d'Otrante.) Pap. 400 pages. (Medic.-Reg. 3464.) P.

1796. Polybii historiarum libri I. et II.

XVI s. (Copié par Ange Vergèce.) Parch. 249 fol. (Dupuy.-Reg. 3466.) P.

1797. Dionysii Halicarnassei de compositione verborum liber.

XVI s. (Copié par Ange Vergèce.) Pap. 84 fol. (Colbert. 6050.) P.

1798. Dionysii Halicarnassei de compositione verborum liber.

XVI s. (Copié par Ange Vergèce.) Pap. 87 fol. (Fontebl.-Reg. 3506.) P.

1799. Dionysii Halicarnassei de compositione verborum liber.

XVI s. (Copié par Ange Vergèce) Pap. 90 fol. (Colbert. 6423.) *P.*

1800. Dionysii Halicarnassei epistola ad Pompeium de Platone (1) ; — ejusdem judicium de Herodoti et Xenophontis scriptis (23) ; — ejusdem contra eos qui Demosthenem ab Aristotele rhetoricam mutuatum esse dicebant (31) ; — ejusdem de oratoribus antiquis commentarius (47).

XVI s. Pap. 57 pages. (Reg. 3461.) *P.*

1801. Philostrati vitæ Apollonii Tyanensis libri VIII.

XIV s. Pap. 204 fol. (Fontebl.-Reg. 3528.) *P.*

1802. Georgii Gemisti Plethonis excerpta e Diodori Siculi historiarum libro II., de Assyriis et Medis.

XVI s. (Copié par Ange Vergèce.) Pap. 37 fol. (Baluze.-Reg. 3501, 2.) *P.*

1803. Constantini Manassis chronicon ab orbe condito usque ad Nicephorum Botaniatam.

XIV s. Bombyc. 113 fol. (Medic.-Reg. 3472.) *P.*

1804. Pythagoræ aurea carmina, cum Hieroclis philosophi commentario.

XV s. Copié par Michel Apostolios. Pap. 54 fol. (Reg. 2585.) *M.*

1805. Pythagoræ aurea carmina (1) ; — Homeri batracho-myomachia (2 vᵒ) ; — Homeri Ilias, præmissa ejus vita, etc. (9).

XV s. Copié par Georges Gregoropoulos. Pap. 318 fol. (Fontebl.-Reg. 2786.) *M.*

1806. Pythagoræ aurea carmina (1) ; — Theonis Smyrnæi Platonici tractatus de iis quæ in mathematicis ad Platonis lectionem utilia sunt (2 vᵒ) ; — Georgii Gemisti Plethonis libellus de Platonicæ atque Aristotelicæ philosophiæ differentia (41) ; — ejusdem ad Scholarii pro Aristotele objectiones responsio (54).

XV s. Pap. 80 fol. (Medic.-Reg. 2589.) *P.*

1807. Platonis operum volumen II : Clitophon (1), — Reipublicæ libri X. (3), — Timæus (114), — Critias (145), — Minos (151 vᵒ), — Legum libri XII. (155), — Epinomis (291), — Epistolæ xii. (299 vᵒ), — Definitiones (322), — De justo (325), — De virtute (326 vᵒ), — Demodocus (328), — Sisyphus (331),

— Alcyon (333), — Eryxias (334 v°), — Axiochus, cum scholiis (341 v°).

IX s. Parch. 344 fol. (Medic.-Reg. 2087.) *G.*

1808. Platonis Euthyphron (1), — Apologia Socratis (7), — Criton (17), — Phædon (22), — Cratylus (46 v°), — Theætetus (65 v°), — Sophista (91), — Politicus (109), — Parmenides (128 v°), — Philebus (143 v°), — Convivium (163), — Phædrus (181 v°), — Alcibiades primus (200 v°), — Alcibiades secundus (211 v°), — Hipparchus (216 v°), — Amatores (219), — Theages (221 v°), — Charmides (225 v°), — Laches (234), — Lysis (242), — Euthydemus (249), — Protagoras (261 v°), — Gorgias (280), — Menon (307 v°), — Hippias major (317 v°), — Hippias minor (326 v°), — Ion (331), — Menexenus (335), — De justo (340 v°), — De virtute (341 v°), Demodocus (343), — Sisyphus (345 v°), — Alcyon (347), — Eryxias (348), — Axiochus (354); — Pythagoræ aurea carmina (356 v°); — Timæi Locrensis opusculum de anima mundi, fine mutilum (357 v°); — Synaxarium Slavonicum, sept. 1-14. s. xiv. (25-34).

XIII s. Bombyc. 360 fol.(Hurault.-Reg. 2088.) *M.*

1809. Platonis Euthyphron (1), — Apologia Socratis (5 v°), — Criton (13 v°), — Phædon (17), — Cratylus (36), — Theætetus (52), — Sophista (72), — Politicus (87), — Parmenides (103), — Philebus (116), — Convivium (132), — Phædrus (148), — Alcibiades primus (164), — Alcibiades secundus (173 v°), — Hipparchus (177 v°), — Amatores (180), — Theages (182), — Charmides (185 v°), — Laches (193), — Lysis (200 v°), — Euthydemus (207), — Protagoras (227 v°), — Gorgias (242 v°), — Menon (267), — Hippias major (276 v°), — Hippias minor (284), — Ion (288), — Menexenus (291 v°), — De justo (295 v°), — De virtute (297), — Demodocus (298), — Sisyphus (300 v°), — Alcyon (302), — Eryxias (303), — Axiochus (308); — Timæi Locrensis opusculum de anima mundi (310 v°); — Pythagoræ aurea carmina (314 v°); — Platonis Clitophon (315 v°).

XV s. Parch. 316 fol. (Reg. 2087, 2.) *G.*

1810. Platonis Euthyphron (1), — Criton (5), — Apologia

Socratis (9), — Phædrus, cum Hermiæ scholiorum libris III. (17); — Timæi Locrensis opusculum de anima mundi (93 v°); — Platonis Parmenides, cum Procli commentariorum libris VII. (97), — Reipublicæ libri X. (225), — Convivium (287); — Lysidis Pythagorei epistola ad Hipparchum (301); — Paschalion (301 v°).

XIII s. Bombyc. 302 fol. (Fontebl.-Reg. 2090.) G.

1811. Platonis Cratylus (1), — Theætetus (19 v°), — Sophista (44), — Politicus (62), — Parmenides (82 v°), — Philebus (97 v°), — Convivium (106 v°), — Phædrus (125), — Alcibiades primus (144), — Alcibiades secundus (155), — Hipparchus (159 v°), — Amatores (162), — Theages (165), — Charmides (168 v°), — Gorgias (177 v°), — Menon (200), — Hippias major (210 v°), — Hippias minor (219 v°), — Ion (224 v°), — Menexenus (229), — Euthyphron (234 v°), — Apologia Socratis (240), — Criton (250), — Phædon (254 v°), — Laches (278 v°), — Lysis (287), — Euthydemus (294 v°), — Protagoras (308).

XIV s. Bombyc. 317 fol. (Fontebl.-Reg. 2089.) *M.*

1812. Platonis Cratylus (1), — Theætetus (18), — Sophista (41 v°), — Politicus (67 v°), — Parmenides (85 v°), — Philebus (99), — Convivium (117 v°), — Phædrus (136), — Alcibiades primus (154), — Alcibiades secundus (165), — Hipparchus (169 v°), — Amatores (172 v°), — Theages (175), — Charmides (179), — Gorgias (188), — Menon (217), — Hippias major (226 v°), — Hippias minor (241), — Ion (245), — Timæus (251).

XIV s. Bombyc. 277 fol. (Colbert. 1244.) *M.*

1813. Platonis Phædon (1), — Cratylus (31), — Alcibiades secundus (56), — Hipparchus (62 v°), — Phædrus (66), — Definitiones (89), — Charmides (92), — Laches (103); — Procli Diadochi de Platonis philosophia libri VI., fine mutili (114).

XIII s. Bombyc. 271 fol. (Medic.-Reg. 2818.) *M.*

1814. Platonis Euthyphron (1), — Apologia Socratis (11 v°), — Criton (31 v°), — Phædon (41), — Cratylus (91), — Theætetus (131), — Sophista (184 v°), — Politicus (221 v°), — Parmenides (262 v°), — Philebus (296), — Phædrus (336), — Alcibiades primus, fine mutilus (374 v°).

XVI s. Pap. 377 fol. (Fontebl.-Reg. 2572.) *M.*

1815. Platonis Gorgias (1); — Timæi Locrensis opusculum de anima mundi (62); — Luciani Icaromenippus (71); — Anonymi prolegomena artis rhetoricæ : Ἀριστείδης ὁ σοφιστὴς ἐντυχὼν Γοργίᾳ... (84); — Aristidis orationes duæ de rhetorica adversus Platonem (89); — Platonis Cratylus (163); — ejusdem Parmenides (194 v°); — Cleomedis de contemplatione orbium cælestium libri II. (267); — Libanii monodia ad Antiochenos (307 v°); — Agrippæ exhortatio ad Judæos, ex Fl. Josephi historia (310); — Aristotelis ad Alexandrum liber de mundo (314); — Fl. Josephi adversus Appionem libb. II. de antiquitate Judaica excerpta (325); — Plutarchi consolatio ad Apollonium (349).

XVI s. Pap. 361 fol. (Medic.-Reg. 2573.) *M.*

1816. Albini introductio in Platonis dialogos (A); — Porphyrii liber de vita Plotini et ordine librorum ejus (1); — Plotini enneades (15 v°).

Copié en 1460 par Jean Scoutariotes. Pap. 306 fol. (Medic.-Reg. 2576.) *M.*

1817. Theonis Smyrnæi Platonici expositio eorum quæ in mathematicis ad Platonis lectionem utilia sunt (1); — Idem opus, alia manu (41); — Olympiodori commentarius in Platonis Philebum (86); — Michaelis Pselli commentarius in Platonis psychogoniam (112); — Maximi Tyrii opusculum de Deo secundum Platonem (119); — ejusdem tractatus utrum injuriam injuria ulcisci oporteat, fine mutilus (123 v°); — Anonymi fragmenta tractatus de piscibus, ubi excerptum ex Xenocrate, cap. LVII-LX. (126); — Procli Diadochi commentarii in Platonis primum Alcibiadem initium (135); — Zosimi comitis historiæ novæ caput primum, imperfectum (137).

XVI s. Pap. 138 fol. (Fontebl.-Reg. 2103.) *M.*

1818. Theonis Smyrnæi Platonici expositio eorum quæ in mathematicis ad Platonis lectionem utilia sunt (1); — Aristotelis de rhetorica libri III. (83).

XVI s. Pap. 152 fol. (Mazarin.-Reg. 2586.) *M.*

1819. Theonis Smyrnæi Platonici expositio eorum quæ in mathematicis ad Platonis lectionem utilia sunt.

XVI s. (Copié par Jacques Diassorinos.) Pap. 107 fol. (Colbert. 1243.) *M.*

1820. Theonis Smyrnæi Platonici expositio eorum quæ in mathematicis ad Platonis lectionem utilia sunt.

XVII s. (Copié par Joseph Auria.) Pap. 57 fol. (Teller. Rem.-Reg. 2163, 3.) *M.*

1821. Theonis Smyrnæi Platonici expositio eorum quæ in mathematicis ad Platonis lectionem utilia sunt.

XVI s. Pap. 28 fol. (Teller. Rem.-Reg. 2163, 2.) *M.*

1822. Olympiodori scholia in Platonis Gorgiam (1), — in primum Alcibiadem (82 v°), — in Phædonem (153), — in Philebum (235).

Copié en 1535 par Ange Vergèce. Pap. 257 fol. (Fontebl.-Reg. 2102.) *M.*

1823. Olympiodori scholia in Platonis Phædonem (1), — et in Philebum (101 v°); — Michaelis Pselli Chaldaicorum oraculorum interpretatio (131); — ejusdem expositio Chaldaicorum dogmatum (139 v°); — Timæi Locrensis opusculum de anima mundi (143); — Theophrasti historiæ plantarum excerpta (151); — ejusdem de succis plantarum excerpta (172 v°).

Copié (en partie) en 1536 par Valeriano Albini. Pap. 176 fol. (Fontebl.-Reg. 2101.) *M.*

1824. Olympiodori scholia in Platonis Phædonem (1), — et in Philebum (138 v°).

XVI s. Pap. 178 fol. (Reg. 2101, 2.) *M.*

1825. Hermiæ philosophi commentariorum in Platonis Phædrum libri III.

XVI s. Pap. 189 fol. (J.-A. de Thou.-Colbert. 1875.) *M.*

1826. Hermiæ philosophi commentariorum in Platonis Phædrum libri III. (1); — eorumdem commentariorum liber I. iterum (192).

Copié en 1563 par Jean Murmuris. Pap. 248 fol. (Hurault.-Reg. 2091.) *G.*

1827. Hermiæ philosophi commentariorum in Platonis Phædrum libri III.

XVI s. (Copié par Ange Vergèce.) Pap. 151 fol. (Fontebl.-Reg. 2584.) *M.*

1828. Procli Diadochi de Platonis theologia libri VI. (1); — Exordium orationis in laudem Michaelis archangeli : Οἶμαι μὲν ὡς εἴ τις... (235); — Procli Diadochi theologicæ institutionis cápita ccxi. (239).

Copié en 1562 par Nicolas de la Torre. Pap. 280 fol. (Hurault.-Reg. 2096.) *M.*

1829. Procli Diadochi de Platonis theologia libri VI.

XVI s. Pap. 299 fol. (Fontebl.-Reg. 2097.) *M.*

1830. Procli Diadochi de Platonis theologia libri VI. (1); — ejusdem theologicæ institutionis capita ccxi. (279).

Copié en 1539 par Valeriano Albini. Pap. 330 fol. (Fontebl.-Reg. 2098.) *M.*

1831. Procli Diadochi commentarius in Platonis libros de republica (1); — Galeni fragmentum (119); — Simplicii, vel Joannis Philoponi, commentarius in Aristotelis sophisticos elenchos (127).

XVI s. Pap. 132 fol. (Fontebl.-Reg. 2583.) *M.*

1832. Procli Diadochi commentarius in Platonis libros de republica (1); — ejusdem capita clxxxii. in Platonis Cratylum (109); — Alexandri Aphrodisei commentarius in Aristotelis topicorum libros IV. (135); — Anonymi commentarius in Aristotelis sophisticos elenchos : [Ὅ]τι μὲν ὁ περὶ ἀποδείξεως... (262).

XV-XVI s. Pap. 374 feuilless. (Medic.-Reg. 2613.) *M.*

1833. Procli Diadochi commentarius in Platonis libros de republica (1); — Athenæi Deipnosophistarum libri III-IX. (75).

XVI s. Pap. 236 fol. (Colbert. 1236.) *M.*

1834. Procli Diadochi commentarius in Platonis libros de republica.

XVI s. Pap. 109 fol. (Hurault.-Reg. 2100.) *M.*

1835. Procli Diadochi commentariorum in Platonis Parmenidem libri VII.

Copié en 1561 par André Darmarios. Pap. 415 fol. (Hurault.-Reg.2092.) *M.*

1836. Procli Diadochi commentariorum in Platonis Parmenidem libri VII.

Copié en 1536 par Ange Vergèce. Pap. 251 fol. (Fontebl.-Reg. 2099.) *M.*

1837. Procli Diadochi commentariorum in Platonis Parmenidem libri VII. (1); — ejusdem fragmenta commentarii in Platonis theologiam (342); — ejusdem commentarius in primum Alcibiadem (366); — Alcinoi introductio in Platonis philosophiam (398); — Maximi Tyrii Platonici sermones V. (418 v°).

XVI s. (Copié, en partie, par Arsène de Monembasie.) Pap. 428 fol. (Medic.-Reg. 2094.) *M*.

1838. Procli Diadochi commentariorum in Platonis Timæum libri V. (1).

XVI s. (Copié par Jean d'Otrante.) Pap. 686 pages. (Medic.-Reg. 2093.) *M*.

1839. Procli Diadochi commentariorum in Platonis Timæum libri V.

XV s. Pap. 522 fol. (Colbert. 715.) *M*.

1840. Procli Diadochi commentariorum in Platonis Timæum libri tres priores, fine mutili.

XVI s. Pap. 158 fol. (Medic.-Reg. 2213.) *M*.

1841. Procli Diadochi commentariorum in Platonis Timæum libri V.

XVI s. (Copié par Jean d'Otrante.) Pap. 684 pages. (Fontebl.-Reg. 2095.) *M*.

1842. Procli Diadochi commentariorum in Platonis Cratylum ecloga (1); — ejusdem theologicæ institutionis capita ccx. (156 v°).

XVII s. Pap. 318 fol. (Mazarin.-Reg. 2582.) *M*.

1843. Aristotelis categoriæ, initio et fine mutilæ (cap. 3-5.) (1); — Ammonii commentarius in Porphyrii quinque voces (11); — Ammonii prolegomena Aristotelis categoriarum (21); — Anonymi de avibus : Ἐπειδή σοι τῆς γῆς... (54); — Joannis Itali scholia in librum Aristotelis de interpretatione (62); — Michaelis Pselli paraphrasis in eumdem librum (67); — Porphyrii isagoge (92); — Aristotelis categoriæ (100), — de interpretatione (113), — analytica priora (120), — analytica posteriora (177), — topicorum libri VIII., cum Alexandri Aphrodisei commentario (209), — sophistici elenchi, cum Michaelis Ephesii scholiis (335); — inseritur Solonis fragmentum (334).

XIII s. Bombyc. 385 fol. (Fontebl.-Reg. 2608.) *M*.

1844. Aristotelis categoriæ (1); — Vita Aristotelis : Ὁ Ἀριστοτέλης τῷ μὲν γένει... (26); — Anonymi commentarius in [Porphyrii] prolegomena (26 v°); — Anonymi commentarius in Aristotelis categorias (32); — Ammonii commentarius in Porphyrii isagogen (87).

XIV s. Bombyc. 115 fol. (Colbert. 3608.) *M*.

1845. [Leonis Magentini] commentarius in Porphyrii isagoge, initio mutilus (1); — ejusdem commentarius in Aristotelis categorias (17); — Porphyrii isagoge, cum scholiis (18); — Aristotelis liber de interpretatione, cum scholiis (33 v°); — ejusdem analytica priora (42 v°), — et posteriora, cum scholiis (84 v°); — ejusdem topica, cum scholiis (113 v°); — ejusdem sophistici elenchi, initium tantum superest (177).

XIV s. Bombyc. 179 fol. (Medic.-Reg. 2820.) *M*.

1846. Aristotelis analytica priora, cum Joannis Philoponi commentario (1); — Nicephori Gregoræ systema mundi (185 v°).

XIV s. Pap. 185 fol. (Fontebl.-Reg. 2636.) *M*.

1847. Aristotelis analytica posteriora.

XVI s. Pap. 32 fol. (Medic.-Reg. 2590.) *M*.

1848. Aristotelis metaphysicorum libri XIII. (1); — ejusdem de plantis libri II. (116); — Alexandri Aphrodisiensis de mixtione liber (136).

XV s. Copié (en partie) par Michel Apostolios. Pap. 147 fol. (Fontebl.-Reg. 2602.) *M*.

1849. Aristotelis metaphysicorum libri I. et II., fine mutilus (1); — Galeni anatomicarum operationum libri IX. (9); — ejusdem de musculorum motu libri II. (95); — ejusdem commentarius in Hippocratis librum de articulis (111); — ejusdem commentarius in Hippocratis librum de fracturis (147 v°); — ejusdem commentarius in Hippocratis librum de officio medici (175 v°).

XIV s. Bombyc. 206 fol. (Medic.-Reg. 2604.) *M*.

1850. Aristotelis metaphysicorum libri XIII.

XVI s. Pap. 91 fol. (Medic.-Reg. 2603.) *M*.

1851. Aristotelis de anima libri III. (1); — ejusdem liber de lineis insecabilibus (18 v°); — Themistii paraphrasis in Aristotelis libros de anima (23).

Copié en 1402. Parch. 77 fol. (Medic.-Reg. 2599.) *M.*

1852. Aristotelis de anima libri III. (1); — ejusdem ethicorum ad Nicomachum libri X. (41).

XV s. Parch. 142 fol. (Medic.-Reg. 2598.) *M.*

1853. Aristotelis physicorum libri VIII. (3), — de cælo libri IV. (69), — de generatione et corruptione libri II. (106 v°), — meteorologicorum libri IV. (129), — de anima libri III., deest fol. ult. (175 v° et 1), — de sensu et sensibilibus (203), — de memoria et reminiscentia (210), — de somno [et vigilia, de insomniis], de divinatione per somnum (212 v°), — de motu animalium (221), — metaphysicorum libri XIII. (225 v°); — Theophrasti metaphysica (309); — Aristotelis liber de coloribus (312 v°), — de partibus animalium libri IV. (318), — de generatione animalium libri V. (352), — de animalium incessu, superest initium tantum (393), — ethicorum ad Nicomachum libri X., mutili (393), — magnorum moralium libri II.; omnia cum scholiis (437).

X-XV s. Parch. 453 fol. (Medic.-Reg. 2105.) *G.*

1854. Aristotelis ethicorum ad Nicomachum libri X., cum scholiis (1); — ejusdem de virtutibus et vitiis (188); — Syllogismi de anima : Τὸν ἐπιδεικτικὸν καὶ κάλλει... (192 v°).

XII-XIII s. Parch. 198 fol. (Fontebl.-Reg. 2591.) *M.*

1855. Aristotelis ethicorum ad Nicomachum libri X. (1); — ejusdem magnorum moralium libri II. (154).

XIV s. Pap. 215 fol. (Medic.-Reg. 2593.) *M.*

1856. Aristotelis ethicorum ad Nicomachum libri X.

XV s. Pap. 138 fol. (Medic.-Reg. 2594.) *M.*

1857. Aristotelis politicorum libri VIII. (1); — ejusdem œconomicorum libri duo (235).

Copié en 1492 par Jean Rhosos. Parch. 261 fol. (Fontebl.-Reg. 2592.) *P.*

1858. Aristotelis politicorum libri V, 6-VIII.

XV s. Parch. 48 fol. (Colbert. 2401.) *M.*

1859. Aristotelis de physica auscultatione libri VIII. (1).

— de generatione et corruptione libri duo (99), — de partibus animalium libri IV. (127), — de incessu animalium (209), — de memoria et reminiscentia (224), — de somno et divinatione per somnum (229 v°), — de insomniis (236), — de motu animalium, omnia cum scholiis (245).

XIV s. Bombyc. 252 fol. (Fontebl.-Reg. 2597.) *M.*

1860. Aristotelis physicorum libri VIII. (1), — de cælo libri IV. (73), — de generatione et corruptione libri duo (110), — de meteoris libri IV. (130), — de anima libri III. (171), — de sensu et sensibilibus libri duo (197 v°), — de memoria et reminiscentia (207 v°), — de somno et vigilia (211), — de longitudine et brevitate vitæ (220 v°), — de juventute et senectute, vita et morte (222 v°), — de lineis insecabilibus (233 v°), — de coloribus (237).

XV s. Parch. 243 fol. (Medic.-Reg. 2595.) *M.*

1861. Aristotelis physicæ auscultationis libri VIII. (1), — de anima libri III. (35 v°), — de cælo libri IV. (48 v°), — de sensu et sensibili libri II. (69), — de memoria et reminiscentia (74 v°), — de somno et vigilia (76), — de insomniis (78), — de divinatione per somnum (80), — de motu animalium (81), — de longitudine et brevitate vitæ (83 v°), — de juventute et senectute, vita et morte (85), — de respiratione (86), — de coloribus (90 v°), — de generatione et corruptione libri II. (94), — de meteoris libri IV. (105), — metaphysicorum libri XIII. (133), — de plantis libri II., fine mutili (177).

XV s. Copié par Georges Gregoropoulos. Pap. 180 fol. (Hurault.-Reg. 1841.) *G.*

1862. Aristotelis de meteoris libri IV.

XVI s. Pap. 53 fol. (Colbert. 2143.) *M.*

1863. Aristotelis de partibus animalium libri IV. (1); — « Vita Pomponii Attici ex Cornelii Nepotis historia, » latine (61); — « Platonis vita, ad Philippum physicum, a Guarino Veronensi compilata, » latine (70 v°); — « Insomnium Luciani, » latine versus a Georgio Bivilaqua (92 v°).

XIV-XV s. Pap. 97 fol. (Medic.-Reg. 2648.) *P.*

1864. Aristotelis de partibus animalium libri IV. (1); —

ejusdem de generatione animalium libri V. (72); — ejusdem liber de incessu animalium (166 v°).

XV s. Pap. et parch. 178 fol. (Medic.-Reg. 2600.) *M.*

1865. Aristotelis problemata (21); — præmittuntur et sequuntur excerpta varia græco-latina, ex Petrarcha (1 v°), — Ovidio (1 v°), — Bessarione (2 et 3), — Aristotele (2 v°, 7 v° et 12 v°), — Themistio (2 v° et 7 v°), — Synesio (3 v°), — Hesiodo (3 v°), — Epicteto (3 v°), — Maximo Platonico (4), — Alcinoo (7 v°), — Alexandro Aphrodisiensi (8 v°), — Plutarcho (9 et 16), — Platone (12), — Aulu-Gellio (17 v°), — Josepho (19 v°); — Apophthegmata varia (1, 8 et 15); — Excerpta ex Galeno (129), — Paulo Ægineta (133), — Medicinarum formulæ variæ (132 v°, etc.), — Definitiones græco-latinæ, alphabet. : « Acies dicitur exercitus instructus... » (144 v°); — Excerpta ex Terentio (165 v°), — Cicerone (170), — Lactantio (176); — Philippi epistola ad Aristotelem, lat. (187); — « Oratio Æschinis, » lat. (187); — « Oratio Demadis, » lat. (187 v°); — « Oratio Demosthenis, » lat. (187 v°); — « Epistola Demosthenis ad Alexandrum, » lat. (188 v°); — Apophthegmata varia (190); — Excerpta ex Libanio (193 v°), — et Aristotele (194).

XV s. Copié par Michel Apostolios. Pap. 194 fol. (Medic.-Reg. 2601.) *M.*

1866. Aristotelis excerpta ex physicæ auscultationis libris VIII. (2), — de anima libris III. (121), — de cælo libris IV. (199 v°), — de generatione et corruptione libris II. (278 *bis*).

XV s. Bombyc. 318 fol. (Teller. Rem.-Reg. 2648, 2.) *M.*

1867. Aristotelis excerpta ex physicæ auscultationis libris IV. prioribus.

XVI s. Pap. 26 fol. (Mazarin.-Reg. 2124.) *G.*

1868. Anonymi compendium logicæ Aristotelis : Ὅτι ἀναγκαῖον ἐστί... (1); — Joannis protospatharii commentarius in Hesiodi Opera et dies (12); — Luciani muscæ encomium, cum scholiis (22); — Anonymi tractatus de animæ facultatibus : Ὅτι τῶν ψυχικῶν δυνάμεων... (28); — Anonymi tractatus de dialectica : Διαλεκτικὴ ἐστὶ τέχνη τεχνῶν... (52); — Alexandri Aphrodisiensis liber de fato, initio mutilus (82); — Jamblichi fragmenta (108 v°); — Plutarchi liber de vita Homeri (111); — M. T. Ciceronis somnium Scipionis, a Macrobio Ambrosio commentatum, et a Maximo Planude græce versum (143); — Nomina animalium terrestrium et aquatilium (228); — Tabulæ astronomicæ (229 v°); — Themistii paraphrasis in libros Aristotelis de anima (235); — Julii Pollucis onomasticon, fine mutilum (316); — Hippocratis tractatus de generatione hominis, finis tantum superest (368); — ejusdem tractatus de semine (368), — de puerorum generatione (369 v°), — de membris (375 v°); — lex (377), — de arte (377), — de veteri medicina (379 v°); — S. Thomæ Aquinatis summa adversus ethnicos, initio mutila (407); — Thucydidis historiarum pars libri I. (452).

XV s. Pap. 458 fol. (Medic.-Reg. 2647.) *M.*

1869. Aristotelis rhetoricæ libri III. (1); — Anonymi scholia in Aristotelis rhetoricam (ed. C. Neobar, Paris, 1539), initio mutila (57); — Stephani scholia in Aristotelis rhetoricam (174).

ʻXIV s. Pap. 196 fol. *M.*

1870. Heliodori Prusæi, [vel Andronici Rhodii] paraphrasis in Aristotelis ethica ad Nicomachum (I-VII, 4).

XVI s. (Copié par Constantin Palæocappa.) Pap. 102 fol. (Colbert. 570.) *G.*

1871. Anonymi [Heliodori Prusæi, vel Andronici Rhodii] paraphrasis in Aristotelis ethica ad Nicomachum.

XVI s. (Copié par Jean de Sainte-Maure.) Pap. 165 fol. (Teller. Rem.-Reg. 2123, 2.) *M.*

1872. Anonymi [Heliodori Prusæi, vel Andronici Rhodii] paraphrasis in Aristotelis ethica ad Nicomachum.

XVI s. (Copié par Arsène de Monembasie.) Pap. 156 fol. (Faure.-Reg. 2123, 3.) *M.*

1873. Alexandri Aphrodisiensis commentarius in Aristotelis priorum analyticorum librum II. (1); — ejusdem commentarius in Aristotelis librum de sensu et sensibili (77).

Copié (en partie) en 1561 par André Darmarios. Pap. 110 fol. (Colbert. 1136.) *M.*

1874. Alexandri Aphrodisiensis commentarius in Aristotelis topicorum libros VIII. (5 v°); — Anonymi opusculum de dictione civili et forensi : Ὁ πολιτικὸς ἤτοι δικανικός... (120); —

Apsinis opusculum de figuris (127) ; — Minuciani opusculum
de argumentorum sedibus (128 v°) ; — Apsinis ars rhetorica
(130) ; — Menandri rhetoris opusculum de genere demonstrativo (146 v°).

XIII s. Bombyc. 163 fol. (Colbert. 4072.) P.

1875. Alexandri Aphrodisiensis commentarius in Aristotelis metaphysicorum librum **V.**

XVI s. Pap. 60 fol. (Colbert. 1330.) M.

1876. Alexandri Aphrodisiensis commentarius in Aristotelis metaphysicorum libros **IV.** priores (1) ; — Michaelis
Ephesii [Alexandri Aphrodisiensis] commentarius in libros
sequentes **V–XIII.**, fine mutilus (140).

XIII s. Bombyc. 288 fol. (Fontebl.-Reg. 2109.) M.

1877. Alexandri Aphrodisiensis commentarius in Aristotelis metaphysicorum libros **IV.** priores.

Copié en 1549. Pap. 279 fol. (De Mesmes.-Reg. 2109, 2.) M.

1878. Alexandri Aphrodisiensis commentarius in Aristotelis metaphysicorum libros **IV.** priores. (Tomus I.)

XVI s. Pap. 162 fol. (Medic.-Reg. 2618.) M.

1879. Alexandri Aphrodisiensis commentarius in libros
sequentes **V–XIII.**, fine mutilus. (Tomus II.)

XVI s. Pap. 191 fol. (Fontebl.-Reg. 2614.) M.

1880. Alexandri Aphrodisiensis commentarius in Aristotelis de meteoris libros **IV.**

XII s. Parch. 253 fol. (Medic.-Reg. 2617.) M.

1881. Alexandri Aphrodisiensis commentarius in Aristotelis de meteoris libros **IV.**

XIII s. Bombyc. 95 fol. (Medic.-Reg. 2616.) P.

1882. Alexandri Aphrodisiensis commentarius in Aristotelis librum de sensu et sensibili (1) ; — Michaelis Ephesii
commentarius in Aristotelis librum de memoria et reminiscentia (81), — de somno et vigilia (103), — de divinatione
per somnum (123 v°), — de motu animalium (129), — de
longitudine et brevitate vitæ (145), — de juventute et senectute (152) ; — Procli Diadochi elementa physica (169).

XV s. Parch. 180 fol. (Fontebl.-Reg. 2615.) M.

1883. Alexandri Aphrodisiensis quæstionum naturalium et problematum medicinalium libri V. (1-3) ; — Galeni opusculum de sectis (29 v°) ; — Hippocratis et Galeni excerpta de quatuor elementis (35 v°) ; — Galeni ars parva (36 v°) ; — ejusdem de differentia febrium libri II. (47 v°) ; — Hippocratis prognosticorum libri III. (66 v°) ; — Anonymi de artium differentia (73 v°) ; — Hippocratis aphorismi, cum expositione, initio mutili (74 v°) ; — Paradigma de re medica et logica (156) ; — Galeni de alimentorum facultatibus libri II. (156 v°); — Aetii Amideni rerum medicinalium libri XII. (180 v°) ; — Anonymi opusculum medicum de lacte, etc., de ponderibus et mensuris, cap. XIII. : Τούτοις κἄπειδὰν ἐπί... (780 v°) ; — Galeni antiballomena (785 v°) ; — Lexicon botanicum (789 v°).

XIV s. Pap. 794 fol. (Medic.-Reg. 1847.) G.

1884. Alexandri Aphrodisiensis physicorum et medicinalium problematum ecloge, libris V. (1) ; — Aristotelis problemata (28) ; — Anonymi quæstiones et responsiones de rebus physicis : Τί διαφέρει ἀναπνοὴ σφυγμοῦ ;... (76 v° et 90 v°) ; — S. Gregorii Nysseni fragmentum de pulsibus (78) ; — Hippocratis prognostica (78 v°) ; — ejusdem tractatus de febribus (92 v°) ; — ejusdem epistola ad Ptolemæum, regem Ægypti (95 v°) ; — Nicephori Blemmidæ versus de rebus medicis (96 v°) ; — Anonymi opusculum de corpore humano : Τὸ σῶμα τοῦ ἀνθρώπου... (100) ; — Avicennæ excerpta de re medica, etc. (100 v°) ; — Anonymi græcæ institutionis capita octo : Ὡς ἐν τῇ ἑλληνικῆς χρήσει φωνῆς... (107) ; — Anonymi oratio ad imperatorem de Peloponnesi conservandæ ratione : Θειότατε αὐτοκράτορ, ὁ μὲν πρὸς Ἰταλῶν... (121) ; — Anonymi oratio de administrando recte imperio : Καὶ ἐν πλοίῳ κυβερνήτην,.. (128) ; — Anonymi tractatus de computo : Ἑρμηνευομένων τοῦ τε οὐρανοῦ... (137 v°) ; — Hippocratis aphorismi, cum Galeni interpretatione (158).

Copié en 1503 par Manuel Gregoropoulos. Pap. 331 fol. (Trichet Dufresne.-Reg. 2620.) M.

1885. Herennii philosophi commentarius in Aristotelis metaphysica (1) ; — Procli Diadochi elementa theologica (59).

XVI s. Pap. 122 fol. (J.-A. de Thou.-Colbert. 1222.) M.

1886. Themistii paraphrasis in Aristotelis analytica posteriora (1), — de physica auscultatione (41), — de memoria et
reminiscentia (92), — de somno et vigilia (102), — de insomniis (109 v°), — de divinatione per somnum (116 v°), — de
demonstratione libros II. (182).

XV-XVI s. Pap. 219 fol. (Fontebl.-Reg. 2622.) *M.*

1887. Themistii paraphrasis in Aristotelis libros II. de demonstratione (1), — de physica auscultatione libros VIII. (45
v°) ; — de anima libros III. (194), — de memoria et reminiscentia (287), — de somno et vigilia (297), — de insomniis
(305 v°), — de divinatione per somnum (313).

XVI s. Pap. 316 fol, (Hurault.-Reg. 2625.) *M.*

1888. Themistii paraphrasis in Aristotelis libros II. de demonstratione (2), — de physica auscultatione libros VIII.
(38 v°), — de anima libros III. (153 v°), — de memoria et reminiscentia (225 v°), — de somno et vigilia (232 v°),— de insomniis (238),— de divinatione per somnum (243).

XV s. Parch. 245 fol. (De Mesmes.-Reg. 2208, 2.) *M.*

1889. Themistii paraphrasis in Aristotelis de physica auscultatione libros VIII.

XVI s. Pap. 137 fol. (Medic.-Reg. 2624.) *M.*

1890. Themistii paraphrasis in Aristotelis de physica
auscultatione libros VIII.

XV s. Pap. 135 fol. (Fontebl.-Reg. 2623.) *M.*

1891. Themistii paraphrasis in Aristotelis de physica
auscultatione libros VIII. (1), — de memoria et reminiscentia
(142), — de somno et vigilia (152 v°), — de insomniis (161),
— de divinatione per somnum (169).

XVI s. Pap. 178 fol. (Fontebl.-Reg. 2621.) *M.*

1892. Olympiodori scholia in Aristotelis meteorologicorum
libros IV. (1); — Joannis [Philoponi] commentariorum libri
III. in Aristotelis meteorologicorum librum I. (222).

XVI s. Pap. 331 fol. (Medic.-Reg. 2113.) *M.*

1893. Syriani Philoxeni commentarius in Aristotelis metaphysicorum libros II., XII. et XIII. (1); — ejusdem fragmen-

tum de providentia (123 v°) ; — Aristotelis physiognomonica
(135); — De signis aquarum et ventorum : Σημεῖα ὑδάτων... (145
v°) ; — Alexandri Aphrodisiensis problematum medicorum et
physicorum libri duo (153).

XVI s. Pap. 198 fol. (Medic.-Reg. 2606.) *M.*

1894. Syriani Philoxeni commentarius in Aristotelis metaphysicorum libros II., XII. et XIII. (1); — ejusdem fragmentum de providentia (131 v°).

XVI s. Pap. 132 fol. (Mazarin.-Reg. 2108.) *G.*

1895. Syriani Philoxeni commentarius in Aristotelis metaphysicorum libros II., XII. et XIII. (1); — ejusdem fragmentum de providentia (117 v°).

XVI s. Pap. 118 fol. (Colbert. 1173.) *M.*

1896. Syriani Philoxeni commentarius in Aristotelis metaphysicorum libros II., XII. et XIII. (1); — ejusdem fragmentum de providentia (130 v°).

XV s. Copié par César Strategos. Pap. 131 fol. (Hurault.-Reg. 2644.) *M.*

1897. Syriani Philoxeni commentarius in Aristotelis metaphysicorum libros II., XII. et XIII. (1); — ejusdem fragmentum de providentia (221).

XVI s. (Copié par Constantin Palæocappa.) Pap. 223 fol. (Gaignières.) *G.*

1897 A. Ammonii commentarius in Aristotelis categorias,
initio mutilus (1); — Aristotelis categoriæ, cum scholiis,
initio mutilis (30); — ejusdem liber de interpretatione (53),
— analytica priora (73), — analytica posteriora, cum scholiis
(137), — et topica (167); — Michaelis Ephesii commentarius
in Aristotelis sophisticos elenchos (236).

XIII s. Bombyc. 251 fol. *M.*

1898. Ammonii commentarius in Aristotelis librum de
interpretatione (1); — ejusdem commentarius in isagogen
Porphyrii (81).

XVI s. Pap. 95 fol. (Medic.-Reg. 2607, 3.) *M.*

1899. Ammonii commentarius in Aristotelis metaphysicorum libros VI. priores.

Copié en 1544 par Christophe Auer. Pap. 609 pages. (Fontebl.-Reg.
2118.) *M.*

1900. Ammonii commentarius in isagogen Porphyrii (1); — Porphyrii isagoge (44 v°); — Anonymi fragmentum de comparatione, problemate et exemplo : Πολυσήμαντον τὸ ὄνομα... (96 v°); — Nota de Porphyrii vita (98); — [Davidis] commentarius in Aristotelis categorias (99).

XIII s. Bombyc. 168 fol. (Fontebl.-Reg. 2609.) *M.*

1901. Ammonii commentarius in Aristotelis metaphysicorum libros VI. priores.

XIII s. Parch. 376 fol. (Medic.-Reg. 2611.) *M.*

1902. Aspasii scholia in Aristotelis ethica ad Nicomachum.

XVI s. Pap. 165 fol. (Hurault.-Reg. 2630.) *M.*

1903. Aspasii scholia in Aristotelis ethica ad Nicomachum.

XVI s. Pap. 140 fol. (Medic.-Reg. 2629.) *M.*

1904. Ammonii commentarius in Aristotelis metaphysicorum libros VI. priores.

XVI s. Pap. 383 fol. (De Mesmes.-Reg. 2167,1.) *M.*

1905. Simplicii commentarius in Aristotelis categorias, fine mutilus.

XVI s. Pap. 16 fol. (Colbert. 2225.) *M.*

1906. Simplicii commentarius in Aristotelis physicæ auscultationis libros V-VIII.

XV s. (Copié par Jean Argyropoulos et Pallas Strozzi.) Pap. 268 fol. (Medic.-Reg. 2112.) *M.*

1907. Simplicii commentarius in Aristotelis physicæ auscultationis librum IV.

XV s. Pap. 206 fol. (Colbert. 1835.) *M.*

1908. Simplicii commentarius in Aristotelis physicæ auscultationis libros III. priores.

Copié en 1441 par Jean Argyropoulos. Pap. 214 fol. (Medic.-Reg. 2110.) *M.*

1909. Simplicii commentarius in Aristotelis physicæ auscultationis librum IV.

XV s. (Copié par Pallas Strozzi.) Pap. 183 fol. (Medic.-Reg. 2111.) *M.*

1910. Simplicii commentarius in Aristotelis de cælo libros IV.

Copié en 1471 par Jean Rhosos. Pap. 359 fol. (Colbert. 2590.) *M.*

1911. Joannis Philoponi commentarius in Aristotelis priora analytica.

XVI s. Pap. 243 fol. (Colbert. 1174.) *M.*

1912. Joannis Philoponi commentarius in Aristotelis priorum analyticorum librum II. (1); — Syriani Philoxeni commentarius in Aristotelis metaphysicorum libros II., XII. et XIII. (49); — ejusdem fragmentum de providentia (173 v°).

XVI s. Pap. 174 fol. (Fontebl.-Reg. 2635.) *M.*

1913. Joannis Philoponi expositio in Aristotelis analyticorum posteriorum librum I.

XV s. (Copié par Pierre Hypsilas.) Pap. 124 fol. (Medic.-Reg. 2114.) *M.*

1914. Joannis Philoponi commentarius in Aristotelis de anima libros III.

XII s. Parch. 307 fol. (Medic.-Reg. 2632.) *M.*

1915. Joannis Philoponi commentarius in Aristotelis de anima libros III.

XVI s. Pap. 416 fol. (Medic.-Reg. 2631.) *M.*

1916. Joannis Philoponi commentarius in Aristotelis librum de generatione et corruptione, fine mutilus (1); — Themistii paraphrasis in Aristotelis de anima libros III. (70), — de memoria et reminiscentia (154), — de somno et vigilia (163), — de insomniis (170), — de divinatione per somnum (176 v°).

XVI s. Pap. 181 fol. (Medic.-Reg. 2822.) *M.*

1917. [Leonis Magentini] commentarius in Aristotelis decem categorias (1); — ejusdem commentarius in Aristotelis librum de interpretatione, cum Michaelis Ephesii scholiis (17); — Anonymi scholia in Aristotelis posteriorum analyticorum fragmentum : Ὁ μὲν οὖν φανερώτατος... (45); — Divisiones ex Aristotelis libro de interpretatione (46 v°); — [Leonis] Magentini commentarius in Aristotelis analyticorum priorum lib. I. partem (48); — Nicomediensis metropolitæ commentarius in Aristotelis analyticorum posteriorum partem (70); — Joannis Philoponi commentarius in Aristotelis analytica priora (73 v°), — et postoriora (182); — Alexandri Aphrodisiensis commentarius in Aristotelis topicorum libros VIII. (324 v°); — Anonymi notæ in Aristotelis sophisticos elenchos : Ὅτι μὲν ὁ περὶ ἀποδείξεως λόγος... (475 v°) ; — Anonymi commentarius in eosdem : Ἐπεὶ δὲ καὶ τῶν σοφιστικῶν... (538 v°); — Anonymi scholia in Aristotelis topica, fine mutila : Τὸν σκοπὸν τῆς τῶν τοπικῶν... (550).

XIII s. Bombyc. 553 fol. (Medic.-Reg. 2115.) *P.*

1918. Michaelis Pselli paraphrasis in Aristotelis librum de interpretatione, initio mutila (1) ; — Anonymi [Michaelis Pselli] commentarius in Aristotelis priorum analyticorum lib. I. (40); — Joannis Philoponi scholia in Aristotelis priorum analyticorum librum II. (112); — Aristotelis problemata (144) ; — Themistii commentarius in Aristotelis analytica posteriora (148); — Michaelis Ephesii scholia in sophisticos elenchos (174) ; — Joannis Philoponi scholia in hypotheticos syllogismos (195 v°).

XIV s. Bombyc. 197 fol. (Fontebl.-Reg. 2610.) *M.*

1919. Michaelis Pselli paraphrasis in Aristotelis librum de interpretatione (1); — Joannis Philoponi fragmentum (47); — Aristotelis analytica priora, cum Alexandri Aphrodisiensis commentario (51) ; — ejusdem analytica priora, cum commentario, initio mutilo (124); — Anonymi commentarius in Aristotelis posteriorum analyticorum librum II. : Διαλαβὼν ὁ Ἀριστοτέλης ἐν τῷ πρώτῳ... (165).

Copié (en partie) en 1442 par Pallas Strozzi. Pap. 216 fol. (Medic.-Reg. 2822, 2.) *M.*

1920. Michaelis Pselli scholia in Aristotelis de physica auscultatione libros IV.

XV s. Copié par Michel Apostolios. Pap. 143 fol. (Hurault.-Reg. 2627.) *M.*

1921. Michaelis Ephesii commentarius in Aristotelis librum de coloribus, initio mutilus (1); — Aristotelis liber de sensu et sensibili, cum Alexandri Aphrodisiensis commentario, mutilus (5); — ejusdem historiæ animalium libri X. (10), — de partibus animalium libri IV., cum Michaelis Ephesii commentario (67), — de incessu animalium, cum ejusdem commentario (98), — de anima libri III., cum ejusdem commentario (107), — de sensu et sensibili, cum ejusdem commentario (142), — de memoria et reminiscentia, cum ejusdem commentario (170), — de somno et vigilia, cum ejusdem commentario (175), — de divinatione per somnum, cum ejusdem commentario (181), — de motu animalium, cum ejusdem commentario (183), — de longitudine et brevitate vitæ, cum ejusdem commentario (187), — de juventute et senectute, etc., cum ejusdem commentario (190), — de generatione animalium libri V., cum ejusdem commentario (202), — liber de spiritu (256); — Themistii paraphrasis in Aristotelis libros de anima (258); — Theophrasti liber de sensu (279); — ejusdem liber de igne (283 v°); — Joannis Philoponi liber de usu astrolabii (287).

XIV s. Bombyc. 288 fol. (Medic. (?)-Reg. 2596.) *M.*

1922. Michaelis Ephesii scholia in Aristotelis libros de memoria et reminiscentia, de somno et de divinatione per somnum (1), — de animalium incessu (58), — de brevitate et longitudine vitæ (86), — de senectute et juventute, etc., et de respiratione (94 v°), — de motu animalium (133); — Alexandri Aphrodisiensis commentarius in Aristotelis metaphysicorum libros I. et II., fine mutilus (154).

XVI s. Pap. 230 fol. (Fontebl.-Reg. 2122.) *M.*

1923. Michaelis Ephesii commentarii in Aristotelis de partibus animalium libros IV. (1), — in librum de animalium incessu (43 v°), — de memoria et reminiscentia (59 v°), — de somno et vigilia, et de divinatione per somnum (76 v°), — de motu animalium (95 v°), — de longitudine et brevitate vitæ (109), — in libros de generatione animalium (115 v°), — de juventute et senectute, vita et morte (224).

XIV s. Parch. 234 fol. (Fontebl.-Reg. 2637.) *M.*

1924. Michaelis Ephesii scholia in Aristotelis de partibus animalium libros IV. (1); — Alexandri Aphrodisiensis commentarius in Aristotelis librum de sensu et sensibilibus, initio mutilus (63).

XVI s. Pap. 118 fol. (Medic.-Reg. 2121.) *M.*

1925. Michaelis Ephesii commentarius in Aristotelis librum de animalium incessu (2), — de longitudine et brevitate vitæ (14 v°), — de juventute, senectute, etc. (18), — de generaratione animalium libros V. (42 v°), — de motu animalium

(34), — de memoria et reminiscentia (124), — de partibus animalium libros IV. (149 v°), — de sensu et sensibili, initio
mutilus (177), — de olfactu (179 v°).

XIV s. Bombyc. 201 fol. (Colbert. 1752.) *M.*

1926. Eustratii, Nicæni metropolitæ, commentarii in Aristotelis ethicorum ad Nicomachum libros V. priores, fine mutili
(1) ; — Syriani Philoxeni commentarius in Aristotelis metaphysicorum libros III., XII. et XIII. (143) ; — ejusdem fragmentum de providentia (273).

XVI s. (Copié, en partie, par Michel Damascenos.) Pap. 274 fol. (Medic.-
Reg. 2107.) *M.*

1927. Eustratii, Nicæni metropolitæ, commentarius in
Aristotelis ethicorum ad Nicomachum libros I. et II. (1) ; —
Anonymi [Aspasii] commentarius in librum III. : Τῆς ἀρετῆς
δή... (124 v°) ; — Aspasii philosophi commentarius in librum
IV. (148 v°) ; — Michaelis Ephesii scholia in librum V. (168
v°); — [Eustratii] commentarius in librum VI., initio mutilus
(193) ; — Anonymi [Aspasii] commentarius in librum VII. :
Διδάξας περὶ τῶν ἠθικῶν... (267 v°) ; — Aspasii [vel Eustratii]
commentarius in librum VIII. (313) ; — [Eustratii] commentarius in libros IX. et X. (335).

XVI s. Pap. 446 fol. (Medic.-Reg. 2106.) *M.*

1928. Neophyti monachi summaria totius Aristotelis philosophiæ (1) ; — ejusdem definitiones ex Aristotele, etc. collectæ (1 v°) ; — Theodori Prodromi liber de magno et parvo, de
multo et pauco (6); — Anonymi prolegomena in Euclidis elementorum librum V. : Σκόπος τῷ ε΄ βιβλίῳ... (8) ; — Procli commentarii excerpta in Euclidis elementa (9) ; — De numeris
Indicis (15) ; — Michaelis Pselli scholia in Euclidis elementorum lib. I. (15 v°); — Ocelli Lucani tractatus de natura universi (25) ; — Ammonii prolegomena in universam philosophiam (28 v°); — Porphyrii isagoge, cum Magentini, Ammonii
et Photii scholiis (34 v°); — Joannis Philoponi commentarius
in Aristotelis categorias (66) ; — Ammonii prolegomena in
Aristotelis categorias (67 v°) ; — Aristotelis categoriæ, cum
Ammonii et Joannis Philoponi scholiis (71 v°) ; — Ammonii
prolegomena in Aristotelis librum de interpretatione (131 v°);

— [Leonis] Magentini, Mitylenæi metropolitæ, commentarius in Aristotelis librum de interpretatione (135) ; — Aristotelis liber de interpretatione, cum Ammonii commentario (143).

XV s. Pap. 224 fol. (Fontebl.-Reg. 2612.) *M.*

1929. Georgii Pachymeræ paraphrasis in universam Aristotelis philosophiam libri XII.

XV s. Pap. 268 fol. (Fontebl.-Reg. 2639.) *M.*

1930. Georgii Pachymeræ paraphrasis in universam Aristotelis philosophiam libri XII., fine mutili.

XIV-XV s. Pap. 244 fol. (Reg. 2823.) *M.*

1931. Georgii Pachymeræ paraphrasis in universam Aristotelis philosophiam libri XII. (1) ; — Manuelis Phile iambi in obitum Georgii Pachymeræ (248) ; — Euthymii monachi [Michaelis Pselli] liber de quatuor mathematicis scientiis (249).

XVI s. Copié par Jean, lecteur. Pap. 268 fol. (Fontebl.-Reg. 2638.) *M.*

1932. Theodori Prodromi et Leonis Magentini, Mitylenæi metropolitæ, paraphrasis in Aristotelis posteriorum analyticorum librum II. (1) ; — Theodori Prodromi opusculum de pauco et multo, parvo et magno (41) ; — Anonymi ad Theodorum [Gazam] et Bessarionem epistolæ iv. : Ἧκεν ὁ μέγας στρατοπεδάρχης... (59) ; — Gennadii versus in tumulum Macarii, hegumeni Pantocratoris monasterii (66 v°) ; — Anonymi animadversiones in Aristotelis politica : Ὅτι ὁ πολιτικός... (63) ; — Anonymi commentarius in Aristotelis librum de interpretatione : Πρῶτον δεῖ... (67).

XV s. Pap. 84 fol. *M.*

1933. Theodori Metochitæ commentarius in Aristotelis physicæ auscultationis libros VIII.

XVI s. (Copié par Jacques Diassorinos.) Pap. 262 fol. (Colbert. 1279.) *M.*

1934. Theodori Metochitæ commentarius in Aristotelis physicæ auscultationis libros VIII. (1), — de anima libros III. (137), — de cælo libros IV. (227 v°), — de generatione et corruptione libros II. (318), — de memoria et reminiscentia (367 v°), — de somno et vigilia (376 v°), — de insomniis (385), — de divinatione per somnum (392 v°), — de motu ani-

malium (396 v°), — de brevitate et longitudine vitæ (408 v°),
— de juventute et senectute, vita et morte (414).

XVI s. Pap. 436 fol. (Colbert. 1854.) *M.*

1935. Theodori Metochitæ commentarius in Aristotelis
librum de memoria et reminiscentia (1 v°), — de somno et
vigilia (8), — de insomniis (14 v°), — de divinatione per
somnum (21), — de motu animalium (24 v°), — de brevitate
et longitudine vitæ (34), — de juventute et senectute, vita et
morte (38 v°), — de animalium incessu (55 v°), — de partibus
animalium libros IV. (66), — de generatione animalium
libros V. (123 v°), — de meteoris libros IV. (211), — de sensu
et sensibili libros II. (277).

XIV s. Bombyc. 294 fol. (Medic.-Reg. 2633.) *M.*

1936. Theodori Metochitæ commentarius in Aristotelis
librum de incessu animalium (1), — de partibus animalium
libros IV. (26), — de generatione animalium libros V. (173),
— meteorologicorum libros IV. (393), — de sensu et sensibili
libros II. (543).

Copié en 1545 par Christophe Auer. Pap. 587 pages. (Fontebl.-Reg.
2119.) *M.*

1937. Davidis philosophi prolegomena et commentarius in
Porphyrii isagogen (1); — ejusdem commentarius in Aristotelis categorias (33); — Nicephori Blemmidæ fragmenta commentarii in Aristotelis sophisticos elenchos (65).

XIV s. Bombyc. 66 fol. (Hurault.-Reg. 2640.) *P.*

1938. Davidis philosophi prolegomena et commentarius in
Porphyrii isagogen (1); — ejusdem commentarius in Aristotelis categorias (96); — Nicephori Blemmidæ fragmenta commentarii in Aristotelis sophisticos elenchos (189).

XVI s. Pap. 191 fol. (Fontebl.-Reg. 2123.) *G.*

1939. Davidis philosophi commentarius in Porphyrii isagogen (1); — ejusdem commentarius in Aristotelis categorias
(121 v°); — Anonymi commentarius in easdem : Τῶν ὄντων τὰ
μὲν ταυτώνυμα... (226 v°).

XVI s. Pap. 278 fol. (J.-A. de Thou.-Colbert. 2133.) *M.*

1940. Joannis Baptistæ Camotii commentarius in Aristotelis metaphysica (1); — Anonymi observationes in libellum τῶν θεολογουμένων τῆς ἀριθμητικῆς (62); — Anonymi opusculum « de iis quæ veteres de numeris theologicè philosophati sunt » (64).

XVI s. Pap. 70 fol. (Reg. 2649.) *M.*

1941. Georgii Scholarii prolegomena in logicam et in Porphyrii isagogen, Constantino Palæologo dicata (1); — ejusdem expositio in Aristotelis categorias (55); — ejusdem expositio in ejusdem librum de interpretatione (104); — Fragmenta philosophica (146); — Procopii Cæsariensis de ædificiis Justiniani auspicio conditis libri IV. (147).

XV s. Pap. 178 fol. (Fontebl.-Reg. 2646.) *M.*

1942. Anonymi commentarius in Aristotelis categorias, initio mutilus (1); — Simplicii commentarius in easdem (19); — Dexippi Platonici quæstiones et solutiones in Aristotelis categorias (123 v°); — Ammonii commentarius in Aristotelis librum de interpretatione, fine mutilus (143 v°); — Anonymi commentarius in Aristotelis analyticorum priorum librum I., fine mutilum : Σκοπὸς τῷ ᾿Αριστοτέλει... (232).

XIII s. Bombyc. 278 fol. (Fontebl.-Reg. 2626.) *P.*

1943. Anonymi scholia in Aristotelis analyticorum posteriorum librum II. : Διδάξας ἡμᾶς ἐν τῷ προτέρῳ βιβλίῳ... (1); — Damascii parecbolæ in Aristotelis de cælo librum I. (27 v°); — Cassii iatrosophistæ [et Aristotelis] quæstiones medicæ de animalibus et quadrupedibus (43 v°); — Porphyrii commentarius in Aristotelis categorias per interrog. et respons. (54 v°); —Anonymi opusculum de numeris, quantum ad theologiam pertinent : Μονάς ἐστι ἀρχὴ ἀριθμοῦ... (95); — Adamantii sophistæ physiognomonicorum libri II. (119); — Hermiæ philosophi scholiorum in Platonis Phædrum libri III. (135).

XVI s. (Copié par Christophe Auer.) Pap. 256 fol. (Fontebl.-Reg. 2117.) *M.*

1944. Anonymi scholia eadem in Aristotelis analyticorum posteriorum librum II. (1); — Damascii parecbolæ in Aristotelis de cælo librum I. (55).

XVI s. Pap. 87 fol. (Colbert. 1281.) *M.*

1945. Anonymi scholia eadem in Aristotelis analyticorum

posteriorum librum II. (1); — Anonymi scholia in eumdem librum : Ἐν πόσοις μὲν οὖν σχήμασι... (43).

XVI s. Pap. 87 fol. (Fontebl.-Reg. 2642.) *M.*

1946. Anonymi [Alexandri Aphrodisei, Michaelis Ephesii aut Pselli] commentarius in Aristotelis sophisticos elenchos : Διδάξας περὶ τοῦ ἀποδεικτικοῦ...

XVI s. Pap. 87 fol. (Hurault.-Reg. 2120.) *M.*

1947. Scholia vetera in Aristotelis libros VIII. de physica auscultatione : Ὡς γένος τοῦ ἐπίστασθαι... (1); — Michaelis Pselli commentarius in eosdem libros (88).

XV-XVI s. Pap. 213 fol. (Fontebl.-Reg. 2645.) *M.*

1948. Anonymi commentarius in Aristotelis libros de cælo : Ἰστέον ὅτι ὁ σκοπός... (1); — Anonymi commentarius in Aristo- telis libros de generatione et corruptione : Ἰστέον ὅτι σκόπος... (167).

XVI s. (Copié par Constantin Palæocappa et Jacques Diassorinos.) Pap. 200 fol. (Colbert. 1257.) *M.*

1949. Anonymi commentarius in Aristotelis libros V. de generatione animalium : Ἡ πραγματεία ὡς καὶ... (1), — de incessu animalium : Τῆς προκειμένης πραγματείας... (228 vᵒ), — de motu animalium : Ἐπειδὴ ἡ ὀρεκτική... (259), — de longitu- dine et brevitate vitæ : Ὁ μὲν σκοπὸς τῆς περί... (293), — de senectute, juventute, vita et morte : Μετὰ τὸ περὶ μακροβιώτητος... (303 vᵒ), — de memoria et reminiscentia : Εἰπὼν ἐν ταῖς περὶ ψυχῆς... (348), — de somno et vigilia : Περὶ δὲ ὕπνου... (382 vᵒ), — de insomniis : Μετὰ τὸ περὶ ὕπνου... (397); — Galeni frag- mentum ex libro de symptomatum causis (418 vᵒ); — S. Thomæ Aquinatis fragmentum de intellectu et voluntate, latine (419).

XV s. Pap. 419 fol. (Medic.-Reg. 2643.) *M.*

1950. Anonymi commentarius in Aristotelis rhetoricorum libros III. (ed. C. Neobar), initio mutilus (1); — Stephani scholia in Aristotelis rhetoricorum libros I. et II. (158).

XVI s. Pap. 188 fol. (Medic.-Reg. 2125.) *M.*

1951. Anonymi commentarius in Aristotelis rhetoricorum

libros III. (ed. C. Neobar), initio mutilus (1); — Stephani scholia in Aristotelis rhetoricorum libros I. et II. (91).

XVI s. Pap. 109 fol. (Colbert. 1141.) *M.*

1952. « Index græcolatinus in libros Aristotelis de animalibus, …studio Friderici Sylburgii, … 1592. »

XVI s. Pap. 159 fol. (Bigot.-Reg. 2833.) *M.*

1953. Theophrasti historiæ plantarum excerpta.

XVI s. Pap. 29 fol. (Gaignières.) *M.*

1954. Prisciani Lydi metaphrasis eorum quæ Theophrastus scripsit de sensu (1), — et de phantasia (17).

XVI s. (Copié par Valeriano Albini.) Pap. 28 fol. (Teller. Rem.-Reg. 2127, 2.) *M.*

1955. Plutarchi Chæronensis opuscula de virtute et vitio (1), — quomodo quis suos in virtute profectus sentire possit (16), — de sera numinis vindicta (27), — de utilitate ex inimicis capienda (48 v°), — de legendis utiliter poetis (55 v°), — de differentia adulatoris et amici (81), — quomodo quis se ipsum citra invidiam laudare possit (112), — de ira cohibenda (122 v°), — de versus heroici differentiis (136), — de versus cæsuris, figuris et affectionibus (137), — de curiositate (138), — de tranquillitate (148), — de vitiosa verecundia (164), — de fraterno amore (175), — de garrulitate (193), — quomodo audiendi sint qui recta præcipiunt (208), — de vitanda amicorum multitudine (223), — de divitiarum cupiditate (228), — de fortuna (234 v°), — utrum animi quam corporis pejores sint morbi (238), — an vitiositas ad infelicitatem sufficiat (244), — de amore prolis (246 v°), — de invidia et odio (252), — virtutem doceri posse (254), — consolatio ad uxorem (255 *bis*), — aqua ne an ignis sit utilior (258), — de superstitione (260), — consolatio ad Apollonium (266).

XII s. Parch. 265 fol. (Mazarin.-Reg. 2553.) *M.*

1956. Plutarchi Chæronensis opuscula de vitanda amicorum multitudine (1), — de divitiarum cupiditate (6 v°), — de differentia adulatoris et amici (13 v°), — de ratione qua quis se ipsum citra invidiam laudare possit (37), — de ira cohibenda (45 v°), — de curiositate (57), — de animi tranquillitate (65), — de vitiosa verecundia (77 v°), — de fraterno amore (85 v°), — de garrulitate (100), — quomodo audiendi sint qui recta præcipiunt (112), — de fortuna (132), — utrum animi quam corporis pejores sint morbi (134 v°), — de superstitione (136 v°), — consolatio ad Apollonium (143), — de εἰ apud Delphos (159 v°), — de oraculorum defectu (168 v°), — quomodo quis suos in virtute profectus sentire queat (176 v°).

XI s. Parch. 185 fol. (Mazarin.-Reg. 2552.) *M.*

1957. Plutarchi Chæronensis opuscula de repugnantiis stoicorum dogmatum cum philosophorum vita (1), — quomodo quis suos in virtute profectus sentire queat (21 v°), — de sera numinis vindicta (33 v°), — bruta animalia ratione uti (55 v°), — de solertia animalium (64), — de εἰ apud Delphos (95), — de oraculorum defectu (105), — de utilitate ex inimicis capienda (137 v°), — de differentia adulatoris et amici (144 v°), — de vitanda amicorum multitudine (171), — utrum animi quam corporis pejores sint morbi (176), — parallela historiarum Græcarum et Romanarum (178), — de fortuna Romanorum (186 v°), — de Alexandri magni fortuna et virtute (198), — præcepta gerendæ reipublicæ (220), — vitæ decem rhetorum, fine mutilæ (250 v°).

XI s. Parch. 252 fol. (Mazarin.-Reg. 2068.) *M.*

1958. Arriani commentariorum in Epicteti enchiridion libri IV. (1); — Pythagoræ carmina aurea, cum Hieroclis commentario (164).

XV s. Parch. 121 fol. (Medic.-Reg. 2655.) *M.*

1959. Arriani commentariorum in Epicteti enchiridion libri IV. (1); — Simplicii commentarius in Epicteti enchiridion (161); — Vita Epicteti, in epitome, ex Suida (298).

XVI s. (Copié par Constantios.) Pap. 298 fol. (Fontebl.-Reg. 2126.) *M.*

1960. Simplicii commentarius in Epicteti enchiridion.

Copié en 1491 par Antoine Damilas. Pap. 114 fol. (Medic.-Reg. 2653.) *M.*

1961. Georgii Lecapeni expositio in Epicteti enchiridion (cap. i-xii).

XVI s. (Copié par Constantin Palæocappa.) Pap. 24 fol. (Colbert. 619.) *G.*

1962. Maximi Tyrii, Platonici philosophi, philosophumena, seu dissertationes variæ XLI. (1); — Alcinoi liber de Platonis dogmatibus (147).

X s. Parch. 175 fol. (Medic.-Reg. 2588.) *M.*

1963. Sexti Empirici Pyrrhonianarum hypotyposeon libri III. (1); — ejusdem adversus mathematicos libri X. (80); — Fragmenta, dorica dialecto, de bono et malo, etc. (322 v°).

Copié en 1534 par Nicolas Sophianos. Pap. 327 fol. (Fontebl.-Reg. 2084.) *M.*

1964. Sexti Empirici Pyrrhonianarum hypotyposeon libri III. (1); — ejusdem adversus mathematicos libri X. (67); — Fragmenta, ionica dialecto, de bono et malo, etc. (277).

XV s. Pap. 279 fol. (Hurault.-Reg. 2571.) *M.*

1965. Sexti Empirici adversus mathematicos libri X. (1); — Fragmenta, dorica dialecto, de bono et malo, etc. (317).

XVI s. Pap. 323 fol. (Fontebl.-Reg. 2086.) *M.*

1966. Sexti Empirici Pyrrhonianarum hypotyposeon libri III. (1); — ejusdem adversus mathematicos libri I-VII. (106).

XVI s. (Copié par Constantios.) Pap. 248 fol. (Fontebl.-Reg. 2085.) *M.*

1967. Sexti Empirici Pyrrhonianarum hypotyposeon libri VII-X. (1); — Fragmenta, ionica dialecto, de bono et malo, etc. (165).

XVI s. (Copié par Constantios.) Pap. 169 fol. (Teller. Rem.-Reg. 2086, 2.) *M.*

1968. Porphyrii liber de vita Plotini (1); — Plotini enneades (12).

Copié en 1495. Pap. 277 fol. (Medic.-Reg. 2574.) *M.*

1969. Porphyrii liber de vita Plotini (1); — Plotini enneades (14).

Copié en 1467. Pap. 318 fol. (Medic.-Reg. 2575.) *M.*

1970. Porphyrii liber de vita Plotini (1); — Plotini enneades (13).

XV s. (Copié par Jean Argyropoulos.) Pap. 261 fol. (Colbert. 987.) *M.*

1971. Porphyrii isagoge, cum scholiis (1); — Vita Aristotelis : Ὁ Ἀριστοτέλης τὸ μὲν γένος ἦν Μακεδών... (11 v°); — Aristotelis categoriæ (13 v°), — de interpretatione (33), — analytica priora (42), — et posteriora (80), — topicorum libri VIII.

(96 v°), — sophisticorum elenchorum libri II.,omnia cum scholiis (124).

XIII s. Parch. 136 fol. (Memmiano-Bigot.-Reg. 2105, 2.) *M*.

1972. Porphyrii isagoge, cum Magentini commentario (1); — Aristotelis categoriæ (36), — de interpretatione (118 v°), — analytica priora (210) — et posteriora (322), — topicorum libri VIII. (439 r°), — sophisticorum elenchorum libri II., omnia cum Magentini et aliorum commentariis (656).

XIV s. Bombyc. 769 fol. (Medic.-Reg, 2116.) *M*.

·1973. Georgii τοῦ Κεχχυμένου iambi xii. in zodiaci signa (A v°) ; — Porphyrii isagoge (2) ; — Hermiæ philosophi commentarius in isagogen Porphyrii (10) ; — Ammonii philosophi commentarius in decem Aristotelis categorias (46) ; — Anonymi scholia in Ammonium : Εἰ μὲν αἱ ψυχαί... (50 v°) ; — S. Joannis Damasceni (?) scholia in Aristotelis categorias (54); — Aristotelis liber de interpretatione, cum Michaelis Pselli paraphrasi (104).

XIV s. Bombyc. 145 fol. (Medic.-Reg. 2641.) *M*.

1974. Hermiæ philosophi commentarius in isagogen Porphyrii (1); — Porphyrii isagoge, cum scholiis (20) ; — Ammonii philosophi commentarius in decem Aristotelis categorias (37 v°) ; — Aristotelis categoriæ (44), — de interpretatione (94), — analytica priora (144) — et posteriora, omnia cum Ammonii commentariis (294).

XV s. Pap. 330 fol. (Fontebl.-Reg. 2607.) *M*.

1975. Porphyrii isagoge (1) ; — Aristotelis categoriæ (13) .— et liber de interpretatione (34 v°).

XVI s. Pap. 47 fol. (Teller. Rem.-Reg. 2607, 2.) *M*.

1976. Porphyrii liber de vita Plotini (1); — Plotini enneades, fine mutilæ (16 v°).

XIII s. Bombyc. 320 fol. (Medic.-Reg. 2577.) *P*.

1977. Porphyrii prolegomena in philosophiam (1); — Alcinoi introductio in Platonis doctrinam (21); — Anonymi capita philosophica : Περὶ μονάδος. Καὶ τοῦτο εἶναι... (43 v°); — Origenis philocaliæ cap. xxii. (47).

XV s. Pap. 55 fol. (Medic.-Reg. 2605.) *M*.

1978. Jamblichi Chalcidensis liber de mysteriis Ægyptiorum (1); — Olympiodori commentarius in Platonis Philebum
(83).

XV s. Pap. 115 fol. (Trichet Dufresne.-Reg. 2580.) *M.*

1979. Jamblichi Chalcidensis liber de mysteriis Ægyptiorum.
Copié en 1620. Papier. 245 fol. (Mazarin.-Reg. 2581.) *M.*

1980. Jamblichi Chalcidensis liber de mysteriis Ægyptiorum.
XVI s. Copié par Ange Vergèce. Pap. 78 fol. (Fontebl.-Reg. 2579.) *M.*

1981. Jamblichi Chalcidensis liber de vita Pythagorica (3);
— ejusdem exhortationes ad philosophiam (54); — ejusdem
liber de communi disciplina (94); — ejusdem commentarius
in Nicomachi Geraseni arithmeticam (122 v°); — Euclidis
data, cum Marini philosophi præfatione (164).

XVI s. Pap. 196 fol. (Fontebl.-Reg. 2578.) *M.*

1982. Jamblichi Chalcidensis commentarius in Nicomachi
Geraseni arithmeticam, cum emendationibus Angeli Vergetii.
XVI s. Pap. 63 fol. (Colbert. 1241.) *M.*

1983. Apophthegmata philosophorum : Ἀνανεούσθω ὁ περὶ
τοῦ Θεοῦ λόγος... (1); — Anonymi opusculum de re metrica :
Ποῦς ἐστι μερικὸν σύστημα... (3); — Maximi sophistæ opusculum
de objectionibus insolubilibus (5 v°); — Aphthonii sophistæ
progymnasmata, cum præfatione et scholiis (8); — [Syriani?]
prolegomena in Hermogenis tractatum de statibus : Πολλοὶ
πολλὰς τοῦ πάροντος... (35); — Troili sophistæ prolegomena in
Hermogenis rhetoricam (38 v°); — Phœbammonis sophistæ
opusculum de figuris rhetoricis (41); — Anonymi præfatio
alia in Hermogenis tractatum de statibus : Τὴν ῥητορικὴν
τέχνην... (43); — Hermogenis ars rhetorica (44); — ejusdem
de inventione oratoria libri IV. (108); — ejusdem de formis
oratoriis libri II.; omnia cum scholiis (164); — ejusdem
de eloquentia methodus (269); — Præfationes variæ in Hermogenem : Ἰστέον ὅτι ἀπὸ τοῦ πράγματος... (285); — Syriani
commentarius in Hermogenis tractatum de ideis (289); —
Theophrasti characteres (290 v°); — Anonymi opusculum de
figuris orationis : Πόλλοι περὶ σχημάτων... (292).

X s. Parch. 295 fol. (Medic.-Reg. 2758.) *M.*

1984. Joannis Stobæi eclogæ cxx., initio et fine mutilæ.

XIII s. Bombyc. 215 fol. (Medic.-Reg. 2656.) *M.*

1985. Joannis Stobæi eclogæ cxxxi.

XV s. Pap. 420 fol. (Colbert. 503.) *M.*

1986. Antonii monachi melissa, sive loci communes ex auctoribus sacris et profanis collecti.

XVI s. Pap. 146 fol. (Colbert. 1976.) *G.*

1987-1988. Damascii philosophi dubitationes et solutiones de primis principiis.

XVII s. Pap. 603 et 632 fol. (Mazarin.-Reg. 2650-2651.) *P.*

1989. Damascii philosophi dubitationes et solutiones de primis principiis.

XVI s. Pap. 265 fol. (Hurault.-Reg. 2127.) *M.*

1990. Damascii philosophi dubitationes et solutiones de primis principiis, cap. xlii. priora.

XVI s. (Copié par Jean de Sainte Maure.) Pap. 164 pages. (Baluze.-Reg. 2127, 3.) *M.*

1991. [Joannis Laurentii Lydi] opusculum de terræ motibus illorumque signis (1); — Symeonis monachi, chrysographi, opusculum de eodem (5 v*); — Anonymi capita aliquot de eclipsibus et cometis : Ἀνέγραψαν δὲ καὶ οἱ παλαιοί... (9 v°); — Calendarium astronomicum, e Joannis Laurentii Lydi de ostentis libro depromptum (17 v°); — Hermetis iatromathematica ad Ammonem Ægyptium (25); — Galeni, Pancharii, Hermetis Trismegisti, Petosiridis et Zenarii excerpta de rebus medico-astrologicis (29 v°); — Anonymi ratio observandi quid quaque anni tempestate futurum sit (52); — Theophili ἐπισυναγωγὴ περὶ κοσμικῶν καταρχῶν (59); — Pauli Alexandrini introductio ad apotelesmaticam (83); — Rhetorii opusculum de XII. signis zodiaci, ex Antiochi thesauris (115); — Anonymi fragmentum de ascensione solis quaque die; accedunt tabulæ mensium Romanorum et Arabum (121); — Anonymi commentarius in Aristotelis librum II. de generatione et corruptione : Ἁπλῆν γένεσιν... (123).

XV s. Pap. 142 fol. (Trichet Dufresne.-Reg. 2137.) *M.*

1992. Boetii liber de consolatione philosophiæ a Maximo

Planude græce versus, cum scholiis (1); — Vita Boetii :
Βοήτιος ὁ σοφὸς ἦν... (28 v°); — Catonis Romani disticha
moralia, cum scholiis (29).

XIV s. Pap. 31 fol. *M.*

1993. Geoponicorum, jussu Constantini Porphyrogeniti
collectorum, libri XX.

Copié en 1485 par Franciscus Rholandellus. Pap. 143 fol. (Colbert.
1983.) *M.*

1994. Geoponicorum, jussu Constantini Porphyrogeniti
collectorum, libri XX.

Copié en 1498 par Michel. Pap. 155 fol. (Medic.-Reg. 2668.) *M.*

1995. Geoponicorum, jussu Constantini Porphyrogeniti
collectorum, libri XX. (1); — Sostrati et Hippocratis collectanea hippiatrica (190).

XV s. Pap. 205 fol. (Fontebl.-Reg. 2667.) *M.*

1996. Michaelis Pselli opusculum de anima (1); — Alexandri
Aphrodisiensis, ex libro primo ethicorum, scholion de fato et
libera voluntate (5); — Georgii Gemisti Plethonis opusculum
de fato (16 v°).

XVI s. Pap. 19 fol. (Colbert. 2227.) *M.*

1997. Michaelis Pselli dialogus de dæmonum operatione.

XVI s. (Copié par Christophe Auer.) Pap. 28 pages. (Mazarin.-Reg.
2628.) *M.*

1998. Nicephori Blemmidæ introductionis ad philosophiam
libri II.

XVI s. (Copié par Pierre Vergèce.) Pap. 232 fol. (Colbert. 1209.) *M.*

1999. Nicephori Blemmidæ introductionis ad philosophiam
libri II. (1); — ejusdem liber de cælo et quod mundus sit
æternus (201); — ejusdem tractatus de animæ facultatibus
(254); — Maximi monachi opusculum de anima (304); —
S. Joannis Damasceni capita dialectica ad Cosmam, Majumæ
episcopum (311).

XVI s. Pap. 371 fol. (Baluze.-Reg. 3124, 2.) *P.*

2000. Nicephori Blemmidæ introductionis ad philosophiam
liber II.

XVI s. (Copié par Pierre Vergèce). Pap. 162 fol. (Gaignières.) *M.*

2001. Nicephori Blemmidæ introductionis ad philosophiam libri II.

XVI s. Pap. 136 fol. (Reg. 2658.) *M.*

2002. Joannis Itali expositiones in diversas quæstiones xciii. a diversis propositas (1); — ejusdem commentarius in lib. II-IV. topicorum Aristotelis (364 v°); — ejusdem tractatus de dialectica (500 v°); — ejusdem institutio rhetoricæ, in compendium (566).

Copié en 1620. Pap. 586 fol. (Mazarin.-Reg. 2669.) *M.*

2003. Theodori Metochitæ capita philosophica et historica cxx. (8); — præmittitur prophetia de Roma (1).

XV s. Parch. vii-278 fol. (Hurault.-Reg. 2634.) *M.*

· **2004.** Theodori Ducæ Lascaris imp. de communione physica libri IV.

XIV s. Parch. 104 fol. (Medic.-Reg. 2659.) *P.*

2005. Georgii Gemisti Plethonis liber de virtutibus (1); — Romani senioris, Constantini Porphyrogeniti, Romani junioris, Nicephori Phocæ et Basilii junioris impp. novellæ (7); — Synopsis alphabetica Basilicorum : Χριστιανός ἐστιν ὁ πιστεύων... (33 v°); — Eustathii antecessoris opusculum de temporum intervallis a momento ad c. annos (264 v°); — Sopatri Apameensis prolegomena in Aristidem (275); — Aristidis Panathenaïcus (277 v°); — Marci Eugenici, Ephesini metropolitæ, epistola ad Joannem Palæologum imp. (323); — Fragmenta grammatica (326 v°); — Anonymi lamentatio de CP. a Turcis expugnata : Σὺ δὲ ὡς ἀληθῶς.·. (327); — Anonymi opusculum de diabolo a Deo creato : Εἰσὶν οἱ τὸν ἕως φόρον... (328); — Georgii Scholarii versus de morte (330 v°); — Anonymi homilia, fine mutila, in illud Matthæi : Altera autem die quæ est post Parasceven : Παντχχοῦ ἡ πλάνη... (331).

Copié en 1447 par Nicolas Boullotes. Pap. 334 fol. (Hurault.-Reg. 2526.) *M.*

2006. Georgii Gemisti Plethonis liber de virtutibus (1); — ejusdem liber de iis in quibus Aristoteles et Plato dissentiunt (3); — ejusdem responsiones ad ea quæ in Aristotelis defensionem Scholarius objecerat (11); — Anonymi versus politici,

alphabet. : Ἄφες ψυχὴ τὰς ἡδονάς... (21 v°) ; — Anonymi genealogia Græcorum : Ἐκ Διὸς γεννᾶται Ἰαπετός... (22 v°).

XVI s. Pap. 24 fol. (Reg. 2222.) *M.*

2007. Hermetis Trismegisti pœmander (1); — Asclepii definitiones ad Ammonem regem, de Deo, materia, etc. (48 v°);
— Heronis Alexandrini spiritalium libri II. (57).

XVI s. Copié par Christophe Auer. Pap. 113 fol. (Teller. Rem.-Reg.
3066, 2.) *P.*

2008. Pythagoræ versus aurei (1); — Phocylidis sententiæ
(5); — Theognidis sententiæ (15); — Hermetis Trismegisti,
vel Orphei, carmen de terræ motibus (40); — Euclidis carmen
geometricum (41 v°); — Dionysii Alexandrini orbis descriptio,
cum scholiis (43); — Homeri batrachomyomachia, cum glossis
(91); — Anonymi tractatus de figuris apud Hermogenem :
Στρογγύλον σχῆμα ἐστί... (105); — Tryphonis opusculum de
affectionibus vocabulorum (107 v°); — ejusdem opusculum
de tropis (111 v°); — Georgii Chœrobosci opusculum de
tropis (115 v°); — Anonymi fragmenta de dialectis, figuris, etc. : Διάλεκτοι εἰσὶ πέντε... (118 v°); — Anonymi [Try-
phonis] fragmentum de significatione τοῦ ὡς (127 v°); —
Georgii Chœrobosci tractatus de soloecismo, barbarismo,
syllaba et adverbiis (127 v°); — Herodiani tractatus de quantitate syllabarum (129); — Hephæstionis opusculum de metris
(141); — Anonymi tractatus de punctuatione : Περὶ στιγμῆς.
Στιγμαὶ εἰσὶν ὀκτὼ κατὰ Νικάνορα... (167).

XVI s. Pap. 168 fol. (Fontebl.-Reg. 3336.) *P.*

2009. Pythagoræ epistola ad Laïdem (1); — ejusdem
tabula pro futurorum divinatione (2 v°); — Constantini Porphyrogeniti ad Romanum filium tractatus de administrando
imperio (3).

XII s. Parch. 211 fol. (Medic.-Reg. 2661.) *P.*

2010. Platonis dialogi : Apologia Socratis (1), — Euthyphron (9), — Criton (13 v°), — Axiochus (19); — Thucydidis
excerpta, II, 35-51. (23); — Platonis Timæus (29); — Themistii oratio quomodo dicere debeat philosophus (61);
— SS. Maximi, Gregorii Nazianzeni et Gregorii Nysseni
excerpta (66 v°); — Isocratis oratio ad Demonicum (69);

— [De Phaetonte et Prometheo ; — Versus in mulieres, fol. 72-74, desunt ;] — Dionysii tyranni epistolæ (75) ; — S. Basilii epistolæ (77) ; — Anonymi fragmentum de conjugatione verborum : Ἀφίεσαν κανόνισον... (80) ; — Phalaridis epistolæ (81 v°) ; — S. Gregorii Nazianzeni epistolæ (87).

XIV s. Pap. 100 fol. (Medic.-Reg. 3065.) P.

2011. Platonis dialogi : Euthyphron (1),— Apologia Socratis (7 v°), — Phædrus (17) ; — Libanii ad Datianum epistolæ duæ (39 v°) ; — Aristidis oratio secunda Platonica pro rhetorica (40) ; — Formula atramenti conficiendi (54 v°) ; — Libanii oratio pro saltatoribus adversus Aristidem (55).

XIV s. Bombyc. 67 fol. (Colbert. 4867.) P.

2012. Platonis epistolæ (1) ; — Manuelis Chrysoloræ encomium utriusque Romæ (43).

XV s. Parch. 52 fol. (Colbert. 3893.) P.

2013. Theonis Smyrnæi expositio eorum quæ in mathematicis ad Platonis lectionem utilia sunt (1) ; — Euclidis catoptrica (81) ; — Euclidis [Heronis] geometria (98) ; — ejusdem geodæsia (141) ; — Isaaci Argyri tractatus de reducendis triangulis non rectis in rectos (151 v°).

XVI s. (Copié, en partie, par Christophe Auer.) Pap. 159 fol. (Reg. 3188.) P.

2014. Theonis Smyrnæi expositio eorum quæ in mathematicis ad Platonis lectionem utilia sunt.

XVI s. (Copié par Constantin Palæocappa.) Pap. 86 fol. (J.-A. de Thou.-Colbert. 3516.) P.

2015. Olympiodori commentarius in Platonis Philebum.

XVI s. (Copié par Jacques Diassorinos.) Pap. 80 fol. (Colbert. 4896.) P.

2016. Olympiodori commentarius in Platonis Alcibiadem secundum, fine mutilus (1) ; — Anonymi capita xxiv. ascetica, initio mutila (121).

XVII s. Pap. 178 fol. (Baluze.-Reg. 2919, 2.) P.

2017. Procli Diadochi commentarius in Platonis primum Alcibiadem.

XVI s. Pap. 133 fol. (Medic.-Reg. 3067.) P.

2018. Procli Diadochi commentariorum in Platonis theolo=

giam libri VI. (1); — ejusdem theologicæ institutiones (260);
— Themistii oratio de dicendo ex tempore (306); — Procli
Diadochi elementorum physicorum libri II. (307); — Ocelli
Lucani opusculum de natura universi (318).

XV s. Pap. 323 fol. (Medic.-Reg. 3093.) *P.*

2019. Aristotelis categoriæ (1); — Joannis Philoponi commentarius in Aristotelis categorias (28); — Aristotelis sophisticorum elenchorum libri II., cum Michaelis Ephesii scholiis
(177).

XIII-XIV s. Bombyc. 237 fol. (Medic.-Reg. 3384.) *P.*

2020. Aristotelis categoriæ, cum scholiis (4); — præmittitur Aristotelis vita : Ἀριστοτέλης τῷ μὲν γένει. . (1); — ejusdem
liber de interpretatione, cum scholiis (25), — analyticorum
priorum libri II., cum scholiis (68), — analyticorum posteriorum libri II., cum scholiis (167), — topicorum libri VIII.
(227), — sophisticorum elenchorum libri II. (345).

XV s. Pap. (Copié par Michel Souliardos.) Pap. 374 fol. (Fontebl.-Reg.
3072.) *P.*

2021. Aristotelis categoriæ.

XVI s. Pap. 34 fol. (Mazarin.-Reg. 3074.) *P.*

2022. Aristotelis topicorum libri VIII., cum scholiis (1); —
Synesii epistolæ LXXXVI. (56); — Procopii epistola (83 v°); —
Synesii epistolæ XIX. (84); — S. Gregorii Nazianzeni epistolæ
CCXXXV. (88); — [Joannis Chylæ, Ephesini metropolitæ,] epi-
stolæ VIII. (150); — Libanii epistolæ LXIV. (157); — Gregorii
Cyprii, CP. patriarchæ, epistolæ XIX. (170); — Fragmenta
de computo (77 v°); — Anonymi opusculum de adversario
in disputatione superando : Ἐάν τις θέλη δογματίσαι... (180); —
[Joannis Glycæ, CP. patriarchæ,] epistolæ XIII. (181).

XIV s. Bombyc. 187 fol. (Fontebl.-Reg. 3073.) *P.*

2023. Aristotelis ethicorum ad Nicomachum libri X. (1), —
politicorum libri VIII. (116), — magnorum moralium libri II.
(260), — œconomicorum libri II. (308); — Stemma genealo-
gicum filiorum Demetrii Chalcondylæ (323).

XV s. (Copié par Demetrius Chalcondyle.) Pap. 323 fol. (Medic.-Reg.
3077.) *P.*

2024. Aristotelis ethicorum ad Nicomachum libri X. (1);
— ejusdem magnorum moralium libri II. (169 v°).

XV s. Parch. 194 fol. (Medic.-Reg. 3078.) *P.*

2025. Aristotelis politicorum libri VIII. (1); — ejusdem
œconomicorum libri II. (149).

XV s. Parch. 164 fol. (Reg. 3084, 2.) *P.*

2026. Aristotelis politicorum libri VIII.

XV s. Parch. 214 fol. (Medic.-Reg. 3085.) *P.*

2027. Aristotelis de anima libri III. (1); — ejusdem metaphysicorum libri IV. (51); — S. Thomæ de Aquino argumenta de animæ creatione (117); — Formula patriarchalis
chartæ de captivo Christiano liberando (118 v°); — Ptolemæi
geographiæ excerpta (119); — S. Gregorii Thaumaturgi sermo
ad Tatianum de anima (122); — Ptolemæi carpus (125 v°); —
Joannis Symeonacis sermo de captivis liberandis (132); —
Aristotelis liber de longitudine et brevitate vitæ (133), — de
senectute et juventute, vita et morte (137), — de memoria et
reminiscentia (157); — de somno et vigilia (162 v°), — de
insomniis (177 v°), — de motu animalium (180 v°), — de sensu
et sensibili (191); — S. Epiphanii, Cypri archiepiscopi, phy-
siologia (213); — Salomonis monita ad filium Roboam, versibus politicis (239).

Copié en 1449 par Jean Symeonaki. Pap. 235 fol. (Medic.-Reg. 3084.) *P.*

2028. Aristotelis de anima libri III. (1); — ejusdem liber
de sensu et sensibli (49); — Procli Diadochi theologicæ institutionis libri VI. (74); — Alexandri Aphrodisiensis liber de
nutritione et augmento (107).

XV-XIV s. Pap. et parch. 131 fol. (Fontebl.-Reg. 3094.) *P.*

2029. Aristotelis de anima libri III., cum Themistii paraphrasi.

XV s. Pap. 164 fol. (Reg. 3095.) *P.*

2030. Aristotelis de anima libri III., initio mutili (1); —
ejusdem analyticorum priorum libri III., cum notis adjectis
(37).

XVI s. Pap. 199 fol. (Medic.-Reg. 3382 A.) *P.*

2031. Aristotelis de anima libri III.

XVI s. Pap. 42 fol. (Colbert. 3269.) *P.*

2032. Aristotelis physicæ auscultationis libri VIII. (1), — de lineis insecabilibus (104), — de cælo libri IV. (113), — de generatione et corruptione libri II. (163 v°), — de meteoris libri IV. (190), — de coloribus liber (239) ; — Fragmenta meteorologica : Ἀπὸ γὰρ τοῦ αὐτοῦ σημείου... (248) ; — Aristotelis de anima libri III. (256), — de sensu et sensibili libri II. (285), — de somno et vigilia liber (300), — de longitudine et brevitate vitæ (311), — de juventute et senectute, vita et morte (313 v°), — de respiratione (316).

XIV s. Pap. 325 fol. (Medic.-Reg. 3079.) *P.*

2033. Aristotelis physicæ auscultationis libri VIII. (1), — de anima libri III. (145), — de cælo libri IV. (205).

XV s. Copié par Michel Apostolios. Pap. 288 fol. (Colbert. 4413.) *P.*

2034. Aristotelis de meteoris libri IV. (1), — de anima libri tres (111), — de sensu et sensibili libri II., omnia cum scholiis (203).

XIII s. Bombyc. 228 fol. (Medic.-Reg. 3082.) *P.*

2035. Aristotelis de sensu et sensibili libri II. (1), — de memoria et reminiscentia (24 v°), — de somno et vigilia (31), — de insomniis (39 v°), — de divinatione per somnum (47 v°), — de motu animalium (50), — de longitudine et brevitate vitæ (62), — de juventute et senectute, vita et morte (68 v°), — de respiratione (74), — de coloribus (92), — de generatione et corruptione libri II. (108), — de meteoris libri IV. (156).

XV s. (Copié par Michel Apostolios.) Pap. 258 fol. (Colbert. 4414.) *P.*

2036. Aristotelis problemata physica (1); — Dionysii Longini de sublimi genere dicendi liber (178 v°).

X s. Parch. 207 fol. (Medic.-Reg. 3083.) *P.*

2037. Polemonis physiognomonicorum libri II. (1); — Melampodis opusculum de divinatione ex palpitatione (41); — ejusdem divinatio ex nævis corporis (54).

XVI s. Pap. 55 fol. (Colbert. 3825.) *P.*

2038. Aristotelis artis rhetoricæ libri III. (1); — ejusdem rhetorica ad Alexandrum (76); — ejusdem poetica (109 v°).

XV s. Pap. 130 fol. (Medic.-Reg. 3076.) *P.*

2039. Aristotelis rhetorica ad Alexandrum.

XV s. Pap. 50 fol. (Mazarin.-Reg. 3075.) *P.*

2040. Aristotelis poetica (1); — Demetrii Phalerei tractatus de elocutione (20).

XV s. Pap. 50 fol. (Colbert. 3868.) *P.*

2041. Excerpta e variis Aristotelis operibus (1); — Georgii Gemisti Plethonis liber de Platonicæ et Aristotelicæ philosophiæ differentia (217).

XVI s. Pap. 232 fol. (Medic.-Reg. 3105.) *P.*

2042. Excerpta e variis Aristotelis operibus.

XV s. Pap. 296 fol. (Medic.-Reg. 3087.) *P.*

2043. Excerpta ex Aristotelis politicorum libris (1); — Demosthenis orationes Olynthiacæ tres (4), — pro corona (26), — adversus Midiam (88), — adversus Aristocratem (127 v°), — declamatio funebris (168 v°); — Plutarchi liber de consolatione ad Apollonium (183), — de utilitate ex inimicis capienda (208 v°), — de garrulitate (217 v°); — Polybii excerpta de variis rerum publicarum formis (240).

XVI s. Pap. 269 fol. (Colbert. 4359.) *P.*

2044. Scholiorum excerpta in Aristotelis libros de memoria et reminiscentia (1), — de somno et vigilia (11), — de longitudine et brevitate vitæ (19).

XVI s. (Copié par Constantin Palæocappa.) Pap. 32 fol. (Colbert. 4894.) *P.*

2045. Herennii philosophi commentarius in Aristotelis metaphysica (1); — Procli Diadochi theologica institutio (51 v°); — Georgii Gemisti Plethonis tractatus de processione S. Spiritus adversus Latinos (113); — ejusdem fragmentum de generatione Deorum (121).

XV s. Pap. 128 fol. (Mazarin.-Reg. 3098.) *P.*

2046. Alexandri Aphrodisiensis commentarius in Aristotelis de meteoris libros IV.

XIV-XV s. Pap. 173 fol. (Fontebl.-Reg. 3081.) *P.*

2047. Fragmentum de encliticis (1); — Remediorum formulæ variæ (3); — Alexandri Aphrodisiensis excerpta e problematum libro (6); — Anonymi fragmentum de duodecim lapidibus (9); — de urbe Thessalonica (9 v°); — Excerpta historica varia : Κυννάνη, Φιλίππου θυγάτηρ... (10) ; — Hippocratis epistola ad Ptolemæum regem de hominis fabrica (13 v°) ; — — ejusdem jusjurandum (16) ; — Theophili fragmentum de phlebotomia (16 v°) ; — Anonymi opusculum de computo : Ἐπιδεῖτα ζῴδια ὥσπερ χορόν... (17) ; — Anonymi lexicon botanicum : Ἀρνογλῶσσον πεντάνευρον... (25) ; — Pauli Æginetæ rerum medicinalium libri VII. (30) ; — Excerpta varia de re medica, initio mutila (503).

XV s. Pap. 509 fol. (Fontebl.-Reg. 3172.) P.

2047 A. Alexandri Aphrodisiensis problematum medicorum et naturalium libri II., initio mutili (1) ; — Cassii sophistæ problemata medico-physica (51) ; — Anonymi problemata medico-physica, initio mutila (76 v°) ; — Meletii monachi opusculum de natura hominis (113 v°) ; — Fragmentum de Trinitate (120 v°).

XIV s. Pap. 121 fol. P.

2048. Alexandri Aphrodisiensis problematum medicorum et naturalium libri II. (1) ; — Ventorum nomina, ex Aristotele : Ὁρᾷς οὗτος... (71 v°) ; — Aristotelis physiognomonica (73).

XV s. Pap. 84 fol. (Medic.-Reg. 3101.) P.

2049. Themistii paraphrasis in Aristotelis libros de anima (1) ; — Alexandri Aphrodisiensis tractatus de fato (121 v°) ; — Jamblichi fragmenta de fato et de eo quod preces a Deo sint auditæ (160 v°) ; — Fragmentum de peccatis (162 v°).

XV s. Pap. 163 fol. (Fontebl.-Reg. 3097.) P.

2050. Themistii paraphrasis in Aristotelis libros de anima.

XVI s. Pap. 105 fol. (Trichet Dufresne.-Reg. 3096.) P.

2051. Ammonii prolegomena in philosophiam (1) ; — ejusdem scholia in Porphyrii isagogen (16 v°) ; — Porphyrii isagoge, cum scholiis (50) ; — Aristotelis categoriæ (66 v°), — liber de interpretatione (96), — analytica priora ; omnia cum scholiis (115) ; — Joannis Philoponi commentarius in Aristotelis categorias (126).

XIV s. Bombyc. 215 fol. (Fontebl.-Reg. 3088.) P.

2052. Ammonii commentarius in Aristotelis categorias (1) ;

— Themistii paraphrasis in Aristotelis analytica posteriora (231).

XV-XVI s. (Copié, en partie, par Arsène de Monembasie.) Pap. 287 fol. (Medic.-Reg. 3091.) *P.*

2052 A. Ammonii commentarius in Porphyrii isagogen et Aristotelis categorias.

XV s. (Copié par Michel Souliardos.) Pap. 79 fol. *P.*

2053. Ammonii commentarii in Porphyrii isagogen et Aristotelis categorias metaphrasis, lingua græca vulgari.

Copié en 1632. Pap. 198 pages. (Colbert. 5105.) *P.*

2054. Joannis Philoponi commentarius in Aristotelis analytica priora.

XIV s. Pap. 183 fol. (Colbert. 4357.) *P.*

2055. Alexandri Aphrodisiensis commentarius in Aristotelis priorum analyticorum libros II. (1); — Genealogia gentium, nomina xii. insularum, de labyrintho, etc., collectore Isidoro hieromonacho (49 v°); — Michaelis Ephesii, vel Pselli, prolegomena et commentarius in Aristotelis sophisticos elenchos (55); — Anonymi opusculum de rebus philosophicis : Τὸν λόγον ἐπὶ τῆς νῦν... (150).

XV s. Pap. 185 fol. Peint. (Colbert. 4093.) *P.*

2056. Joannis Philoponi commentarius in Aristotelis libros de anima (1); — Themistii paraphrasis in Aristotelis analyticorum posteriorum libros II. (279); — Aristotelis sophisticorum elenchorum libri II. (418).

XVI s. Pap. 479 fol. (Medic.-Reg. 3383.) *P.*

2057. Joannis Philoponi commentarius in Aristotelis physicæ auscultationis libros III-VIII.

XVI s. Pap. 235 fol. (Medic.-Reg. 3385) *P.*

2058. Joannis Philoponi tractatus adversus Proclum Diadochum de æternitate mundi.

XV s. Pap. 191 fol. (Hurault.-Reg. 3100.) *P.*

2059. Joannis Philoponi tractatus adversus Proclum Diadochum de æternitate mundi, initio mutilus.

XVI s. Pap. 135 fol. (Medic.-Reg. 3377 A.) *P.*

2060. Eustratii, Nicæni metropolitæ, commentarius in Aristotelis ethicorum ad Nicomachum libros I-V. (1); — Anonymi scholia in ejusdem operis libros VI. et VII. : Ἐπεὶ δὲ τυγχάνομεν... (175); — Aspasii scholia in ejusdem operis librum VIII. (294); — Michaelis Ephesii commentarius in ejusdem operis libros IX. et X. (322 vᵒ).

XV s. Pap. 380 fol. (Medic.-Reg. 3103.) P.

2061. [Magentini, Mitylenæi metropolitæ,] scholia in Aristotelis analytica priora.

XV s. (Copié par Janus Lascaris.) Pap. 32 fol. (Medic.-Reg. 3107.) P.

2062. Anonymi commentarius in Aristotelis priorum analyticorum librum I. : Ἐπ' αὐτὸ τὸ κεφάλαιον... (1); — Joannis Philoponi commentarius in analyticorum priorum librum II. (58); — Themistii paraphrasis in analyticorum posteriorum libros II. (83); — Aristotelis organi synopsis, ex ore S. Gregorii Nazianzeni (106); — Fragmenta varia ad Porphyrii isagogen et Aristotelis organum pertinentia (124); — Michaelis Pselli arithmeticæ synopsis (135); — Anonymi scholia in varia analyticorum priorum loca : Πληρώσας τὸν περὶ τρίων σχημάτων... (143).

XIV s. Pap. 224 fol. (Medic.-Reg. 3099.) P.

2063. Anonymi commentarius in Aristotelis analytica, initio et fine mutilus (1); — Nicomachi Geraseni arithmeticæ libri II. (9); — Aristotelis physicæ auscultationis libri VIII., cum Simplicii commentariis (56); — Aristotelis liber de cælo (317 vᵒ).

XIV s. Bombyc. et pap. 323 fol. (Reg. 3116.) P.

2064. Anonymi commentarius in Aristotelis librum de interpretatione, initio mutilus (1); — Scholia ex ore Stephani philosophi in eumdem Aristotelis librum (36); — Scholia ex ore Ammonii in Aristotelis analytica priora, fine mutila (88).

XI s. Parch. 263 fol. (Medic.-Reg. 3092.) P.

2065. Anonymi commentarius in Aristotelis metaphysica, initio et fine mutilus.

XVI s. Pap. 196 fol. (Fontebl.-Reg. 3086.) P.

2066. Anonymi scholia in Aristotelis de animalibus libros I-V. : Ἡ παροῦσα πραγματεία... (1), — de incessu animalium : Τῆς προχειμένης πραγματείας... (178), — de motu anima-

lium : Ἐπειδὴ ἡ ὀρεκτική... (201 v°), — de longitudine et brevitate vitæ : Ὁ μὲν σκοπός... (219 v°), — de senectute et
juventute, vita et morte : Μετὰ τὸ περὶ μακροβιότητος... (227), —
de memoria et reminiscentia : Εἰπὼν ἐν τοῖς περὶ ψυχῆς... (260),
— de somno et vigilia : Περὶ δὲ ὕπνου... (285 v°), — de insomniis : Μετὰ τὸ περὶ ὕπνου... (296), — de divinatione per somnum : Περὶ δὲ τῆς μαντικῆς... (306 v°).

XV s. Pap. 312 fol. (Fontebl.-Reg. 3102.) P.

2067. Georgii Gemisti Plethonis defensio Aristotelicæ philosophiæ adversus Georgii Scholarii calumnias.

XV s. (Copié par Michel Apostolios.) Pap. 67 fol. (Colbert. 4657.) P.

2068. Georgii Gemisti Plethonis defensio Aristotelicæ philosophiæ adversus Georgii Scholarii calumnias.

XVI s. Pap. 89 fol. (Mazarin.-Reg. 3104.) P.

2069. Theophrasti historiæ plantarum libri IX. (1); —
ejusdem de causis plantarum libri VI. (128); — Aristotelis de
plantis libri II., cum anonymi præfatione : Τῷ τῆς Ἀριστοτε-
λικῆς..., et scholiis (246).

XV s. Pap. 272 fol. (Medic.-Reg. 3108.) P.

2070. M. T. Ciceronis somnium Scipionis, cum Macrobii
expositione, græce versum a Maximo Planude (1); — Scholia
in Æschyli Persas (161), — Agamemnonem (171), — Prome-
theum vinctum (189), — VII. ad Thebas (201 v°), — Eumeni-
das (221), — et Supplices (233).

XVI s. (Copié, en partie, par Arsène de Monembasie.) Pap. 243 fol.
(Fontebl.-Reg. 3353.) P.

2071. M. T. Ciceronis dialogus de senectute, græce versus
a Maximo Planude.

XV s. (Copié par Georges Hermonyme.) Pap. 50 fol. (Colbert. 3856.) P.

2072. Epicteti enchiridion (1); — Simplicii commentarius
in Epicteti enchiridion (25); — Joannis Tzetzæ scholia in Hesiodi opera et dies (169).

XVI s. Pap. 282 fol. (J.-A. de Thou.-Colbert. 4348.) P.

2073. Simplicii commentarius in Epicteti enchiridion. Venetiis, Jo. Ant. et fratres de Sabio, 1528, in-4° (1); — Theo-

phrasti liber de sensibus (105); — Prisciani Lydi metaphrasis libri Theophrasti de sensibus (130 v°).

XVI s.(Copié par Christophe Auer.) Pap. 169 fol. (Fontebl.-Reg. 3113.) P.

2074. Plutarchi conviviorum libri IX., initio et fine mutili.

XIV s. Bombyc. 142 fol. (Medic.-Reg. 3055.) P.

2075. Plutarchi fragmentum quomodo quis suos in virtute profectus sentire queat (A v°); — Joannis Eugenici carmina in varios SS. (2); — Philonis opusculum de eo quod omnis probus sit liber (30); — Fl. Josephi excerptum de Christo (45 v°); — Fl. Josephi ex Antiquitatibus excerpta (45 v° et 48); — Joannis Eugenici epistolæ variæ (46); — Libanii epistolæ (60); — S. Basilii et Libanii epistolæ (120); — Synesii epistolæ (124); — Philostrati imagines (140); — ejusdem descriptiones (156); — Anonymi fragmentum de rosa : Λέγουσι Μῆδοι... (176); — Synesii ecphrasis, reges in horto (177); — Joannis Eugenici encomium Trapezuntis urbis (179); — ejusdem descriptio platani (183); — ejusdem oratio ad Deiparam (184); — Georgii Gemisti Plethonis liber de virtute (186); — Excerpta e Paterico (190); — Joannis Eugenici epistola ad Gennadium de monachorum vita et institutis (191); — ejusdem oratio ad Theodorum Porphyrogenitum de vitæ emendatione (199); — ejusdem monodia in sanctam Mariam (227); — ejusdem oratio ad Theodorum Porphyrogenitum Palæologum (230); — ejusdem descriptio Imbri insulæ (231); — [ejusdem] monodia (232 v°); — ejusdem oratio ad Constantinum Palæologum (234); — ejusdem epistola ad Isidorum de fatali vitæ termino (237); — S. Maximi ad Marinum epistola (242 v°); — Theodoræ Ducænæ Palæologinæ epistola (244); — Joannis Eugenici sermo de eo quod e procella incolumis evaserit (244 *bis*); — ejusdem fragmentum de patre spirituali (282); — SS. Joannis Chrysostomi et Nili fragmenta (284 et 326); — Joannis Eugenici oratio in laudem Constantini Palæologi (288); — ejusdem orationes duæ ad Lucam Notaram (294); — ejusdem apologia ad Basilium (301); — ejusdem epistolæ variæ (302); — Marci Ephesini epistola ad summum pontificem (327); — ejusdem professio fidei in Florentina synodo (333) ; — ejusdem carmina varia ad Euthymium patriarcham (335); — Joannis Eugenici ora-

tio in ascensiouem Domini (338); — Preces ex S. Augustino
excerptæ (343); — Joannis Eugenici expositio symboli (363);
— ejusdem hymni in beatam Mariam (384);— ejusdem homilia
in orationem dominicam (385); — Marci Antonini excerpta
(394); — Leonis Sapientis Job, sive de sapientia (396); —
Joannis Eugenici oratio ad mulieres nimium comptas (411);
— ejusdem Job (413); — Theodori Prodromi versus ad Andronicum imperatorem (414).

Copié en 1439 par Jean Eugenicos. Pap. 418 fol. (Reg. 2999, 2.) P.

2076. Plutarchi Chæronensis opuscula de virtute et vitio
(1), — de monarchia, aristocratia et democratia (2 v°), — de
gloria Atheniensium (4), — de invidia et odio (10 v°), — parallela græca et romana (12 v°), — convivium septem sapientum
(25), — de sanitate tuenda (43), — de curiositate (59 v°), —
virtutem doceri posse (69), — bruta animalia ratione uti
(70 v°), — de virtute morali (76 v°), — de poetis audiendis
(89 v°), — de fortuna (111 v°), — animi quam corporis morbos
esse deteriores (114 v°), — de vitanda amicorum multitudine
(116 v°), — de ira cohibenda (120 v°), — Platonicæ quæstiones
(132 v°), — de curiositate (145 v°), — de exilio (161), — qua
ratione quis se ipsum citra invidiam laudare possit (170 v°), —
aqua ne an ignis utilior (180 v°), — de discrimine amici et
adulatoris (184), — de divitiarum cupiditate (215), — de vitando ære alieno (220 v°), — de abstinentia a carnibus (225 v°),
— de Alexandri magni fortuna vel virtute (234), — quomodo
quis suos in virtute profectus sentire queat (257), — de sera
numinis vindicta (270 v°), — de vitiosa verecundia (295 v°),
— de superstitione (306), — an seni gerenda respublica (315),
— de garrulitate (333 v°), — de audiendo (349 v°), — de animi
tranquillitate (363), — de fraterno amore (379 v°), — de differentia principis et philosophi (398); — Menses Atheniensium
(160 v°).

XV s. Pap. 401 fol. (Medic.-Reg. 3053.) P.

2077. Plutarchi Chæronensis liber de liberis educandis (1);
— Xenophontis Hieron (17); — Plutarchi consolatio ad Apollonium (31 v°); — Agrippæ regis et Josephi, Judæorum ducis,
orationes, ex Fl. Josepho (55 v°); — Alexandri Aphrodisei

liber de fato (63); — Nemesii tractatus de natura hominis
(66); — Xenophontis liber de republica Lacedæmoniorum
(98); — Georgii Gemisti Plethonis opusculum de fato (112);
— Euripidis Hecuba (122 v°); — ejusdem Orestes (176 v°); —
præcedit ejusdem vita (121); — Homeri batrachomyomachia
(249); — Anonymi monodia de CP. a Turcis expugnata : Οἴμοι
τίς δώσει μοι... (257); — Isocratis oratio ad Demonicum (260);
— Basilii imp. ad Leonem filium exhortationum capita LXVI.
(264); — Nicephori Gregoræ monodia in magnum logothetam
(274 v°); — ejusdem monodia in obitum Andronici senioris
(276 v°); — Cyri morientis oratio ad filios et amicos, e Xenophontis Cyropædia (280); — Æsopi fabulæ (279 et 283).

XV s. Pap. 301 fol. (J.-A. de Thou.-Colbert. 4950.) P.

2078. Plutarchi Chæronensis apophthegmata regum et imperatorum (1); — ejusdem apophthegmata laconica (71).

XVI s. Parch. 144 fol. (Medic.-Reg. 3054.) P.

2079. Plutarchi Chæronensis opusculum de vitioso pudore
(1); — Themistii oratio de iis quæ sub Valente acciderunt
(17), — oratio de pace, ad Valentem (25), — adhortatio ad
Valentinianum juniorem (31), — oratio in Constantinum imp.
(38 v°), — gratiarum actio ad Constantinum imp. (45).

XV-XVI s. Pap. 53 fol. (Medic.-Reg. 3292.) P.

2080. Plutarchi Chæronensis opusculum de liberis educandis (1); — Diodori Siculi bibliothecæ historicæ liber II.
(17); — Xenophontis historiarum Græcarum libri VII. (41);
— Georgii Gemisti Plethonis de rebus in Græcia post prœlium
ad Mantineam gestis libri II. (205); — Appiani Syriaca (242);
— Theophrasti historiæ plantarum excerpta (282); — Aristotelis historiæ animalium excerpta (285).

XVI s. Pap. 286 fol. (Medic.-Reg. 3052.) P.

2081. Sexti Empirici adversus mathematicos libri X., initio
et fine mutili.

XVI s. Pap. 336 fol. (Medic.-Reg. 3376.) P.

2082. Plotini enneades (15); — præmittitur ejus vita, auctore Porphyrio (1).

XV s. Pap. 257 fol. (Reg. 3069.) P.

2083. Porphyrii de abstinentia ab animalibus libri IV.

XVI s. Pap. 113 fol. (Medic. (?)-Reg. 3476.) *P.*

2084. Porphyrii de abstinentia ab animalibus libri IV.

XVI s. Pap. 76 fol. (De Mesmes.-Reg. 3071, 2.) *P.*

2085. Porphyrii isagoge in Aristotelis categorias (1); — Ammonii commentarius in Porphyrii isagogen (16); — Anonymi ad Michaelem Palæologum capita theologica : [Πιστεύ]ομεν εἰς ἕνα πατέρα... (77-79); — De eclipsi solis (111 v°); — Commentariorum in Porphyrium et Aristotelis categorias fragmenta (115).

XV s. (Copié par Michel Souliardos.) Pap. 123 fol. (Reg. 3385, 2.) *P.*

2086. Porphyrii isagoge (1); — Aristotelis categoriæ (8), — de interpretatione (33), — analyticorum priorum libri II. (53), — analyticorum posteriorum libri II. (106 v°), — topicorum libri VIII. (140), — de sophisticis elenchis libri II. (208 v°).

XIV s. Bombyc. 229 fol. (Medic.-Reg. 3071.) *P.*

2087. Ammonii commentarius in Porphyrii isagogen (1); — S. Anastasii Sinaïtæ fragmentum (67); — Series imperatorum CP. a Constantino magno usque ad Andronicum seniorem, versibus (68); — Series patriarcharum CP. usque ad Leonem Stypiotam (68 v°); — Varia de zodiaco, luna, etc. (69); — De veris Dei adoratoribus responsio (70 v°); — Michaelis Pselli de rebus theologicis, physicis et moralibus responsiones, cap. ccv. (71); — ejusdem solutio dubii a paganis circa necessitatem incarnationis Christi propositi (120 v°); — Chrysomalli opusculum de humilitatis necessitate (122); — Anonymi chronicon breve e V. Testamento, usque ad Theodorum Lascarim : Τῷ πα′ ἔτει Μωσέως... (123); — Versus de zodiaco (126 v°); — Constantini Manassis chronicon, usque ad Nicephorum Botaniatam (127); — Theodori Prodromi versus ad Manuelem Comnenum, adversus Persas proficiscentem (211 v°); — ejusdem encomia varia Manuelis Comneni (217); — Michaelis Pselli commentarius in Canticum canticorum (222); - — Tryphonis opusculum de tropis (256); — Hermogenis fragmenta (244); — Alexandri opusculum de figuris sententiarum et elocutionis (247 v°); — Aristotelis libri de anima excerpta (258).

XIV s. Bombyc. 259 fol. (Fontebl.-Reg. 3089.) *P.*

2088. Ammonii commentarius in Porphyrii isagogen (1); — Joannis Philoponi commentarius in Aristotelis categorias (7); — Ammonii commentarius in Aristotelis librum de interpretatione (39).

XIV s. Bombyc. 120 fol. (Fontebl.-Reg. 3090.) *P.*

2089. Nicetæ Davidis prolegomena in Porphyrii isagogen (1); — Porphyrii isagoge, cum [ejusdem] commentario (5).

Copié en 1223, par Περγίου ʿΑγιοπετρίτου. Parch. 64 fol. Palimps. (Medic.-Reg. 3106.) *P.*

2090. Anonymi e Porphyrio excerpta, initio mutila (1); — Anonymi prolegomena de re grammatica : Μέλλοντες ἐξη-γεῖσθαι... (14); — Anonymi prolegomena de eodem : Ἡ τέχνη πρᾶγμα... (18 v°); — Dionysii Thracis grammaticæ artis excerpta : Διονύσιος ὁ Θρᾷξ... (24 v°); — Georgii Chœrobosci erotemata grammatica (29 v°); — Anonymi grammatica : Ἐρώτησις. Τί διαφέρει στοιχεῖον τοῦ γράμματος... (46); — Antonii Eparchi epistola ad Petrum Bembum, 1537. (57); — Tryphonis excerpta de affectibus vocabulorum (59); — Anonymi opusculum de verbis anomalis, alphabet. : Ἄζω, ὅθεν ἀόριστος πρῶτος ἄσθην... (60); — Anonymi opusculum de verborum epithetis : Τὰ μὲν [μὲν] εἰς ας, ... (71); — Anonymi fragmentum de quantitate syllabarum, initio mutilum (95); — Anonymi grammatica : Τί ἐστι λέξις; Μέρος ἐλάχιστον... (98); — Anonymi opusculum de nominum etymologia : Ἄνθρωπος ποίου μέρους λόγος... (109); — Anonymi testimoniorum collectio e Sᵃ. Scriptura de Jesu Christo : Ἐκ τοῦ Δαυίδ. Ἐκ γαστρός... (120); — Agapeti diaconi epistola ad Justinianum imp. : Τιμῆς ἁπάσης... (138 v°); — S. Gregorii Cyprii, CP. patriarchæ, encomium S. Georgii (149); — Matthæi Camariotæ epitome rhetoricæ, ex Hermogene, fine mutila (169).

XVI s. Pap. 192 fol. (Colbert. 4743.) *P.*

2091. Anonymi sententiarum collectio, cum interpretatione : Ἐν ἀρχῇ ἦν ὁ λόγος... (1 v°); — Formula adversus furem (7); — Galeni fragmentum de corporis humani fabrica (8); —

De æstate hieme, duodecim mensibus, etc. (8); — Theophanis
Nonni epitome de curatione morborum, cap. cxxxv-ccxci. (10);
— Anonymi opusculum de antidotis, oleis, pulveribus, emplastris : Ὁ περὶ τῶν ἀντιδότων... (58 v°); — Anonymi collectio
remediorum ex Xenone (77); — Anonymi liber secundus, ad
Constantinum Porphyrogenitum : Ὅσα μὲν οὖν τῶν διαιτημάτων...
(98);— Varia de re botanica, cum figuris (113); — Alphabeta
secreta (117 v°); — Hippiatrica, ex Osandro et Hippocrate
(118).

XV s. Pap. 127 fol. (Fontebl.-Reg. 3496). P.

2092. Joannis Stobæi eclogæ.

XV s. Pap. 801 pages. (Fontebl.-Reg. 3115.) P.

2093. Jamblichi Chalcidensis liber de vita Pythagorica.
(1); — ejusdem adhortationes protrepticæ ad philosophiam
(48 v°); — ejusdem liber de communi mathematica scientia
(85); — ejusdem commentarius in Nicomachi Geraseni arithmeticam (112).

XV s. (Copié par Michel Suliardos.) Pap. 148 fol. (De Mesmes.-Reg.
3204, 2.) P.

2094. Boetii de consolatione philosophiæ libri V., a Maximo
Planude græce versi, cum scholiis (1); — præmittitur vita
Boetii (1); — ejusdem dialectica, una tantum superest pagina
(51 v°).

XIV s. Bombyc. 51 fol. (Colbert. 5011.) P.

2095. Boetii de consolatione philosophiæ libri V., a Maximo
Planude græce versi, cum scholiis (2); — præmittitur vita
Boetii (1).

XIV s. Bombyc. 86 fol. (Fontebl.-Reg. 3128.) P.

2096. Boetii de consolatione philosophiæ libri V., a Maximo
Planude græce versi, cum scholiis (2); — præmittitur vita
Boetii (1).

XV s. Parch. et pap. 97 fol. (Hurault.-Reg. 3127.) P.

2097. Boetii de consolatione philosophiæ libri V., a Maximo
Planude græce versi, cum scholiis (2); — præmittitur vita
Boetii (1 v°).

Copié en 1475 par Michel Suliardos. Pap. 98 fol. (Dupuy.-Reg. 3129.) P.

2098. [Michaelis Pselli] ecloge de anima ex Aristotele et
aliis philosophis : Ἀνεγνώσθησαν διαφόρων ἀνδρῶν δόξαι διάφοροι...
Ὅτι αἱ ψυχικαὶ δυνάμεις... (1); — S. Epiphanii Cyprii opusculum
de XII. lapidibus (117); — [Actuarii] de actionibus et affectibus spiritus animalis libri II. (119).

XIII s. Bombyc. 158 fol. (Medic.-Reg. 3117.) *P.*

2099. Nicephori Blemmidæ logica (1), — physica (97), —
de cælo, cap. xxiv. (212), — de vacuo, cap. xxxii. (244), —
— enarrationis in Psalmum viii. fragmentum (253), — « Nicephori, capite de habitationibus, » lat. (260 v°).

XVI s. Pap. 260 fol. (Mazarin.-Reg. 3124.) *P.*

2100. Nicephori Blemmidæ logica (1), — ejusdem physica (100); — S. Maximi fragmentum de anima (163 v°); —
Nicephori Blemmidæ de cælo, astris, terra, etc. [physicæ,
cap. xxiv, ss.] (167); — Symeonis Sethi capita de cometis,
eclipsibus et astris (204 v°); — S. Joannis Damasceni dialectica (207).

XVI s. Pap. 253 fol. (Baluze.-Reg. 3120, 2.) *P.*

2101. Nicephori Blemmidæ physica, cap. xxxii.

Copié en 1542 par Christophe Auer. Pap. 212 pages. (Fontebl.-Reg.
3120.) *P.*

2102. Nicephori Blemmidæ logica (1); — Menses Ægyptiorum, Romanorum, Græcorum, Atheniensium et Hebræorum (86 v°); — Arcadii de accentibus libri XIX. (88).

XVI s. Pap. 244 fol. (Fontebl.-Reg. 3123.) *P.*

2103. Nicephori Blemmidæ logica (1); — Boetii dialectica,
a Maximo Planude græca versa, cum scholiis (145).

XVI s. Pap. 193 fol. (Hurault.-Reg. 3121.) *P.*

2104. Nicephori Blemmidæ logica.

XVI s. (Copié par Antoine Episcopopoulos.) Pap. 118 fol. (Fontebl.-Reg.
3122.) *P.*

2105. Nicephori Chumni, seu Nathanaelis monachi, opuscula [Boissonade, *Anecd. gr.* t. I, II, III, V. et nova] de mundi
natura, initio mutilum (1), — de primis et simplicibus corpori-
bus (13), — quod terra, cum in medio sit, infra se nihil habeat

(17), — quod neque materia ante corpora, neque formæ seor-
sum, sed hæc ipsa simul constent (22), — contra Plotinum de
anima rationali quæstiones variæ (31 v°), — de anima sensi-
tiva et vegetativa (51 v°), — quod non impossibile sit, etiam
secundum leges physicas collocatam esse aquam in firmamento
(79 v°), — de aeris natura, de grandine et ventis (91 v°), —
contra veteres philosophos de eadem re (94 v°), — de Christi
transfiguratione (100), — de assumptione beatæ Mariæ (113),
— ad Thessalonicenses, de justitia, et Thessalonicæ urbis encomium (128 v°), — contra illos qui injuriam faciunt (155 v°), —
oratio in laudem Andronici senioris imp. (168), — accusatio
Niphonis patriarchæ ad synodum a Nicomediæ et Mitylenes
episcopis, cum brevi de ea judicio (199 v°), — oratio funebris
in laudem Philadelphiensis metropolitæ, et de processione
S. Spiritus, adversus Latinos (215), — testamentum (245 v°),
— ad Philadelphiensem metropolitam, de miraculo in Cana
(264), — de petitione illa qua Elisæus duplicem Eliæ spiritum
sibi postulavit (266 v°), — ad Irenem imp. oratio de viduitate
anno ætatis xvi. (271), — ad imperatorem oratio de Joannis,
despotæ Serviæ, morte (278), — ad amicum oratio de fratris
Eusebii morte (282); — oratio ascetica, sine titulo (285 v°), —
chrysobulla qua prædia quædam imperatrici assignantur
(294), — alia pro celsissimo Crali Serviæ (296 v°), — alia de
tollendis monachorum dissidiis, temporibus Josephi et Vecci
patriarcharum (300), — opusculum de examine et compositione (304 v°), — oratio adversus eos qui moleste ferunt
reprehendi rhetores obscure et maligne loquentes, et adversus
eos qui in rebus astronomicis a Platone dissentiunt (309 v°),
— chrysobulla qua monasteria Galesii et Sanctæ Resurrec-
tionis conjunguntur et uni abbati subjiciuntur (320 v°), —
epistolæ variæ clxx., fine mutilæ (327).

XIV s. Bombyc. 434 fol. (Medic.-Reg. 2964.) P.

2106. Athanasii rhetoris tractatus de propositionibus ad
dialecticam pertinentibus (1), — de conscribendarum epistolarum ratione (21), — de dialectica (24), — epitome de tropis
dictionis (33), — de metris (41), — artis rhetoricæ synopsis
(53), — adhortatio ad adolescentes de rhetorica (77), — logica

(83), — capita varia philosophica et grammatica (105), — excerpta ex Aristotelis physicorum lib. VIII. (210 et 262).

XVII s. Pap. Copié (en partie) par Athanase Rhéteur. Pap. 281 fol. (Mentel.-Reg. 3344.) *P.*

.2107. Menses Atheniensium (1); — Anonymi tractatus de dialectica : Ὥσπερ οἱ ἀναγινώσκοντες... (3); — Chronicon breve ab Adamo usque ad Joannem Palæologum II. (12); — De triangulis fragmentum (23); — De Acindynis fragmentum (26); — Euclidis optica et catoptrica (27); — Nicomachi Geraseni arithmeticæ institutionis libri II. (59); — Isaaci Argyri arithmetica (115); — Anonymi explicatio, cur infantes VII. et IX. mense nati vivant, VIII. non vivant (129); — Anonymi demonstrationes geometricæ : Γεωμετρία ἐστι γνῶσις ποσοῦ... (131); — Computi fragmentum (140); — Georgii Chrysococcæ manualis institutio in Persicæ astronomiæ canones (141).

XIV-XV s. Pap. 240 fol. (Teller. Rem.-Reg. 3102, 2.) *P.*

2108. Nic. Alex. Maurocordati parerga Philothei.

XVIII s. Pap. 90 fol. (Reg. 3479, 2.) *P.*

2109. Michaelis Pselli expositio in Chaldaïca oracula (1), — brevis dogmatum Chaldaïcorum declaratio (18 v°), — quænam sint de dæmonibus Græcorum opiniones (20 v°), — liber de operatione dæmonum (26). .

XVI s. Pap. 48 fol. (Mazarin.-Reg. 3486.) *P.*

2110. Platonis Axiochus (1); — ejusdem Gorgias (11); — Luciani Jupiter tragœdus (89); — ejusdem Jupiter confutatus (106 v°); — ejusdem piscator, sive reviviscentes (112 v°).

XV s. Pap. 128 fol. (Fontebl.-Reg. 3473.) *P.*

2111. Definitiones vocum ad philosophiam pertinentium, e Platonis operibus.

XVI s. Pap. 9 fol. (Colbert. 6454.) *P.*

2112. Excerpta e Platonis operibus.

XVI s. Pap. 60 fol. (Colbert. 6131.) *P.*

2113. Aristotelis ethicorum ad Nicomachum libri X.

XVI s. (Copié par Ange Vergèce.) Pap. 184 fol. (Colbert. 6185.) *P.*

2114. Aristotelis ethicorum ad Nicomachum libri X.

XVI s. Pap. 141 fol. (Medic.-Reg. 3474.) *P.*

2115. Aristotelis mechanica.

XVI s. Pap. 39 fol. (Medic.-Reg. 3477.) *P.*

2116. Aristotelis de rhetorica libri III.

XVI s. (Copié par Ange Vergèce.) Pap. 178 fol. (Colbert. 6550.) *P.*

2117. Aristotelis poetica.

XVI s. Pap. 46 fol. (Teller. Rem.-Reg. 3477, 2.) *P.*

2118. Polemonis physiognomonica (1); — Melampodis divinatio ex palpitatione (56); — Anonymi brontologium XII. mensium (77).

XVI s. (Copié par Jean d'Otrante.) Pap. 81 pages. (Reg. 3494, 3.) *P.*

2119. Adamantii sophistæ physiognomonica.

XVI s. Pap. 32 fol. (Mazarin.-Reg. 3488.) *P.*

2120. Porphyrii isagoge (1); — Aristotelis categoriæ (14); — ejusdem liber de interpretatione (38); — ejusdem priora analytica (53); — ejusdem posteriora analytica (127 v°).

XVI s. Pap. 170 fol. (Medic.-Reg. 3475.) *P.*

2121. Anonymi compendium logicæ Aristotelis.

XVI s. Pap. 72 fol. (Colbert. 6590.) *P.*

2122. Epicteti enchiridion (3); — præmittitur brevis Epicteti vita (1); — Pythagoræ carmina aurea (35 v°).

XVI s. Pap. 40 fol. (Bigot.-Reg. 3487, 2.) *P.*

2123. Epicteti enchiridion.

XVI s. Pap. 18 fol. (Teller. Rem.-Reg. 3487, 3.) *P.*

2124. Epicteti enchiridion.

XVI s. Pap. 38 fol. (Mazarin.-Reg. 3487.) *P.*

2125. Plutarchi opusculum de animi tranquillitate.

XVI s. (Copié par Jean Maludan.) Pap. 53 fol. (Colbert. 6555.) *P.*

2126. Plutarchi opusculum de liberorum educatione.

XVI s. (Copié par Jean Maludan.) Pap. 52 fol. (Colbert. 6563.) *P.*

2127. Plutarchi opusculum, terrestria ne an aquatilia animalia sint callidiora.

XVI s. Pap. 354 fol. (Colbert. 6634.) *P.*

2128. Sexti Empirici adversus mathematicos libri I-VI.

XVII s. Pap. 144 fol. (Teller. Rem.-Reg. 3473, 2.) P.

2129. Joannis Stobæi eclogæ physicæ.

XV s. Pap. 230 fol. (Medic.-Reg. 3485.) P.

2130. Joannis Stobæi eclogæ epitome, cum notis Jani Lascaris.

XVI s. Pap. 143 fol. (Medic.-Reg. 3479.) P.

2131. Maximi sophistæ de objectionibus insolubilibus liber (1); — Syriani commentarius in Hermogenis artem rhetoricam (6); — Sopatri excerpta (80 v°); — Dionysii Halicarnassei de Lysia oratore judicium (94); — Juliani imperatoris epistolæ (139 v°); — Andronici [Callisti] peripatetici de animi affectibus opusculum (158); — Aristotelis epistolæ ad Philippum, Alexandrum et Theophrastum (168); — Philippi ad Olympiadem epistola (171 v°); — Theodori [Gazæ ad Demetrium Chalcondylam] epistola (174).

XVI s. (Copié par Janus Lascaris.) Pap. 192 fol. (Medic.-Reg. 3516.) P.

2132. Michaelis Pselli de dæmonum operatione dialogus (1); — Theodosii Tripolitæ liber de habitationibus (1); — ejusdem liber de diebus ac noctibus (16).

XVI s. (Copié par Jean d'Otrante.) Parch. 23 et 71 pages. (Fontebl.-Reg. 3481.) P.

2133. Nicephori Blemmidæ physica.

Copié en 1332. Bombyc. 254 fol. (Fontebl.-Reg. 3483.) P.

2134. Nicephori Blemmidæ physica, fine mutila.

XIV s. Bombyc. 124 fol. (Fontebl.-Reg. 3484.) P.

2135. Anonymi [Georgii Pachymeris] opusculum de rebus philosophicis : Οἶμαι σε, θειότατε δέσποτα... (1); — Manuelis Christonymi oratio de Deiparæ supra Cherubinos excellentia (75); — Gennadii brevis expositio rerum quæ a Christianis credenda sunt (91); — ejusdem epistola ad Ephesinum metropolitam (99);—S. Joannis Chrysostomi oratio in SS. Petrum et Paulum (108); — ejusdem oratio in Christi nativitatem (117); — ejusdem precationes variæ et fragmenta (125); —S. Justini dogmatum quorumdam Aristotelicorum confutatio (149).

XVI s. Pap. 198 fol. (Fontebl.-Reg. 3436.) P.

2136. Georgii Pachymeris tractatus de anima (1); — S. Maximi fragmenta (147); — Aristotelis liber de interpretatione (151); — Georgii Lecapeni epistola (188); — Michaelis Pselli commentarius in eumdem Aristotelis librum (201); — Arsenii, Monembasiæ episcopi, epistola ad cardinalem Rodulphum (205); — Michaelis Pselli liber de quatuor mathematicis disciplinis (208); — Fragmenta grammatica (242).

XVI s. Pap. 245 fol. (Fontebl.-Reg. 3480.) P.

2137. Anonymi compendium logicæ Aristotelis, idem ac in cod. 2121.

XVI s. (Copié par Ange Vergèce.) Pap. 57 fol. (Reg. 3541.) P.

2138. Anonymi definitiones philosophicæ, alphabetice : Τὸν μέλλοντα μαθεῖν ὅρους... (1); — Aristotelis categoriæ (18); — Eustratii definitio philosophiæ juxta Platonem (30 v°); — Anonymi epitome Aristotelis sophisticorum elenchorum : Τρεισκαίδεκα τρόποι... (31 v°); — Ammonii commentarius in Aristotelis categorias (126).

XIV s. Bombyc. 131 fol. (Colbert. 6328, 2.) P.

2139. Hermetis medici mathematica, sive de infirmorum decubitu, ad Ammonem Ægyptium (1); — Galeni prænotiones astrologicæ, a tempore decubitus, de morbi exitu (23); — Pancharii compendium tractatus de decubitu infirmorum (70 v°); — Hermetis Trismegisti canon de eodem (88); — Petosiridis methodus de eodem (90); — Theophili opusculum de electionibus (94 v°);—Petosiridis epistola ad regem Nechepso de mensibus faustis et infaustis (115); — Prognostica de pluviis, ex ore Syri cujusdam (119 v°); — Juliani Laodicensis opusculum de futuri prænotione ex septem planetarum positione (123 v°); — Pauli Alexandrini apotelesmata (137); — Anonymi opusculum de terræ motibus : Καθόλου τοίνυν περὶ τῶν ἐν τῇ γῇ... (172 v°); — Symeonis monachi, chrysographi, scholion (193); — Anonymi capita astronomica varia de eclipsibus, cometis, etc. : Ἀνέγραψαν δὲ καὶ οἱ παλαιοί... (209 v°); — Calendarium astronomicum (242).

XVII s. Pap. 275 fol. (Mazarin.-Reg. 2708.) M.

2140. Hippocratis jusjurandum (9 v°), — lex iis præscri-

benda qui medicinam facere instituunt (9 v°), — quod medicina sit ars (10 v°), — de veteri medicina (13), — præcepta
medica (19), — de medici decoro (20 v°), — de natura
hominis (22 v°), — de genitura (28), — de natura pueri in
partu (30), — de articulis (38), — de humoribus (62 v°), — de
alimento (65), — de ulceribus (66 v°), — de morbo sacro (70 v°),
— de morbis libri IV. (75 v°), — de affectionibus (117), — de
internis affectionibus (126), — de diæta libri III. (146), — de
insomniis (169), — de visu (171 v°), — de diebus criticis
(172 v°), — aphorismi (174), — prænotiones (184), — de victu
et diæta in morbis acutis observanda (190 v°), — de flatibus
(206), — vectiarius (209 v°), — de ossium natura (216), — de
fracturis (220), — officina et officium medici (234), — de exsectione fœtus (237), — de morbis mulierum libri II. (237 v°),
— de sterilibus (291 v°), — de superfœtatione (300), — de
septimestri partu (304), — de octimestri partu (306), — de
virginum morbis (307), — de natura muliebri (308), — prædictorum libri II. (324 v°), — de fistulis (338 v°), — de hæmorrhoïdibus (340 v°), — Coacæ prænotiones (342 v°), — de
morbis popularibus libri VII. (349), — epistolæ (414), — de
insania fragmentum (424 v°); — Thessali oratio ad Athenienses, fine mutila (424); — præmittuntur Galeni lexicon vocum
Hippocratis (1), — et Hippocratis vita, auctore Sorano (8 v°).

XII-XIII s. Bombyc. 426 fol. (Medic.-Reg. 2133.) *M.*

2141. Hippocratis jusjurandum (8 v°), — lex iis præscribenda, qui medicinam facere instituunt (8 v°), — de arte (9),
— de veteri medicina (11 v°), — præcepta medica (16 v°), —
de medici decoro (18), — de natura humana (20), — de genitura (25 v°), — de natura pueri in partu (27 v°), — de articulis
(35), — de humoribus (57 v°), — de alimento (60 v°), — de
ulceribus (62), — de morbo sacro (65 v°), — de morbis libri IV.
(70 v°), — de affectionibus (109), — de internis affectionibus,
(117 v°), — de diæta libri III. (136), — de insomniis (155), —
de visu (157), — de diebus criticis (158), — aphorismi (159 v°),
— prænotiones (167), — de victu et diæta in morbis acutis
observanda (172), — de flatibus (184), — vectiarius (186 v°),
— de ossium natura (191 v°), — de fracturis (195), — officina

atque officium medici (205), — de exsectione fœtus (207), —
de morbis mulierum libri II. (207 v°), — de sterilibus (248),
— de superfœtatione (254), — de partu septimestri (257 v°),
— de partu octimestri (259), — de virginum morbis (260), —
de natura muliebri (260 v°), — prædictorum libri II. (274), —
de fistulis libri II. (285 v°), — de hæmorrhoïdibus (287 v°), —
Coacæ prænotiones (288 v°), — de morbis popularibus libri VII.
(293 v°), — epistolæ (339), — de insania fragmentum (346);
— Thessali oratio ad Athenienses (346); — præmittuntur
Galeni lexicon vocum Hippocratis (1), — et Hippocratis vita,
auctore Sorano (8).

XV s. (Copié par César Strategos.) Pap. 349 fol. (Medic.-Reg. 1846.) *G.*

2142. Hippocratis jusjurandum (12 v°), — lex iis præscribenda, qui medicinam facere instituunt (13), — de arte (13 v°),
— de veteri medicina (17), — de medici decoro (25 v°), — de
natura humana (28), — de genitura (34), — de natura pueri
in partu (36), — de articulis (44 v°), — vectiarius (82), — de
alimento (86 v°), — de ulceribus (89 v°), — de morbo sacro
(97), — de morbis libri IV. (107 v°), — de internis affectionibus (198 v°), — de diæta libri III. (231 v°), — de insomniis
(268 v°), — de visu (272 v°), — de diebus criticis (274 v°), —
aphorismi (277), — prænotiones (292 v°), — de victu et diæta
in morbis acutis observanda (302 v°), — de flatibus (319), —
vectiarius (322), — de ossium natura (328 v°), — de fracturis
(333), — officina atque officium medici (347 v°), — de morbis
mulierum libri II. (351), — de sterilibus (406 v°), — de superfœtatione (415 v°), — de partu septimestri (420), — de partu
octimestri (422 v°), — de virginum morbis (423 v°), — de natura muliebri (424), — de exsectione infantis (441), — prædictorum libri II. (442), — de fistulis (456), — de hæmorrhoïdibus
(458), — de morbis popularibus libri VII. (466), — epistolæ
(530); — Thessali oratio ad Athenienses (540); — præmittuntur Galeni lexicon vocum Hippocratis (1), — et Hippocratis
vita, auctore Sorano (12).

XIII-XIV s. Bombyc. 547 fol. (Fontebl.-Reg. 2672.) *P.*

2143. Hippocratis jusjurandum (11), — lex iis præscribenda qui medicinam facere instituunt (11 v°), — de veteri

medicina (15 v°), — præcepta medica (21 v°), — de medici decoro (23), — de genitura (31), — de natura pueri in partu (32 v°), — de articulis (39 v°), — de humoribus (62), — de alimento (65 v°), — de ulceribus (67), — de morbo sacro (71 v°), — de morbis libri IV. (76 v°), — de affectionibus (111 v°), — de internis affectionibus (118 v°), — de diæta libri III. (136), — de insomniis (155 v°), — de visu (158), — de diebus criticis (159), — aphorismi (160 v°), — prænotiones (169), — de victu et diæta in morbis acutis observanda (175 v°), — de flatibus (192), — vectiarius (195 v°), — de ossium natura (201 v°), — de fracturis (205 v°), — officina atque officium medici (219), — de exsectione fœtus (221 v°), — de morbis mulierum libri II. (222), — de sterilibus (267), — de superfœtatione (275), — de partu septimestri (278 v°), — de partu octimestri (280 v°), — de morbis virginum (281 v°), — de natura muliebri (282), — de exsectione infantis (298), — prædictorum libri II. (298 v°), — de fistulis (311 v°), — de hæmorrhoïdibus (314), — Coacæ prænotiones (315), — de morbis popularibus libri VII. (321), — epistolæ (375), — de insania fragmentum (386); — Thessali oratio ad Athenienses (386); — præmittuntur Galeni lexicon vocum Hippocratis (1 v°), — et Hippocratis vita, auctore Sorano (10).

XIV s. Pap. 397 fol. (Fontebl.-Reg. 2670.) *M.*

2144. Hippocratis jusjurandum (13), — lex iis præscribenda qui medicinam facere instituunt (13), — de arte (14), — de veteri medicina (17), — præcepta medica (25), — de medici decoro (27), — de natura hominis (29), — de salubri victus ratione (33), — de genitura (34 v°), — de natura pueri in partu (36 v°), — de articulis (44 v°), — de humoribus (71), — de alimento (74), — de ulceribus (75 v°), — de morbo sacro (80), — de morbis libri IV. (85), — de affectionibus (127 v°), — de internis affectionibus (138 v°), — de diæta libri III. (158 v°), — de insomniis (183 v°), — de visu (186 v°), — de diebus criticis (187 v°), — aphorismi (188), — prænotiones (208), — de victu et diæta in morbis acutis observanda (215), — de flatibus (228), — vectiarius (231), — de ossium natura (236), — de fracturis (240), — officina atque officium medici

(250 v°), — de exsectione fœtus (252 v°), — de morbis mulierum libri II. (253), —de sterilibus (295), — de superfœtatione
(302), — de partu septimestri (306), — de partu octimestri
(308), — de virginum morbis (309), — de natura muliebri
(309 v°),— de exsectione infantis (323),—prædictorum libri II.
(323 v°), — de fistulis (335 v°),—de hæmorrhoïdibus (337), —
Coacæ prænotiones (338), — de morbis popularibus libri VII.
(343 v°), — epistolæ (390), — de insania fragmentum (396);
— Thessali oratio ad Athenienses, fine mutila (396); — præmittuntur Galeni lexicon vocum Hippocratis (1), — Hippocratis
vita, auctore Sorano (12), — et Actuarii fragmenta (A), — nec
non et imagines duæ Hippocratis et Alexii Apocauchi, cum
versibus (10 v°-11).

XIV s. Bombyc. 397 fol. Peint. (Reg. 1861.) G.

2145. Hippocratis jusjurandum (14), — lex iis præscribenda qui medicinam facere instituunt (14 v°), — de arte (15),
— de veteri medicina (19 v°), — præcepta medica (28 v°), —
de medici decoro (31), — de genitura (43), — de natura pueri
in partu (46 v°), — de articulis (58), — de humoribus (96 v°),
— de alimento (100 v°), — de ulceribus (102 v°), — de morbo
sacro (108 v°), — de morbis libri IV. (116 v°), — de affectionibus (175), — de internis affectionibus (188 v°), — de diæta
libri III. (217), — de insomniis (247 v°), — de visu (251 v°),
— de diebus criticis (253), — aphorismi (255), — prænotiones
(268 v°), — de victu et diæta in morbis acutis observanda
(277 v°), — de flatibus (298), — vectiarius (303), — de ossium
natura (312), — de fracturis (317 v°), — officina atque officium medici (336 v°), — de exsectione fœtus (340), — de
morbis mulierum libri II. (341), — de sterilibus (409), — de
superfœtatione (420 v°), — de partu septimestri (426 v°), — de
partu octimestri (429), — de virginum morbis (430 v°), — de
natura muliebri (431 v°), — de exsectione infantis (452 v°), —
prædictorum libri II. (453 v°), — de fistulis (473), — de hæmorrhoïdibus (476), — Coacæ prænotiones (477 v°), — de morbis popularibus libri VII. (487), — epistolæ (573), — de insania fragmentum (587); — Thessali oratio ad Athenienses
(587); — **De ponderibus et mensuris** (590); — præmittuntur

Galeni lexicon vocum Hippocratis (1), — et Hippocratis vita,
auctore Sorano (13).

XV s. Pap. 590 fol. (Hurault.-Reg. 2671.) *M.*

2146. Hippocratis jusjurandum (1), — lex iis præscribenda
qui medicinam facere instituunt (1 v°), — aphorismi (2), —
prænotiones (14 v°), — de victu et diæta in morbis acutis
observanda (22), — officina atque officium medici (41 v°), —
de fracturis (44 v°), — de articulis (61), — de aere, aquis
et locis (103 v°), — de morbis popularibus libri VII. (110), —
de natura hominis (179 v°), — de natura pueri (187), — de
generatione (198 v°), — de superfœtatione (201 v°), — de partu
septimestri (206 v°), — de partu octimestri (207 v°), — de virginum morbis (210 v°), — de natura mulieris (211), — de
dentibus (227 v°), — de partibus corporis humani (228 v°), —
de morbis mulierum libri III. (241 v°), — de fœtus exsectione
(318), — de medico (318 v°), — de diebus criticis (321), — de
corde (324 v°), — de carnibus (326), — de glandulis (331), —
de anatomia (333 v°), — epistolæ (334); — Thessali oratio ad
Athenienses (347).

XVI s. (Copié par Michel Damascenos.) Pap. 352 fol. (Medic.-Reg. 2132). *M.*

2147. Hippocratis, vel Polybii, liber de natura pueri (1); —
Galeni et Stephani commentatoris excerpta varia (30).

XVI s. Pap. 65 fol. (Colbert. 1272.) *M.*

2148. Hippocratis jusjurandum (1), — lex iis præscribenda
qui medicinam facere instituunt (1), — de arte (1), — de morbis
libri IV. (7), — de affectionibus (26 v°), — de internis affectionibus (30 v°), — de diæta libri III. (39), — de victu et diæta
in morbis acutis observanda (50), — de fistulis (56 v°), — de
ulceribus (57 v°), — de unguentis (59), — de podagris (61 v°);
— Galeni de temperatura et facultate simplicium medicamentorum libri II., fine mutili (67); — ejusdem de usu partium
corporis humani libri XVII. (123).

XV s. Pap. 404 fol. (Medic.-Reg. 2673.) *M.*

2149. Hippocratis aphorismi, cum commentario Theophili
philosophi (1); — Nicolai Myrepsi dynameron, seu de antidotis, alphabetice, desunt B, Γ, Δ, E, Z, præcedit index
(102); — Περὶ ὠταλικῶν, A-B (146); — Περὶ τῶν ἀντιβαλλομένων,

A. (147); — Lexicon botanicum (152); — De mensuris et ponderibus, ex Oribasio et Galeno (159); — Ῥιϰτολόγιον, seu sortes ex Evangelio, cum interpretatione, et ratio divinandi per litteras nominis utrum ægrotus moriturus sit necne (161); — Dies fausti et infausti singulorum mensium, secundum Esdram (165 v°); — Commentarius de diebus faustis et infaustis, secundum Aristotelem (166 v°); — De XII. mensibus, zodiaco, planetis, etc., ex S. Joanne Damasceno (171); — Pauli Æginetæ liber de fracturis (177); — Oribasii et Galeni capita varia de re medica (201); — Theophrasti tabula facultatum animæ (211).

XVI s. Pap. 211 fol. (Fontebl.-Reg. 2138.) *M*.

2150. Hippocratis aphorismi, cum interpretatione Damascii philosophi.

Copié en 1584 par André Darmarios. Pap. 116 fol. (Bigot.-Reg. 2673,2.)*M*.

2151. Rufi Ephesini nomenclatura partium corporis humani (1); — ejusdem libri III. de eodem (6); — Oribasii medicarum collectionum libri XXIV. et XXV. (12); — Erotiani lexicon vocum Hippocratis, A-O (49); — Dioscoridis et Stephani Atheniensis alphabetica collectio remediorum (65); — Galeni excerpta de plantis (97); — Michaelis Pselli opusculum de alimentis (102 v°); — Excerpta de eodem e variis auctoribus : Οἱ θερμοὶ ϰαὶ ϰαθαροὶ ἄρτοι... (104 v°).

XVI s. (Copié, en partie, par Arsène de Monembasie.) Pap. 106 fol. (Fontebl.-Reg. 2145.) *M*.

·2152. Moschionis tractatus de morbis mulierum (1); — præmittitur Rufi Ephesini fragmentum de rebus venereis (6).

Copié en 1539 par Nicolas. Pap. 7 et 34 fol. (Colbert. 2229.) *M*.

· 2153. Galeni introductio sive medicus (1); — ejusdem de dignoscendis pulsibus libri IV. (81); — ejusdem de morbis mulierum (218); — Actuarii de medendi ratione libri V. (290); — Anonymi de antidotis libri II. : Σϰευασία τοῦ νάρδου. Ἐλαίου πρωτείου... (413 v°); — Pauli Æginetæ excerpta de remediis succedaneis (424 v°); — ejusdem excerpta de spiritu animali, ad Josephum rhacendytam (435); — ejusdem ad eumdem de diæta (447); — ejusdem de urinis libri VII. (458).

XV s. Pap. 517 fol. (Hurault.-Reg. 2679.) *M*.

. 2154. Galeni de usu partium corporis humani libri III.-XVII., initio mutili (1); — Michaelis Pselli syntagma e libris medicis de cibariorum facultatibus (252); — Melampodis opusculum de palpitationibus (280); — Anonymi opusculum de bonis alimentis et quæ facile parari possunt : Ὅσα εὔχυμα ὁμοῦ... (282).

XIV s. Bombyc. 297 fol. (Medic.-Reg. 2683.) *P.*

2155. Galeni de usu partium corporis humani, superest tantum pagina una (1); — Theophili liber de fabrica corporis humani (1 vᵒ et 265); — Galeni de medicamentorum compositione per singula loca libri I.-IX. (2); — Galeni excerpta de morbis curandis, ad imp. Constantinum Porphyrogenitum (292); — Anonymi opusculum de facultatibus alimentorum : Τῶν ὀρνίθων ἡ σὰρξ κρείττων... (298 vᵒ); — Hippocratis fragmentum de alimentis (301 vᵒ); — Hippocratis opusculum de alimentorum usu per duodecim menses anni (302); — S. Gregorii Nysseni excerptum ex oratione adversus astronomos (305); — Michaelis Pselli quæstiones et responsiones de rebus medicis, fine mutilæ (306 vᵒ); — Galeni de febrium differentiis libri II., initio et fine mutili (307); — ejusdem liber de pulsibus, fine mutilus (315 vᵒ).

XIV s. Copié par Georges ὁ Ἀβασγός. Pap. 319 fol. (Fontebl.-Reg. 2677.) *M.*

2156. Galeni de febrium differentiis libri II. (1), — commentarius in Hippocratem de humoribus (14 vᵒ), — introductio, sive medicus (33), — de morborum curatione, initium desideratur (47), — commentariorum in Hippocratis de humoribus fragmentum (64 vᵒ), — de simplicium medicamentorum mixtione libri V. (69), — de facultate et compositione medicamentorum simplicium libri XI. (176 vᵒ), — de medicamentorum compositione secundum genera libri III. (358 vᵒ).

XV s. Pap. 414 fol. (Trichet Dufresne.-Reg. 2682.) *M.*

2157. Galeni de facultate et compositione simplicium medicamentorum libri XI. (1), — de morborum curatione ad Glauconem libri II. (217), — de locis affectis libri VI. (256), — de morborum differentiis (369), — de morborum causis (376),—de symptomatum differentia (383),— de symptomatum

causis libri III. (390 v°), — methodus medendi, fine mutila
(424 v°), — de methodo medendi libri III. priores, fine mutili
(425).

XV s. Pap. 462 fol. (Medic.-Reg. 2675.) *M.*

2158. Galeni de febrium differentiis libri II. (1), — commentarius in Hippocratem de humoribus (14 v°), — introductio, sive medicus (32), — de morborum curatione, initium
desideratur (47), — commentariorum in Hippocratis de humoribus fragmentum (64 v°), — de simplicium medicamentorum
mixtione libri V. (69), — de facultate et compositione medicamentorum simplicium libri XI. (167), — de medicamentorum compositione secundum genera libri III. (312).

XV s. Pap. 356 fol. (Fontebl.-Reg. 2678.) *M.*

2159. Galeni de facultate et compositione medicamentorum
simplicium libri XI.

Copié en 1492 par César Strategos. Parch. 237 fol. (Medic.-Reg. 2676.) *M.*

2160. Galeni de medendi methodo libri XIV. (1); — ejusdem introductio, sive medicus (220).

Copié en 1473 par Jean Rhosos. Parch. 247 fol. (Baluze.-Reg. 1864.) *G.*

2161. Galeni commentariorum in Hippocratis aphorismos
libri VII. (1), — de locis affectis libri VI. (163), — de pulsuum
differentiis libri IV. (283), — de dignoscendis pulsibus libri IV.
(353 v°), — de causis pulsuum libri IV. (406), — de præsagitione ex pulsibus libri IV. (460 v°).

XV s. Copié (en partie) par Alphonse d'Athènes. Papier. 521 fol. (Medic.-Reg. 2674.) *M.*

2162. Galeni de medendi methodo libri XIV. (1); — Joannis
Tzetzæ commentarius in Ptolemæi expeditos canones (211);
— S. Gregorii Nazianzeni liturgiæ pars (235).

XV-XVI s. Pap. 238 fol. (Fontebl.-Reg. 2680.) *M.*

2163. Galeni ars parva.

XV s. Pap. 24 fol. (Medic.-Reg. 2684.) *M.*

2164. Galeni liber de fœtuum formatione (1), — num animal
sit quod in utero est (14 v°), — de instrumento odoratus (28),
— quod optimus medicus sit quoque philosophus (35), — de
exercitationis utilitate (37 v°), — quod qualitates incorporeæ

sint (40), — adversus Lycum, pro defensione Hippocratis
aphorismi xiv. (44 v°), — ad Thrasybulum, utrum medicina
an gymnastica plus ad valetudinem tuendam conferat (56), —
de venarum arteriarumque dissectione (76 v°), — de nervorum dissectione (88), — de motu musculorum libri II. (91), —
de alimentorum facultatibus libri III. (111), — de probis pra-
visque alimentorum succis (169), — de tumoribus quæ sunt
præter naturam (185), — ad Pisonem, de theriaca (191), —
de salibus (213), — ad Pamphilianum, de theriaca (215), —
de antidotis libri II. (218), — de compositione medicamentorum per singula loca libri II. priores (259).

XVI s. (Copié, en partie, par Michel Damascenos.) Pap. 314 fol. (Colbert.
2619.) *M.*

· **2165.** Galeni commentarius in Hippocratis epidemiorum
libros III., initio mutilus (1), — de difficili respiratione libri III.
(118), — de plenitudine (164), — de uteri dissectione (177 v°),
— de urinis (181 v°), — de causis respirationis (187), — de
purgantium medicamentorum facultate (188), — prænotiones (192), — de dignotione ex insomniis (195), — quomodo
morbum simulantes sint deprehendendi (195 v°), — quos et
quando purgare conveniat (197), — de symptomatum differentiis (203), — de symptomatum causis libri III. (213), —
commentariorum in Hippocratis de victus ratione in morbis
acutis libri IV. (258).

XVI s. Pap. 347 fol. (Colbert. 2621.) *M.*

2166. Galeni ad Glauconem de curatione morborum libri II.,
fine mutili (1), — de difficili respiratione liber I., fine mutilus
(35), — de plenitudine (51), — quos et quando purgare conveniat (70), — de atra bile (73 v°), — commentariorum in Hippocratis prædictorum libri III. (89).

XV-XVI s. (Copié, en partie par Michel Suliardos.) Pap. 177 fol.
Medic.-Reg. 2135.) *M.*

2167. Galeni de alimentis libri II., initio et fine mutili (1),
— de compositione simplicium medicamentorum libri, initio
et fine mutili (75), — de febrium differentiis (188), — de
febrium causis (202), — de morborum differentiis (223), — de
causis morborum (235 v°), — introductio sive medicus (249),

— definitiones medicæ (269 v°), — de pulsuum differentiis (287), — de dignoscendis pulsibus libri IV. (303), — de causis pulsuum libri IV. (343), — de præsagitione e pulsibus libri IV. (387).

XVI s. Pap. 446 fol. (Colbert. 2620.) *M.*

2168. Galeni commentariorum in Hippocratis aphorismos libri VII. (1); — ejusdem in Hippocratis prænotiones commentariorum libri III. (172).

XVI s. Pap. 231 fol. (Colbert. 2618.) *M.*

2169. Galeni liber de morborum differentiis (1), — de morborum causis (11 v°), — de symptomatum differentiis (22), — de symptomatum causis libri III. (32 v°), — ars medica (82 v°), — de medendi arte libri IV. (83).

XVI s. Pap. 168 fol. (Fontebl.-Reg. 2681.) *M.*

2170. Galeni de simplicium medicamentorum facultatibus libri XI. (1); — ejusdem tractatus de formis morborum (248).

XVI s. (Copié, en partie, par Michel Damascène.) Pap. 257 fol. (Fontebl.-Reg. 2134.) *M.*

2171. Galeni de medendi methodo libri XIV. (1); — ejusdem introductio, sive medicus (209); — Athenæi fragmenta (236 v°).

XVI s. Pap. 236 fol. (Colbert. 985.) *M.*

2172. Galeni de tuenda sanitate libri VI., fine mutili.

XVI s. Pap. 111 fol. (Colbert. 2260.) *M.*

2173. Galeni de alimentorum facultatibus libri III. (6); — ejusdem de compositione medicamentorum per singula loca libri X. (71).

XVI s. Pap. 318 fol. (Colbert. 2622.) *M.*

2174. Galeni in librum I. Hippocratis de morbis popularibus commentariorum libri III., initio mutili (1); — ejusdem in librum III. præcedentis operis commentariorum libri III. (106).

XVI s. Pap. 177 fol. (Medic.-Reg. 2214.) *M.*

2175. Galeni introductio, sive medicus (1); — ejusdem definitiones medicæ (50).

XVI s. Pap. 81 fol. (J.-A. de Thou.-Colbert. 1788.) *M.*

2176. Galeni liber de variis philosophiæ generibus (4); — præmittuntur Heliodori philosophi ad Theodosium magnum versus iambici de philosophia (1).

XVI s. Pap. 8 fol. (Colbert. 1231.) *M.*

2177. Galeni commentariorum fragmentum in Hippocratis librum de humoribus (1); — Oribasii de medicamentis facile parabilibus, ad Eunapium, libri IV. (10); — Erotiani difficiliorum Hippocratis vocabulorum expositio (96).

XVI s. (Copié. en partie, par Constantin Palæocappa et Jacques Diassorinos.) Pap. 136 fol. (Gaignières.) *M.*

·**2178.** Galeni et Theophili excerpta de pulsibus (1); — Pauli [Æginetæ] excerpta de prænotionibus (9); — Galeni, Pauli [Æginetæ] et Alexandri [Tralliani] excerpta de febrium differentiis (11 v°); — Hippocratis et eorumdem excerpta de morbis hominum et remediis (42); — Lexicon botanicum (127).

XV s. Pap. 127 fol. (Medic.-Reg. 2705.) *M.*

2179. Dioscoridis de materia medica libri II, (101) 204 — V, 124.

IX s. Parch. 171 fol. Onciale. Peint. (Fontebl.-Reg. 2130.) *M.*

• **2180.** Dioscoridis de materia medica librorum V. excerpta (1); — Cleomedis de sphæra libri II. (75); — Hermetis Trismegisti excerpta de xii. signis zodiaci et herbis vii. planetarum (85 v°); — Anonymi lexicon medicum : Ἀχάλιος, ἡ ἀλθαία. Ἀνεμώνη... (86); — Anonymi fragmentum de mundi, cæli, terræ astrorumque positu : Ὁ οὐρχνὸς σφαιροειδής ἐστίν... (89); — Ptolemæi carpus (91); — Ptolemæi excerpta ex tetrabiblo (93 v°); — Jovis apotelesmata in xii. zodiaci signis (99); — Nomina urbium nova veteribus respondentia : Λυδία, ἡ Διόσπολι, Λιχαονία... (99 v°); — Antidotus ægyptiaca adversus dolores pedum (100); — Methodus conficiendi lucernam magicam (100); — Bothri sapientis epistola ad quemdam regem (100); — Anonymi fragmentum de fulmine : Κεραυνὸς γίνεται ὅταν ῥήξις... (100); — Computi canones, a. 1481. (100 v°); — Danielis prophetæ excerpta e visionibus, de imperatoribus CP. (104); — S. Methodii Patarensis vaticinium (104 v°); — Series patriarcharum V. Test. et regum Ægypti ab Alexandro ad Cleopatram (107); — Figuræ corporis humani venarum sectiones et partes sin-

gulis zodiaci signis et planetis subjectas exhibentes (107 v-
108); — Planisphærium (108 v°); — Notæ chronologicæ de
rebus CP., a. 1425-1481. (109 v°).

XV s. (Copié par Georges Midiates.) Pap. 109 fol. Peint. (Hurault.-Reg.
1845.) *G*.

2181. Dioscoridis et Stephani Atheniensis collectio alphabetica remediorum (1); — Michaelis Pselli synopsis de alimentorum virtute (51); — Excerpta de eodem ex variis medicorum
scriptis : Οἱ θερμοὶ καὶ καθαροί... (53); — Antidoti et confectiones
(56 v°).

XVI s. Pap. 57 fol. (Teller. Rem.-Reg. 2145, 2.) *M*.

2182. Dioscoridis de materia medica libri V. (7); — ejusdem
theriaca (134); — ejusdem alexipharmaca (148); — præmittuntur chronicon breve ab Adamo usque ad Michaelem III.
(A v°), — Nomina Italorum medicina clarorum (B).

Copié en 1481 par Demetrius Trivolis. Pap. 151 fol. (Fontebl.-Reg.
2131.) *M*.

2183. Dioscoridis de materia medica libri V. (1); — ejusdem
alexipharmaca (147); — ejusdem theriaca (155); — ejusdem
notha (163 v°); — Formulæ theriacæ, ex Galeno, etc. (164 v°).

XV s. Pap. 165 fol. Peint. (Fontebl.-Reg. 2666.) *M*.

2184. Dioscoridis de materia medica libri, alphabetice (1);
— ejusdem alexipharmaca (188); — ejusdem theriaca (197 v°);
— Varia de astrologia et de re medica : Ἰστέόν ὅτι ὁ ἐνιαυτός...
(209); — Theophili protospatharii opusculum de pulsibus
(221 v°).

XVI s. (Copié par Manuel Gregoropoulos.) Pap. 238fol. (Medic.-Reg.
2665.) *M*.

2185. Dioscoridis de materia medica libri V. (1); — ejusdem
theriaca (175); — ejusdem alexipharmaca (184); — ejusdem
notha (194 v°).

XVI s. Pap. 195 fol. (Medic.-Reg. 2664.) *M*.

2186. Aretæi de causis et signis acutorum et diuturnorum
morborum libri IV. (1); — ejusdem de curatione acutorum et
diuturnorum morborum libri I-III. (50 v°).

XVI s. (Copié par Constantios.) Pap. 98 fol. (Fontebl.-Reg. 2146.) *M*.

2187. Aretæi de causis et signis acutorum et diuturnorum morborum libri IV. (1 v°); — ejusdem de curatione acutorum et diuturnorum morborum libri I-III. (68).

XVI s. (Copié par Ange Vergèce.) Pap. 120 fol. (Reg. 2819, 3.) *M.*

2188. Oribasii ad Eustathium filium synopseos medicæ libri IX. (1); — Simplicii commentarius in Aristotelis categorias (89).

XV s. Pap. 243 fol. (Medic.-Reg. 2695). *M.*

2189. Oribasii collectorum medicinalium libri **XV.**

XVI s. Pap. 406 fol. (Colbert. 374.) *M.*

2190. Oribasii collectorum medicinalium libri II-X. (superest tantum fol. 1. lib. I.)

XV s. Pap. 133 fol. (Reg. 2822, 3.) *M.*

2191. Aetii Amideni rerum medicinalium libri XVI. (1); — Africani, etc. excerpta de ponderibus et mensuris (344); — Pauli [Æginetæ] compendii medici liber VI. (345).

XIV s. Pap. 375 fol. (Fontebl.-Reg. 1848.) *G.*

2192. Aetii Amideni rerum medicinalium libri XVI. (3); — præmittitur operis totius synopsis (1); — Africani, etc. excerpta de ponderibus et mensuris (316 v°); — Pauli Æginetæ compendii medici liber VI. (317 v°).

XV s. Pap. 345 fol. (Teller. Rem.-Reg. 2687, 2.) *M.*

2193. Aetii Amideni rerum medicinalium libri XVI. (1); — Africani, etc. excerpta de ponderibus et mensuris (402).

XV s. Pap. 403 fol. (Fontebl.-Reg. 2687.) *M.*

2194. Aetii Amideni rerum medicinalium libri V.-XIV. (3); — Antidotarium, e persica lingua in græcam a Constantino Melitiniota versum (400 v°); — Anonymi antidotarium : Σκευασία ἡ θηριακή... (405); — Anonymi compendium medicum : Τὸ μετρὸν αὐτῆς οὐκ ἐπὶ πάντων... (407 v°); — Collectiones duæ externorum remediorum (441); — Anonymi collectio remediorum ex libris Persicis : Περὶ τοῦ μεγάλου τριφύλλου... (450 v°); — Medicamentorum compositiones ab Euphemio Siculo et Philippo Xero Rheginensi (454).

XV s. Pap. 464 fol. (Fontebl.-Reg. 2686.) *M.*

2195. Aetii Amideni rerum medicinalium libri V.-VIII. (1); Galeni de theriaca ad Pisonem liber (467 v°).

XIII s. Bombyc. 483 fol. (Fontebl.-Reg. 2688.) *M.*

2196. Aetii Amideni rerum medicinalium libri IX.-XII.

XI s. Parch. 286 fol. (Teller. Rem.-Reg. 2686, 2.) *M.*

2197. Aetii Amideni rerum medicinalium libri XIII.-XVI.

XVI s. Pap. 196 fol. (Teller. Rem.-Reg. 2686, 3.) *M.*

2198. Aetii Amideni rerum medicinalium libri XVI. (1); — sequuntur eorumdem librorum argumenta (532).

Copié en 1522 par Bernardo Feliciano de Crémone. Pap. 533 fol. (Fontebl.-Reg. 2140.) *M.*

2199. Aetii Amideni rerum medicinalium libri V.-XV.

XVI s. Pap. 520 fol. (Fontebl.-Reg. 2141.) *M.*

·2200. Alexandri Tralliani therapeuticon libri XII. (1); — Rhazæ liber de pestilentia, e syriaca in græcam linguam versus [ab Actuario] (148); — Imago medici animæ et corporis (159)

XV s. Pap. 159 fol. (Fontebl.-Reg. 2698.) *M.*

·2201. Alexandri Tralliani therapeuticon libri XII. (1); — Rhazæ liber de pestilentia, e syriaca in græcam linguam versus [ab Actuario] (150).

XV s. Pap. 160 fol. (Fontebl.-Reg. 2143.) *M.*

·2202. Alexandri Tralliani therapeuticon libri XII. (1); — Rhazæ liber de pestilentia, e syriaca in græcam linguam versus (129 v°); — Aretæi Cappadocis de morborum diuturnorum curatione liber II., initio et fine mutilus (141); — ejusdem de causis et signis morborum acutorum libri II. (147); — ejusdem de causis et signis morborum diuturnorum libri II. (154 v°); — ejusdem de morborum acutorum curatione libri II. (175 v°); — Procli Diadochi commentariorum in Euclidem libri II., fine mutili (196); — Alexandri Aphrodisiensis commentarius in Aristotelis meteorologicorum librum III. (224).

XVI s. Pap. 270 fol. (Reg. 2142.) *M.*

2203. Alexandri Tralliani therapeuticon libri I. et II., fine mutilum.

XVI s. Pap. 44 fol. (Colbert. 1079.) *M.*

2204. Alexandri Tralliani therapeuticon liber XII., fine mutilus (7); — Theophili protospatharii tractatus de urinis (23); — Pauli Æginetæ rerum mdeicinalium liber VI. (43).

XVI s. Pap. 104 fol. (Medic.-Reg. 2821.) *M.*

2205. Pauli Æginetæ rerum medicinalium libri VII.

XI s. Parchᵢ 395 fol. (Medic.-Reg. 1849.) *G.*

2206. Pauli Æginetæ rerum medicinalium libri VII., fine mutili.

XI s. Parch. 314 fol. (J.-A. de Thou.-Colbert. 946.) *M.*

2207. Pauli Æginetæ de re medica libri VII. (1); — Galeni de pulsibus ad tirones fragmenta (217).

Copié en 1299 par Michel Loulloudes. Bombyc. 221 fol. (Medic.-Reg. 2691.) *M.*

2208. Pauli Æginetæ de re medica libri VII. (1); — Oribasii et Adamantii fragmenta de ponderibus et mensuris (385); — Lexicon botanicum (388 v°).

XIV s. Bombyc. 390 fol. (Fontebl.-Reg. 2690.) *M.*

2209. Pauli Æginetæ de re medica libri VII., fine mutili. (1); — Libanii sophistæ iræ vituperatio (121), — bovis encomium (122), — ruris et urbis comparatio (123), — descriptiones VIII. (124).

XV s. Pap. 128 fol. (Colbert. 2152.) *M.*

2210. Pauli Æginetæ de re medica libri VII. (1); — Damnasti, Galeni, Jacobi Byzantii et Palladii sophistæ fragmenta (368); — Series medicamentorum. Α'. Σκευασία τοῦ νάρδου.. 374).

Copié en 1357 (?) par Manuel Pancrace. Pap. et parch. 396 fol. (Fontebl.-Reg. 2689.) *M.*

2211. Pauli Æginetæ de re medica libri VII.

XVI s. Pap. 458 fol. (Reg. 2139.) *M.*

2212. Pauli Æginetæ de re medica libri VII., fine mutili.

XV s. Pap. 196 fol. (Medic.-Reg. 2692.) *M.*

2213. Pauli Æginetæ de re medica libri VII.

XVI s. (Copié par Michel Damascène.) Pap. 523 fol. (Colbert. 518.) *M.*

2214. Pauli Æginetæ de re medica libri VII.

XVI s. Pap. 323 fol. (Colbert. 2472.) *M.*

2215. Pauli Æginetæ de re medica libri VII, fine mutili.

XVI s. Pap. 301 fol. (Trichet Dufresne.-Reg. 2694.) *M.*

2216. Pauli Æginctæ de re medica libri III. priores, fine mutili.

XVI-XI s. Pap. et parch. 74 fol. (Medic.-Reg. 2693.) *M.*

2217. Pauli Æginetæ de re medica libri III.-VII., initio mutili (1); — Oribasii et Adamantini opuscula de ponderibus et mensuris (285 v°).

XI-XV s. Parch. et pap. 290 fol. (Medic.-Reg. 2825.) *M.*

2218. Stephani philosophi (vel Palladii) synopsis de febribus (1); — Michaelis Pselli tractatus de victus ratione (15); — Demetrii Pepagomeni (vel Pselli) tractatus de podagra (38 v°).

XVI s. Pap. 55 fol. (Gaignières.) *P.*

·2219. — Theophili liber de pulsibus (1); — Anonymi collectanea de re medica : Τὴν σύστασιν ὁ κόσμος... (20); — Anonymi tractatus de urinis, ex Avicenna : Περὶ τοῦ ὕδατος οὔρου... (48); — Anonymi collectio alphabetica remediorum, initio mutila (60); — Galeni commentarii in Hippocratis aphorismos libri II.-VI., initio mutili (74); — Anonymi collectio remediorum : Βοήθημα εἰς ἔμπραξιν ἥπατος... (82); — Antidota et præparationes : Ἀντίδοτος ἡ θηριακή. Τὸ μέτρον αὐτῆς... (108 v°); — Galeni liber de musculorum dissectione (124 v°); — ejusdem liber de nervorum dissectione (140 v°); — Collectanea de rebus medicis et astronomicis, lat.-ital., a. 1547-1561. (145).

XV s. Pap. 156 fol. (Colbert. 3067.) *M.*

2220. Theophili liber de urinis (4); — Stephani Magni scholia in tractatum de urinis (24 v°); — Theophili protospatharii et archiatri liber de pulsibus (28); — Rufi Ephesii liber de appellationibus partium corporis humani (44); — Aretæi Cappadocis de morborum acutorum curatione liber I. (76); — Nicephori Blemmidæ, vel Mvximi, opusculum de urinis (106).

XVI s. (Copié par Palæocappa et Diassorinos.) Pap. 111 fol. (Colbert. 1233.) *M.*

2221. Stephani Magnetis [Magni] empirica (1); — Diadochi,

Photices episcopi, de perfectione spirituali capita IV. (51); —
Nili monachi ad Maganum diaconum de paupertate et tribus
orandi modis excerpta (55); — ejusdem capita ad sobrietatem
exhortatoria (56 et 132); — Zosimi abbatis oratio ascetica
(67); — Joannis Carpathii fragmentum asceticum (76); —
Arsenii abbatis sermo ad monachos (80 v°); — Palladii excerpta ex libro de Brachmanibus (83); — S. Basilii pars commentariorum in Isaiam prophetam (92); — Philonis Judæi
vita viri civilis, sive de Josepho (108); — ejusdem liber de
vita contemplativa (116).

XVII-XVI s. (Copié par Diassorinos et Palæocappa.) Pap. 168 fol. (Baluze.-Reg. 2709, 2.) *M*.

2222. Meletii medici et philosophi commentarius in Hippocratis aphorismos.

XV s. Pap. 104 fol. (Fontebl.-Reg. 2685.) *M*.

2223. Meletii medici et philosophi commentarius in Hippocratis aphorismos.

XVI s. Pap. 158 fol. (Baluze.-Reg. 2685, 2.) *M*.

・ **2224.** Meletii monachi libri II. de natura hominis (1); —
Anonymi collectanea medica ex Galeno, Hippocrate, etc. de
urinis, etc. : Τῶν ἀσθενῶν... (42); — Anonymi lexicon botanicum : Ἀείζωον, τὸ ἀμάραντον... (70); — Nicomedis iatrosophistæ
lexicon medicum, A-Θ (71); — Collectanea varia medica et de
venæ sectione (73 v°); — Photii monachi carmina de terra,
oceano, nubibus et sanguine (76); — Excerpta varia de re
medica : descriptio partium corporis humani, de variis oleo-
rum generibus, amuletum adversus febrim, etc. (76 v°); —
Joannis archiatri opus medicum (80); — Symeonis Sethi syntagma de alimentorum facultatibus (110); — Anonymi syntagma de alimentis, ad Constantinum Pogonatum : Εὐχυμότα-
τον ἐστι τὸ ἄριστον γάλα... (128); — « Epri Bai Zaphya » viaticum
peregrinantium, Constantino Africano interprete (138); —
Dioscoridis de materia medica libri VIII. (284).

XV s. Pap. 443 fol. (Hurault.-Reg. 2147.) *M*.

2225. Meletii monachi tractatus de natura hominis (1); —
Nemesii Emeseni liber de eodem (50).

XIV s. Pap. 89 fol. (Fontebl.-Reg. 2652.) *M*.

2226. Meletii monachi tractatus de natura hominis.

XVI s. Pap. 119 fol. (Gaignières.) *M.*

2227. Meletii monachi tractatus de natura hominis.

XVI s. (Copié par Jacques Diassorinos.) Pap. 128 fol. (Colbert. 1229.) *M.*

· **2228.** Symeonis Sethi syntagma de alimentorum facultatibus (1 *bis* et 23); — Anonymi collectio remediorum, fine cryptogr., initio mutila (9); — Anonymi liber de purgantibus medicamentis : Κατσκεϐῆ τῆς ἱερᾶς πικράς... (14); — Anonymi collectio unctionum medicinalium : Ἔπαρον κυρίον λευκόν... (16 v°); —Anonymi tractatus de unguentis : Περὶ ἀνηθήνης... (21 v°) ; — De eclipsi lunæ et solis (25); — Anonymi collectio variorum remediorum :Ἔμπλαστρον μαχικόν...(26); — Avicennæ excerptum de urinis (32); — Rhazæ liber de pestilentia, ab Actuario græce versus (39); — Galeni liber de venæ sectione (45); — ejusdem excerptum e libro de morbo laterali (48 v°); — S. Epiphanii tractatus de duodecim gemmis (49) ; — Orphei liber de lapidibus (50) ; — Anonymi collectio remediorum variorum : Εἰς κένωσιν δρυμαίαν... (51) ; — Stephani philosophi synopsis de variis febrium generibus (55); — Severi sophistæ liber de intestinis (57 v°); — Theophili excerpta de excrementis (59); — Anonymi opusculum de pulsibus : Μέγας σφυγμός ἐστι... (61 v°) ; — Anonymi opusculum de urinis, ex Galeno, Philagrio, etc. : Διαφοραὶ ὑποστάσεις... (63); — Formulæ collyriorum, etc. (65); — Galeni commentarius in Hippocratis prænotiones (66); — Notæ annorum 1402-1403. (91 v°); — Dioscoridis fragmentum (92); — Theophili philosophi commentarius in Aristotelis aphorismos (95); — Aetii liber V. de dignotione et curatione febrium (150); — ejusdem liber VI. de morbis oculorum (190); — ejusdem liber X. de hepatis morbis, fine mutilus (233); — Anonymi liber de diæta, seu de alimentis : Εὐχυμοτάτον ἐστὶ τὸ ἄριστον γάλα... (243); — Anonymi opusculum de urinis : Τοῦ αἵματος κατασκευασθέντος..... (245 v°); — Avicennæ fragmentum de urinis (248).

XIV-XI s. Pap. et parch. 248 fol. (Fontebl.-Reg. 2702.) *M.*

2229. Symeonis Sethi syntagma de alimentorum facultatibus (1); — Fragmentum de generatione : Τὸ σπέρμα ἐν τῇ μήτρα... (22); — Prognostica ex animalibus . Αἶγες ἐπειδὰν πρσσέλθωσιν... (22); — Prognostica, ex sole, luna et iride : Ἥλιος ποικῖλος... (22 v°); — Aristarchi fragmentum de vii. planetis et xii. zodiaci signis (23); — Ὡροκύκλιον τῶν ἑπτὰ ἡμερῶν (24); — Hippocratis, vel Dioclis, epistola ad Ptolemæum, Ægypti regem (25); — Hippocratis prænotiones (26); — Theophili tractatus de urinis (35 v°); — Stephani Magni scholia in librum de urinis (42); — Galeni tractatus de pulsibus (43 v°); — Anonymi σφυγμιμάριον. Τῶν ἀρτηριῶν ἡ κίνησις... (44 v°); — Theophili protospatharii et archiatri liber de pulsibus (46 v°); — Michaelis Pselli iatricon, ad Constantinum Porphyrogenitum (51 v°); — Anonymi collectio remediorum : Μώρων χιλοῦ... (58); — Anonymi synopsis medica : Ἀντίδοτος ἡ θηριακή. Τὸ μέτρον... (78 v°).

XIII s. Pap. 88 fol. (Fontebl.-Reg. 2697.) *M*.

·2230. Symeonis Sethi syntagma de alimentorum facultatibus (1); — Anonymi collectio medica, ex variis Galeni operibus : Θερμὸν ἐστὶ καὶ ξηρόν... (37); — Michaelis Pselli iatricon, ad Constantinum Porphyrogenitum (69); — Galeni liber de diæta et morbis curandis (120); — Alexandri Aphrodisiensis problemata physica cl. (123 v°); — Anonymi liber II. problematum physicorum : Τὸ Ἀσκληπίου δῶρον... (137 v°); — Aetii Amideni liber V. de febrium dignotione et curatione (156); — ejusdem liber VIII. (195).

XIV s. Bombyc. 220 fol. (Colbert. 3018.) *M*.

·2231. Symeonis Sethi syntagma de alimentorum facultatibus (1); — Liber Kalila et Damna, ex arabica lingua a Symeone Setho græce versus (43); — Georgii Ceramei versus de eodem (91); — Michaelis Pselli quæstiones theologicæ, morales et physicæ (92).

XIII s. Parch. 111 fol. (Medic.-Reg. 2696.) *M*.

2232. Joannis Actuarii de urinis libri I-II. et cæterorum fragmenta (1); — ejusdem de actionibus et affectibus spiritus animalis ejusque nutritione libri II. (63); — Galeni de methodo medendi liber III., fine mutilus (88).

XV s. Pap. 104 fol. (Medic.-Reg. 2824, 2.) *M*.

2233. Joannis Actuarii methodus medendi libri I-V. et index libri VI.

XVI s. Pap. 182 fol. (Fontebl.-Reg. 2144. *M*.

2234. Joannis Actuarii de actionibus et affectibus spiritus animalis, ejusque nutritione libri II.

XVI s. Pap. 92 fol. (Gaignières.) *P.*

2235. Joannis Actuarii de medicamentorum compositione liber V. (1); — ejusdem de ratione medendi liber IV. (88); — Symeonis Sethi excerpta de alimentorum facultatibus (192).

XVI s. Pap. 205 fol. (Baluze.-Reg. 2167, 2.) *P.*

2236. Joannis [Actuarii] commentarius in Galeni librum de methodo medendi, cap. CLII. (1); — Anonymi capita varia iatrica L. : ῞Οτε πιασθοῦν οἱ πόδες... (42); — Tabulæ computi, quarum tertia S. Joanni Damasceno tribuitur (51); — Anonymi tractatus de oleis : Ἐλάδιν ὀμφάκινον... (53); — Anonymi methodus medendi, ex variis veteribus et recentioribus medicis capitibus LVI. : Πρὸς ὀξὺν πόνον... (54); — Michaelis Pselli iatricon, ad Constantinum Porphyrogenitum (64).

XV s. Pap. 84 fol. (Fontebl.-Reg. 2700.) *M.*

2237. Nicolai Myrepsi de compositione medicamentorum libri XXIV., alphabet. (7); — Collectionis medicinalis ex Galeno, Oribasio et Aetio libri IV.-X. (165 v°); — Anonymi commentarius in Hippocratis aphorismos : Δεῖ γινώσκειν, ὦ φιλομαθέστατε, ... (315 v°).

XIV s. Parch. 319 fol. (Fontebl.-Reg. 2704.) *M.*

2238. Nicolai Myrepsi de compositione medicamentorum libri XXIV. (1); — Dioscoridis liber de simplicibus medicamentis, alphabet. (539); — De ponderibus et mensuris (592); — Galeni liber de succedaneis, alphabet. (593); — Lexicon botanicum (598).

XV s. Pap. 614 pages. (Reg. 2703, 2.) *M.*

2239. Epri Bag Zaphar viaticum peregrinantium, a Constantino Rheginensi græce versus (1); — S. Joannis Damasceni [Mesue] tractatus de medicamentis purgantibus, sectio I. (162 v°).

XIV s. Bombyc. 163 fol. (Colbert. 2777.) *M.*

2240. Charitonis liber de pastillis, pilulis, julapiis et clysteribus (1); — Pauli Æginetæ fragmentum ex lib. VII. de remediis succedaneis (40); — Oribasii excerpta de antidotis,

emplastris et oleis (45); — ejusdem excerpta de plantis et
metallis (92 v°); — Galeni et Rufi excerpta de venereis (146 v°);
— Meletii monachi versus politici de urinis illarumque differentia (151 v°); — Mnesithei Cyziceni fragmentum de brassica
(156); — Hippocratis, vel Alexandri, epistola ad Ptolemæum
regem (156 v°).

XVI s. (Copié par Jacques Diassorinos.) Pap. 160 fol. (Fontebl.-Reg.
2699.) *M.*

2241. Isaaci Israelitæ viaticorum metaphrasis e Constantis
Memphitæ ore excerpta.

XVI s. (Copié par Jacques Diassorinos.) Pap. 188 fol. (Fontebl.-Reg.
2701.) *M.*

2242. Georgii Sanginatii, consulis Romanorum et comitis,
liber de pulsibus.

XVI s. Pap. 8 fol. (Colbert. 1185.) *M.*

2243. Nicolai Myrepsi de compositione medicamentorum
libri XXIV., alphabet. (11 v°); — Anonymi collectio medica,
alphabet. : Ἀλάτιον καθαρτικὸν καθαίρων χολήν... (104); — Dioscoridis collectio medica, alphabet. : Περὶ ἀβρότων... (553); —
Anonymi collectio alphabet. τῶν ἀντιβαλλομένων. Ἀντὶ ἀκανθίου
σπέρματος... (626); — Lexicon botanicum (631); — Oribasii
fragmentum de mensuris et ponderibus (640); — Rictologion,
ex Evangelio (643); — De diebus faustis et infaustis (648 v°);
— Aristotelis opusculum de diebus faustis et infaustis (650 v°);
— Anonymi opusculum de XII. mensibus et zodiaci signis et de
VII. planetis (654 v°); — accedunt duæ zodiaci figuræ (654 v°
et 656 v°); — Methodus Paschatis inveniendi (658).

Copié en 1339 par Cosmas Camelos. Parch. 664 fol. Peint. (Fontebl.-
Reg. 2703.) *M.*

2244. Hieroclis de curandis equorum morbis libri II. (1);
— Anonymi collectio remediorum, initio et fine mutila (77);
— Ἐκτοχόρτηνον τοῦ Λαμπούδη... Τί ἐστι συνοχή... (95 v°); — Hieronis opusculum de re hippiatrica (158); — Apsyrti opusculum
de eodem (169 v°); — Anonymi opusculum de febribus : Πυρε-
τῶν εἰσὶ γενέσεις δ'... (178); — Anonymi collectanea medica,
initio mutila (192); — Anonymi opusculum de alimentorum
facultatibus, alphabet., initio mutilum (208); — Dioclis epis-

tola ad Antigonum regem (253 v°); — Pauli philosophi introductio de anno (269); — Anonymi opusculum de cometis :
Φαμὲν τοὺς κόμητας... (283); — Anonymi tractatus de rebus
astrologicis : [Κα]τὰ μὲν Πτωλεμαῖον... (290).

XIV-XV s. Pap. 319 fol. Peint. (Medic.-Reg. 2710.) *M.*

· **2245.** Hippiatricum, ex variis auctoribus , Apsyrto, Hie-
rocle, etc., (1); — De ponderibus et mensuris in rebus hip-
piatricis (133); — Orneosophium, de curandis avium morbis:
Ἡ βλάβη τῶν ὀρνέων... (135).

XV s. Copié par Antoine Damilas. Pap. 138 fol. (Fontebl.-Reg. 2711.) *M.*

· **2246.** [Demetrii CP.] orneosophium , de re accipitraria
(11); — Orneosophium aliud : Φολβίον βοτάνης κόστου... (51); —
Anonymi opusculum de canum cura : Οὐκ ἔλαττον συντελεῖ...
(65); — Galeni de febrium differentia libri II. (71); — ejusdem
de crisibus libri III. (111); — ejusdem de diebus criticis
libri III. (172); — ejusdem introductio, sive medicus (231).

XVI s. Pap. 269 fol. (Medic.-Reg. 2136.) *M.*

2247. Nicetæ medici collectio de rebus chirurgicis, e veterum medicorum libris : Amyntas, Antyllus, Apelles, Apollonius Citiensis, Apollonius junior, Archigenes, Archimedes,
Asclepiades Bithynus, Diocles, Galenus, Glaucius, Heliodorus,
Heracles, Hippocrates, Menecritus, Menecrates, Nymphodo-
rus, Oribasius, Palladius, Paulus Ægineta, Perigenes, Rufus
Ephesius, Soranus, Sostratus (13); — præmittuntur epigrammata tria, et Jani Lascaris epigramma in Joannem Santorinum
Rhodium (10 v°).

XVI s. (Copié par Christophe Auer. Pap. 415 fol. Peint. (Fontebl.-Reg.
2148.) *M.*

2248. Nicetæ medici collectio eadem ac præcedens (18); —
præmittuntur versus elegiaci et epigrammata tria (1 et 15);
— accedunt figuræ chirurgicæ (556).

XV s. (Copié par Basile Varelis). Pap. 670 fol. (Medic.-Reg. 2149.) *M.*

2249. Zosimi [Panopolitæ] liber de virtute et compositione
aquarum (1); — Christiani liber de bona constitutione auri
(5 v°); — ejusdem synopsis de rebus chymicis (11 v°); — Salmanæ Arabis tractatus, quomodo grando sphærica fieri possit

(29); — Anonymi opusculum de tincturis metallorum : Ποίησις χαλκοῦ ξανθοῦ. Λαβὼν τουτίας... (39 vᵒ); — Cosmæ hieromonachi tractatus de auri conficiendi ratione (41 vᵒ); — Anonymi philosophi de rebus chymicis libri II. : Πρῶτος τῆς ταρυχείας... (43); — Zosimi [Panopolitæ] liber de virtute et interpretatione (47 vᵒ); — Heliodori philosophi liber de arte sacra chymicorum, ad Theodosium imp. (54); — Theophrasti philosophi tractatus de sacra et divina arte (58 vᵒ); — Hierothei, Archelai, Pelagii et Ostanis opuscula de eodem (63); — Olympiodori Alexandrini expositio in Zosimum, Mercurium aliosque philosophos (76); — Zosimi, Pappi, etc. capita chymica (89); — Zosimi tractatus de instrumentis chymicis et fornacibus (94 vᵒ et 97); — Anonymi tractatus de lapide philosophico : Τὸ Υ ὕδωρ πρῶτον... (104).

XVI s. Pap. 115 fol. (Fontebl.-Reg. 2709.) *M.*

2250. Olympiodori Alexandrini tractatus de divina arte lapidis philosophici (1); — Anonymi opusculum de aqua divina : Ὁ πρῶτος τῆς ταριχείας... (169); — Anonymi opusculum de auri faciendi ratione : Ἐπειδὴ τὸν τῆς χρυσοποιίας... (183); — Isidis, Ægypti reginæ, liber de sacra arte, ad filium suum Horum (217); —S. Joannis Damasceni [Philippi Solitarii] versus politici e Dioptra (237); — Anonymi versus de mystica chymia : Ταύτης τῆς βίβλου... (241); — De metallis VII. planetarum : Καὶ τῷ μὲν Κρόνῳ... (243); — Nomina auctorum sacræ artis (245); — Lexicon metallorum quorum mentio fit in hoc libro (249); — Notarum et characterum artis sacræ explanatio alphabetica, desunt figuræ (289).

XVII s. Pap. 331 pages. (Teller. Rem.-Reg. 2149, 4.) *M.*

2251. « Sapientissimi Christiani de bona constitutione auri, » cap. LIII., ex Democrito, Maria, Zosimo, etc.

XVII s. Pap. 347 pages. (Teller. Rem.-Reg. 2149, 3.) *M.*

2252. Anonymi expositio in librum Comarii philosophi, qui Cleopatram docuit divinam artem lapidis philosophici : Κύριε, ὁ θεὸς τῶν δυνάμεων... (1); — Pelagii philosophi liber de sacra et divina arte (49); — Joannis, pontificis τοῦ ἐν Ἐβειγίᾳ, liber de divina arte (91); — Anonymi opusculum de lapide philosophico : Ὁ περιβόητος φιλόσοφος... (153); — Ovum philosophorum : Οἱ παλαιοὶ φασί... (193); — Anonymi liber de fuliginibus et dealbatione : Αἰθάλαι λέγονται διὰ τό... (205); — Zosimi Panopolitæ liber de aqua divina (219); — Anonymi institutio eorum qui ad sacram artem tractandam accedunt : Παρεγγυῶμαι τοίνυν ὑμῖν... (223); — Anonymi de aqua divina : Τῆς φύσεως τὸ ἄτρεπτον... (229); — Zosimi [Panopolitæ] ad Theodorum capita chymica (231); — ejusdem liber de virtute et compositione aquarum (265); — Anonymi philosophi commentarius in librum Zosimi : Ὁ θεῖος Ζώσιμος φησίν... (301); — Anonymi philosophi opusculum de lapide philosophico : Τὸ θεῖον ὕδωρ πρῶτον... (341); — Anonymi fusior expositio de eodem : Λάβε τὰ λευκὰ καὶ ξανθά... (349); — Anonymi philosophi opusculum de divina arte philosophorum : Ἡμεῖς μὲν ἐν αἰνίγμασι... (385); — Auri faciendi ratio, ex præscripto Mariæ (397).

XVII s. Pap. 399. pages. (Teller. Rem.-Reg. 2149. 2.) *M.*

2253. Hippocratis prænotiones (1), — de alimento (34), — de victu ac diæta in morbis acutis observanda (37), — de humoribus (65), — de humidorum usu (70 vᵒ); — Thessali oratio ad Athenienses (74 vᵒ); — Hippocratis liber de arte (75), — de natura hominis (81), — de flatibus (93 vᵒ), — de partibus corporis humani (100), — de veteri medicina (117 vᵒ), — de morbis popularibus (130 vᵒ); — Galeni de usu partium corporis humani libri X., XIV. et XV., cujus pagina tantum una superest (145).

XI s. Copié par Michel, calligraphe. Parch. 192 fol. (Colbert. 4864.) *P.*

2254. Hippocratis liber de victu ac diæta in morbis acutis observanda (12), — de flatibus (35 vᵒ), — vectiarius (41), — de ossium natura (51), — de fracturis (57), — officina atque officium medici (78), — de fœtus exsectione (82 vᵒ), — de morbis mulierum libri II. (83), — de sterilibus (158 vᵒ), — de superfœtatione (170 vᵒ), — de partu septimestri (177 vᵒ), — de partu octimestri (180 vᵒ), — de virginum morbis (182), — de natura muliebri (183), — de exsectione infantis (206 vᵒ), — prædictorum libri II. (207 vᵒ), — de morbo sacro (221 vᵒ), — de fistulis (231 vᵒ), — de hæmorrhoïdibus (234 vᵒ), — Coacæ prænotiones (236 vᵒ), — de morbis popularibus libri VII. (256 vᵒ), — epistolæ (363); — de insania fragmentum (381 vᵒ);

— Thessali oratio ad Athenienses (385); — præmittitur indicis pars posterior, P Ω (1).

XV s. Pap. 387 fol. (Fontebl.-Reg. 3139.) *P.*

2255. Hippocratis jusjurandum (55), — lex iis præscribenda qui medicinam facere instituunt (56), — de arte (57), — de veteri medicina (62 v°), — præcepta medica (83 v°), — de medici decoro (86 v°), — de natura humana (90), — de genitura (101), — de natura pueri in partu (104 v°), — de articulis (119 v°), — de humoribus (165), — de alimento (170 v°), — de ulceribus (173 v°), — de morbo sacro (181), — de morbis libri IV. (191), — de affectionibus (265 v°), — de internis affectionibus (284 v°), — de diæta libri III. (316), — de insomniis (356 v°), — de visu (361 v°), — de diebus criticis (363), — officina atque officium medici (366 v°), — de carnibus (367 v°), — de dentibus (369 v°), — de anatomia (369 v°), — de corde (370), — de glandulis (371), — de partibus corporis humani (371 v°), — de aeribus, aquis et locis (376), — de humidorum usu (378 v°), — de crisibus (379 v°), — aphorismi (381), — prænotiones (386), — de capitis vulneribus (389 v°), — de annorum prænotione (393); — præmittuntur indicis pars prior, A-Π (1), — Decretum Atheniensium (26), — Galeni lexicon vocum Hippocratis (27), — et Hippocratis vita, auctore Sorano (53 v°).

XV s. Pap. 397 fol. (Fontebl.-Reg. 3138.) *P.*

2256. Hippocratis aphorismi (9); — ejusdem prænotiones (23); — Aetii Amideni synopsis simplicium Galeni medicamentorum, libris II. (34); — Actuarii de urinis libri VII. (195); — ejusdem de actionibus et affectibus spiritus animalis ejusque nutritione (240); — ejusdem de victus ratione (260); — ejusdem methodus medendi (280); — Fragmentum de mensuris (484 v°); — Antidotorum, emplastrorum, unguentorum, etc. compositiones : Ἐλαίου πρωτείου... (489 v°); — Compositiones aliæ : Ὁ περὶ τῶν ἀντιδότων... (510 v°); — Hali, vel Abitziani [Avicennæ], tractatus de urinis (529); — Galeni liber de cruditate (535 v°); — Neophyti, monachi Prodromeni, tractatus de plantis ad curandos morbos idoneis, alphabet. (540); — Anonymi synopsis alphabetica de animalibus, plantis et lapidibus, ex

Harpocratione : Ἄμπελος λευκή... (546) ; — Anonymi synopsis
alphabetica de plantis, ex Aetio : Ἀργεμόνη βοτάνη... (562) ; —
Anonymi opusculum de volatilibus : Ἀετὸς μέγιστόν ἐστιν...
(559 vº) ; — Anonymi opusculum de animalibus aquatilibus :
Ἀστακὸς θαλάττιός ἐστι... (575 vº) ; — Hermetis Trismegisti liber
de plantis vii. planetarum (580) ; — Anonymi opusculum aliud
de eodem : Βοτάνη πολύγονος... (582) ; — Hermetis Trismegisti
liber de decanis ad Asclepium (584 vº) ; — ejusdem ad Asclepium liber de plantis xii. zodiaci signorum (588 vº) ; — Pythagoræ ad Telaugem epistola de magicis quadrangulis (593 vº) ;
— Orneosophium breve (595) ; — Michaelis Attaliotæ promptuarium juris (600).

XV s. (Copié par Demetrius Pepagomenos.) Pap. 626 fol. (Reg. 3140, 2.) P.

2257. Hippocratis aphorismi, cum anonymi commentario
(1) ; — Galeni commentarius in Hippocratis aphorismos (120) ;
— ejusdem commentariorum in Hippocratis prænotiones
libri III. (129) ; — Anonymi versus de balnei utilitate : Πολλῶν
τὸ λουτρόν... et ænigma (230 vº) ; — S. Gregorii Thaumaturgi
tractatus de anima (231) ; — Meletii monachi tractatus de natura hominis (239) ; — Aristotelis liber de mundo, ad Alexandrum (327 vº) ; — Theophili tractatus de urinis (345) ; — Anonymi liber de pulsibus : Τῶν ἀρτηριῶν ἡ κίνησις... (359 vº) ; —
Theophili protospatharii tractatus de pulsibus (363 vº).

XVI s. Pap. 373 fol. (Hurault.-Reg. 3140.) P.

2258. Hippocratis aphorismi.
XVI s. Pap. 31 fol. (Reg. 3491.) P.

2259. Hippocratis aphorismi.
XVI s. Pap. 56 fol. (Reg. 3490.) P.

2260. Hippocratis aphorismi, cum anonymi commentario
(1) ; — Magni tractatus de urinis, ex ore Philothei (9) ; —
Anonymi opusculum de urinis : Τῶν οὔρων πολλάς... (17) ; —
Avicennæ tractatus de humoribus (25) ; — Avicennæ tractatus
de urinis (29 vº) ; — Galeni excerpta de urinis (33) ; — Actuarii
tractatus de urinis (42) ; — Galeni ad Teuthram epistola de
pulsibus (120 vº) ; — ejusdem tractatus de febrium differentiis
(138) ; — Avicennæ liber de urinis (162) ; — [ejusdem] liber

de somno (177); — Stephani philosophi commentarius in Magni sophistæ librum de urinis (178 v°); — Galeni liber de simplicibus medicamentis (196); — Symeonis Magistri Sethi tractatus de alimentorum facultate (215); — Index codicis (256); — Dioscoridis de materia medica libri IV., fine mutili (260); — Galeni ad Glauconem de medendi methodo libri II. (386); — S. Joannis Chrysostomi fragmentum de anima (424); — Computi tabula (426); — Rose des vents (427).

XVI s. Pap. 427 fol. (Fontebl.-Reg. 3179.) P.

·2261. Rufi Ephesii de appellationibus partium corporis humani libri III. (1); — Oribasii collectionum medicarum libri XXIV. et XXV. (37); — Anonymi solutiones Hippocratearum quæstionum de rebus medicis et physicis : Διατί φησιν ὁ Ἱπποκράτης... (163).

XVI s. Pap. 198 fol. (Medic.-Reg. 3163.) P.

2262. Rufi Ephesii de appellationibus partium corporis humani libri III. (1); — Oribasii collectionum medicarum libri XXIV. et XXV. (31).

XVI s. Pap. 129 fol. (Reg. 3163, 2.) P.

2263. Rufi Ephesii de appellationibus partium corporis humani libri III. (1); — Oribasii collectionum medicarum libri XXIV. et XXV. (28 v°).

XVI s. Pap. 115 fol. (Medic.-Reg. 3162.) P.

2264. Rufi Ephesii de appellationibus partium corporis humani tractatus, fine mutilus.

XVI s. Pap. 8 fol. (Colbert. 5068.) P.

2265. Galeni ars medica (1); — ejusdem ad Glauconem de medendi methodo libri II. (76 v°).

XIII s. Bombyc. 152 fol. (Medic.-Reg. 3492.) P.

2266. Galeni in Hippocratis prænotiones commentariorum libri III. (1); — ejusdem in Hippocratis aphorismos libri VII. (93).

XIII s. Bombyc. 304 fol. (Fontebl.-Reg. 3141.) P.

2267. Galeni de febrium differentiis libri II. (1); — Stephani tractatus de eodem (55 v°); — Galeni liber de ptisana

(63); — ejusdem de temperamentis libri III. (71 v°); — ejusdem
de facultatibus naturalibus libri III. (150); — ejusdem de elementis secundum Hippocratem libri II. (255).

XIV s. Pap. 288 fol. (Fontebl.-Reg. 3148.) *P.*

2268. Galeni commentariorum in Hippocratis aphorismos
libri VII.

XIV s. Pap. 208 fol. (Fontebl.-Reg. 3142.) *P.*

2269. Galeni de medendi methodo ad Glauconem libri II.
(1); — Hippocratis prænotiones (68); — Palladii synopsis de
febribus (84); — Hippocratis, etc. excerpta de urinis (94); —
Galeni prognosis vera et experta (114); — Galeni, etc. excerpta
de venæ sectione (118); — Hippocratis excerpta de eodem
(126); — Galeni liber II. de præsagitione ex urinis (128), —
liber de prænotione (145 v°), — de paroxysmorum temporibus
(151 v°), — de febri semi-tertiana (163), — de uteri dissectione
(165 v°), — de præsagitione ex insomniis (174), — quomodo
morbum simulantes sint deprehendendi (175 v°), — de hiru-
dinibus, revulsione, cucurbitula, incisione et scarificatione
(178), — de tumoribus præter naturam (180), — de morbi
totius temporibus (183), — consilium pro puero epileptico
(193), — de atra bile (201 v°), — de tremore, palpitatione,
rigore et convulsione (219).

XV s. Pap. 243 fol. (Fontebl.-Reg. 3145.) *P.*

2270. Galeni introductio, sive medicus, initio mutilus (1),
— de paroxysmorum temporibus (53), — de morbi totius
temporibus (71), — de uteri dissectione (84 v°), — consilium
pro puero epileptico (94 v°), — de atra bile (104 v°), — de tremore, palpitatione, etc. (124), — ars medica (148), — de
morbis mulierum (177); — Joannis Actuarii de urinis libri VII.
(231).

XV-XIV s. Pap. 386 fol. (Medic.-Reg. 3149.) *P.*

2271. Galeni ars medica (1), — introductio, sive medicus
(41), — de morborum temporibus (75), — de oculorum affectibus [introd., cap. xvi-xvii.] (95 v°), — de tremore, palpitatione, etc. (107 v°), — de uteri dissectione (128), — consilium
pro puero epileptico (135), — de atra bile (142 v°).

XV s. Pap. 157 fol. (Fontebl.-Reg. 3153.) *P.*

2272. Galeni de febrium differentiis libri II. (1), — de crisibus libri III. (41), — de diebus criticis libri III. (101 v°).

XV s. Pap. 148 fol. (Fontebl.-Reg. 3146.) P.

2273. Galeni ars medica (3); — Plutarchi fragmentum de
sera numinis vindicta (50 v°).

XV s. Parch. 50 fol. (Colbert. 6229.) P.

2274. Galeni de medendi methodo libri XIV.

XV s. Pap. 653 pages. (Fontebl.-Reg. 3144.) P.

2275. Cleopatræ excerpta de ponderibus et mensuris (1);
— Explicatio notarum chymicarum (2 v°); — Lexicon vocum
chymicarum : Ἀφαίρεμα ἐστὶ πίτυρα σίτου... (4); — Democriti
physica et mystica (7 v°); — Synesii ad Dioscorum commentarius in Democritum (14 v°); — Stephani Alexandrini de
sacra arte et auro conficiendo lectiones ix. (21 v°); — Zosimi
Panopolitæ tractatus de rebus chymicis (56); — Christiani
liber de aqua divina (72); — ejusdem synopsis de rebus chymicis (76); — Zosimi Panopolitæ liber de sacra arte (84); —
Salmanæ Arabis tractatus, quomodo grando sphærica fieri
possit (106); — Anonymi opusculum de tincturis metallorum :
Ποίησις χαλκοῦ ξανθοῦ. Λαβὼν τουτίας... (120 v°); — Cosmæ hieromonachi explicatio rationis auri conficiendi (124 v°).

Copié en 1465 par Emmanuel Rousotas. Pap. 126 fol. (Medic.-Reg. 3184.) P.

•**2276.** Galeni commentarius in Hippocratis librum de diæta
(1); — Epigrammata aliquot ex Anthologiæ libro I. : Ἰστέον ὡς
ἐν τοῖς ἔχουσι... (139); — Galeni de febrium differentiis libri II.
(147); — Stephani tractatus de eodem (191); — Galeni liber
de dignotione ex insomniis (179 v°); — ejusdem ad Theutram
epistola de pulsibus (199); — Georgii Sanginatii liber de pulsibus (205 v°); — ejusdem versus politici ad Nicolaum V.
papam de partibus corporis humani (212 v°); — Remedium
adversus calculum (213 v°); — Plutarchi fragmentum de placitis philosophorum (215); — Variorum sententiæ de infante
in utero (216 v°); — Archigenis et Philagrii opusculum de
renum calculis, ex Aetio (217).

XVI s. Pap. 220 fol. (Fontebl.-Reg. 3147.) P.

2277. Galeni ars medica (2); — Theophrasti liber de piscibus in sicco degentibus (34 v°); — ejusdem liber de ventis (37 v°); — ejusdem liber de odoribus (51); — Aristotelis liber de Xenophane, Zenone et Gorgia (63 v°); — Theophrasti liber de igne (72); — ejusdem metaphysica (85 v°); — ejusdem libri de gemmis (93), — de sudoribus (102), — de vertiginibus (108), — de lassitudinibus (109 v°); — Galeni liber de Hippocratis et Platonis dogmatibus (111).

XV-XVI s. Pap. 134 fol. (Medic.-Reg. 3382, в.) P.

2278. Galeni commentarius in Hippocratis aphorismos, initio et fine mutilus (1); — ejusdem de musculorum motu libri II., fine mutili (1).

XVI s. Pap. 177 et 24 fol. (Medic.-Reg. 3377, в.) P.

2279. Galeni de simplicium medicamentorum facultate libri V. (1); — ejusdem de semine libri II. (155 v°).

XVI s. Pap. 204 fol. (Medic.-Reg. 3151.) P.

2280. Galeni de medendi methodo libri XIV. (1); — ejusdem introductio, sive medicus (389).

XVI s. Pap. 428 fol. (Medic.-Reg. 3143.) P.

2281. Galeni de usu partium corporis humani libri XVII. (1); — Aristotelis de partibus animalium libri IV. (390).

XVI s. Pap. 415 fol. (Medic.-Reg. 3150.) P.

2282. Galeni introductio, sive medicus (1); — ejusdem definitiones medicæ (53 v°).

XVI s. Pap. 99 fol. (Medic.-Reg. 3152.) P.

·2283. Galeni excerpta variorum tractatuum xxiv., quorum præmittitur index.

XVI s. Pap. 141 fol.(Medic.-Reg. 3156.) P.

2284. Galeni de symptomatum causis libri III.

XVI s. Pap. 57 fol. (Medic.-Reg. 3155.) P.

2285. Galeni ars medica.

XVI s. Pap. 73 fol. (Medic.-Reg. 3154.) P.

·2286. Dioscoridis liber de plantis, alphabet. (1); — Olymnii Alexandrini excerpta de criticis diebus, etc. (55); — Menologium de vita et morte, de diebus faustis et infaustis, etc. : Εἰς τὴν πρώτην τοῦ μηνός... (56); — Symeonis Sethi excerpta de proprietatibus animalium (63); — Remedia ad sedandos dentium dolores, ex Asclepiade, Archigene, Timocrate, Diocle, Galeno, etc. (89); — Maximi Planudis tractatus de cognitione urinarum (101); — Galeni remedia varia (103); — Neophyti monachi remediorum collectio alphabetica (105); — ejusdem lexicon botanicum (108 v°); — Zoroastris tractatus de ortu caniculæ (109); — ejusdem brontologium (109 v°); — Esdræ prophetæ opusculum de septem hebdomadis diebus (110-111); — Astrolabi figura (112); — Computi tabulæ (112 v°); — Joannis, Prisdryanorum episcopi, tractatus de urinis (114); — Dioscoridis fragmentum, et præcepta de sanitate tuenda per XII. menses (124); — Joannis, Prisdryanorum episcopi, collectanea de intestinis, ex Palladio, Archelao, Stephano Alexandrino, etc. (127 v°); — Theophili opusculum de coloribus (130); — Joannis, Prisdryanorum episcopi, collectanea de excrementis (136); — Collectanea medica et remedia varia, initio et fine mutila (153 v°); — Anonymi lexicon medicum, initio et fine mutilum, O-X (160).

XIV s. Pap. 170 fol. (Fontebl.-Reg. 3497.) P.

2287. Dioscoridis de materia medica libri VI., fine mutili (1); — Galeni lexicon vocum Hippocratis (191); — Lexicon botanicum vocum Arabum : Ἀγάλοχον... (202); — Hippocratis liber de ulceribus (214 v°); — Collectio remediorum variorum; præcedit epistola medici : Ἐπιδοι, ὁ γενεσταται σώματοι... (222); — Anonymi collectanea de alimentis, urinis, pulsibus, etc. : Ἐρχιδοιθοιχ, λουπηνάρια... (238); — De diebus faustis et infaustis (273); — Viaticum peregrinantium, græce versum a Constantino Africano (274); — S. Joannis Damasceni [Mesue] tractatus de remediis purgantibus (561 v°); — Remedia varia (583).

XV-XVI s. Pap. 589 fol. (Fontebl.-Reg. 3176.) P.

2288. Aretæi Cappadocis de causis et signis acutorum et diuturnorum morborum libri IV. (1); — ejusdem de curatione acutorum et diuturnorum morborum libri I.-III., fine mutili (89); — Rufi Ephesii liber de renum vesicæque morbis (161).

XVI s. Pap. 171 fol. (Fontebl.-Reg. 3161.) P.

2289. Aretæi Cappadocis de causis et signis acutorum et

diuturnorum morborum libri IV. (1); — ejusdem de curatione acutorum morborum libri II. (88).

XVI s. Pap. 142 fol. (Medic.-Reg. 3160.) P.

2290. Xenocratis liber de alimento ex aquatilibus (1); — Monumentum Ptolemæo Evergetæ in Adule Æthiopiæ oppido positum et Photii judicium de Cosma Indicopleusta [cod. 36.] (9); — Albini introductio in Platonis dialogos (11); — Theodoræ Meliteniotæ prœmium in astronomiam (14); — Plotini vita, auctore Porphyrio (20 v°); — Dionysii Thracis ars grammatica (39).

XVIII s. Pap. 46 fol. P.

2291. Xenocratis liber de alimento ex aquatilibus.

XVI s. (Copié par Jacques Diassorinos.) Pap. 12 fol. (Colbert. 5067.) P.

2292. Pauli Æginetæ compendii medici libri VII.

XIV s. Bombyc. 334 fol. (Medic.-Reg. 3168.) P.

2293. Pauli Æginetæ compendii medici libri III. priores, initio et fine mutili, græce et arabice.

XIV s. Bombyc. 215 fol. (Colbert. 3759.) P.

· 2294. Pauli Æginetæ fragmentum, VII, 3. (1);(— Anonymi collectio simplicium medicamentorum, alphabet. : Ἀβρότονον θερμαίνει.. (1); — Anonymi de succedaneis : Ἐν Ἀλεξανδρία φησί... (52 v°); — De mensuris fragmentum, initio mutilum (68); — De urinis, etc. ex Galeno, Hippocrate, etc. (68 v°); — Anonymi collectio remediorum, ex Hippocrate, Paulo Ægineta, etc. : Κισσὸν ξηράν... (73 v°); — Lexicon botanicum (97); — Galeni excerpta de succedaneis, alphabet., etc. (101); — Pauli Æginetæ excerpta medica (124); — Anonymi tractatus de lapidibus et remediis quæ ex iis peti possunt : Λίθος κρύσταλος ὁ πᾶσι γνώριμος... (127); — Remedia varia (135); — Dies fausti et infausti cujusque mensis (137 v°); — Dioscoridis excerpta de plantis et animalibus (138); — Remedia varia (258).

XV s. Pap. 264 fol. Peint. (J.-A. de Thou.-Colbert. 4023.) P.

2295. Palladii commentarius in Hippocratis de morbis popularibus librum VI.

XVI s. Pap. 122 fol. (Teller. Rem.-Reg. 3140, 3.) P.

2296. Theophili philosophi commentarius in Hippocratis aphorismos.

XVI s. Pap. 278 fol. (Fontebl.-Reg. 3157.) *P.*

2297. Theophili de humani corporis fabrica libri V.

XVI s. Pap. 114 fol. (Teller. Rem.-Reg. 3168, 2.) *P.*

·2298. Stephani Magnetis empirica.

XVI s. (Copié par Jacques Diassorinos.) 173 fol. (Colbert. 4277.) *P.*

·2299. Meletii monachi tractatus de natura hominis (1); — ejusdem liber de anima (89 v°); — ejusdem opusculum de quatuor elementis (99 v°); — Michaelis Pselli opusculum de partus conceptione (101); — Remedia varia (102 v°); — Nemesii Emeseni tractatus de natura hominis (104); — S. Basilii de hominis generatione libri III. (191); — S. Anastasii, Antiocheni patriarchæ, narratio synodi orientalium episcoporum in Perside, de generatione Christi (219).

XV s. Pap. 237 fol. (Medic.-Reg. 3111.) *P.*

2300. Meletii monachi tractatus de natura hominis.

Copié en 1569 par Antoine Episcopopoulos. 159 fol. (Mazarin.-Reg. 3112.) *P.*

2301. Symeonis Sethi tractatus de alimentorum facultatibus (1); — Hippocratis ad Ptolemæum regem [Dioclis ad Antigonum] epistola (124); — Vita S⁺ᵉ. Euphrosynæ, cognomento Smaragdi, fine mutila (128 v°).

XII-XIV s. Parch. 133 fol. (Medic.-Reg. 3499.) *P.*

2302. Symeonis Sethi tractatus de alimentorum facultatibus (1); — Hymni quinque in honorem legionum cælestium (42).

XIV-XV s. Pap. 42 fol. (Colbert. 3956.) *P.*

·2303. Symeonis Sethi tractatus de alimentorum facultatibus (9); — præmittuntur symbolum apostolorum (2), — S. Gregorii Nazianzeni versus acrostichi secundum ordinem alphabeti (2 v°), — Dionysii Thracis excerpta grammatica (5), — S. Gregorii Nazianzeni epistola ad S. Gregorium Nyssenum (6), — Notæ chronologicæ (1, 5 v°, 7); — Anonymi collectanea medica : Περὶ ὁρίζης. Τοῦτο τὸ σπέρματι... (69); — Anonymi de phlebotomia opusculum : Ὁ ἄνθρωπος ἔχει φλέβας... (79); — Anonymi tractatus de formatione mundi et hominis : Ὁ κόσμος οὗτος συνέστη... (82 v°); — Nicephori Blemmidæ poema de urinis (87); — Anonymi tractatus de alimentis, ad Constantinum Porphyrogenitum : Καὶ τοῦτο τῆς σῆς ἔργον προνοίας... (91); — Anonymi tractatus de variis morborum generibus eorumque curatione, ad Constantinum Porphyrogenitum : Τὰς προσαχθείσας... (110 v°); — Anonymi collectio remediorum : Πρὸς τὸ γεννᾶν ταχέως γυναῖκα. Κολίανδρον... (171).

XV s. (Copié, en partie, par Michel Apostolios.) Pap. 194 fol. (Teller. Rem.-Reg. 3177, 2.) P.

2304. Joannis Actuarii de urinis libri VII. (1); — præmittuntur collectanea de urinis, ex Hippocrate, etc. (A); — ejusdem de actionibus et affectibus spiritus animalis ejusque nutritione libri II. (114); — Galeni ad Glauconem de medendi methodo libri II. (155 v°); — Joannis Actuarii de medendi methodo libri VI. (191); — Anonymi fragmentum de re medica, initio et fine mutilum (359).

XV s. Pap. 361 fol. (Fontebl.-Reg. 3166.) P.

2305. Joannis Actuarii de urinis libri VII. (1); — ejusdem de actionibus et affectibus spiritus animalis ejusque nutritione libri II. (121); — ejusdem de medendi methodo libri VI. (158); — Anonymi sermo ad synodum : Πρῶτον μὲν, ὦ θεία καὶ ἱερὰ σύνοδος... (400).

Copié en 1418 par Manuel Iagari. Pap. 401 fol. (Hurault.-Teller. Rem.-Reg. 3401.) P.

2306. Joannis Actuarii de urinis libri VII. (1); — ejusdem de actionibus et affectibus spiritus animalis ejusque nutritione libri II. (289); — Theophili tractatus de urinis (329); — ejusdem liber de excrementis (338); — Galeni introductio, sive medicus (345); — ejusdem ars medica (360); — Remedia varia, italice et græce (368 v°).

XV s. Pap. 369 fol. (Fontebl.-Reg. 3164.) P.

2307. Joannis Actuarii de urinis libri VII. (1); — ejusdem de medendi methodo libri VI. (201); — ejusdem de actionibus et affectibus spiritus animalis ejusque nutritione libri II. (453 v°); — Theophili tractatus de urinis (508 v°); — ejusdem liber de excrementis (523 v°); — Galeni introductio, sive medicus (531 v°); — ejusdem ars medica (554); — Avicennæ tractatus de urinis a Christodulo, dein a Joanne Actuario

græce versus (569 et 593); — Mercurii monachi liber de pul_
sibus (599); — Avicennæ liber de eodem (600); — Anonymi
collectio remediorum : Περὶ φθειριάσεως κεφαλῆς. Σταφίδαν... (601).

XVI s. Pap. 622 fol. (Fontebl.-Reg. 3167.) *P.*

2308. Avicennæ tractatus de urinis (1); — Hippocratis
liber de urinis (12 v°); — Galeni tractatus de urinis (15); —
Theophili protospatharii tractatus de urinis (27); — Joannis
Actuarii de urinis libri VII., initio mutili (55); — Galeni
ad Glauconem de medendi methodo libri II. (160 v°); —
Joannis Actuarii de actionibus et affectibus spiritus animalis
ejusque nutritione libri II. (204 v°); — Anonymi opusculum
de sudoribus : Ἐὰν οὖν ἱδρώς... (246 v°); — Anonymi tractatus
de animæ facultatibus : Τρεῖς εἰσιν ἐν ἡμῖν... (248); — Galeni
fragmentum de insomniis (249); — Symeonis Sethi de alimentorum facultate procemium (249 v°).

XV s. Pap. 251 fol. (Fontebl.-Reg. 3165.) *P.*

2309. Avicennæ tractatus de urinis (1); — Synopsis accu-
ratissima de urinis, e Persarum scriptis : Δεῖ γιμώσκειν ὅτι ὅταν...
(41); — Excerpta de urinis e libro syriaco : Οὖρον ῥούσιον καὶ
παχύ... (44); — De colore sanguinis post venæ sectionem : Τὸ
μελάντατον αἷμα... (47 v°); — Galeni, etc. excerpta de urinis (49).

XVI s. (Copié par Jacques Diassorinos.) Pap. 66 fol. (Colbert. 4231.) *P.*

2310. Viaticum peregrinantium, a Constantino Rhegino
græce versum; — præmittuntur folia quatuor palimpsesta.

XIV s. Pap. 327 fol. (Fontebl.-Reg. 3173.) *P.*

2311. Viaticum peregrinantium, a Constantino Rhegino
græce versum.

XIV s. Bombyc. 216 fol. (Fontebl.-Reg. 3181.) *P.*

2312. Viaticum peregrinantium, a Constantino Rhegino
græce versum (1); — S. Joannis Damasceni liber de remediis
purgantibus (403); — Galeni excerpta de succedaneis, etc.
(422).

XV s. Pap. 430 fol. (Fontebl.-Reg. 3174.) *P.*

2313. Remedia varia, ex Galeno, Dioscoride, Paulo Ægineta, etc. (1); — Anonymi liber de urinis : Τί δηλοῖ τὸ λεπτὸν
καὶ ὠχρόν. Τὸ δὲ λεπτόν... (36); — Geoponicorum jussu Constan-

tini Porphyrogeniti collectorum libri XX. (42); — Polemonis
physiognomonica (101); — Aphorismi de formicis, et formula
pro servo fugitivo recuperando (106).

XIV s. Bombyc. 106 fol. (Fontebl.-Reg. 3494.) P.

.2314. Anonymi collectio remediorum, libris VIII., initio
et fine mutila (1); — inseruntur : Hierophili philosophi opusculum de victus ratione per singulos menses (87); — Anonymi
synopsis de pulsibus : Γένη σφιγμῶν εἰσὶν ι'... (93 v°); — Aristotelis physicæ interrogationes, cum responsionibus (97); — —
Lexicon : Ἄβαπτον, ἀστόμοτον. Ἄβαλε... (167); — Demetrii
hymni in S. Joannem Chrysostomum (270); — Orphei et
Cleopatræ excerpta de auri conficiendi ratione (274); — Remedia varia (279); — Περὶ ἀντωνυμίων βοτάνων ἰατρικῶν. Αἰγόκερος,
ἡ τίλη... (280); — Lexicon botanicum, initio mutilum (283); —
Anonymi commentarius in S. Gregorii Nazianzeni orationes
de baptismo et in Julianum exæquatorem, initio mutilus (289);
— Anonymi opusculum de cyclo solari et lunari, indictione,
Paschate inveniendo, etc. : Ὁ κύκλος τοῦ ἡλίου... (317 v°); —
Μελογόγιον τῶν μελῶν τοῦ ἀνθρώπου. Κεφαλῆς ἡ θρίξ... (321); — Anonymi opusculum de mystica significatione alphabeti græci et
hebraici, initio mutilum (323); — Anonymi versus de cæles-
tibus cohortibus : Τῶν ἀσθενῶν... (344); — Andreæ, Cesareæ
in Cappadocia archiepiscopi, interrogationes et responsiones
ex libro II. therapeuticæ (345 v°); — Preces variæ (354).

XIV-XV s. Pap. 356 fol. (Fontebl.-Reg. 3183.) P.

. 2315. Mercurii monachi tractatus de pulsibus (1); — Avicennæ tractatus de urinis (2 v°); — Meletii monachi opusculum
de urinis (11 v°); — Anonymi dynameron, seu collectio remediorum variorum, emplastrorum, unguentorum, etc. : Ἀρχὴ
καὶ πρώτη σκευασία τοῦ νάρδου... (27); — Pauli Æginetæ, fragmentum, ex Galeno, de succedaneis (64 v°); — Lexicon botanicum (68); — Anonymi fragmentum de simplicibus medicamentis purgantibus : Χολῆς ξανθῆς καθαρτικά... (71 v°); —
Anonymi opusculum de formatione mundi et hominis : Ὁ
κόσμος οὗτος συνέστηκεν... (72); — Anonymi collectio remediorum : Ὁ περὶ τῶν ἀντιδότων... (76 v°); — Joannis Antiocheni
archiatri collectio remediorum ex Dioscoride, Hippocrate et

Galeno (117); — Nicephori Blemmidæ poema de urinis (271 v°);
— Nicolai [Myrepsi] opusculum de emplastris (276); — Brontologium xii. zodiaci signorum et xii. mensium : Ἐὰν βρων-
τήσι... (277); — Hippocratis ad Ptolemæum regem epistola de
hominis fabrica (282); — Anonymi versus de alimentis singulis mensibus adhibendis : Ἐγὼ στρατηγούς... (286); — Anonymi opusculum de urinis : Τὸ μὲν πρῶτον... (287); — Nomina
magnorum fluminum ; de scientiarum inventoribus, etc.
(291); — Anonymi tetrasticha persica moralia, alphabet. :
Ἄνθρωπε, κάμνης... (291 v°); — Anonymi collectanea de xii.
mensibus (293 v°); — Anonymi sententiæ morales : Ἀρχὴ
σοφίας φόβος Κυρίου... (297); — Selenodromium (303); — Ab-
gari regis ad Christum epistola et Christi responsio (314 v°);
— Anonymi de Paschate inveniendo, etc. : Εἰ θέλης εὑρῆν τὸν
Χριστιανὸν Πάσχα... (317 v°); — Neophyti, Grebeni episcopi,
hymni varii (321 v°); — Anonymi de Paschate inveniendo :
Εἰ θέλεις εὑρεῖν τὴν ἀπόκρεα... (324); — Interrogationes et responsiones de rebus theologicis : Πότε ἔπλασεν ὁ Θεός... (330 v°);
— S. Athanasii Alexandrini interrogationes et responsiones
(332); — SS. Basilii et Gregorii Nazianzeni symbolum orthodoxæ fidei (337); — S. Maximi interrogationes et responsiones
(340); — SS. Basilii, Augustini et Dionysii fragmenta (341);
— Græcorum sapientum et SS. PP. dicta de Christi incarnatione (342); — Nicephori, CP. patriarchæ, chronographiæ
epitome (344); — S. Gregorii Nazianzeni versus aliquot (345
v°) ; — S. Joannis Damasceni fragmentum de corpore et
sanguine Christi (346); — Anonymi collectio remediorum,
græce et italice (347); — Galeni liber de pulsibus (393 v°).

XV s. Pap. 400 fol. (Fontebl.-Reg. 3175.) P.

2316. Anonymi opusculum de rebus medicis, initio mutilum
(E); — Anonymi opusculum aliud : Περὶ κεφαλαλγίας. Εἰ δὲ
καὶ τὴν κεφαλήν... (1); — Anonymi commentarius in Hippocratis
aphorismos : Ὁ δὲ βίος βραχύς... Δεῖ οὖν μὴ μόνον... (9 v°); —
[Joannis iatrosophistæ] tractatus de morbis eorumque cura-
tionibus (51 v°); — Anonymi tractatus, quis et qualis medicus
esse debeat : Πρῶτον μὲν τῷ γένει... (136); — Anonymi opusculum de homine : Τί ἐστιν ἄνθρωπος;... (136 v°); — Hippo-

cratis opusculum de hominis natura (138 v°); — ejusdem
prænotiones (154 v°); — Theophili protospatharii liber de
urinis (170); — Galeni et Mangentis synopsis de urinis (191);
— S. Gregorii Nysseni liber de pulsibus (194); — Hippocratis
interrogationes et responsiones de pulsibus (205); — Alexandri medici opusculum de pulsuum dignotione et aphorismi de
urinis (207 v°); — Galeni liber de morborum formis (215); —
Anonymi liber de diæta, ad Constantinum imp. : Καὶ τοῦτο τῆς
σῆς ἔργον... (220 v°); — Pauli Æginetæ fragmenta (229 v°); —
Michaelis Pselli syntagma de alimentorum facultate (234 v°);
— Anonymi phylacteriorum quorumdam interpretatio : Κύριε,
ὁ Θεὸς ἡμῶν... (305 et 313 v°); — Anonymi explicatio parabolarum quæ in Evangelio leguntur : Εἶπεν ὁ Κύριος τὴν παραβο-
λήν... (310); — Brontologium xii. mensium (321); — Nomina
horarum diei et noctis (324 v°); — Brontologium Davidis
prophetæ (325 v°); — De umbris lunæ per xii. menses (328);
— Calendologium hebdomadis (329); — De diebus infaustis
cujusque mensis (329 v°); — De diebus faustis et infaustis, etc.
singulorum mensium (329 v°); — De cyclo solari et lunari,
Paschate inveniendo, etc. (338); — Hippocratis opusculum
de lapidum virtute (340 v°); — Anonymi iatrasophium : Περὶ
κεφαλόπονον. Χελιδόνεας... (348 v°); — Anonymi explicatio vocum vulgarium in rebus theologicis : Καὶ κλέπτης καὶ σκληρός...
(374 v°); — De libro Danielis prophetæ fragmentum (380 v°);
— Anonymi tractatus de siderum significationibus per singulos menses, ex arabica lingua in græcam versus : Ἀρχὴ
μηνὸς ὠκτωβρίου ἔχων ἡμέρας λα΄. Τοῦτον τὸν μῆναν... (381 v°); —
Anonymi opusculum de nativitatibus : Ὁ γεννηθεὶς νεώτερος..
(419); — Chronicon breve ab Adam usque ad Manuelem
Comnenum (424 v°); — Brontologium (427); — Oneirocriticon (428 v°); — S. Gregorii Nazianzeni precatio (433); — Menologium de vita et morte [dies fausti et infausti] (437); —
De diebus ad phlebotomiam idoneis, etc. (437 v°); — Galeni
liber de iis quæ singulis mensibus servanda sunt (439 v°); —
Brontologii explicatio, et de terræ motibus per singulos menses
(440 v°); — Brontologium aliud, etc. (441); — De rege Cy-
donio fabula : Βασιλέβοντος τοῦ πανενδοξοτάτου Κιδωνίου... (447).

XV s. Pap. 452 fol. (Fontebl.-Reg. 3177.) P.

2317. Remedia varia (1); — De horis [faustis et infaustis] totius hebdomadis (13); — De xii. zodiaci signis (14 v°); — Procli sphæra (16); — Galeni excerpta de quatuor elementis (21 v°); — De venæ sectione, etc. fragmenta, initio mutila (32); — Menses Romanorum, Atheniensium, Græcorum, Hebræorum, Ægyptiorum et Turcorum (40 v°); — Galeni excerpta de elementis et humoribus (43 v°); — Hippocratis fragmentum de hominis natura (45); — Anonymi synopsis e celebriorum philosophorum scriptis de hominis natura : Ἴδω-μεν τὰ ἐν τούτῳ συγκείμενα... (45 v°); — Anonymi ecloge de sancta Trinitate : Ἐν ἀρχῇ ἐποίησεν ὁ Θεός... (54); — SS. PP. sententiæ variæ (69); — Anonymi opusculum de gradibus cognationis : Ἡ συγγένεια διαιρεῖται... (70); — Tabula cosmographica (81 v°).

XVI s. Copié par le hiéromoine Arsène. Pap. 85 fol. (Mazarin.-Reg. 3215.) P.

2318. Anonymi collectio remediorum variorum, emplastrorum, unguentorum, etc. : Ἀρχὴ καὶ πρώτη σκευασία τοῦ νάρδου... (1); — Pauli Æginetæ fragmentum, ex Galeno, de succedaneis (72); — Lexicon botanicum (77); — Anonymi fragmentum de simplicibus medicamentis purgantibus : Χολῆς ξανθῆς καθαρτικά... (80); — Anonymi opusculum de formatione mundi et hominis : Ὁ κόσμος οὗτος συνέστηκεν... (81); — Anonymi collectio remediorum : Ὁ περὶ τῶν ἀντιδότων... (87).

XV s. Pap. 107 fol. (Fontebl.-Reg. 3169.) P.

2319. Anonymi commentarius in Hippocratis aphorismos : Ὅτι μὲν οὗτος ὁ λόγος...

XVI s. Pap. 112 fol. (Colbert. 3845.) P.

2320. Hippocratis, Galeni, etc. latinorum et græcorum excerpta de re medica : Ἱπποκρ. Ὁ νόμος μέν... (1); — Anonymi περὶ κλοκίων ἀρώστων. Ὥρα καὶ νόη. Ἐάν ἐστιν κλοκίων... (15); — Joannis Tzetzæ, Hippocratis et Galeni fragmenta de urinis (16 v°); — Athenæi synopsis de urinis (18 v°); — Galeni excerpta de urinis, pulsibus, etc. (20 v°); — Anonymi opusculum de avibus et remediis quæ ex iis peti possunt : Περὶ ἔποπος ὀρνέου... Ἔποψ ὄρνεος... (29 v°).

XVI s. Pap. 41 fol. (Colbert. 3614.) P.

· **2321.** Anonymi fragmentum descriptionis humani corporis : Περὶ ὀφθαλμοῦ. Τῶν δὲ τοῦ ὀφθαλμοῦ... (1); — Oribasii collectionum medicarum libri XXIV. et XXV. (11 v°).

XVI s. (Copié par Jacques Diassorinos.) Pap. 145 fol. (Colbert. 4106.) P.

· **2322.** Apsyrti, Dioclis, Pelagonii aliorumque de re vete-
rinaria scriptorum collectio, capitibus MCLXVI.

XI s. Parch. 263 fol. (Medic.-Reg. 3182.) P.

·**2323.** Demetrii CP. de cura et medicina accipitrum libri II.
(1); — Anonymi orneosophium, lingua vulgari : Φολδίου βοτάνης κόστου... (160); — Anonymi tractatus de canum morbis et
eorum curatione : Οὐκ ἔλαττον συντελεῖ... (216); — accedit versio
latina Demetrii CP. de cura et medicina accipitrum lib. II. (1).

XVI s. (Copié par Christophe Auer.) Pap. 276 et 172 pages. (Fontebl.-
Reg. 3137.) P.

· **2324.** Hippocratis, Galeni, Magni et Erasistrati iatroso-
phium : Τὴν περὶ τῆς τῶν οὔρων... (1); — Symeonis Sethi tractatus de alimentorum facultate (35); — Anonymi tractatus de
re medica, capit. CCXII. : Περὶ ὑδρώτων. Τί τε ἄρα τὰ τῶν ὑδρώτων...
(109 v°).

XVI s. Pap. 249 fol. (Fontebl.-Reg. 3180.) P.

2325. Explicatio notarum artis sacræ, initio mutila (1); —
Lexicon vocabulorum artis sacræ (2 v°); — Democriti physica
et mystica (8 v°); — Synesii philosophi ad Dioscorum commentarius in librum Democriti (20); — Stephani Alexandrini
liber de sacra et divina auri conficiendi arte, lectionibus IX.
(32); — Zosimi Panopolitæ genuini commentarii de aqua
divina, etc. (82); — Christiani opusculum de bona auri constitutione (91); — Zosimi Panopolitæ commentarius de sacra
et divina arte (118); — Salmanæ Arabis tractatus, quomodo
grando sphærica fieri possit (152 v°); — Formulæ variæ pro
metallorum fabrica (159).

XIII s. Bombyc. 185 fol. (Fontebl.-Reg. 3500.) P.

2326. Democriti physica et mystica (1); — Synesii philosophi ad Dioscorum commentarius in librum Democriti (10);
— Explicatio notarum artis sacræ (19); — Interpretatio
vocum quarumdam chymicarum : Καδμία ἐστι μαγνησία... (19).

XVI s. Pap. 19 fol. (Mazarin.-Reg. 3068.) P.

2327. Michaelis Pselli ad Joannem Xiphilinum, CP. patriarcham, epistola de auri conficiendi ratione (1); — Formulæ variæ, e Zosimo, Democrito, etc. (7); — Cleopatræ opusculum de ponderibus et mensuris (15); — Explicatio notarum artis sacræ (16 v°); — Lexicon vocabulorum artis sacræ (19); — Anonymi opusculum de ovo chymico : Οἱ παλαιοὶ φασίν... (23); — Democriti physica et mystica (24 v°); — Synesii philosophi ad Dioscorum commentarius in librum Democriti (31); — Stephani Alexandrini liber de sacra et divina auri conficiendi arte, lectionibus ix. (37 v°); — Comarii philosophi, Cleopatræ magistri, opusculum de auri conficiendi ratione (74); —Zosimi Panopolitæ genuini commentarii de aqua divina, etc. (80 et 220); — Christiani opusculum de bona auri constitutione (92 v°) — Zosimi Panopolitæ genuina scriptio de sacra et divina arte (112, 161 v° et 221 v°); — Mariæ opusculum de lapide philosophico (136 v°); — Joannis archipresbyteri opusculum de sacra arte (140 v° et 243); — Salmanæ Arabis tractatus, quomodo grando sphærica fieri possit (141); — Formulæ variæ pro metallorum fabrica (146, 249 v° et 265); — Còsmæ hieromonachi opusculum de auri conficiendi ratione (159); — Zosimi antiqui excerpta chymica (159 v°); — Anonymi philosophi opusculum de aqua divina et auri conficiendi ratione : Πρῶτος τῆς ταριχείας... (162); — Zosimi [Panopolitæ] liber de virtute et interpretatione (168 v°); — Heliodori philosophi ad Theodosium imp. carmen de mystica philosophorum arte (178); — Theophrasti philosophi carmen de divina et sacra arte (182); — [Hierothei philosophi] iambi de lapide philosophorum (186); — Archelai philosophi iambi de divina et sacra arte (189 v°); — Nomina auctorum sacræ artis (195 v° et 294); — Imago draconis : ὁ Οὐροβώρος (196 et 279); — Olympiodori Alexandrini tractatus de divina arte lapidis philosophorum (197); — Pelagii philosophi opusculum de divina et sacra arte (222 v°); — Anonymi collectanea de quatuor elementorum tractatione : Λάβε τὰ λευκὰ καὶ ξανθά... (227); — Anonymi opusculum de ovi nomenclatura (229 v°); — Anonymi opusculum de sacra philosophorum arte : Ἡμεῖς μὲν ἐν ἐνίγμασιν... (230); —De conventu philosophorum : Πρὸς ἀλλήλους οἱ φιλόσοφοι...(233); — Hermetis et Agathodæmonis ænigma de lapide philosophico

(234); — De Ætesio lapide, etc. (237); — Zosimi Thebani
liber mysticus (251 et 260);'— Isidis ad Horum filium epistola
(256); — Democriti ad Leucippum liber de rebus chymicis
(258); — Anonymi opusculum de auri conficiendi ratione :
Χαλκὸν δὴ φημί... (260 v°); — Agathodæmonis commentarius
in quoddam Orphei oraculum (262); — Menses Romanorum
et Ægyptiorum (280); — Arnaldi de Villanova fragmentum
de arte chymica (291); — De ponderibus et mensuris (292);
— Hermetis Trismegisti organum (293); — Formulæ variæ
de rebus chymicis (293 v°); — S. Joannis Damasceni versus,
ex Dioptra, etc. (296).

Copié en 1478 par Théodore Pelecanos. Pap. 299 fol. (Fontebl.-Reg.
3178.) P.

2328. Catalogus mss. græcorum bibliothecæ anonymæ :
Φωτίου πατριάρχου ΚΠ... (2); — Michaelis Pselli ad Michaelem
patriarcham epistola de auri conficiendi ratione (10); — Anatolii mathematica fragmenta : Ἀριστοτέλης συνεστάναι τὴν πᾶσαν
φιλοσοφίαν... (27); — Damiani, Heliodori Larissæi filii, optica-
rum hypotheseon capita (28 v°); — Heronis isagogæ (32 v°);
— S. Gregorii Thaumaturgi excerptum de anima (37); —
Theodosii imperatoris lex adversus Porphyrium et Nestorianos, accessit edictum (46); — « Index librorum græcorum
mss. bibliothecæ cardinalis Carafæ » (50).

XVI s. Pap. 54 fol. (Teller. Rem.-Reg. 3185, 2.) P.

2329. Anonymi philosophi commentarius in Zosimi Panopolitæ, vel Thebani, librum de virtute et interpretatione :
Ὁ θεῖος Ζώσιμος φησίν... (A); — Anonymi philosophi opusculum
de lapide philosophico, etc. : Τὸ θεῖον ὕδωρ... (2); — Christiani opusculum de bona constitutione auri (5); — ejusdem
de aqua divina (16); — ejusdem synopsis de rebus chymicis
(24); — Zosimi Panopolitæ commentarius de sacra arte (41);
— Mariæ opusculum de lapide philosophico (82); — Stephani
Alexandrini de sacra arte lectiones IX. (92); — Nicephori
Blemmidæ opusculum de auri conficiendi ratione (159); —
Lexicon chymicum : Ἀφροδίτης σπέρμα... (163); — Explicatio
notarum artis sacræ (174); — Anonymi opusculum de ovo
philosophico : Οἱ παλαιοὶ φασίν... (179); — Anonymi opusculum
de divina et sacra arte philosophorum : Τὸ ᾠὸν τετραμερές...

(180 v°); — Zosimi Thebani capita ad Theodorum (182 v°);
— Anonymi versus de sacra arte : Ταύτης τῆς βίβλου... (184);
— S. Joannis Damasceni versus, ex Dioptra (184); — Anonymi methodus mystica de aqua divina : Λαβὼν ἄσβεστον... (184 v°); — Heliodori philosophi ad Theodosium imp. carmen de mystica philosophorum arte (185); — Anonymi opusculum de lapide philosophico : Ὁ περιβόητος φιλόσοφος ἐξ Ἀβδήρων... (191); — Theophrasti philosophi carmen de divina et sacra arte (195); — Anonymi versus de eodem : Ἀπάρξωμαι προσπλέξας... (201); — Archelai carmen de sacra arte (207); — Lexicon vocum chymicarum : Ἄργυρος, ἀργύρου ἰός... (213); — Nomina auctorum de rebus chymicis (213 v°); — Anonymi philosophi opusculum de auri conficiendi ratione : Ἐπειδὴ τοῦ τῆς χρυσοποιίας... (214); — Isidis, Ægypti reginæ, ad Horum filium, opusculum de sacra arte (215); — Anonymi opusculum de sacra arte : Ἡμεῖς μὲν, ὦ αἰνίγμασι γράψαντες... (216); — Cleopatræ fragmentum de ponderibus et mensuris (216 v°); — Excerpta varia (218).

XVII s. Pap. 218 fol. (Mazarin.-Reg. 3185.) *P.*

2330. Hippocratis aphorismi (1); — ejusdem prænotiones (69).

XV s. (Copié par Georges Hermonyme.) Pap. 110 fol. (Colbert. 6559.) *P.*

2331. Rufi Ephesii tractatus de medicamentis purgantibus (1); — ejusdem tractatus de renum vesicæque morbis (11 v°).

XVII s. Pap. 27 fol. (Delamare.-Reg. 3163, 3.) *P.*

2332. Galeni variorum librorum excerpta (6); — Hippocratis variorum librorum excerpta (204); — Galeni de febribus liber I. (401).

XV s. Pap. 416 fol. (Fontebl.-Reg. 3493.)

2333. Galeni ars parva.

XVI s. Pap. 97 fol. (Gaignières). *P.*

2334. Aretæi Cappadocis de causis et signis acutorum et diuturnorum morborum libri IV. (1); — ejusdem de curatione acutorum et diuturnorum morborum libri IV. (219).

XVI s. Pap. 420 pages. (Gaignières.) *P.*

2335. Oribasii ad Eunapium euporista, libris IV.

XVI s. Pap. 378 pages. (Gaignières.) *P.*

2336. Joannis Spensati liber de incurabilibus aut difficile curabilibus morbis.

XVI s. Pap. 211 fol. (Teller. Rem.-Reg. 3500, 2.) *P.*

2337. Anonymi collectio remediorum, ex Oribasio, etc., initio mutila (1); — Pauli Æginetæ excerpta de fracturis, etc. (11);— Dioscoridis excerpta de simplicibus remediis, cap. CDVI.; accedunt cap. XIII. (89).

XV-XVI s. Pap. 300 fol. (Fontebl.-Reg. 3498.) *P.*

2338. Georgii Pachymeris de quatuor mathematicis scientiis libri IV.

XVI s. Pap. 345 fol. (Fontebl.-Reg. 2170.) *G.*

2339. Georgii Pachymeris de quatuor mathematicis scientiis libri IV.; accessit Francisci I. regis mandatum pro Angelo Vergecio (1539).

XVI s. (Copié par Ange Vergèce et Constantin Palæocappa.) Pap. 284 fol. (Colbert. 1540.) *M.*

2340. Georgii Pachymeris de quatuor mathematicis scientiis libri IV.

Copié en 1559 par Pierre Vergèce. Pap. 269 fol. (Reg. 2168.) *M.*

2341. Georgii Pachymeris arithmetica, geometria et stereometria.

Copié en 1557 par Nicolas de Nancel. Pap. 101 fol. (Baluze.-Reg. 2079, 3.) *M.*

2342. Euclidis elementa, initio mutila, I, 32. (1); — ejusdem data, cum Marini philosophi præfatione (96); — ejusdem optica (109); — Damiani Larissæi optica (114); — Euclidis catoptrica (116); — Theodosii sphæricorum libri III. (118 v°);— Autolyci liber de sphæra quæ movetur (130); — Euclidis phænomena (130 v°); — Theodosii liber de habitationibus (137); — ejusdem de noctibus et diebus libri II. (139); — Aristarchi liber de magnitudinibus et distantiis solis et lunæ (147); — Autolyci de ortu et occasu stellarum libri II. (150 v°); — Hypsiclis anaphoricus (155); — Apollonii Pergæi conicorum libri IV., cum Eutocii Ascalonitæ commentario (155 v°); — Sereni Antissæi liber de sectione coni (188); — ejusdem liber de sectione cylindri (195 v°); — omnia cum scholiis.

XIV s. Pap. 200 fol. (Mazarin.-Reg. 2714.) *M.*

2343. Euclidis elementorum libri XIII.

XVI s. Pap. 311 fol. (De Mesmes.-Reg. 2150, 3.) *M.*

2344. Procli introductio in Euclidis elementa (1); — Euclidis elementorum libri XIII. (17).

XII s. Parch. 366 fol. (Hurault.-Reg. 2716.) *M.*

2345. Euclidis elementorum libri XIII. (6); — præmittuntur prolegomena varia et epigramma in Euclidis geometriam (2 vᵒ).

XIII s. Parch. 239 fol. (Medic.-Reg. 2712.) *M.*

2346. Euclidis elementorum libri XIII.

XV s. Pap. 166 fol. (Fontebl.-Reg. 2713.) *M.*

2347. Euclidis elementorum libri XIII. (1); — ejusdem data (275 vᵒ); — Marini philosophi præfatio in Euclidis data (313); — Euclidis optica (346); — ejusdem catoptrica (365); — Hypsiclis anaphoricus (377); — Euclidis phænomena (394).

XVI s. Pap. 416 fol. (Medic.-Reg. 2150.) *M.*

2348. Euclidis data, cum scholiis (10); — præmittitur Marini philosophi præfatio in Euclidis data (2); — ex Vaticanis exemplaribus.

XVII s. (Copié par Joseph Auria.) Pap. 99 fol. (Teller. Rem.-Reg. 2716, 2.) *M.*

2349. Euclidis data (15); — præmittitur Marini philosophi præfatio (1).

XVI s. (Copié par Constantin Palæocappa.) Pap. 36 fol. (De Mesmes.-Reg. 2714, 2.) *M.*

2350. Euclidis catoptrica (1); — ejusdem phænomena (9); — ejusdem optica (29 vᵒ); — ejusdem data (45 vᵒ); — Marini philosophi præfatio in Euclidis data (81); — Theodori Prodromi tractatus de magno et parvo, multo et pauco (89); — Anonymi præfatio in Euclidis elementorum librum V. : Σκοπὸς τῷ ε΄ βιϐλίῳ... (94); — Procli excerpta Euclidis elementa illustrantia (97); — Numeri Indici, vel Persici; accedit Neophyti monachi scholium (110 vᵒ).

XVI s. (Copié par Ange Vergèce.) Pap. 110 fol. (Colbert 1758.) *M.*

2351. Euclidis phænomena (1); — ejusdem optica (65).

XVI s. (Copié par Constantin Palæocappa.) Pap. 116 fol. (De Mesmes.-Reg. 2714, 3.) *M.*

2352. Procli Diadochi commentariorum in Euclidis elementa libri IV. (1); — Euclidis catoptrica (97); — ejusdem phænomena (105); — ejusdem optica (122); — ejusdem data (138 v°).

Copié en 1487-1488 par Jean Rhosos. Pap. 168 fol. (Hurault.-Reg. 2715.) *M*.

2353. Anonymi scholia in Euclidis elementorum libros XIII. : Ἐὰν τῇ πρὸ ταύτης χρησώμεθα... (1); — Marini philosophi præfatio in Euclidis data (11 v°); — Damiani Larissæi optica (13 v°); — Maximi Planudis opusculum de proportionibus (15 v°); — Theonis Alexandrini commentarius in Ptolemæi magnam constructionem (27); — Anonymi opusculum de constructione et usu astrolabii : Ἐπειδὴ δὲ πρὸς τὰς τῆς σελήνης τηρήσεις... (43).

XVI s. Pap. 48 fol. (Colbert. 1283.) *M*.

2354. Apollonii Pergæi conicorum libri IV. (1); — Syriani Philoxeni commentarius in Aristotelis metaphysicorum libros II., XI. et XII. (126); — ejusdem opusculum de providentia (259).

XVI s. Pap. 260 fol. (De Mesmes.-Reg. 2152, 3.) *M*.

2355. Apollonii Pergæi conicorum libri IV.

Copié en 1558 par Nicolas de Nancel. Pap. 86 fol. (Colbert. 1998.) *M*.

2356. Apollonii Pergæi conicorum libri IV.

XVI s. Pap. 137 fol. (J.-A. de Thou.-Colbert. 1311.) *M*.

2357. Apollonii Pergæi conicorum libri IV. (1); — Eutocii Ascalonitæ commentarius in eosdem libros (88); — Sereni Antissæi liber de sectione cylindri (122); — ejusdem liber de sectione coni (141 v°).

XVI s. (Copié par Jean d'Otrante.) Pap. 170 fol. (Medic.-Reg. 2152.) *M*.

2358. Eutocii Ascalonitæ commentarius in Apollonii Pergæi conicorum libros IV. (1); — Sereni Antissæi liber de sectione cylindri (33); — ejusdem liber de sectione coni (57).

XVI s. Pap. 94 fol. (Colbert. 1111.) *M*.

2359. Archimedis de sphæra et cylindro libri II. (1), — de circuli dimensione (39 v°), — de conoïdibus et sphæroïdibus (41), — de lineis spiralibus (72), — de planis æquiponderantibus libri II. (92), — psammites (103 v°), — quadratura parabolæ (111); — Eutocii Ascalonitæ commentarius in Archimedis de sphæra et cylindro libros II. (121), — in ejusdem librum de circuli dimensione (160 v°), — in libros II. de planis æquiponderantibus (166).

XVI s. Pap. 176 fol. (Medic.-Reg. 2153.) *M*.

2360. Archimedis de sphæra et cylindro libri II. (1), — de circuli dimensione (24), — de conoïdibus et sphæroïdibus (25 v°), — de lineis spiralibus (46), — de planis æquiponderantibus libri II. (60), — psammites (68 v°), — quadratura parabolæ (74); — Eutocii Ascalonitæ commentarius in Archimedis de sphæra et cylindro libros II. (80), — in ejusdem librum de circuli dimensione (109 v°), — in libros II. de planis æquiponderantibus (114); — Notæ de codicis G. Vallæ scriptura (120 v°).

XVI s. Pap. 120 fol. (Medic.-Reg. 2156.) *G*.

2361. Archimedis de sphæra et cylindro libri II. (3), — de circuli dimensione (99), — de conoïdibus et sphæroïdibus (103), — de lineis spiralibus (184), — de planis æquiponderantibus libri II. (235), — psammites (266), — quadratura parabolæ (285); — Eutocii Ascalonitæ commentarius in Archimedis de sphæra et cylindro libros II. (307), — in ejusdem librum de circuli dimensione (408), — in libros II. de planis æquiponderantibus (422); — Heronis liber de mensuris (453); præmittuntur Claudiani versus « in sphæram Archimedis » (2).

Copié en 1544 par Christophe Auer. Pap. 474 fol. (Fontebl.-Reg. 2154.) *M*.

2362. Archimedis de sphæra et cylindro libri II. (2), — de circuli dimensione (41 v°), — de conoïdibus et sphæroïdibus (43), — de lineis spiralibus (78), — de planis æquiponderantibus libri II. (101 v°), — psammites (114 v°), — quadratura parabolæ (123); — Eutocii Ascalonitæ commentarius in Archimedis de sphæra et cylindro libros II. (131 v°), — in ejusdem librum de circuli dimensione (174 v°), — in libros II. de planis æquiponderantibus (180).

XVI s. Pap. 190 fol. (Fontebl.-Reg. 2155.) *M*.

2363. Theodosii sphæricorum libri III. (1); — Autolyci

liber de sphæra quæ movetur (25 v°); — Euclidis optica (29 v°);
— ejusdem phænomena (40 v°); — Theodosii liber de habitationibus (54 v°); — ejusdem de noctibus et diebus libri II. (58);
— Aristarchi liber de magnitudinibus et distantiis solis et
lunæ (77 v°); — Autolyci de ortu et occasu stellarum libri II.
(84 v°); — Hypsiclis anaphoricus (95 v°); — Euclidis data
(99); — Sereni Antissæi liber de cylindri sectione (129); —
Ptolemæi opusculum de judicandi facultate et animi principatu
(145); — ejusdem de apotelesmatibus et judiciis astrorum
libri IV. (149 v°); — Procli Diadochi hypotyposis astronomicarum positionum (192).

XV s. Pap. 218 fol. (Fontebl.-Reg. 2720.) *M.*

2364. Theodosii sphæricorum libri III. (1); — ejusdem
liber de habitationibus (44); — ejusdem de noctibus et diebus
libri II. (61); — Autolyci liber de sphæra quæ movetur (88);
— ejusdem de ortu et occasu stellarum libri II. (97); — Aristarchi liber de magnitudinibus et distantiis solis et lunæ (112);
— Hypsiclis anaphoricus (122).

XV s. Pap. 124 fol. (Medic.-Reg. 2718.) *M.*

2365. Theodosii sphæricorum libri III. (1); — ejusdem
liber de habitationibus (45); — Autolyci liber de sphæra quæ
movetur (54); — Theodosii de noctibus et diebus libri II.
(64); — ejusdem de vario ortu et occasu stellarum libri II.
(98); — Hypsiclis anaphoricus (118).

XVI s. (Copié par Nicolas Sophianos.) Pap. 121 fol. (Colbert. 1082.) *M.*

2366. Theodosii sphæricorum libri III. (1); — ejusdem
liber de habitationibus (40); — ejusdem de noctibus et diebus
libri II. (47 v°); — Autolyci liber de sphæra quæ movetur
(74); — ejusdem de vario ortu et occasu stellarum libri II.
(80); — Anonymi introductio ad Euclidis optica : Ἀποδεικνὺς
τὰ κατὰ τὴν ὄψιν... (99); — Euclidis phænomena (119); — ejusdem catoptrica (138); — ejusdem data (150); — Marini philosophi præfatio in Euclidis data (182); — Aristarchi liber de
magnitudinibus et distantiis solis et lunæ (186); — Anonymi
scholia in Euclidis elementorum libros I.-X. : Ἐὰν τῇ πρὸ
ταύτης χρησώμεθα... (198); — Hypsiclis anaphoricus (210).

XVI s. (Copié par Jean d'Otrante.) Pap. 212 fol. (Medic.-Reg. 2151.) *M.*

2367. Sereni Antissæi liber de cylindri sectione (1); —
ejusdem liber de coni sectione (29).

XVI s. Pap. 69 fol. (Medic.-Reg. 2719.) *P.*

2368. Pappi Alexandrini mathematicarum collectionum
libri VIII., initio mutili.

Copié en 1562 par Nicolas de Nancel. Pap. 411 fol. (De Mesmes.-Reg.
2172, 3.) *M.*

2369. Pappi Alexandrini mathematicarum collectionum
liber III., fine mutilus.

XVII s. (Copié par Joseph Auria.) Pap. 31 fol. (Teller. Rem.-Reg. 2172,
2.) *M.*

2370. Pappi Alexandrini collectionum mathematicarum
liber VIII. (2); — Anthemii mechanica (33).

Copié en 1646 par Bernard Brigallier. Pap. 38 fol. (Colbert. 1652.) *M.*

2371. Heronis geometria.

XVI s. Pap. 84 fol. (Colbert. 2216.) *M.*

·2372. Nicomachi Geraseni institutionum arithmeticarum
libri II. (1); — Anonymi opusculum de arithmetica : Ἀριθμη-
τιχή ἐστιν ἐπιστήμη... (54); — Anonymi prolegomena in geometriam : Ἑπτὰ εἴδη εἰσὶ τῶν τριγώνων... (56); — Aristotelis liber
de mundo ad Alexandrum (60 v°); — Plutarchi de placitis
philosophorum excerpta (74); — Symeonis Sethi physicorum
synopsis (88 v°).

XV s. Parch. 109 fol. (Medic.-Reg. 2657.) *M.*

2373. Nicomachi Geraseni institutionum arithmeticarum
libri II. (1); — Euclidis geometria; præcedit epigramma; accedit de monade (37); — Joannis Pediasimi epitome de mensura et divisione terræ (106); — Maximi Planudis excerpta
de arithmetica (123); — Anonymi scholia in Euclidis varia
loca (105 v° et 123 v°).

XIV s. Bombyc. 124 fol. (Fontebl.-Reg. 2744.) *M.*

2374. Nicomachi Geraseni institutionum arithmeticarum
libri II.

XVI s. (Copié par Jean d'Otrante.) Pap. 42 fol. (Fontebl.-Reg. 2166.) *M.*

2375. Nicomachi Geraseni institutionum arithmeticarum
libri I. cap. i.-xvii., cum Joannis Philoponi commentario.

XVI s. (Copié par Constantin Palæocappa.) Pap. 45 fol. (Colbert. 1216.) *M.*

2376. Asclepii Tralliani scholia in Nicomachi Geraseni arithmeticam (1); — Nicomachi Geraseni institutionum arithmeticarum libri II. (57); — Cleomedis de contemplatione orbium cælestium libri II. (103); — Tatiani oratio adversus Græcos (149); — S. Gregorii Thaumaturgi liber de anima (170); — Georgii Gemisti Plethonis liber de virtutibus (173); — ejusdem antirrheticus adversus ea quæ Scholarius pro Aristotele scripserat (179 v°); — Bessarionis cardinalis ad Georgium Gemistum Plethonem quæstiones iv. (213 v°); — Plethonis ad Bessarionem responsio duplex (215 v°); — ejusdem liber de differentia Aristotelicæ et Platonicæ philosophiæ (221); — ejusdem summa dogmatum Zoroastris et Platonis (237); — ejusdem Thessaliæ chorographia (241); — ejusdem e Polybio de Italiæ figura excerptum (250).

Copié (en partie) en 1539 par Valeriano Albini. Pap. 251 fol. (Fontebl.-Reg. 2167.) *M.*

2377. Joannis Philoponi commentarius in Nicomachi Geraseni arithmeticam (1); — Isaaci Argyri et [Demetrii] Cydonii fragmenta arithmetica (162).

XVI s. (Copié par Pierre Vergèce.) Pap. 162 fol. (Colbert. 1853.) *M.*

2378. Diophanti Alexandrini arithmeticorum libri VI. (1); — ejusdem liber de numeris multangulis (63).

XVI s. (Copié par Ange Vergèce.) Pap. 67 fol. (Colbert. 1267.) *M.*

2379. Diophanti Alexandrini arithmeticorum libri VI., cum Maximi Planudis scholiis in libros I.-II. (1); — ejusdem liber de numeris multangulis (133); — Anonymi opusculum de eodem : Ἀπὸ ρ ἕως υ ι'... (139); — Aristoxeni harmonicorum libri III. (155); — Hipparchi in Arati et Eudoxi phænomena commentariorum libri III. (193).

XVI s. (Copié par Jean d'Otrante.) Pap. 261 pages. (Medic.-Reg. 2157.) *M.*

2380. « Diophanti Alexandrini arithmeticorum libri VI. », cum latina interpretatione Josephi Auriæ (1); — ejusdem liber de numeris multangulis (195); — « Heronis Alexandrini de iis quæ per se et sponte faciunt libri II. », latine, « Josepho Auria interprete » (211).

XVII s. (Copié par Jean de Sainte-Maure.) Pap. 241 fol. (Teller. Rem.-Reg. 2157, 2.) *G.*

2381. Chronici fragmentum a. 1143.—1297. (1); — Maximi Planudis ars calculatoria secundum Indos (3); — Barlaami monachi arithmeticæ libri VI. (13); — ejusdem arithmetica demonstratio (30 v°); — ejusdem commentarius in tria capita harmonicorum Ptolemæi (32); — Gregorii, Thessalonicensis archiepiscopi, adversus Barlaamum capita theologica CL. (35 v°); — Anonymi interrogationes et responsiones de rebus theologicis : Καλῶς ἐποίησας, πάτερ... (41 v°); — Cleomedis de contemplatione orbium cælestium libri II., cum scholiis (47); — Empedoclis versus iambici de stellis inerrantibus (64); — Leontii mechanici tractatus de constructione Arateæ sphæræ (64 v°); — Demetrii Triclinii fragmentum de communibus syllabis (66); — Hephæstionis fragmentum de heroïco metro (66); — Eratosthenis, vel Hipparchi, procemium in Arati phænomena (66 v°); — Collectanea astronomica (69); — inter quæ Joannis Laurentii Lydi opuscula duo astronomica (70); — Demetrii Triclinii fragmenta astronomica (78); — Adamantii sophistæ opusculum de ventis (80 v°); — Joannis Pediasimi epitome de mensura et divisione terræ (81); — Aristotelis liber de mundo (86); — Alexandri Aphrodisiensis problemata physica (93); — Philonis liber de mundo (96 v°); — Aristotelis liber de virtute (99); — Antisthenis et Polycratis dialogus (102); — Collectanea de computo et rebus theologicis (103 v°).

XV s. Pap. 109 fol. (Fontebl.-Reg. 2432.) *M.*

2382. Maximi Planudis ars calculatoria secundum Indos.

XVI s. Pap. 29 fol. (Colbert. 1246.) *M.*

2383. Anonymi scholion de numero : Ὅτι ὁ ἀριθμὸς οὔτε διαιρεῖ... (1); — S. Basilii fragmentum e libro I. στηλιτευτικῶν (2); — Photii bibliothecæ fragmentum de Theophrasto (3); — Galeni liber de fasciis (7); — Anonymi fragmentum de rebus medicis, initio et fine mutilum (27); — Adriani Turnebi ad Petrum Danesium epistolæ tres, græce (35); — Heliodori versus de auri conficiendi ratione, desunt.

XVI s. Pap. 37 fol. (Colbert. 2570.) *M.*

2384. Barlaami monachi arithmeticæ libri VI. (1); — ejusdem arithmetica demonstratio (55).

XVI s. (Copié par Jacques Diassorinos.) Pap. 61 fol. (Colbert. 1242.) *M.*

2385. Gemini elementa astronomiæ (1); — Joannis Pediasimi commentarius in Cleomedis obscuriora dicta (19); —
Anonymi geometria : Ἡ γεωμετρία θεωρεῖται εἰς δύο... (40); —
Heronis definitiones nominum geometriæ (49); — ejusdem
geometria (63 v°); — Anatolii fragmentum de scientiis mathematicis (76).

XV-XVI s. Pap. 77 fol. (Trichet Dufresne.-Reg. 2171.) *M.*

2386. Aristarchi liber de magnitudinibus et distantiis solis
et lunæ (1); — Hipparchi in Arati et Eudoxi phænomena
expositionum libri II. (18).

XVI s. Pap. 68 fol. (Colbert. 1144.) *M.*

2387. Autolyci liber de sphæra quæ movetur (9); — Theodosii liber de habitationibus (21 v°); — præmittitur præfatio
Jos. Auriæ ad Seraph. Oliv. Razzalium, auditorem Rotæ (3).

Copié en 1628 par Joseph Auria. Pap. 35 fol. (Teller. Rem.-Reg. 2734,
2.) *M.*

2388. Autolyci liber de sphæra quæ movetur (1); — ejusdem de ortu et occasu stellarum libri II. (13); — Theodosii
liber de habitationibus (51); — ejusdem de noctibus et diebus
libri II. (65); — Euclidis phænomena (115).

XVII s. Copié par Joseph Auria. Pap. 145 fol. (Teller. Rem.-Reg. 2163,
4.) *M.*

2389. Cl. Ptolemæi magnæ constructionis libri XIII.

IX s. Parch, 376 fol. Onciale. (Medic.-Reg. 2159.) *G.*

2390. Cl. Ptolemæi magnæ constructionis libri XIII. (14 v°);
— præmittuntur prolegomena : Τὴν ἀστρονομίαν ἐν τοῖς πρὸς Σύρον... (1); — ejusdem expediti canones ad Syrum (147); —
Theonis commentarii in expeditos canones Ptolemæi excerpta
(150); — Ptolemæi planisphærium (156); — ejusdem liber de
apparentiis et significationibus inerrantium stellarum (160);
— ejusdem liber de judicandi facultate et animi principatu
(165); — Theonis Alexandrini commentariorum in Ptolemæi
libros I. et II. magnæ constructionis libri II. (191 v°); —
Theodosii sphæricorum libri III., initio mutili (236); — Autolyci liber de sphæra quæ movetur (261); — Euclidis opti-
corum prologus : Ἀποδεικνὺς τὰ κατὰ τὴν ὄψιν... (265).

XIII s. Bombyc. 275 fol. (Medic.-Reg. 2160.) *G.*

2391. Cl. Ptolemæi magnæ constructionis libri XIII. (1); — Tabula chronologica ab a. 1123 ad a. 1492. (314).

XV s. Bombyc. 314 fol. (Medic.-Reg. 2726, 2.) *M.*

2392. Cl. Ptolemæi magnæ constructionis libri XIII. (4); — Procli Diadochi hypotyposis astronomicarum positionum (280).

XV s. Pap. 316 fol. (Fontebl.-Reg. 2726.) *M.*

2393. Cl. Ptolemæi magnæ constructionis libri XIII.

Copié en 1518 par Michel Damascène. Pap. 232 fol. (Medic.-Reg. 2161.) *M.*

2394. Cl. Ptolemæi magnæ constructionis libri XIII. (1); — [Procli Diadochi] paraphrasis in Ptolemæi libros IV. de siderum affectionibus (623); — Theonis Alexandrini commentarius in Ptolemæi expeditos canones, cum scholiis (783); — Tabulæ longitudinis et latitudinis urbium mundi insigniorum, ex Ptolemæo (990); — Joannis Alexandrini [Philoponi] tractatus de usu astrolabii (1019).

Copié en 1733 par Jean ἐκ Κώμης. Pap. 1034 pages. *M.*

2395. Cl. Ptolemæi magnæ constructionis libri XIII.

XVI s. Pap. 261 fol. (Medic.-Reg. 2158.) *M.*

2396. Theonis Alexandrini commentarius in Ptolemæi magnæ constructionis libros I., II. et IV. (4); — præmittuntur Canon solis et lunæ (1), — et Prolegomena commentariorum in Ptolemæum : Τὴν ἀστρονομίαν ἐν τοῖς πρὸς Σύρον... (3); — Anonymi apparatus ad magnam constructionem et expeditos canones : Ῥητὸς ἀριθμός ἐστιν... (87).

XIV-XV s. Bombyc. et pap. 92 fol. (Medic.-Reg. 2163.) *M.*

2397. Anonymi introductio ad Ptolemæi lectionem : Ἐπεὶ δὲ καὶ τὰς ἐπίγραφας... (1); — Nicephori Gregoræ tractatus de constructione et usu astrolabii (7 v°); — Cl. Ptolemæi expediti canones ad Syrum (19); — Anonymi opusculum de usu et constructione astrolabii : Ἐπειδὴ δὲ καὶ πρὸς τάς... (94); — Joannis Philoponi tractatus de usu astrolabii (105 v°); — Anonymi methodus climatis cognoscendi in mari vel in deserto : Ἡνίκα μεσσπελαγοῦντες... (117).

XVI s. (Copié par Michel Damascène.) Pap. 117 fol. (Trichet_Dufresne.-Reg. 2737.) *M.*

2398. Theonis Alexandrini commentarius in Ptolemæi magnæ constructionis libros I.-II. et VI.-XIII. (1); — Nicolai Cabasilæ commentarius in ejusdem operis librum III. (78); Pappi Alexandrini commentarius in librum V. (139 v°).

XV s. Parch. 263 fol. (Hurault.-Reg. 2730.) *M.*

2399. Theonis Alexandrini commentarius in expeditos canones Ptolemæi (1); — Ptolemæi tabulæ longitudinis et latitudinis urbium mundi insigniorum (33); — Canon horarum secundum locorum differentiam per orbem (41); — Regiones et climata mundi, ex Ptolemæo (43 v°); — Canon chronicus regum Assyriorum, Persarum, Ægyptiorum et imperatorum Romanorum usque ad Nicephorum Botaniatam (45); — [Isaaci Argyri (?)] canones astronomici (47).

XIII-XIV s. Bombyc. 122 fol. (Medic.-Reg. 2731.) *M.*

2400. Theonis Alexandrini commentarius in expeditos canones Ptolemæi (1); — Isaaci Argyri tabulæ novæ astronomicæ, a. 1368. (41); — Tabulæ longitudinis et latitudinis urbium mundi insigniorum, ex Ptolemæo (161).

XVI s. (Copié par Nicolas Sophianos, Constantin Palæocappa et Ange Vergèce.) Pap. 165 fol. (Fontebl.-Reg. 2162.) *M.*

2401. Georgii Chrysococcæ expositio in constructionem astronomicam Persarum (1); — Tabulæ longitudinis et latitudinis urbium mundi insigniorum (40); — Tabulæ astronomicæ (43).

XV-XVI s. Pap. 102 fol. (Medic.-Reg. 2563.) *M.*

2402. Georgii Chrysococcæ expositio in constructionem astronomicam Persarum (1); — S. Maximi brevis enarratio christiani Paschatis (36).

XVI s. (Copié par Georges Gregoropoulos.) Pap. 69 fol. (Colbert. 1519.) *M.*

2403. Anonymi opusculum de cosmographia : Τοῦ κόσμου πολλαχῶς... (1); — Anonymi opusculum de versuum generibus : Πυῤῥίχιος ἐκ δύο βραχέων... (15, 115 v° et 175); — Joannis Tzetzæ versus de variis poematum generibus (17); — Arati phænomena, cum Theonis scholiis; præcedit Arati vita (18); — Procli Diadochi hypotyposis astronomicarum positionum (50); — Lycophronis Cassandra, cum Isaaci Tzetzæ scholiis

(58); — Nicandri theriaca, cum scholiis (99 v°); — ejusdem alexipharmaca, fine mutila (114); — Pindari olympia, pythia, nemea, isthmia, cum scholiis; præcedit Pindari vita (116); — de VII. synodis œcumenicis (172 v°); — Fragmenta de vino, aqua, etc. (174); — Joannis Pediasimi versus de muliere bona et mala (175 v°); — Homeri Odyssea, cum aliquot scholiis (177).

XIII s. Bombyc. 308 fol. (Hurault.-Reg. 2794.) *P.*

2404. Cleomedis de orbium cælestium contemplatione libri II.

XVI s. Pap. 64 fol. (Colbert. 2226.) *G.*

2405. Joannis Pediasimi enarrationes in Cleomedis obscuriora dicta (1); — « Scholia antiqua in Cleomedis libros, de Vaticana bibliotheca » (27).

XVII s. (Copié par Joseph Auria.) Pap. 46 fol. (Teller. Rem.-Reg. 2167, 2.) *M.*

2406. Joannis Pediasimi enarrationes in Cleomedis obscuriora dicta (1); — Theonis Alexandrini commentarius in expeditos canones Ptolemæi (25); — Anonymorum opuscula duo de computo : Εἰ βούλει γνῶναι... et Κράτει τὰ ἀπὸ κτίσεως... (57 et 63); — S. Joannis Damasceni paschalion (68); — Εὐαγγελιστήριον τῆς λεγομένης ψάμμου (81); — Cælum Pythagoricum (83 v°).

XVI s. (Copié, en partie, par Ange Vergèce.) Pap. 84 fol. (Colbert. 2277.) *M.*

2407. Joannis Pediasimi tractatus de mensura et partitione terræ (1); — accedit versio latina (37); — Heliodori philosophi poema iambicum de sacra philosophorum arte (63); — Theophrasti philosophi carmen de eodem (69); — Hierothei carmen de eodem (74 v°); — Archelai philosophi carmen de eodem (79).

XVI s. Pap. 94 fol. (Teller. Rem.-Reg. 2736, 2.) *M.*

2408. Paschatis inveniendi methodus (1); — Paschalion, 1383-1395. (4); — Antigenis scholium in hymnum lucernalem (4 v°); — [S. Cyrilli Alexandrini] lexion (5); — Nicetæ Serrensis explicatio hymnorum quorumdam ecclesiasticorum (199 v°); — Michaelis Pselli grammatica, versibus politicis (207 v°); — Anonymi explicatio vocum in S. Gregorii

Naz. carminibus occurrentium : Ὀπάζειν, παρέχειν... (210); — Explicatio vocum Hesiodi : Ἄφατοι, ἄδοξοι... (212 v°); — Michaelis Pselli fragmentum de vocibus aliquot difficilioribus (213); — Joannis Geometræ hymni in honorem beatæ Mariæ (213); — Versus in Christi honorem, per alphabet. : Ἄσπορον, ἀγνοτάτην... (215); — S. Basilii epistola prima (215); — Marcelli Sidetæ poema de medicina ex piscibus (216 v°); — Nicetæ Serrensis versus aliquot, etc. de re grammatica et metrica (217 v° et 223); — Varia de re grammatica, de heroïco metro, de iambico metro, etc. (218 v° et 222); — Æsopi [Babrii] fabulæ aliquot (221); — de beatæ Mariæ forma, ex Aphrodisiano (223); — de sancta Anna, ex Hippolyti Thebani chronico (223 v°); — Symbolum apostolorum et Oratio dominica, latine et romaïce (223 v°); — Josephi testimonium de Christo, ex Euthymii Zigabeni Panoplia dogmatica (224); — S. Artemii martyris, Juliani imp. et Oribasii medici dialogus de Apolline Delphico (224 v°); — Sæ. Catharinæ dialogus cum Maxentio imp., vel potius cum ejus rhetoribus (224 v°); — Nomina novem Musarum; de veterum dialectis; nomina decem rhetorum (224 v°); — Theophrasti excerptum de nominibus plantarum (225); — Anonymi fragmentum de affectionibus dictionum (225 v°); — Versus in S. Gregorium Nazianzenum (225 v°); — Excerpta e Gerontico et SS. Ephræmo, Joanne Chrysostomo, Basilio, Joanne Climaco et Anastasio Sinaita (225 v°); — De λαχάνου et χρυσαλοιφῆς conficiendorum ratione (226 v°); — Series imperatorum CP. christianorum et hæreticorum, usque ad Alexium V. (227); — Fragmenta metrica et medica (227 v°).

XIII s. Bombyc. 229 fol. (Medic.-Reg. 2754.) *M.*

2409. Joannis Philoponi tractatus de usu astrolabii (1); — Anonymi opusculum de eodem : Εἰ βούλει γινώσκειν... (15 v°); — Nicephori Gregoræ tractatus de confectione astrolabii (18 v°); — Joannis Camateri poema de zodiaco, etc. (25); — Domnini Larissæi isagoge arithmetica (53).

XVI s. (Copié, en partie, par Ange Vergèce.) Pap. 59 fol. (Mazarin.-Reg. 2735.) *M.*

2410. Nicephori Gregoræ tractatus de confectione astrolabii.

XVI s. (Copié par Jacques Diassorinos.) Pap. 16 fol. (Colbert. 2146.) *M.*

2411. Anonymi commentarius in Ptolemæi tetrabiblon : Τὰ προοίμια ποιεῖται ὁ Πτολεμαῖος... (1); — Porphyrii introductio ad Ptolemæi apotelesmaticam (85 v°); — Scholion ex Demophilo (89 v°); — Pauli Alexandrini περὶ οἰκοδεσποτείας (96); — Anonymi commentarius in Ptolemæum, idem qui supra, alia manu (98); — Porphyrii introductio, ut supra (191).

Copié (en partie) en 1497 par Michel Souliardos. Pap. 204 fol. (Hurault.-Reg. 2727.) *M.*

2412. Anonymi commentarius in Ptolemæi tetrabiblon : Τὰ προοίμια ποιεῖται... (1); — Porphyrii introductio ad Ptolemæi apotelesmaticam (71).

Copié en 1540 par Alexis de Corfou. Pap. 83 fol. (Fontebl.-Reg. 2165.) *M.*

2413. Anonymi commentarius in Ptolemæi tetrabiblon : Προοίμια ποιεῖται... (1); — Porphyrii introductio ad Ptolemæi apostelesmaticam (86).

Copié en 1499. Pap. 103 fol. (Fontebl.-Reg. 2729.) *M.*

2414. Anonymi commentarius in Ptolemæi tetrabiblon : Προοίμια ποιεῖται...

XVI s. (Copié par Jacques Diassorinos.) Pap. 128 fol. (Colbert. 2054.) *M.*

2415. Hephæstionis Thebani tractatus de astrologia judiciaria, libris III.

XVI s. (Copié par Nicolas Sophianos.) Pap. 55 fol. (Colbert. 1269.) *M.*

2416. Rhetorii liber de xii. zodiaci signis et astrologia judiciaria.

XVII s. Pap. 33 fol. (Mazarin.-Reg. 2736.) *M.*

2417. Anonymi tractatus astrologicus, initio mutilus (1); — Theophili philosophi prognostica astrologica, ad Deucalionem filium (4 v°); — Hephæstionis Thebani tractatus de astrologia judiciaria (39 v°).

XIII s. Bombyc. 176 fol. (Fontebl.-Reg. 2734.) *M.*

2418. Pauli Alexandrini introductio ad apotelesmaticam.

XVII s. Pap. 126 fol. (Mazarin.-Reg. 2707.) *M.*

·2419. Figura partes corporis exhibens cuique zodiaci signo subjectas (1); — Anonymi astrologiæ judiciariæ libri IV. : Ὁ Σὴθ εὑφεύρε τὸ μάθημα τῆς ἀστρονομίας... (1 v°); — in quibus habentur, libro I. : Valentis opusculum de ascensionibus planetarum (21 v°); — Petosiridis epistola ad Nechepsum regem (32 et 155 v°); — Pythagoræ prognostica supputatio (32); — Menologium (33); — Ptolemæi carpus (35); — Albumazaris excerpta (37); — libro II. : Hermetis Trismegisti methodus mystica (69 v°); — Serapionis excerpta (71); — Stephani Alexandrini apotelesmaticæ observationes (72); — Theophili excerpta (85 v°); — libro III. : Antigoni Nicæni thema de nativitate (106); — Joannis Camateri poema de nativitate, etc. (106 v°); — libro IV. : Zoroastri fragmenta (119); — Heliodori fragmenta (140 v°); — Bothri, Persarum regis, opusculum de vulture (153); — Hippocratis fragmentum de corporis partibus (153); — De ponderibus et mensuris (153); — Notarum chymicarum explicatio (154); — Hieroclis epistola ad Titum (159); — Georgii Midiatæ tabula astronomica (160); — accedit Aristotelis fragmentum περὶ τοῦ ἡγεμονικοῦ (147); — Ptolemæi magnæ constructionis excerpta varia (169 et 224); — Georgii Geometræ opusculum de geodæsia (195 v°); — Isaaci Argyri problemata geometrica, etc. (197 v°); — Cleomedis de orbium cælestium contemplatione libri II. (200); — Salomonis magica quædam (218); — Ramplii opusculum de Persica arte (226 v°); — Apollonii mathematici apotelesmata (247 v°); — Apotelesmata ex libro Kyranide (249 v°); — Kyranis liber, syntagma de naturalibus virtutibus, auctore Kyrano, Persarum rege (250 v°); — Hermetis Trismegisti opusculum de plantis xii. zodiaci signorum (265 v°); — Testamentum Salomonis, cum nominibus mysticis ab Ezechia conservatis (266 v°); — Collectanea chymica et magica varia (270 v°); — inter quæ Manassæ chronologiæ fragmentum (272); — Alphabeta mystica (274); — Paschalion ab a. 1462. ad a. 1492. (275); — Petri [Alberti] Theutonici liber de arte alchymiæ (279); — Oneirocrites Syrim (295); — Manuelis Palæologi oneirocrites (315 v°); — Lexicon vocum obscuriorum in hoc codice obviarum : Ἄρχα τὸ στοιχεῖον ἀπό... (319); — Formulæ magicæ (341 v°).

XV s. Copié par Georges Midiates. Pap. 342 fol. (Medic.-Reg. 1843.) G.

2420. Leonis philosophi, vel Theophili, tractatus astrologicus de regno et principibus (1) ; — Anonymi opusculum de horoscopo : Ὁ δὲ πρῶτος ὡροσκόπου... (69) ; — Anonymi opusculum de inerrantium stellarum potestate : Ἀναγκαῖον ᾠήθην... (88) ; — Anonymi tractatus astrologicus : Ὁ πρῶτος τρόπος... (141) ; — Anonymi opusculum de xii. zodiaci signis : Δεῖ γινώσκειν ὅτι τὰ ζώδια... (227) ; — Ptolemæi excerpta e carpo, etc. (230 v°) ; — Anonymi theoria lunæ et planetarum : Ὅταν ἔνι ἡ σελήνη... (242) ; — Anonymi apotelesmata : Ἡμέρᾳ σαββάτῳ, ὥρᾳ πρώτῃ... (225).

Copié en 1550 (par Christophe Auer.) Pap. 259 fol. (Colbert. 2079.) *M.*

2421. Astrampsychi astrologia Persica, ad Ptolemæum regem (1) ; — ejusdem siderum theoria (16 v°) ; — Cælum Pythagoricum (21) ; — in quo Indicum alphabetum (31 v° et 34) ; — Anonymi excerpta astronomica : Ἰστέον ὅτι ἀπὸ ξηρᾶς... (63).

XVI s. (Copié par Christophe Auer.) Pap. 65 fol. (Colbert. 1240.) *M.*

2422. Astrampsychi astrologia Persica, ad Ptolemæum regem (1) ; — ejusdem siderum theoria (38) ; — Cælum Pythagoricum (43) ; — Anonymi excerpta astronomica : Ἰστέον ὅτι ἀπὸ ξηρᾶς... (143) ; — Fragmentum de xii. zodiaci signis et vii. planetis (155).

XVI s. Pap. 156 pages. (Colbert. 2202.) *M.*

2423. Anonymi tractatus de astrologia judiciaria : Περὶ ἀνατολῆς σελήνης, δύσεως καὶ μέσης... (1) ; — Joannis Philoponi tractatus de constructione et usu astrolabii (25 et 134) ; — Plutarchi liber de placitis philosophorum (36) ; — Procli Diadochi institutiones theologicæ (54 v°) ; — Menandri opusculum de divisione causarum in genere demonstrativo, initio mutilum (60) ; — Procli hypotyposis astronomicarum positionum (74) ; — [Gregorii Corinthii] liber de dialectis (102) ; — Ptolemæi geographiæ libri I., 7 — 24 et II., 5 — III., 1. (118) ; — Theonis Alexandrini commentarius in expeditos canones Ptolemæi (135) ; — Anonymi tractatus de rebus astronomicis : Ἰστέον ὅτι ἐπὶ τῆς ἀνακαθάρσεως... (150).

XIII s. Bombyc. 158 fol. (Medic.-Reg. 2815.) *P.*

2424. Anonymi tractatus de astrologia judiciaria : Ὁ ιβ′

τόπος καὶ μετακόσμιος... (5 v°); — Leonis philosophi [Theophili] tractatus astrologicus de regno et principibus (50 v°) ; — Cælum Pythagoricum (163 v° et 166) ; — Fragmentum de XII. zodiaci signis et VII. planetis (189) ; — Anonymi excerpta astronomica : Ἰστέον ὅτι ἀπὸ ξηρᾶς... (190); — Joannis Camateri poema de zodiaco et aliis in cælo circulis (192) ; — Anonymi opusculum de XII. zodiaci signis : Δεῖ γινώσκειν ὅτι τὰ ζώδια... (204 v°) ; — Ptolemæi excerpta e carpo, etc. (207) ; — Anonymi theoria lunæ et planetarum : Ὅταν ἔνι ἡ σελήνη... (214); — Anonymi apotelesmata : Ἡμέρα σαββάτῳ, ὥρα πρώτη... (223) ; — Astrampsychi astronomia persica, ad Ptolemæum regem (226).

XIV s. Parch. 240 fol. (Fontebl.-Reg. 2732.) *P.*

2425. Anonymi opusculum de XII. zodiaci signorum in quasque humani corporis partes potestate : Ὁ ζωδιακὸς κύκλος... (3); — Ptolemæi de judiciis astrologicis libri IV. (8); — Ex Antiochi thesauris solutiones et narrationes de universa arte astronomica (76); — Anonymi tractus de rebus astrologicis : Ποιέται ὁ ἥλιος τὴν ἀπὸ ζωδίου... (141 v°); — Ex Juliano Laodicensi excerpta astrologica (207); — Anonymi methodus calculandi juxta varias astronomorum hypotheses : Γνῶθι τὸν ἥλιον ἐν ποίῳ ζωδίῳ... (257).

XV s. Pap. 285 fol. (Medic.-Reg. 2728.) *M.*

·**2426.** Cycli lunaris et solaris, selenodromium, etc. astronomica (1) ; — Petosiridis organum de vita et morte (6 v°) ; — Hipparchi opusculum de XII. zodiaci signis (9 v°); — Anonymi methodus futura divinandi : Ἐὰν τίς σε τούτου... (12 v°); — Brontologium (15) ; — Pythagoræ prognostica supputatio (16); — Protagoræ [Pythagoræ] excerpta ex iatromathematicis Mercurii et Petosiridis, etc. astrologica (16 v°); — Georgii Gemisti Plethonis excerpta ex Strabone (24); — Theodosii et Herodiani, vel Heliodori [Georgii Chœrobosci], excerpta grammatica et metrica (40); — S. Epiphanii Cypri physiologus (90); — [Cosmæ Indicopleustæ] excerpta de Taprobane (114 v°).

XVI s. (Copié par Nicolas de la Torre.) Pap. 118 fol. (Hurault.-Reg. 2733.) *P.*

2427. Apomasaris liber de insomniis secundum Ægyptios, Indos et Persas.

XVI s. Pap. 19 fol. (Baluze.-Reg. 2147, 2.) *M.*

2428: Heronis Alexandrini spiritalium libri II. (1); — ejusdem liber de automatorum fabrica (52); — Theonis Smyrnæi expositio eorum quæ in mathematicis ad Platonis lectionem utilia sunt (73); — Adamantionis [Nemesii] liber de natura hominis (116); — Manuelis Moschopuli [Nicolai Artavasdi Rhabdæ] libellus de inveniendis quadratis numeris (181); — Maximi Planudis et Nicolai Artavasdi Rhabdæ ars calculatoria secundum Indos (186); — Nicolai Artavasdi Rhabdæ arithmeticæ compendium (194); — Tabulæ arithmeticæ, quarum primæ Palamedes auctor (201); — Isaaci Argyri opusculum de componendis numeris (203); — Heronis Alexandrini geometria (203 vº); — Isaaci Argyri epistola ad Colybam de geodæsia (213); — ejusdem geometria plana (214 vº); — ejusdem stereometria (222 vº); — Nicolai Artavasdi Rhabdæ quæstiones arithmeticæ ad Tzabuchem Clazomenium (225); — Isaaci Argyri scholium in primam Ptolemæi tabularum geographicarum (246); — Anonymi versus politici de xii. ventis : Ἄνεμοι δώδεκα εἰσι... (248 vº); — Anonymi opusculum de eodem : Ὅτι ὁ μὲν ἀπαρκτίας... (249); — Fragmenta geographica : Ἡ πᾶσα τῆς γῆς οἴκησις... (249 vº).

XVI s. Pap. 250 fol. (Trichet. Dufresne.-Reg. 2169.) *M.*

2429. Heronis Alexandrini spiritalium libri II.

XVI s. Pap. 70 fol. (Mazarin.-Reg. 2723.) *M.*

2430. Heronis Alexandrini spiritalium libri II. (1); — ejusdem belopoiïca (61); — ejusdem liber de dioptra (79); — ejusdem fragmenta (121); — ejusdem liber de automatorum fabrica (143); — Manuelis Bryennii harmonicorum libri III. (171).

XVI s. Pap. 300 fol. (Reg. 2169, 3.) *M.*

2431. Heronis Alexandrini spiritalium libri II.

XVI s. Copié par Ange Vergèce. Pap. 78 fol. Peint. (Fontebl.-Reg. 2721.) *M.*

2432. Heronis Alexandrini spiritalium libri II. (1); — ejusdem liber de automatorum fabrica (51).

XVI s. Pap. 71 fol. (Reg. 2722.) *M.*

2433. Heronis Alexandrini spiritalium libri II.

XVI s. Pap. 44 fol. (Colbert. 1605.) *M.*

2434. Heronis Alexandrini spiritalium libri II. (1); —
ejusdem liber de automatorum fabrica (56).

XVI s. Pap. 93 fol. (Colbert. 1637.) *M.*

2435. Athenæi de machinis (1); — Bitonis de constructione bellicarum machinarum et catapultarum (7 v°); — Heronis liber de constructione chirobalistæ (14); — ejusdem
belopoiïca (16 v°); — Ex Apollodori poliorcetica (26 v°); —
Philonis belopoiïcorum libri IV. et V. (47); — Asclepiodoti
philosophi tactica (75); — Æliani, vel Æneæ, liber de obsidione toleranda (86); — Anonymi opusculum de eodem : Ὅτι
οὐ δεῖ ἀπαγορεύειν... (110).

XVI s. Pap. 121 fol. Peint. (Hurault.-Reg. 2175.) *M.*

2436. Athenæi de machinis pars (1); — Bitonis de constructione bellicarum machinarum et catapultarum (2 v°); — Heronis liber de constructione chrirobalistæ (10 v°); — ejusdem
belopoiïca (13); — Ex Apollodori poliorcetica (31).

XVI s. (Copié par Jean d'Otrante.) Pap. 41 fol. Peint. (Mazarin.-Reg.
2176.) *M.*

2437. Athenæi de machinis (1); — Bitonis de constructione
bellicarum machinarum et catapultarum (9 v°); — Heronis
liber de constructione chirobalistæ (17); — ejusdem belopoiïca
(19 v°); — Ex Apollodori poliorcetica (33 v°); — Philonis
belopoiïcorum libri IV. et V. (56 v°); — Julii Africani cesti
(98 v°); — Anonymi opusculum de obsidione toleranda : Ὅτι
οὐ δεῖ ἀπαγορεύειν... (139); — Anonymi parecbolæ ἐκ τῶν στρατηγικῶν παρατάξεων (163); — Leonis imp. tactica (201 v°); — [Ni-
cephori] liber de re militari : Οἱ τῶν στρατηγῶν ἄριστοι... (345);
— Nicephori liber de velitatione bellica (371 v°); — Leonis
imp. naumachica (411).

Copié en 1555. Pap. 421 fol. (Reg. 2176, 3. 3.) *M.*

2438. Athenæi de machinis (1); — Bitonis de constructione
bellicarum machinarum et catapultarum (8 v°); — Heronis
liber de constructione chirobalistæ (14 v°); — ejusdem belopoiïca (17 v°); — Ex Apollodori poliorcetica (28 v°); — Philonis belopoiïcorum libri IV. et V. (49 v°); — Heronis liber
geeponicus (88); — ejusdem geometria (101); — Euclidis
εὐθυμετρικά [Heronis liber geeponicus] (109); — Georgii Pachy-

meris de quatuor mathematicis scientiis lib. I. et II. fragmenta (118).

Copié en 1594 (en partie) par Jean de Sainte-Maure. Pap. 201 fol. (Teller. Rem.-Reg. 2176, 2.) *M.*

2439. Julii Africani cesti (1); — Heronis liber de constructione chirobalistæ (58).

XVI s. Pap. 61 fol. (Mazarin.-Reg. 2706.) *M.*

2440. Anthemii de admirabilibus machinis fragmentum (1); — Pappi Alexandrini mathematicarum collectionum libri II, 15 — VIII. (14).

XVI s. Pap. 197 fol. (Mazarin.-Reg. 2172.) *M.*

2441. Ex Apollodori poliorcetica (1); — Philonis belopoiïcorum libri IV. et V. (45); — Anonymi parecbolæ ἐκ τῶν στρατηγικῶν παρατάξεων (129); — Athenæi de machinis (205); — Bitonis de constructione bellicarum machinarum et catapultarum (222); — Julii Africani cesti (235); — Anonymi opusculum de obsidione toleranda : Ὅτι οὐ δεῖ ἀπαγορεύειν... (321).

XVI s. Pap. 368 pages. (Colbert. 1996.) *M.*

2442. Æliani tactica (1); — Onosandri strategicus (24); — Mauricii strategici libri I.-II. et III. initium (43); — Athenæi de machinis (56); — Bitonis de constructione bellicarum machinarum et catapultarum (62); — Heronis liber de constructione chirobalistæ (68); — ejusdem belopoiïca, fine mutila (71); — Ex Apollodoro poliorcetica (79); — E Philonis belopoiïcis libri IV. et V., fine mutili (92).

XI s. Parch. 125 fol. Peint. (Medic.-Reg. 2174.) *M.*

2443. Æliani tactica (1); — Onosandri strategicus (30); — Æneæ, vel Æliani, liber de obsidione toleranda (56).

Copié en 1549 par Ange Vergèce. Pap. 85 feuillets. (Fontebl.-Reg. 2739.) *M.*

2444. Æliani tacticorum fragmenta.

XVI s. (Copié par Ange Vergèce.) Pap. 12 fol. (Colbert. 2334.) *M.*

2445. Onosandri strategicus (1) ; — Æliani tactica (21); — Mauricii strategici libri XI. (34 v°); — Urbicii castrum mobile (113); — Athenæi de machinis (114); — Bitonis de constructione bellicarum machinarum et catapultarum (122 v°); —

Heronis liber de constructione chirobalistæ (127 v°); — Heronis Ctesibii belopoiïca (130); — Ex Apollodoro poliorcetica (142); — E Philonis belopoiïcis libri IV. et V. (164 v°); — Julii Africani cesti (200 v°); — Anonymi opusculum de obsidione toleranda : Ὅτι οὐ δεῖ ἀπαγορεύειν... (222 v°); — Leonis imp. tacticorum fragmenta (241); — [Nicephori] liber de re militari (303); — ejusdem capita varia de eodem (320).

XVI s. Pap. 335 fol. (Medic.-Reg. 2173.) *M.*

2446. Leonis Sapientis imp. tactica (6); — Leges militares, ex Rufi tacticis (59 v°); — Cantus militares : Ἰσχὺν ὁ δοὺς ἐν πολέμῳ... (64); — Rhetorica militaris : Ἃ μὲν οὖν εἰπεῖν... (68); — Julii Africani cesti, initio mutili (84 v°); — Epicteti enchiridion (100); — Anonymi commentarius in Epicteti enchiridion : Ἐπανόρθωσίς ἐστι πασῶν... (108 v°); — Leonis imp. problemata militaria (111); — Arriani tactica (142); — ejusdem ἔκταξις κατ' Ἀλανῶν (159 v°); — Onosandri strategicus (161 v°); — Æliani tactica (183); — Urbicii tacticum (203).

XVII s. Pap. 206 fol. (Delamare.-Reg. 2173, 2.) *M.*

2447. Asclepiodoti tactica (1); — Tabula collectionis chymicorum opusculorum (17); — Explicatio signorum chymicorum : Ἀρχὴ μὲν χρυσός... (20 v°); — Lexicon chymicum : Ἀφροδίτης σπέρμα ἐστιν ἄνθος... (24); — Fragmenta de lapide philosophico, ovo chymico, ὁ Οὐροβόρος δράκων, etc. (28 v°).

XVI s. Pap. 31 fol. (Colbert. 1813.) *M.*

2448. Anonymi opusculum de musica : Μουσικὴν οἱ παλαιοί... (1); — Anonymi tractatus de sphæra : Σφαῖρά ἐστι σχῆμα... (5); — Euclidis data, initio mutila (25); — Archimedis epistola ad Eratosthenem (57); — Euclidis catoptrica (59); — Diophanti ἐπιπεδομετρία... (70 v°); — Autolyci liber de sphæra mobili (79 v°); — Theodosii sphæricorum libri III. (88 v°).

XIV s. Bombyc. 141 fol. (Colbert. 4037.) *P.*

2449. Aristoxeni elementorum harmonicorum libri III.

XVI s. Pap. 75 fol. (Reg. 2740.) *M.*

2450. Ptolemæi harmonicorum libri III. (1); — Nicomachi Geraseni arithmetices elementorum libri II., cum scholiis (92); — Theonis Alexandrini in Ptolemæi mathematicam constructionem commentariorum libri IV. (132); — Theonis Smyrnæi expositio eorum quæ in mathematicis ad Platonis lectionem utilia sunt (179); — Anonymi problemata duo astronomica (207 v°).

XIV s. Parch. 207 fol. (Medic.-Reg. 2164.) *M.*

2451. Ptolemæi harmonicorum libri III. (1); — Porphyrii commentarius in Ptolemæi harmonica (53); — Plutarchi tractatus de musica (101 v°).

XV s. Pap. 116 fol. (Medic.-Reg. 2717.) *M.*

2452. Ptolemæi harmonicorum libri III. (1); — Michaelis Bryennii harmonicorum libri III. (66).

XVI s. Pap. 170 fol. (Colbert. 209.) *G.*

2453. Ptolemæi harmonicorum libri III.

XVI s. (Copié par Ange Vergèce.) Pap. 61 fol. (Colbert. 1856.) *M.*

2454. Porphyrii commentarius in Ptolemæi harmonica.

XVI s. (Copié par Ange Vergèce.) Pap. 116 fol. (Colbert. 1228.) *M.*

2455. Aristidis Quintiliani de musica libri III. (1); — Manuelis Bryennii harmonicorum libri III. (77).

Copié en 1562 par Camille de Venise. Pap. 190 fol. (Hurault.-Reg. 2178.) *G.*

2456. Aristidis Quintiliani de musica libri III. (1); — Manuelis Bryennii harmonicorum libri III. (63 v°); — Plutarchi tractatus de musica (181 v°); — Euclidis isagoge harmonica et sectio musici canonis (197 v°); — Aristoxeni harmonicorum elementorum libri III. (210); — Alypii isagoge musica (240); — Gaudentii isagoge harmonica (258 v°); — Nicomachi Geraseni harmonices enchiridion, libris II. (271 v°); — Ptolemæi harmonicorum libri III. (286 v°); — Porphyrii commentarius in Ptolemæi harmonica (354); — Bacchi senioris isagoge musica (477 v°).

XVI s. (Copié par Michel Damascène.) Pap. 483 fol. (Fontebl.-Reg. 2179.) *M.*

2457. Aristidis Quintiliani de musica libri III. (1); — Manuelis Bryennii harmonicorum libri III. (101); — Plutarchi tractatus de musica (295); — Euclidis isagoge harmonica et sectio musici canonis (321); — Aristoxeni harmonicorum elementorum libri III. (340); — Alypii isagoge musica (384); —

Gaudentii isagoge harmonica (414); — Nicomachi Geraseni harmonices enchiridion, libris II. (435); — Ptolemæi harmonicorum libri III. (460); — Porphyrii commentarius in Ptolemæi harmonica (567).

Copié en 1537 par Ange Vergèce. Pap. 775 pages. (Teller. Rem.-Reg. 2179, 3.) *M.*

2458. Aristidis Quintiliani de musica libri III. (1); — Anonymi opusculum de re musica : Ῥυθμὸς συνέστηκεν... (63); — Bacchi senioris isagoge musica (73).

Copié en 1544 par Pierre [Vergèce]. Pap. 82 fol. (Colbert. 1830.) *M.*

2459. Aristidis Quintiliani de musica libri III. (1); — Ptolemæi harmonicorum libri III. (59).

XVI s. (Copié par André Darmarios.) Pap. 125 fol. (J.-A. de Thou.-Colbert. 2595.) *M.*

2460. Alypii isagoge musica (1 v°); —Gaudentii isagoge harmonica (14 v°); — Anonymi opusculum de re musica : Ῥυθμὸς συνέστηκεν... (24); — Bacchi senioris isagoge musica (32); — Anonymi isagoge musica : Τῇ μουσικῇ τέχνη... (36); — Euclidis isagoge harmonica et sectio musici canonis (40); — Theonis Platonici summa et conspectus totius musicæ (50); — Pappi excerpta de re musica (52 v°); — Aristoxeni harmonicorum elementorum libri III. (58); — Nicomachi Geraseni harmonices enchiridion, libris II. (82); — Aristidis Quintiliani de musica libri III. (97); — Manuelis Bryennii harmonicorum libri I. et II. (145); — Notæ latinæ in Manuelem Bryennium (206).

XVI s. Pap. 218 fol. (Teller. Rem.-Reg. 2179, 2.) *M.*

2461. Manuelis Bryennii harmonicorum libri III. (1); — Ptolemæi harmonicorum libri III. (95); — Georgii Chysococcæ medici commentarius in Persarum syntaxim (151 v°); — accedunt tabulæ astronomicæ (188).

XIV-XV s. Bombyc. et pap. 287 fol. (Reg. 2742.) *M.*

2462. Manuelis Bryennii harmonicorum libri III.

Copié en 1557 par Nicolas de Nancel. Pap. 180 fol. (Hurault.-Reg. 2741.) *M.*

2463. Manuelis Bryennii harmonicorum libri III. (1); — Constantini Porphyrogeniti excerpta de legationibus, initium tantum (110); — Eusebii Pamphili commentarius in Isaiam prophetam (visio I), fine mutilus (123).

XVI s. (Copié par André Darmarios.) Pap. 135 fol. (J.-A. de Thou.-Colbert. 2596.) *M.*

2464. Manuelis Bryennii harmonicorum libri III.

XVI s. Pap. 137 fol. (J.-A. de Thou.-Colbert. 2594.) *M.*

2465. Michaelis Pselli tractatus de quatuor mathematicis scientiis, initio et fine mutilus (1); — Anonymi declamatio, quid anima pro se adversus corpus coram judicibus dictura sit : Τοῦ μὲν λογικοῦ μέρους... (16); — ejusdem apologia corporis adversus animam : Ὅσην μὲν ὕβριν... (25); — Synesii encomium calvitiei (35 v°), — epistolæ (52), — oratio de regno (120), — Dion (141 v°), — de insomniis (160 v°), — homilia (178 v°); — Pindari Olympia et Pythiorum ode I., cum scholiis (180).

XIV s. Pap. 227 fol. (Fontebl.-Reg. 3205.) *P.*

2466. Euclidis elementorum libri XIII.

XII s. Parch. 241 fol. Palimps. (Hurault.-Reg. 3186.) *P.*

2467. Euclidis data (8); — præmittitur Marini philosophi præfatio (1); — accedunt notæ latinæ (65).

XVI s. (Copié par Constantin Palæocappa.) Pap. 67 fol. (Colbert. 3851.) *P.*

2468. Euclidis optica (1), — catoptrica (25), — phænomena (37).

Copié en 1565 par Ange Vergèce. Pap. 65 fol. (Colbert. 4466.) *P.*

2469. Procli Diadochi in primum Euclidis librum commentariorum libri IV.

XVI s. Pap. 214 fol. (Medic.-Reg. 3187.) *P.*

2470. Anonymi ecloge Euclidis elementorum lib. III.-X., initio mutila.

XVI s. Pap. 22 fol. (Mazarin.-Reg. 3189.) *P.*

2471. Apollonii Pergæi conicorum libri IV. priores.

XVI s. Pap... fol. (Mazarin.-Reg. 3190.) *P.* [*En déficit.*]

2472. Theodosii sphæricorum libri III., cum scholiis (1); — Autolyci liber de sphæra quæ movetur (43 v°); — Euclidis optica, cum scholiis (49); — ejusdem phænomena, cum scholiis, fine mutila (64); — Theodosii de noctibus et diebus libri II., cum scholiis, initio mutili (97); — Aristarchi liber de magnitudinibus et distantiis solis et lunæ (128 v°); — Autolyci de ortu et occasu siderum inerrantium libri II. (142); — Hypsiclis anaphoricus (159); — Euclidis data, cum scholiis, fine mutila (162); — Procli fragmentum (196 v°).

XIV s. Pap. 197 fol. (J.-A. de Thou.-Colbert. 3895.) *P.*

2473. Theodosii liber de habitationibus.

XVI s. (Copié par Jean d'Otrante.) Pap. 19 pages. (Mazarin.-Reg. 3197.) *P.*

2474. Heronis liber geeponicus (1); — Patericon, ex dictis SS. PP. (2); — Interrogationes et responsiones SS. PP., fine mutilæ (256).

XVI-XIII s. Pap. et bombyc. 8 et 264 fol. (Medic.-Reg. 3534 et 3535.) *P.*

2475. Heronis definitiones nominum geometriæ (1); — Anonymi variæ collectiones ex Herone, Euclide, Gemino, Proclo et Anatolio (29); — Heronis stereometrica (55); — Didymi Alexandrini mensuræ marmorum ac lignorum (72); — Heronis isagogæ, etc., fragm. 4, 5, 95 et 81 Metrologic. Hultschii (76); — Heronis stereometricorum collectio altera (80 v°).

XVI s. Pap. 94 fol. (Mazarin.-Reg. 3196.) *P.*

2476. Heliodori Larissæi optica (1); — accedit versio latina (7); — Fragmenta grammatica, lat. (17).

XVI s. Pap. 18 fol. (Baluze.-Reg. 3403.) *P.*

2477. Anonymi introductio ad opticam : Ὑποκείσθω τὰς ἀπὸ τοῦ ὄμματος...

XVI s. (Copié par Ange Vergèce.) Pap. 10 fol. (Colbert. 4388.) *P.*

2478. Anonymi tractatus de geometria, initio mutilus.

XVI s. Pap. 22 fol. (Mazarin.-Reg. 3199.) *P.*

2479. Nicomachi Geraseni arithmeticæ introductionis libri II., cum Soterici scholiis.

XIII s. Parch. 201 fol. (Fontebl.-Reg. 2743.) *P.*

2480. Nicomachi Geraseni arithmeticæ introductionis libri II., cum scholiis Joannis Alexandrini.

XVIII s. Pap. viii fol. et 320 pages. *P.*

2481. Nicomachi Geraseni arithmeticæ introductionis libri II. (1); — Euclidis elementorum libri X. (54).

XV s. Pap. 147 fol. (Hurault.-Reg. 3202.) *P.*

2482. Jamblichi Chalcidensis introductio ad Nicomachi Geraseni arithmeticam.

XVI s. Pap. 70 fol. (Mazarin.-Reg. 3204.) *P.*

2483. Nicomachi Geraseni arithmeticæ introductionis libri II., cum scholiis Joannis Alexandrini.

XIV s. Pap. 318 pages. (Colbert. 4926.) *P.*

2484. Soterici scholia ad Nicomachi Geraseni arithmeticam introductionem.

XVI s. (Copié par Ange Vergèce.) Pap. 13 fol. (Colbert. 4449.) *P.*

2485. Diophanti Alexandrini arithmeticorum libri VI., cum scholiis Maximi Planudis in libros II. priores.

XVI s. Pap. 214 fol. (Colbert. 3827.) *P.*

2486. Barlaami monachi arithmeticæ libri VI. (1); — ejusdem opusculum de lunari eclipsi deprehendenda, ex Ptolemæi magna constructione (103).

XVI s. (Copié par Jean d'Otrante.) Pap. 126 pages. (Medic.-Reg.3203.)*P.*

2487. Barlaami monachi arithmeticæ libri VI. (1); — ejusdem opusculum de lunari eclipsi deprehendenda, ex Ptolemæi magna constructione (103).

XVI s. (Copié par Jean d'Otrante.) Pap. 125 pages. (Teller. Rem.-Reg. 3203, 2.) *P.*

2488. Aristarchi Samii liber de magnitudinibus et distantiis solis et lunæ, cum scholiis.

XVI s. (Copié par Jean d'Otrante.) Pap. 26 pages. (Mazarin.-Reg. 3198.) *P.*

2489. Ptolemæi expositio parallelorum, magnæ constructionis lib. II, cap. VI. (1); — « Ex ethica Plutarchi, » lat. (11); — « Epitaphium Sappho poete » (11 v°); — « Aliud ejusdem, » lat. (11 v°); — « Epitaphium Homeri poete » (11 v°); — Joannis Aurispæ versus, lat. (11 v°); — Procopii rhetoris fragmentum de ædificiis Justiniani (13); — Inscriptio Coloniæ Helviæ Ricinæ, apud Maceretum, lat. (22); — Anonymi epistola ad Irenem Palæologinam (22 v°); — Anonymi

scholia in Platonis Euthyphronem, Socratis apologiam, Cri-
tonem, Phædonem, Cratylum et Theætetum : Δίκη ἡ ὑπὲρ
ἰδιωτικῶν... (24); — Procli sphæra (73); — Libanii characteres
epistolici, initium tantum (42); — « Descriptio terræmotus
qui in Cephalenia insula extitit anno 1637, 30 sept., st. vet.,
auctore Hierotheo Abbatio, archimandrita Cephaloniensi,
ejusdem manu exarata » (47); — Lysiæ oratio funebris (57);
— Nili, Thessalonicensis archiepiscopi, opusculum de syllo-
gismo (80); — Demosthenis epistolæ, scripsit Angelus Vergetius (89); — Luciani cataplus sive tyrannus (101); —
ejusdem Jupiter confutatus, fine mutilus (114 v°).

XVI s. Pap. 120 fol. (Mazarin.-Reg. 3369.) P.

2490. Excerpta e Ptolemæi magna constructione (1); —
Joannis Philoponi liber de usu astrolabii (22); — Anonymi
opusculum de eodem : Εἰ βούλει γινώσκειν... (36 v°); — Nice-
phori Gregoræ tractatus de eodem (39); — Anonymi com-
mentarius in Ptolemæi tetrabiblon : Τὰ προοίμια ποιεῖται... (56);
— Porphyrii isagoge in Ptolemæi tetrabiblon (196 v°); —
Demophili opusculum de rebus astrologicis (205); — Pauli
Alexandrini opusculum de geniituræ dominio (229 v°).

XV s. (Copié par Michel Souliardos.) Pap. 232 fol. (Fontebl.-Reg.
3207.) P.

2491. Varia astronomica et chronologica, inter quæ nomina
mensium Ægyptiorum, canones ex Ptolemæo, versus in Ptolemæum, de bissexto, tabulæ de tonitru, imbre, terræ motu,
methodus computi de sole, luna, eclipsibus, epochæ celebriores, etc. (1) — Theonis Alexandrini commentarius in Ptolemæi expeditos canones (18); — accedunt tabulæ geographicæ
et varia astronomica et de computo (128 et 151); — Joannis
Alexandrini liber de usu astrolabii (138); — Anonymi opusculum de eodem, fine mutilum : Εἰ βούλει γινώσκειν... (148 v°).

XIV s. Bombyc. 160 fol. (Fontebl.-Reg. 3208.) P.

2492. Varia astronomica (A v°); — Ptolemæi expediti canones (1); — inseruntur figuræ aliquot zodiaci signorum
(87); — Theonis Alexandrini commentarius in eosdem canones (93); — Heraclii imp. commentarius in eosdem canones
(116); — Anonymi commentarius in eosdem canones : Ὀφεί-

λομεν ἐν τῷ ζητουμένῳ... (167); — Joannis Alexandrini liber de usu astrolabii (174).

XIV s. Bombyc. 181 fol. (Fontebl.-Reg. 3212.) P.

2493. Theonis Alexandrini commentarius in Ptolemæi expeditos canones (1); — Ptolemæi expediti canones (39); — Joannis Alexandrini liber de usu astrolabii (130); — Anonymi opusculum de eodem : Εἰ βούλει γινώσκειν... (148); — Nicephori Gregoræ tractatus de eodem (152); — Varia de zodiaco, tabulæ de tonitru, imbre, terræ motu, etc. (163).

XVI s. (Copié par Ange Vergèce.) Pap. 169 fol. (Colbert. 4387.) P.

·2494. Cleomedis de contemplatione orbium cælestium libri II. (1); — Methodus futura divinandi ex Evangelio, prophetæ Chael, vel Chaleth, ab angelo revelata (58 v°); — Anonymi opusculum de cæli et terræ creatione, de XII. præcipuis terræ montibus, de IV. maribus, de diebus faustis et infaustis Esdræ revelatis, de siderum ortu et occasu; accedunt epochæ celebriores usque ad annum 1446. (60); — Aristotelis liber de mundo (67); — Euthymii monachi, vel Michaelis Pselli, astronomiæ synopsis (84); — Anonymi methodus ejiciendi dæmones : Ὀφείλεις προσκαλέσασθαι πρεσβύτερον... (96); — Methodus Paschatis inveniendi, a. 1437, (96 et 119); — Æsopi fabulæ (98); — Anonymi progymnasmata : Πόσα προγυμνάσματα ῥητορικῆς;... (116); — Præcepta septem sapientum (118 v°); — Fragmenta de ventis, planetis, etc. : Περὶ τῶν προσηγοριῶν... (121); — Nicephori Gregoræ paschalion (122 v°); — Collectanea astronomica et astrologica (123 v°); — inter quæ : Nicephori Blemmidæ excerpta de mundo, etc. (128); — Hermetis Trismegisti de terræ motu (146 v°); — Michaelis Pselli opusculum de tempore, sole et luna, eclipsibus et Paschatis inveniendi ratione (182); — Nicephori, CP. patriarchæ, oneirocriticon (198); — Res gestæ Constantini magni; successio regnorum; de inventoribus rerum (199 v°); — Calendarium astrologicum, secundum Persas, oct.-sept. (204); — S. Andreæ τοῦ διὰ Χριστὸν σαλοῦ excerpta de fine mundi (229 et 236 v°); — Lexicon botanicum (231); — Incantationes variæ (233); — De VII. miraculis mundi (242); — Sortes et methodus futura divinandi (243); — Anonymi tractatus de hominis fabrica,

initio mutilus (255); — S. Basilii fragmentum, ex Anastasii
Sinaïtæ quæstionibus (258); — Galeni prognosticon de homine (258).

XV s? Pap. 260 fol. (Fontebl.-Reg. 3211.) P.

2495. Joannis Pediasimi scholia in Cleomedis de contemplatione orbium cælestium libros II. (1); — Georgii Chœrobosci opusculum de tropis poeticis (29).

XVI s. (Copié par Ange Vergèce.) Pap. 36 fol. (Baluze.-Reg. 3408.) P.

2496. Joannis Pediasimi liber de mensura terræ (1); —
Anonymi opusculum de SS. Bibliis. Περὶ τῆς θείας δεκαλόγου.
Εἶπε Κύριος πρὸς Μωυσῆν... (48); — S. Epiphanii fragmentum
de LXXII. et XII. prophetis (52); — S. Athanasii opusculum
contra Græcos (60).

XVI s. (Copié par André Darmarios.) Pap. 73 fol. (J.-A. de Thou.-Col-
bert. 3931.) P.

2497. Joannis Philoponi tractatus de usu astrolabii (1); —
Procli hypotyposis astronomicarum positionum (11 v°); —
Theonis Alexandrini commentarius in Ptolemæi expeditos
canones (41); — Anonymi collectanea astronomica : Ἀναγκαῖον
εἰδέναι ὅτι... (66); — Ptolemæi canones expediti (72).

XIII-XIV s. Bombyc. 166 fol. (Medic.-Reg. 3213.) P.

2498. Joannis Philoponi tractatus de usu astrolabii.

XVI s. Pap. 27 fol. (Mazarin.-Reg. 3216.) P.

2499. Nicolai Sophiani tractatus de constructione et usu
astrolabii.

XVI s. (Copié par Christophe Auer et Jean d'Otrante.) Pap. 20 fol.
(Trichet Dufresne.-Reg. 3217.) P.

2500. Nicephori Blemmidæ methodus Paschatis inveniendi
(1); — præmittuntur methodus Paschatis inveniendi per digi-
tos (A v°); — et tabula computi (H); — S. Joannis Chrysostomi methodus Paschatis inveniendi (2); — Theodori Prodromi
opusculum de spiritibus (3); — Psalmi Davidis, cum Theodori
Prodromi scholiis (4 v°); — Preces et hymni varii (180 v°); —
S. Maximi tractatus asceticus per interrog. et respons. (187 v°);
— Ammonæ monachi, S. Joannis Chrysostomi, etc. capita
ascetica (200 v°); — S. Joannis Nesteutæ, CP. patriarchæ,

fragmentum de sacra liturgia (206 v°); — SS. Joannis Chrysostomi, Nicephori, CP. patriarchæ, et Basilii excerpta de monachis (208 v°); — S. Ephræmi sermo (211); — Miraculum
beatæ [Mariæ de Judæo baptizato (213 v°); — Capita moralia
varia et excerpta ex SS. Maximo, Athanasio, Joanne Climaco,
Maximo, Joanne Chrysostomo (215); — Joannis Plusiadeni
epistola de caritate (218 v°); — S. Nili epistola (220 v°); —
Marci Alexandrini ad Theodorum Balsamonem quæstio de
nuptiis (222 v°); — S. Joannis Chrysostomi fragmentum (223);
— Gregorii, Methonensis episcopi, epistola de sacro baptismate (225); — S. Athanasii quæstiones et responsiones (226
et 252); — SS. Epiphanii, Joannis Chrysostomi, Theodori, episcopi et archimandritæ S. Georgii Σικεῶν, Basilii, Joannis
Climaci, Epiphanii excerpta varia (257 et 301 v°); — Nicolai,
ᴸ Hierosolymit. patriarchæ, typicon de jejuniis Græcorum, versibus politicis (259 v°); — Excerpta e typico Montis-Atho de
opere et jejunio monachorum (262 v°); — Paschalion, ab a.
1566. (263 v°); — Cantica hymni et officia ecclesiastica (266);
— inter quæ preces SS. Basilii, Joannis Chrysostomi, Ephræmi, Joannis Damasceni, Metaphrastæ (283); — Sophronii,
CP. patriarchæ, oratio de S. Maria Ægyptiaca (290); — Theophylacti, Bulgariæ archiepiscopi, explicatio parabolarum in
Matthæi et Lucæ evangeliis occurrentium (297); — ejusdem
explicatio Psalmi : Quare fremuerunt gentes (299 v°); — Collectio capitum variorum ex operibus S. Joannis Chrysostomi,
cap. LXXX. (319 v°); — SS. Ephræmi, Dorothei abbatis, Joannis
Damasceni excerpta ascetica (328 v°); — S. Basilii expositio
sacræ liturgiæ (345 v°); — Capita ascetica varia : Τίνος ἕνεκεν
ὁ Κάϊν... (356 v°); — Antiochi monachi capita ascetica XXXIII.
(365); — Capita varia LXXVIII. e S. Joannis Chrysostomi operibus excerpta (385); — Barsanuphii asceticæ responsiones
(390 v°); — Theodoreti excerpta (392); — S. Athanasii capita
moralia XCVI. (395 v°); — SS. CCCXVIII. PP. didascalia (399); —
Joannis Cassiani excerpta (400 v°); — Anastasii Sinaïtæ sermo
de pœnitentia (407 v°); — Excerpta varia ascetica (413).

    XV s. Copié par Georges Agapet. Pap. 418 fol. (Trichet Dufresne.-Reg.
3210.) *P.*

    2501. [Georgii Chrysococcæ?] institutio ad expeditos astronomiæ Persicæ canones (1); — Isaaci Argyri opusculum de cyclis et Paschatis inveniendi ratione (32); — Ptolemæi expediti canones (42 v°); — Hephæstionis Thebani et aliorum apotelesmatica (106); — Collectanea astrologica : Ἐπειδήπερ ἡ ἀρχὴ τοῦ χρόνου... (144); — inter quæ : Theophili περὶ καταρχῶν (149), — de mense secundum Nechepsum (154 v°); — Juliani de VII. planetis (156); — Constantini Harmenopuli lexicon verborum intransitivorum et transitivorum (200).

XV s. Pap. 235 fol. (Colbert. 4510.) *P.*

2502. Hermetis Trismegisti opus medicum de plantis, ad Asclepium (1); — ejusdem liber ad eumdem de decanis (19); — ejusdem liber ad eumdem de animalium proprietatibus et remediis quæ ex illis peti possunt, cum figuris (30 v°).

XVI s. Pap. 115 fol. (Mazarin.-Reg. 3159.) *P.*

2503. Oracula magica discipulorum Zoroastris, cum commentario (1); — Themistii pars paraphraseos librorum Aristotelis de anima (9); — Joannis Canabutzæ commentarius de Samothrace insula ex Dionysio Halicarn., fine mutilus (17); cf. cod. 17.

XVI s. Pap. 22 fol. (Colbert. 3084.) *M.*

2504. Porphyrii isagoge in Ptolemæi apotelesmata (1); — Apomasaris commentarius in Ptolemæi tetrabiblon (35).

XVI s. Pap. 230 fol. (Colbert. 3838.) *P.*

2505. Alexandri Alexandrini liber de naturis (1); — Antisthenis et Polycratis interrogationes et responsiones (5 v°); — Apophthegmata philosophorum (7); — Formulæ chymicæ (8); — Canones astronomici (9); — inscritur ordo legendi evangelia per annum (14 v°).

XVI-XV s. Pap. et bombyc. 21 fol. (Colbert. 4433.) *P.*

2506. Anonymi collectanea de rebus astrologicis et astronomicis, cap. DLXXIII. (1); — inter quæ : Pauli Alexandrini introductio astrologica (177); — Polemonis characteristica et physiognomonica (184); — Joannis Camateri poema de rebus astrologicis (192); — Hephæstionis opusculum de cæli descriptione (204); — Canones astronomici (207).

XIII s. Bombyc. 216 fol. (Hurault.-Reg. 3209.) *P.*

2507. Heliodori commentarius in Pauli Alexandrini apotelesmata (1); — Hephæstionis apotelesmata (41); — Anonymi
collectanea astrologica : Ὅτι τῶν ζωδίων ἕκαστον... (77); — Aristotelis mechanica (135); — Anonymi commentarius in Ptolemæi tetrabiblon, fine mutilus : Τὰ προοιμία τῆς... (144).

XV s. Pap. 206 fol. (Teller. Rem.-Reg. 3214, 2.) P.

2508. Mores hominum sub quoque zodiaci signo natorum
(1); — Tabulæ astronomicæ et Paschalion (1 v°); — Manuelis
Moschopuli sylloge vocum atticarum (5); — Thomæ Magistri
sylloge vocum atticarum, littera Λ. mutila (89 v°); — Demosthenis vita (92); — Demosthenis orationes, cum scholiis :
Olynthiaca I. (100), — de pace (107), — Olynthiacæ II. et III.
(111 v°), — Philippicæ I. et II. (126), — de Haloneso (145),
— Philippicæ III. et IV. (154), — adversus Philippi epistolam
(181 v°), — de republica ordinanda (190), — de classibus (197),
— de ope Rhodiis ferenda (203), — de ope Megalopolitanis
ferenda (208), — de corona (212 v°); — Anonymi epistola :
Τῷ μηδὲν ἡμᾶς σοι γράφειν... (260); — Georgii Lecapeni opusculum de vocum quarumdam atticarum significatione (260 v°);
— Maximi Planudis ars grammatica de syntaxi (263).

XV s. Pap. 268 fol. (Medic.-Reg. 3223.) P.

2509. Anonymi opusculum astrologicum : Τὰ ὥρια τῶν πλα-
νοίτων (1); — Paschalion, ab a. 1430. (6); — Ptolemæi tetra-
biblos (14); — ejusdem carpus (82); — Anonymi collectanea
astrologica : Σκευέσι δὲ ἡ ἱματίοις... (86); — Præcepta astrologica
per singulos menses pro bellum agentibus et agricolis : Ἰστεον
ἕκαστος... (89); — Maximi Planudis ars magna calculatoria
secundum Indos (97); — Heronis geodæsia (109); — Anonymi collectanea astrologica, genethliaca, etc., cap. LXXXIV.
e CXXXV. : Σταθεὶς ἐνομαλωτόπω... (120); — Nicephori Blemmidæ tractatus de auri conficiendi ratione (137); — Epistolæ
commendaticiæ formula (139 v°); — Isaaci Argyri methodus
de lunaribus et solaribus cyclis (141); — S. Joannis Damasceni methodus Paschatis inveniendi ; accedunt variæ methodi
(147); — Nicephori Gregoræ paschalion (151 v°); — Anonymi
methodus computi : Ἐπειδήπερ, μοναχῶν τιμιώτατε... (152); —
Notariorum formulæ variæ (158); — Fragmentum de mensi-

bus (171); — Ecclesiastes (175); — Canticum canticorum
(181 v°); — S. Epiphanii opusculum de XII. lapidibus (185);
— Preces variæ (187); — [S. Epiphanii Cypri] physiologus
(188); — S. Jacobi liturgia (194); — S. Basilii liturgia (210 v°);
— Ordinatio lectoris, subdiaconi, diaconi, presbyteri et episcopi,
et præparatio ad liturgiam (221); — S. Joannis Chrysostomi
liturgia (231); — S. Gregorii Nazianzeni liturgia (237); — Formula fidei orthodoxæ (242 v°); — Figuræ astronomicæ (248); —
Cleomedis de contemplatione orbium cælestium libri II. (256).

XV s. Pap. 299 fol. (Fontebl.-Reg. 3206.) *P.*

. **2510.** Collectio medica, cap. DCXCIII., fine mutila, præmittitur index, cujus initium deest (1); — Calendarium astrolo-
gico-medicum (11); — Antidota et remedia varia (14); — Dies
infausti singulorum mensium (18 v°); — Remedia et formulæ
magicæ (19); — Collectio antidotorum et confectionum variorum (27); — Lexica medica tria : Ἄκανθα αἰγυπτία... (42); —
Lexicon libri Jobi et epistolarum S. Pauli (58); — Galeni antiballomena, alphabet. (61); — De mensuris et ponderibus
fragmentum [(66); — Lexicon iatricum : Ἀλκυώνιον, φώκης
κόπρος... (66 v°); — Anonymi opusculum de plantarum virtutibus : Τὸ χαμέμηλον ὑπάρχη θερμόν... (70 v°); — Lexicon botanicum, cum interpretatione latino-italica, litteris græcis, initio
mutilum (79); — Remedia varia plagarum, etc. (79 v° et 83);
— Dioscoridis, Hippocratis et Galeni excerpta de animalibus
marinis et terrestribus ad morbos curandos idoneis (80); —
Michaelis Pselli tractatus de alimentis (84 v°); — Emplastra
varia (87 et 98); — Sortes variæ XCIII. (88); — Horologium
XII. mensium et dierum hebdomadæ (105 v°); — Præcepta
medica et remedia varia, ex Galeno, Paulo Ægineta, Theophilo, etc. (108); — Collectanea de alimentis : Ὅσα ψύχει. Κρι-
θαῖ κατὰ πάντας... (119); — Remedia varia, inter quæ S. Lucæ,
Manethonis, Oribasii, etc. (125); — [De duodecim lapidibus
in medica arte usitatis (132); — De phlebotomia per annum
(133); — Hippocratis et Galeni antidotum (133 v°); — Remedia
et antidota varia (137).

Copié en 1384 [par Jean Staphidas. Bombyc. 142 fol. (Fontebl.-Reg.
3495.) *P.*

2511. Formulæ actorum regiorum (1); — Achmetis oneiro-

criticon (7); — Nicephori, CP. patriarchæ, oneirocriticon (19);
— Anonymi oneirocriticon ex lunæ diebus (26); — Oneirocriticon aliud, alphabet. : Ἐὰν ἴδῃ τις ἑαυτόν... (27); — Libanii
declamatio qua divitem pauper adulterii accusat (37); — Anonymi opusculum de ecclesiæ sacerdotibus et sacra liturgia :
Ἐκκλησίας οἰκοδομεῖσθαι.... (45); — SS. Eusebii, Maximi, etc.
excerpta (46); — Interpretatio hebraïci alphabeti (55); — De
vocibus animalium (55); — De vermium differentiis (55 v°);
— Numerus dierum singulorum mensium (55 v°); — Valerii
versus choriambici ex Æsopi fabulis (56); — De VII. miraculis
mundi (56 v°); — S. Basilii, Maximi Planudis, Themistii fragmenta (56 v°); — Apophthegmata sapientum (57 v°); — Mot
carré : Sator, etc. (60 v°); — Signa Antichristi (61 v°); — Nomina octo ventorum (61 v°); — Summa litterarum alphabeti,
3999. (62); — Nomina duodecim lapidum (62 v°); — Versus
in choro Sᵗᵉ. Sophiæ (62 v°); — Decem plagæ Ægypti (63); —
Decem præcepta Decalogi (63); — XII. filii Jacob et XII. Christi
apostoli (63); — Versus de suppliciis XII. apostolorum (63);
— Phalaridis epistolæ quædam (64); — Palladii epigramma in
grammaticum (65 v°); — Apophthegmata sapientum (66); —
Epigrammata (Anthol. XIV, 3 ; IX, 359-360) et ænigmata (68 v°);
— Neophyti monachi fragmentum (70); — Nomina regionum
aliquot et populorum (70 v°); — Paschalion breve, de phlebotomia, etc., de Adiabene, Codini excerpta, S. Basilii gnomica.
(72 v°); — Excerpta e Synesii epistolis (77); — Præclare dicta
varia (78); — Versus varii, in Andronicum imp., etc. : Ἥλιος
εἰ φώτιζε... (81); — Præcepta ad juvenem : Θεὸν φοβοῦ... (84 v°);
— Isaaci Argyri opusculum de cyclis Paschatisque inveniendi
ratione (86); — Cyclus decemnovennalis (101); — Georgii
Pachymeris methodus Paschatis inveniendi (115); — Deute-
ronomium (116); — Levitici fragmentum (203); — Proverbia
Salomonis (204); — Salomonis institutiones, quas scripserunt
amici Ezechiæ, regis Judæ (244); — Canticum canticorum,
cum præfatione anonymi : Ὡς γὰρ τὸ ἅγιον τῶν ἁγίων... (252); —
Ecclesiastes (264 v°); — S. Gregorii Thaumaturgi metaphrasis
in Ecclesiasten (279 v°); — Porphyrii isagoge (298 v°); — Aristotelis categoriæ, fine mutilæ (327).

XV s. Pap. 379 fol. (Medic.-Reg. 2990.) P.

2512. Heronis Alexandrini spiritalium libri II.

XVI s. (Copié par Ange Vergèce.) Pap. 63 fol. Peint. P.

2513. Heronis Alexandrini spiritalium libri II.

XVI s. (Copié par Ange Vergèce.) Pap. 62 fol. Peint. (Colbert. 4040.) P.

2514. Heronis Alexandrini spiritalium libri II.

XVI s. Pap. 64 fol. (Mazarin.-Reg. 3192.) P.

2515. Heronis Alexandrini spiritalium libri II.

XVI s. Pap. 33 fol. (Reg. 3191.) P.

2516. Heronis Alexandrini spiritalium libri II.

XVI s. Pap. 53 fol. (Hurault.-Reg. 3193.) P.

2517. Heronis Alexandrini spiritalium libri II.

XVI s. (Copié par Nicolas Sophianos.) Pap. 54 fol. (Colbert. 3798.) P.

2518. Heronis Alexandrini spiritalium libri II. (1); — Hermetis Trismegisti pœmander (72); — Ocelli Lucani liber de natura universi (117).

XVI s. Copié par Ange Vergèce. Pap. 126 fol. (Fontebl.-Reg. 3194.) P.

2519. Heronis Alexandrini de automatorum fabrica libri II.

XVI s. Pap. 33 fol. (Mazarin.-Reg. 3195.) P.

2520. Heronis Alexandrini de automatorum fabrica libri II. (1); — Heronis spiritalium pars (39).

XVI s. (Copié par Ange Vergèce.) Pap. 57 fol. (Colbert. 4083.) P.

2521. Athenæi de machinis (1); — Bitonis de constructione bellicarum machinarum et catapultarum (11 v°); — Heronis liber de constructione chirobalistæ (18 v°); — Heronis Ctesibii belopoiïca (22).

XVI s. Pap. 37 fol. Peint. (Colbert. 4717.) P.

2522. Æliani, vel Æneæ, liber de obsidione toleranda (1); — Præcepta de re militari : Τοιαύτη τίς ἐστίν ἐν τοῖς... (49 v°); — Asclepiodoti philosophi tactica (52); — Anonymi orationes variæ, quibus imperator 'milites adversus hostes adhortat : Ἃ μὲν οὖν εἰπεῖν... (78); — Arriani instructio aciei adversus Alanos (111); — Onosandri strategicus (115); — Polyæni excerpta e strategematibus (154); — Anonymi opusculum de urbibus condendis et adversus hostem muniendis, initio mutilum (218 v°); — Anonymi tactica : Ταχτιχή ἐστιν ἐπιστήμη...

(237); — Anonymi opusculum de belli administrandi ratione :
Εἴπερ ἄλλοτι μέγιστον... (262); — Julii Africani cestorum fragmenta (278 v°).

XV s. Pap. 280 fol. (Colbert. 4090.) *P.*

2523. Æliani tactica (1); — Onosandri strategica (45).

Copié en 1564 par Ange Vergèce. Pap. 77 fol. Peint. (Reg. 3219, 2.) *P.*

2524. Æliani tactica (1); — Leonis Sapientis imp. tacticorum excerpta (38); — Gregorii Cyprii, CP. patriarchæ, proverbia, alphabet. (44).

Copié en 1457 (en partie) par Jean Rhosos. Parch. 73 fol. (Medic.-Reg.
3219.) *P.*

2525. Æliani tactica (1); — Arriani excerpta ex Alexandri
expeditione, de instruenda acie (41); — Leonis Sapientis imp.
tacticorum excerpta (49).

XVI s. (Copié par Ange Vergèce.) Pap. 54 fol. Peint. *P.*

2526. Æliani tactica (1); — Manuelis Phile carmen de animalium proprietate (34).

Copié en 1568 par Ange Vergèce. Papier. 87 fol. (Baluze.-Reg. 3219, 3.) *P.*

2527. Æliani tactica.

XVI s. Pap. 12 fol. (Colbert. 5066.) *P.*

2528. Asclepiodoti philosophi tactica.

XVII s. (Copié par Cl. Saumaise.) Pap. 18 fol. (Delamare.-Reg. 3219, 5.) *P.*

2529. Urbicii tactica et strategica, libris XII.

XVII s. Pap. 156 fol. (Delamare.-Reg. 3219, 4.) *P.*

2530. Constantini Porphyrogeniti tactica.

XVI s. Pap. 132 fol. (Reg. 3220.) *P.*

·2531. Nicomachi Geraseni harmonices enchiridion, libris II.
(3); — Domnini Larissæi isagoge arithmetica (15 v°); — Anonymi πῶς ἐστὶν λόγον ἐκ λόγου ἀφελεῖν. Ὅταν ἐπιταττώμεθα... (23 v°);
— S. Joannis Damasceni διδασκαλικαὶ ἑρμηνίαι de omnibus philosophis (32); — Vita Sophoclis et Ajacis prologus : Σοφοκλῆς τὸ
μὲν γένος... (38); — Nicomachi Geraseni institutionum arithmeticarum libri II., cum scholiis Joannis Philoponi (42); — Euclidis elementorum libri XIII. (130).

XV s. (Copié, en partie, par Michel Souliardos.) Pap. 363 fol. (Fontebl.-
Reg. 3201.) *P.*

2532. Aristidis Quintiliani de musica libri III. (1); — Anonymi opusculum de musica : Ῥυθμὸς σύνεστηκεν... (76); — Bacchi senioris isagoge musica, cum Dionysii musici epigramm. et hymnis (88).

XV s. Pap. 99 fol. (Medic.-Reg. 3221.) *P.*

2533. Aristidis Quintiliani librorum de musica excerpta, « ex bibliotheca Vaticana, 1589. » (1); — « Diversæ lectiones in lib. τὰ θεολογούμενα τῆς ἀριθμητικῆς, ex ms. J. V. Pi[nelli] » (19); — « Ex Mauricii tacticis, in codice ms. J. V. Pinelli » animadversiones (32); — Fragmentum de militum intervallis, scripsit Ang. Vergetius (85); — « Ex Leonis imp. libro de bellico apparatu » animadversiones (86); — « Ex anonymi cujusdam de re militari fragmento quod est in bibliotheca J. V. Pinelli » (101 et 119); — « Scripta ante initium cujusdam libri gr. ms. nomine Athenæi mechanicorum... Busbeckii » (123); — « Ex libris Xenophontis de Cyri minoris expeditione » (125); — « Ex Xenophontis anabaseos libris loca, urbes, oppida, arces, populi et flumina, quorum Ptolemæus non facit mentionem » (156); — « Conjecturæ quædam in ὑπόμνημα ἀνώνυμον in Aristotelis artem rhetoricam » (164); — « Antonii Mureti diversæ lectiones in Aristotelis rhetoricam » (174); — « Τὰ γραμματικὰ, inter quæ locorum quorundam ex auctoribus gr. et lat. emendationes » (178); — « Locus desideratus in Simplicii commentario in Epictetum ; item diversæ in ejusdem commentarii principium lectiones... » (235); — « In Simplicii comment. in physica Aristotelis gr. notulæ et quædam emendationes, Venetiis, 1592. » (253); — « Antonii Riccoboni cum Joanne Mario Matio, Brixiano, dissensio de quibusdam locis Quinctiliani, quibus probatur rhetoria ad Herennium esse Cornificii » (264); — J. Dalechampii « dialogus de summo bono, » accedit poema « ad bibliothecam, ex Theodoro Beza » (306).

XVI s. Pap. 315 fol. (Teller. Rem.-Reg. 3402.) *P.*

2534. « Excerpta ex Aristidis Quintiliani, Michaelis Bryennii et Gaude[n]tii harmonicis. »

XVI s. Pap. 48 fol. (Delamare.-Reg. 3221, 2.) *P.*

2535. Cleonidæ [Euclidis] isagoge harmonica (1); — Pappi Alexandrini mechanicorum problematum libri I. et II., fine

mutili (13); — Fragmenta mathematica, harmonica et astro-
nomica (20); — Heronis isagoges geometricæ pars (44); —
Nicolai Artavasdæ Rhabdi arithmeticæ fragmentum (47); —
Anonymi grammatica, ad Lazarum amicum : Περὶ τῆς συντάξεως
τοῦ λόγου... (48); — S. Joannis Chrysostomi homilia in illud :
Cum vos persecuti fuerint homines (109); — Olympiodori in
Platonis Philebum et Phædonem commentarii fragmenta (113);
— Libanii oratio, Demosthenis nomine, adversus Æschinem,
fine mutila (129).

XVI s. Pap. 147 fol. (Baluze.-Reg. 2403.) P.

2536. Georgii Pachymeris tractatus de musica.

XVI s. (Copié par Ange Vergèce.) Pap. 71 fol. (Colbert. 3946.) P.

2537. Kyrani, Persarum regis, opus physico-magicum de
naturalibus virtutibus.

Copié en 1272 par Jean Prespeinos. Bombyc. 124 fol. (Medic.-Reg.
3482.) P.

2538. Achmetis oneirocriticon.

XVI s. Copié par Georges γράμματικος. Pap. 405 fol. (Fontebl.-Reg.
3531.) P.

2539. Arriani tactica, e cod. Florentino (1); — Lesbonactis
opusculum de figuris (97).

XVII s. Pap. 109 fol. (Delamare-Reg. 3461, 3.) P.

2540. Æliani tactica (1); — Leonis imp. tactica (53 v°); —
Bessarionis monachi oratio funebris in laudem Cleopæ, uxoris
Theodori Palæologi imp. (61); — alia auctore Chila prin-
cipe (71); — alia auctore Georgio Gemisto (82); — Alexandri
Aphrodisiensis liber de mixtione (93).

XVI s. Pap. 138 fol. (Fontebl.-Reg. 3501.) P.

2541. Sticherarium (9); — præmittitur introductio de musica ecclesiastica (1).

XVI s. Pap. 78 fol. (Reg. 3543.) P.